推动返乡入乡创业高质量发展

返乡入乡创业典型案例汇编

国家发展改革委就业收入分配和消费司　编著

中国市场出版社
China Market Press
·北 京·

图书在版编目（CIP）数据

推动返乡入乡创业高质量发展：返乡入乡创业典型案例汇编／国家发展改革委就业收入分配和消费司编著. —北京：中国市场出版社有限公司，2020.10

ISBN 978-7-5092-2008-5

Ⅰ.①推… Ⅱ.①国… Ⅲ.①民工-创业-案例-中国 Ⅳ.①F249.214②D669.2

中国版本图书馆 CIP 数据核字（2020）第 194045 号

推动返乡入乡创业高质量发展：返乡入乡创业典型案例汇编

TUIDONG FANXIANG RUXIANG CHUANGYE GAO ZHILIANG FAZHAN：FANXIANG RUXIANG CHUANGYE DIANXING ANLI HUIBIAN

编　　著：国家发展改革委就业收入分配和消费司

责任编辑：宋　涛

出版发行：中国市场出版社

社　　址：北京市西城区月坛北小街 2 号院 3 号楼（100837）

电　　话：（010）68034118/68021338

网　　址：http：//www. scpress. cn

印　　刷：河北鑫兆源印刷有限公司

规　　格：185mm×260mm　1/16

印　　张：28.75　　字　　数：550 千字

版　　次：2020 年 10 月第 1 版　　印　　次：2020 年 10 月第 1 次印刷

书　　号：ISBN 978-7-5092-2008-5

定　　价：68.00 元

主　编　哈增友

副主编　郭启民　焦玉良

编　委　唐　玲　车　松　陈　琳　于新九

郭宇宸　张昱清　李蹊然　宋时飞

林　妍　蔡若愚　荆文娜　成　静

陈　鹰　周昊陈　李　振

前言
PREFACE

近年来，随着双创工作的蓬勃开展，返乡入乡创业蔚然成风。为鼓励和支持返乡入乡人员创业创新，国务院办公厅先后印发了《关于支持农民工等人员返乡创业的意见》（国办发〔2015〕47号）、《关于支持返乡下乡人员创业创新促进农村一二三产业融合发展的意见》（国办发〔2016〕84号）等政策文件，并发布《鼓励农民工等人员返乡创业三年行动计划纲要（2015—2017年）》，提出“支持农民工、大学生和退役士兵等人员返乡创业，通过大众创业、万众创新使广袤乡镇百业兴旺，可以促就业、增收入，打开新型工业化和农业现代化、城镇化和新农村建设协同发展新局面”。

为贯彻落实党中央、国务院决策部署，2015年国家发展改革委等十部委联合印发《关于结合新型城镇化开展支持农民工等人员返乡创业试点工作的通知》（发改就业〔2015〕2811号），分三批确定了341个县（市、区）开展支持农民工等人员返乡创业试点工作。截至2019年底，全国试点地区返乡入乡创业人员总量超过280万人，累计创办市场主体225万个左右，带动就业近980万人；在试点带动下，全国返乡入乡创业人员总量超过850万人，带动就业超3 400万人，加快了人才、信息、资金等要素回流，形成要素聚乡、产业下乡、人才入乡和能人留乡的良性互动局面，培育了一批具有地方特色的返乡入乡创业产业集群。2020年初，国家发展改革委在深入总结试点经验的基础上，牵头与18个部门联合印发了《关于推动返乡入乡创业高质量发展的意见》（发改就业〔2020〕104号），聚焦融资、用地等痛点难点问题，提出20项政策举措，吸引更多农民工、大学毕业生、退役军人等人员返乡入乡创业，创造更多就地就近就业机会。

试点开展以来，各地方结合实际创新举措，形成了许多好经验好做法和典型案例。为全面总结推广返乡创业试点工作的经验和成效，我们精选出159个案例，集中力量编写了本书，以期形成一批可复制可推广的成果，为全国返乡入乡创业高质量发展提供示范经验，营造良好氛围。本书共五篇 18 章，其中第一篇介绍部分省市支持返乡入乡创业的政策举措，第二篇介绍部分试点县市因地制宜推进返乡入乡创业的典型做法，第三篇集中介绍部分返乡入乡创业企业的创业历程，第四篇讲述部分返乡入乡创业企业家的创业故事，第五篇介绍电商和金融平台在支持返乡入乡创业中所发挥的重要作用。

由于时间仓促，书中不免有不当和错漏之处，诚恳期待广大读者和社会各界批评指正。

编　者

2020 年 9 月

目 录
CONTENTS

第一篇　地方政府推动返乡创业工作成效显现

第五篇　支撑类企业在返乡创业中的重要作用

第一篇

地方政府推动返乡创业工作成效显现

第一章

好风凭借力 扬帆正当时
——创业扶持政策体系日臻完善

编者按

随着乡村振兴战略的深入推进，我国鼓励返乡入乡创业的支持力度持续加大。如果把返乡入乡创业看作是漂泊在外打拼奋斗一族实现创业梦想的一个重要路径，那么良好的政策环境即为实现梦想必不可少的土壤。近年来，在国家支持返乡入乡创业政策大背景下，各返乡入乡创业试点省（市、区）政府针对农民工等人员返乡入乡创业过程中遇到的各种困难和问题，及时把脉问诊，出台了一系列行之有效的政策措施，既鼓舞了创业者的创业热情，又减轻了他们的创业压力，有力地促进了这些群体回乡创业工作的开展。

案例 1

浙江：继续勇当改革“排头兵”，探索返乡创业“浙江特色”

改革开放以来，浙江的发展堪称是一部“创业史”。作为中国改革开放的前沿阵地，浙江创造过太多的奇迹：温州人的创业精神、义乌的小商品批发市场、占主导地位的民营经济、改革开放中的干部担当、火遍全国惠及世界的电商平台……每一件都称得上是抓铁留痕踏石留印的大事件。在改革开放四十多年后，在“大众创业、万众创新”的今天，浙江的创新步伐依旧不会停歇，这片土地正在成为越来越多返乡入乡创业人员施展拳脚的新舞台。

2016 年以来，浙江省认真贯彻落实党中央、国务院关于支持农民工等人员返乡入乡创业的一系列重要部署，抢抓全国实施乡村振兴战略、全省“两高”建设、全面实施生态文明新政等机遇，通过优化政策导向、搭建创业平台、深挖创业典型等措施，激发返乡入乡创业热情，催生民生改善、经济结构调整和社会和谐稳定新动能，全省农民工返乡创业工作取得了新的成效。

“政策+平台+服务”，为回乡创业人员提供想到心坎里的服务

在农民工等人员返乡入乡创业的起步阶段，政策扶持是鼓励其勇往直前的必备前提，同时，平台支撑和服务保障也离不开完善的营商环境来涵养。浙江省在有关方面精准施策、雪中送炭，完善的“后勤保障”工作进一步激发了人们的返乡入乡创业热情。

2019 年，浙江省围绕乡村振兴战略和农民工工作两条主线，多措并举大力推进农民工就业创业工作，落实小微企业优惠、创业担保贷款等政策深化金融服务，支持农民工通过电子商务就业创业。根据《关于做好当前和今后一个时期促进就业工作的实施意见》（浙政发〔2018〕50 号）精神，凡符合条件的返乡农民工创业，可申请最高 50 万元的创业担保贷款，最多可享受 3 次全额贴息，对创业担保贷款业务工作突出的金融机构给予贷款总额 1% 的奖励等重点举措。同时，着力构建农村电

商扶持政策，明确符合条件的返乡农民工从事农村电商创业，补贴标准可上浮20%；农村电商招用高校未就业大学生可享受社保补贴，城乡劳动者到村级电商服务站服务可享受不超过5 000元创业社保补贴；将网络创业培训、电商培训纳入政府培训补贴目录等。浙江省财政厅等4家单位联合印发的《关于落实重点群体创业就业有关税收优惠政策的通知》（浙财税政〔2019〕8号）、浙江省发展改革委等6部门印发的《关于做好疫情期间就业工作的通知》等文件指出，用足用好创业带动就业补贴，支持农民工返乡入乡、高校毕业生等自主创业。云和县创建人才信息大数据库，为“能人返乡、市民下乡、企业兴乡”三乡工程扎实开展提供基础材料，返乡创业人员除享受已有各类优惠政策外，再享乡村人才创业独有的优惠政策。

浙江省还为返乡入乡创业人员积极搭建创业平台，并为其破解创业难题。浙江省农民工返乡创业业态丰富，构成以三产为主、一二产为辅格局，其中，农村电商、民宿农家乐、乡村旅游、文创、康养等新业态新产业，成为返乡创业普遍选择的模式和领域。各级政府从当地实际出发，利用优势产业，搭建创业平台，构建多元众创体系。桐庐县培育推广“电子商务+创业”“全域旅游+创业”“特色农业+创业”模式，整合利用现有平台资源，打造“追梦空间”，做强县城创业核心基地，目前累计入园创业项目568家，带动就业3 400余人。松阳县充分利用茶叶品牌影响力和传统村落独特的资源优势，积极发展以茶叶为主的一二三产及其融合型产业和民宿农家乐等。庆元县依托食用菌、竹木、铅笔三大区域特色产业，因地制宜、优势互补，推进特色化融合，培育农村发展新产业新业态新模式。

简化办事流程、加强创业能力培养可谓是政府有关部门为返乡入乡创业人员所做的最“贴心”和最“输血”的服务。浙江省深化“最多跑一次”改革，加强“三服务”，推动“数字浙江”建设，减轻创业企业负担，持续优化营商环境和创业环境。2019年，浙江省发展改革委会同省教育厅等部门出台《浙江省产教融合“五个一批”行动方案》，推动提升劳动者职业素质和创业能力。莲都区简化审批流程，打造一流营商环境，开设一窗受理主平台，实现证照联办一件事和企业开办零成本。按照标准化要求，民宿（农家乐）、美容美发、食品销售等27个行业实现证照联办，群众提交材料精减率达30%以上，办理时限提速80%以上，跑路趟数减少70%以上。尤其是民宿行业证照联办，通过流程再造、材料简化、联审联批、线上办理等方式，实现了民宿审批“零跑路”。

“电商+来料加工+民宿”，彰显返乡入乡创业“浙江特色”

浙江省桐庐县、莲都区、龙泉市、遂昌县、松阳县、云和县、庆元县等7个返乡创业试点县（市、区）均是劳务输出大县，外出人口数约占总人口数的21%，开展返乡创业工作的潜力巨大。2019年末，7县户籍人口合计191.49万人，较2018年末增加3.45万人。2019年，7县返乡创业人数1.69万人，带动就业人口6.87万人。

通过几年摸索，浙江省返乡创业成效显著，主要表现为：电商产业持续向好，7县实现农村电商经营户数9 258家，销售额合计200.36亿元，同比增长29.9%，直接就业人员约5.09万人；来料加工潜力深挖，7县来料加工1 729户，发放来料加工经费16.19亿元，同比增长8.89%，吸纳来料加工人员11.41万人；民宿经济加速发展，7县农家乐（民宿）3 150多家，实现营业总收入34.54亿元，同比增长26.67%，从业人员2.66万人。

对症下药，助力返乡入乡创业稳健前行

浙江省在支持农民工等人员返乡入乡创业方面所付出的大量努力取得了显著成效，但同时也存在部分政策落地难、创业资金不足、创业后发动力不足等制约因素，还需在优化创业政策上下功夫。下一步，浙江省将组织有关部门，整合现有扶持政策，加快推动《关于推动返乡入乡创业高质量发展的意见》落地实施，研究制定符合新时期浙江省返乡创业需求的扶持政策，重点在提高财政补贴支持力度、发展普惠金融及完善税收扶持政策等方面。

另外，浙江省将继续在营造创业氛围上下功夫。充分利用新闻媒体和微信等移动互联社交平台，搭建返乡创业交流平台，重点加强对就业创业扶持政策、返乡创业成功案例、浙商乡贤事迹宣传，营造创业、兴业、乐业的良好环境。

除此之外，浙江省还将在提高创业能力上下功夫。优化整合培训资源，注重培训内容的实效性和实用性，增加对旅游休闲、电子商务、互联网、云数据应用、市场营销等新兴行业的培训，让培训更加与时俱进，切实提升农民工创业技能，服务群众创业发展。

案例 2

吉林：从“打工经济”向“创业经济”快速转变

查干湖的鱼、长白山的雪，还有那松花江的风景令人叫绝，这是人们对吉林的印象。近年来，农民工等人员返乡入乡创业创造出的“风景”同样给人留下深刻印象。

自国家结合新型城镇化开展支持农民工等人员返乡入乡创业试点工作以来，吉林省各地区不断完善支持农民工等人员返乡入乡创业的组织领导、政策扶持、平台支撑、培训服务体制机制，初步形成了以创业带动就业发展的新格局，推动了全省农民工从“打工经济”向“创业经济”的快速转变。截至 2019 年末，吉林省 12 个试点县（市、区）农民工等人员返乡创业累计达到 3. 66 万人，创办市场主体 3. 18 万个，带动当地 9. 58 万人就业。

政府高位推动，营造落地生根的创业环境

吉林省十分重视农民工等人员返乡入乡创业工作，将其有关任务写入政府工作报告，纳入吉林省政府重点工作和民生实事；将农民工等人员返乡入乡创业列入年度政府目标责任制考核指标，建立季调度、半年督查和年终考核制度；落实工作责任制，形成了一级抓一级、层层抓落实的良好态势。

在健全工作机制方面，吉林省各试点地区高度重视返乡入乡创业工作，成立了以县（市、区）主要领导为组长，人社部门牵头、发展改革部门等多部门协同配合的返乡创业工作领导小组，制定了返乡创业工作实施方案，落实目标，明确职责，形成统一规划、上下联动、整体推进的工作体系，确保返乡创业工作有序推进。

为了全面摸清底数，各地组织开展大规模返乡创业调查摸底工作，确保村不漏户、户不漏人，以村和社区为单位建立完整、翔实的人员台账，切实做到外出务工和返乡创业人员底数清、情况明、数据全。

在推动返乡入乡创业工作方面，吉林省还突出产业引领，结合农民工等人员返乡创业特点，根据农村创业者的实际需求，全方位提升返乡创业农民工发展农村特色产业能力。各地围绕经济效益可观、市场前景好、产品附加值高、经营管理难度小的特色种植业、养殖业、绿色有机食品等农村特色产业以及农村电商，开展创业人员培训。加大贫困村创业致富带头人培训力度，实现创业致富带头人培训全覆盖。实施农民工向农技工转型服务计划，采取“订单”“定向”“送培训下乡”等方式，大力开展农民工向农技工转型培训。

政策金融撬动，让返乡创业在家乡开花结果

为了推动返乡入乡创业高质量发展，吉林省发展改革委会同省教育厅、省人社厅等21部门印发《关于推动返乡入乡创业高质量发展的实施意见》，从优化营商环境、加大财税政策支持、缓解融资难题、强化用地保障、优化人力资源、强化基础支撑等6方面提出19条重点任务。实施意见的出台，进一步完善了吉林省支持农民工等人员返乡创业政策体系，加大了对农民工等人员返乡入乡创业支持力度。

为了鼓励开发性金融支持，吉林省发展改革委与国家开发银行吉林省分行联合下发《转发国家发展改革委和国家开发银行关于加强政银企合作扎实推进返乡创业工作的通知》，督促试点地区学习先进地区经验和做法，召开返乡入乡创业试点地区工作情况调度会，会同国家开发银行吉林省分行、中国农业发展银行吉林省分行研究开发性金融支持返乡创业工作。

吉林省还积极搭建返乡入乡创业平台，抓好省级农民工等人员返乡创业基地建设，示范引领市县两级基地建设，为返乡入乡创业人员搭建创业平台。目前，全省已形成省、市、县三级返乡创业基地同步发展格局，返乡创业主体规模不断扩大。截至2019年末，吉林省累计命名省级农民工等人员返乡创业基地187个。积极推进返乡创业联盟建设，搭建企业间交流平台，通过“众帮、众扶、众创”，促进联盟内企业资源共享、抱团发展。截至2019年末，全省已建立返乡创业联盟6个。

在加大资金扶持力度方面，吉林省政府每年拨款近2 000万元用于支持农民工等人员返乡创业基地建设。2018年以来，已为95个省级农民工等人员返乡创业基地发放资金补助3 520万元，直接扶持创业企业和创业农户4 926户，带动就业13 904人。

宣传示范带动，用“典型”激发返乡创业热潮

为了号召更多人加入返乡入乡创业大潮中，吉林省充分发挥报纸、广播、电视、网络等各类主流媒体作用，加大对返乡入乡创业的宣传力度，不断扩大影响。将国家、省及各地出台的扶持返乡入乡创业政策梳理成册，通过各级创业服务平台广泛宣传，提高政策知晓度。

不仅如此，吉林省还树立推介返乡创业先进典型。召开了全省农民工等人员返乡创业推进大会，吉林省委副书记、省长景俊海出席会议并讲话，各级政府部门负责人、优秀典型代表共计 3 297 人参加会议，选树优秀返乡创业带头人 20 名、优秀农民工 20 名、优秀劳务经纪人 10 名、优秀农技工品牌 10 个、优秀就业扶贫企业 5 个。典型的力量极大地激发了吉林省农民工等人员的返乡创业热情，助力形成了全社会关心支持参与返乡入乡创业的浓厚氛围。

案例 3

安徽：从“输出劳动力”到“带回生产力”的历史嬗变

安徽省地处华夏腹地，襟江近海，人文荟萃，不仅有人人向往的名山大川，更有令人敬仰的深厚文脉，可谓江山风流、人才辈出。

自 2016 年全国农民工等人员返乡创业试点工作开展以来，安徽省全面落实相关政策，持续推进试点工作。农民工返乡创业使安徽省实现了从“输出劳动力”到“带回生产力”的转变，促进了当地农村产业发展，带动了农民就地就近就业。2016 年以来，农民工返乡创业累计带动就业人数年均增长 18.5%，创业带动就业作用明显。全省 17 个试点县新增返乡创业 10.84 万人，培育经济实体 7.55 万户，带动就业 64.23 万人。

政策引导基础设施保障打好“地基”

安徽 17 个试点县在创业引导、要素保障、平台搭建、金融支持、优化服务等方面都进行了全面部署和有益尝试，有力促进了返乡创业试点工作的开展。

安徽省充分发挥政府的规划引导作用，一方面加大规划引导力度，试点地区先后在返乡创业、产业发展、优化创业环境等方面出台了一系列激励政策措施，制定了实施方案，为农民工等人员返乡入乡创业营造了良好的环境，千方百计吸引农民工等人员在当地创业就业。另一方面加大乡情招商力度，建立领导干部联系外出创业者、在外能人、返乡企业的工作机制，通过上门走访、定期联谊、现场办公等方式，形成人员回归、资金回流、项目回迁的良好局面。

为给返乡入乡创业人员创造完善的硬件环境，安徽省大力强化基础设施的保障作用。

首先，强化用地保障。完善土地利用方式，优先保障返乡入乡创业用地。金寨县制定出台支持返乡人员利用存量土地或集体经营性建设用地入市解决发展休闲观光度假农业永久性用地问题，支持租赁集体建设用地和农村宅基地发展工商业。开展试点工作以来，该县为返乡创业人员优先提供建设用地 3 000 余亩。

其次，改善基础设施。推进城乡基础设施共建共享、互联互通，加快农村基础设施建设提档升级。太和县对城镇基础设施、农村路网水网通信管网建设进行全面优化，提升部门行政服务能力，建立针对返乡农民工的服务窗口，基础设施和公共服务明显改善。

另外，打造返乡创业平台。围绕产业发展大力推进农民工等人员返乡创业园建设，为返乡农民工创业提供平台支撑。涡阳县搭建综合服务平台和创新创业平台，形成“一区六镇”联动开发、资源共享的运行模式，成立了县、镇两级电子商务服务中心，推进电子商务进农村全覆盖快速发展。截至目前，该县返乡创业 7 453 人，创办实体 7 144个，带动就业 17 860 人。

金融支持提升服务能力为能人“铺路”

当然，对于回乡创业的初创者而言，资金支持是最重要的。安徽省积极贯彻落实国家关于促进农民工返乡创业金融扶持政策，建立健全创业担保贷款担保基金持续补充机制。金寨县出台创业扶贫贷款等政策，开发“振兴乡情贷”“乡旅贷”等金融产品，对返乡创业实体给予贷款贴息，试点以来共发放创业担保贷款 14. 8 亿元。太湖县扩大担保方式和抵（质）押品范围，共办理林权抵押、税融通、商标专用权质押、股权出质、动产抵押、科技担保等贷款 15. 91 亿元，累计减免退税费 5. 49 亿元，发放创业贴息担保贷款 18 146 万元、扶贫小额信贷 78 209. 78 万元，实现贫困户产业发展全覆盖。2019 年，安徽省多部门展开对返乡创业试点工作绩效认定，并根据认定结果，对 15 个试点县 34 个重点就业创业项目奖励省就业补助资金 2 350 万元。组织各试点地区申报开发性、政策性金融扶持项目，太湖、金寨、界首等县（市）扶持贷款陆续投放。

为了提升对返乡入乡创业人员的服务能力，安徽省持续强化政府服务创业功能，在各试点县区实施返乡创业服务能力提升行动，加强与创业就业有关的各类服务，不断优化返乡创业环境。太湖县全县设置乡镇（街道）就业和社会保障服务窗口 15 个，村（社区）就业和社会保障服务窗口 186 个，为返乡创业人员提供“一站式”“一条龙”创业服务。阜南县构建县、乡镇、村三级联动平台，建立乡镇（街道）就业和社会保障事务所 28 个，实现人才信息全覆盖和企业用工信息收集、审核、发布常态化，有组织地推进劳务输转。试点以来，为 1.5 万余人提供免费就业服务，协议用工 7 252人。

人才始终是返乡入乡创业的主要驱动力，安徽省有效发挥人才对创业的支撑作用，加大引才入乡力度，完善缺工企业动态监测机制，精准匹配，做好招工用工服务。金寨县实施博士后帮扶、专家到基层、创业成功者互动计划，根据创业者需求，列出 10 个技能“培训菜单”，依托金寨技师学院大力培训返乡创业人员。同时，选择 12 家企业作为返乡创业培训基地开展现场教学。阜南县通过提取全县 105 万人次社保卡申请数据信息、20 万条贫困户数据信息以及三大运营商电话数据信息，与全县外出务工人员数据进行匹配，完成 40 余万人的数据更新工作，利用“智慧阜南”App 平台，精准推荐用工，为广大园区创业者提供用工保障。

返乡创业带动经济社会发展成效显著

在多方的支持努力下，安徽省返乡入乡创业对新型城镇化建设、脱贫攻坚、乡村振兴产生了明显的带动效应。

县域经济稳步发展。安徽省结合当地资源优势，在农民工返乡创业过程中大力发展现代农业和服务业，推动当地产业结构转型升级，提升产业绩效，促进县域经济发展。无为县 2019 年实现生产总值 487 亿元，2016—2019 年 GDP 年平均增长 8.8%，经济总量稳居全省 61 个县市第 5 位。望江县引导并扶持农民工等返乡人员在服装纺织、绿色食品加工等领域打造“创业群”，全县纺织服装企业 400 多家，返乡创业人员从事纺织服装行业约 200 家，规模以上企业 44 家，实现从棉花制种到品牌服装的全产业链覆盖，“做服装，到望江”已成为望江县的名片。

创业带动就业明显。安徽各地区开展试点工作以来，将促进农民工返乡创业与带动村民就业增收和贫困户脱贫致富紧密联系，取得了明显成效。定远县试点以来，共有1 800余人返乡创业，兴办企业 1 800 余家，带动就业 13 600 余人。潜山市 2019 年新增农民工、大学生等返乡创业人员 7 452 人，新增企业 1 826 家，新增农民专业合作社

100 户，新增个体工商户 3 318 户。

农村电商发展迅速。近年来，安徽的返乡农民工通过“互联网+农业”模式，利用农村电商平台进行创业，规模如雨后春笋般迅速发展壮大。金寨县开拓电商创业，打造老区“网红”特产。建成“互联网+”大厦，吸引“供销 e 家”“上街去”等近 30 家电商企业集聚发展，返乡人员从事电商网商带动就业达 1.1 万人，跻身全国电商扶贫十大样板县。泗县建成村级电商服务网点 139 个，全县电商网商从业人员达 2.8 万人，电子商务企业 300 余家，网点微店 1 万余个，年网络交易额超过 30 亿元。

新型城镇化建设步伐加快。安徽试点地区以完善城镇基础设施和公共服务为农民工返乡创业创造外部条件，同时农民工返乡创业带动人力、资金和技术等要素流动，促进产业振兴与人口集聚，推动城镇化健康发展。太湖县引导返乡人员就近就地创业兴业，推进城镇化与返乡创业有机结合，带动基础设施建设和配套服务，完成市政投资 4.3 亿元，建成区面积拓展 0.5 平方公里。望江县以“一核三区六园”为重点，加大经济开发区和乡镇工业集中区建设，互为补充、错位发展，形成“一区多园”格局，不断完善路、水、电等基础配套设施，增强园区吸附能力，使之成为返乡创业首选之地。

就业扶贫成效显著。安徽试点地区将就业脱贫工作与试点工作有机结合，充分利用农村的劳动力、土地及特色资源，与贫困村、贫困户结对帮扶，互利共赢，带动家乡人员脱贫致富。泗县大力推行“3+2”就业模式，即园区基地、扶贫工厂、合作社 3 个间接就业渠道和公益性辅助岗位、居家就业 2 个直接就业渠道相结合，各类经营主体直接帮扶带动 6 800 多户贫困群众增收致富。石台县依托农民工创业园厂房等设施，建成就业扶贫车间 37 家，实现 1 800 余人农村劳动力就近就业，带动 850 余名贫困户就业脱贫。金寨县试点以来，返乡创业 6 000 余人，创办市场主体 1 373 家，带动就业 3.3 万人。带动脱贫 18 900 余户 66 800 余人，出列贫困村 71 个，全县贫困发生率从 14.3% 降至 2.73%。

农村社会和谐稳定。安徽大批青壮年劳动力外出务工，农村里大量留守老人、妇女、儿童成为严重的社会问题。农民工返乡创业使家庭得到团聚，从根本上解决了留守儿童亲情缺失和老人赡养不到位的问题，改善了农村“空心化”及留守儿童、留守老人、留守妇女等社会问题，提升了农村生活幸福指数，促进了农村社会和谐，激发了基层发展活力。定远县从过去的“劳务输出大县”到“农民工返乡创业试点县”的逆转，引发了新一轮创业创新的热潮。

案例 4

山东：迎难而上喜获返乡创业大丰收

山东，背靠泰山，面朝大海，既有厚重的历史，又是改革开放的前沿地带，多年来，在区域经济发展中一直处于领先位置。

2016 年返乡入乡创业试点工作开展以来，山东省在国家发展改革委的指导下，将返乡入乡创业试点工作作为加快新旧动能转换、激发经济发展内生动力、推进新型城镇化建设、推动区域均衡发展、实施乡村振兴战略、实现精准扶贫的重要途径，各项工作扎实推进，成效明显。

多措并举营造返乡创业大环境

山东省为了吸引农民工等人员返乡入乡创业，在政策扶持、环境优化、平台支撑、服务保障诸多方面同时发力，初步形成了有利于农民工等人员返乡入乡创业的大环境。

加强组织领导，健全工作机制。试点地区高度重视农民工等人员返乡创业工作，全部成立了县领导任组长，发展改革、人社、财政等多部门组成的返乡创业工作领导小组，充分发挥领导小组职能作用，明确责任分工，细化工作职责，优化工作流程，有序地推进了试点工作的开展。

强化政策支持，优化创业环境。贯彻落实山东省《关于支持返乡创业人员创业创新促进农村一二三产业融合发展的实施意见》，从市场准入、金融扶持、财政支持、创业补贴、用地用电政策、社会保障 6 个方面对农民工返乡创业加大支持力度，优先支持返乡创业试点地区。

加快平台建设，提升服务质量。山东省持续加大人力财力投入，推进县乡基层就业和社会保障服务平台、中小企业公共服务平台、农村基层综合公共服务平台、农村社区基层公共服务平台、农村社区公共服务综合信息平台建设，为返乡创业提供平台保障。依托基层公共平台集聚政府公共资源和社会其他各方资源，组织开展专项活动，为返乡创业提供优质服务。

辛勤耕耘迎来返乡创业大丰收

山东省试点县区在开展返乡创业工作中，注重结合当地优势培育特色产业，努力通过扩大创业规模带动就业增收，进而促进脱贫攻坚、乡村振兴和产城融合等。

山东省结合当地优势，大力发展特色经济带动产业转型升级。沂南县大力实施“归雁人才”工程系列活动，依托该县特色农业、食品加工、鞋帽玩具、精品旅游等产业优势，通过落实各项创业优惠政策，鼓励和引导农民工等人员返乡入乡创业，新增（含提升）A级景区5家，已发展到23家，全县当年接待游客1 720万人次，综合旅游收入101.6亿元，分别增长20%、30%。曹县返乡人员创办过亿元项目29家，总投资58.38亿元。侯集回族镇马涛、张莉等人在山东省大力号召返乡创业的激流中，相约回乡发展，投资3.2亿元，创建商都恒昌有限公司，企业涵盖饲草种植、肉牛育肥、屠宰分割、肉类深加工、冷链物流、餐饮服务等产业链，年产值6亿余元，利税2 500万元。公司带动100多养牛户进行“抱团”发展，带领5个养殖场升级改造，接收60个贫困户到厂务工。

山东省还不断扩大创业规模，带动当地农民就业增收。淄川区返乡创业人员侯纪山回乡投资近4亿元，创建淄博潭溪山旅游发展有限公司、淄博潭溪山农业发展有限公司，直接和间接带动周边地区发展大小农家乐、民宿200余家，各类农副特产品经营100多处，解决农村剩余劳动力1 000余人就业问题，带动周边30余个村庄、2 000多个家庭共同发展致富。从北京返乡创业的郓城县随官屯镇随西村人李海霞，创办了郓城百利安服装厂，解决了100多名当地群众就业问题，每年为社会创造劳务收入200余万元，人均增收2万元。

在返乡创业的带动下，脱贫攻坚明显加速。返乡创业人员将先进经验、技术、资本等带回家乡，有力推动了当地经济发展。在沂源县第三批返乡创业试点地区发展农村电商培训会上，该县与阿里巴巴（中国）软件有限公司签订县域电子商务发展项目合作协议，构建农村现代流通体系，助力脱贫攻坚。沂南县不断优化返乡创业环境，坚持“产业带动、金融支撑、精准施策、整村提升”的脱贫攻坚路径，确定了现代农业、乡村旅游、转移就业、光伏扶贫四大产业扶贫主攻方向，推动了镇村产业多元化发展。

农民工等人员返乡创业加快了乡村振兴的发展脚步，山东省外出能人在各级政府的鼓励引导下，纷纷返乡创业，已成为乡村振兴的“主力军”。郓城县返乡创业人员张庆涛，既是村支书又是带领村民的致富能手。他不仅帮助村里修街修路，还承包了土地建设绿禾产业园。总投资 7 600 万元，占地面积 1 720 亩，建有蘑菇大棚 100 座、高标准蔬菜大棚 90 座、现代化育苗温室 1 座、规模化养猪场 2 座，各类优质蔬菜年产量达 1 000 万斤、蘑菇产量达 130 万斤，树立了乡村振兴的良好典型。沂源县东里镇王坪村江秀海是一名乡村旅游专业设计师，携家眷返乡创办了沂源县逸品山水农业旅游开发有限公司，实施了“田园柳舍”项目，突出“记住乡愁”主题，因地制宜改建村内老旧房屋，打造精品民宿，年接待游客 3 万人次以上，实现收入 300 余万元。

山东省还充分发挥创业带动就业的推动作用，促进产城融合协调发展。平度市着眼现代化区域性中心城市定位，加快推进中心城区和美丽镇村建设，持续提升城市承载力，为创业者提供良好的创业生活环境。邹城市以深化农业供给侧结构性改革为主线，促进现代农业的“融合化、智慧化、品牌化、标准化、特色化”五化提升。结合产业结构调整，不断提高农村新型社区产业支撑能力。

完善政策加强交流优化返乡创业环境

当然，在返乡入乡创业过程中，也存在融资难、创业环境有待进一步优化、返乡创业企业整体水平不高、返乡创业人员防范风险能力较差等问题。下一步，山东省将进一步推进农民工等人员返乡创业试点工作。

一方面是完善相关配套政策。对试点地区普遍反映的资金、场地、金融、人才、基础设施等问题进行梳理研究，出台相关扶持措施。比如，可考虑对做得好的返乡创业试点县进行后期奖补，或者可考虑设立专项资金或基金，对农民工返乡创业园基础设施建设项目予以支持，各部门形成合力出台配套支持政策。

另一方面是加强试点工作指导。如何因地制宜，引导农民工回得来、留得住、能发展、见成效，建立适合农民工等人员返乡创业的环境和生态系统，是一个长期的课题。国家可考虑加大对各项支持政策的整合力度，使政策相互衔接、相互配套。多以系统推进会、工作会、情况交流会的形式，搭建研究部署工作和各省市互相学习交流的平台。

案例 5

江苏：撑起农民工返乡创业工程的“三大支点”

江苏，既有沿江经济带，又有沿海开发群，是我国的经济大省，也是长三角地区经济发展的重要支柱之一。近年来，在江苏省委省政府支持农民工等人员返乡入乡创业政策感召下，返乡创业风头正劲。

江苏省共有 14 个县（市、区）分三批，先后入选全国“结合新型城镇化开展支持农民工等人员返乡创业试点地区”。2019 年，根据国家发展改革委工作部署，江苏省及各试点县（市、区）抢抓发展机遇，优化创新创业环境，加大政策支持力度，拓宽投融资渠道，推进创业载体建设，积极引导更多的返乡人员参与创业，全力推动返乡创业规模扩张和质态提升，带动就业和居民增收。截至 2019 年末，江苏省 14 个试点县（市、区）共引进 75 108 人，较 2018 年末增加了 20.18%；创办市场主体221 938 个，较 2018 年末增加了 2.2%；带动就业人员 341 780 人，较 2018 年增加了 31.99%。

俗话说，“人往高处走，水往低处流”。农民工等人员返乡入乡创业亦是如此，若想将人“引得来、留得住”，还需要有好的环境、平台和服务来铺路。江苏省“三突出”工作法即是为打造农民工等人员返乡入乡创业洼地而做出的积极努力。

突出政府引导，提供低成本、全要素、便利化的创业服务

返乡创业工作的开展离不开政府的引导。为有力有序推动农民工等人员返乡入乡创业工作，江苏省突出政府引导作用，提供了及时有效的政策支撑。省、市及各试点县（市、区）在财税扶持、金融支持、创业场地、用水用地、创业培训等方面出台了系列文件，同时，狠抓政策措施落实落地助力返乡入乡创业。各试点县（市、区）均成立了农民工返乡创业工作领导小组，明确目标任务，细化工作职责，落实工作措施，形成了齐抓共管、合力推进、上下联动、部门互动的工作格局。

政府的引导作用还体现在注重示范引领方面。江苏省组织 14 个试点县（市、区）开展返乡创业试点工作典型经验总结，梳理了一批好经验好做法好典型。注重政策宣传，广泛深入宣传扶持返乡农民工等人员创业优惠政策，借助广播、电视、报刊以及网站、微信等传统媒介和新型媒体的宣传合力，让优惠政策宣传到村入户，普及到每一个创业者。

除此之外，政府引导还包括优化创业环境。在深化“放管服”改革方面，江苏省不断优化返乡入乡创业环境。以打造审批项目最少、办事环节最简、服务效率最高的创业就业发展环境为方向，各试点县进行了诸多有推广价值的探索。如建立融资、融智、融商一体化的中小企业服务中心，在区、乡两级服务中心设立全民创业服务窗口等。持续推进各类载体建设，强化服务保障。各试点县均将返乡创业园、电商园、创业孵化基地等载体平台作为建设重点，同时提供低成本、全要素、便利化的创业服务。

突出平台搭建，促进三产融合扩大职业农民就业规模

平台是桥梁，江苏省为了突出平台搭建，首先是扩大就业创业规模。部分试点县充分依托现有的各类开发园区、农业产业园等，以盘活闲置厂房、零散空地等存量资源为主，挖掘现有物业设施利用潜力，并与城乡基础设施建设、发展电子商务和完善物流基础设施等相结合，有效提升尤其是乡镇一级园区的集聚度和利用效率，对提升新型城镇化水平和乡镇经济社会发展程度作用明显。

其次是培育就业创业岗位。实施农产品加工业提升行动和农村一二三产业融合发展推动行动，建设了一批农产品加工园区和一批农村产业融合发展示范园、先导区，发展壮大吸纳农民就业的新市场主体。鼓励支持各类市场主体创新发展基于互联网的新型农业产业模式，加快培育专业大户、家庭农场、农民合作社、农业企业等新型农业经营主体，扩大职业农民就业规模。

最后是拓宽就业创业渠道。深入实施江苏省《贯彻落实乡村振兴战略的实施意见》，推动落实十项重点工程，大力发展现代农业增加就业，促进一二三产业融合发展。实施乡村促进就业创业行动，鼓励各类人才返乡入乡创业。培育返乡创业特色产业集群，发展吸纳就业能力强的产业。引导产业梯度转移，拓宽农村劳动力就业创业空间。整合各类资源，打造了集渠道、平台、金融服务等于一体的返乡创业电子商务生态链和生态圈，培育了更多就业创业机会。

突出创业服务，为返乡创业者提升能力纾困解难

对于返乡入乡创业者而言，任何细致入微的服务都有可能是导致其创业成功的决定性因素。为了突出创业服务，江苏省积极营造良好氛围。相关部门、单位和各试点县（市、区）以近年来出台的若干创业政策文件为重点，通过多种形式、借助多种媒介，深入高校、创业园区、农村基层开展宣讲活动，广泛宣传返乡创业的好政策、好典型、好经验，在全社会形成关心、支持外出人员返乡创业的良好社会氛围，有效激发了返乡农民工等人员的创业热情。

另外，大力开展创业培训。实施新型农业经营主体和新型职业农民培育工程，推进新型农业经营主体带头人轮训和农业职业技能培训计划。用好创业指导专家咨询团，定期为创业者提供项目论证、开业指导、管理咨询、创业贷款、人力资源管理等咨询服务。结合用工岗位设置制定专项培训计划，推广校企合作培训模式，开展新成长低收入农户劳动力订单式、定向式岗前培训，畅通人力资源有效供给渠道。

除此之外，加强跟踪指导。对新创业者给予跟踪式指导服务，特别是对从事现代农业种植的创业者相继开展了土地托管、粮食收储与销售、农业技术咨询服务、绿色生态观光、电子商务等全程的业务培训与指导，重点加强政策引导、技术指导、手续办理等方面的综合服务。同时充分了解返乡人员在返乡创业过程中的思想、工作、生活情况，听取其意见、建议，并帮助其解决创业过程中遇到的困难。

综合施策形成合力，破解重点难点问题

为了更好地推进返乡入乡创业工作，江苏省下一步计划：

一是完善工作推进机制。切实加强对返乡人员创业工作的组织领导、统筹协调，建立健全工作联络机制，定期并及时有效地跟踪指导地方试点相关工作。定期组织形势分析研判，对工作中的重点、难点问题进行研究，加强对试点地区一线的工作指导。完善考核机制，进一步明确返乡人员创业工作的考核细则，落实主体责任，层层分解任务，并予严格督查考核。

二是综合施策形成合力。建议研究出台适用于支持农民工等人员返乡创业政策实施细则，进一步推动试点工作中问题的解决，形成强大的工作合力。如涉及的住所登记管理、定向减税和普遍性降费政策、用地支持、金融服务等方面的具体应用条款，要确保政策的连续性、全面性。对已有的扶持政策，严格按照相关政策规定抓好落实，确保优惠政策落地落实。

三是加大创业培训力度。人社、教育、农业农村、商务等部门要进一步加强配合，提高创业培训针对性和有效性，逐步扩大培训规模，创新培训方式，优化培训内容，突出培训效果。加强创业导师队伍建设，结合返乡人员创业现状，结合新型城镇化的需求，实施乡村振兴战略，提高对返乡人员创业全程跟踪指导服务的针对性、时效性。

编　后

“人叫人干人不干，政策调动千千万”，从本章几个省的返乡入乡创业做法中我们深切地感受到，一项好政策的适时制定实施，往往能获得事半功倍的效果，同时也能促使更多跃跃欲试的人们燃起更加高涨的创业热情。不过，政策的扶持不可搞大水漫灌，而应精准对接扶持对象的需求。于返乡入乡创业者而言，资金、技术、人才、场地、营商环境等可能都是阻止其在创业路上再往前迈进一步的制约因素，只有想其所想、急其所急，瞄准其创业路上的痛点难点逐一击破，才能将他们往前推一把。

当然，政策不是万能钥匙，而是撬动返乡入乡创业者施展拳脚的支点。政策引进门后，企业的修行还需通过强大自己来完成。

第二章

一个篱笆三个桩 一个好汉三个帮
——创业平台孵化作用日益明显

编者按

“政府搭建平台、平台集聚资源、资源服务创业、创业带动就业”——这种政府搭台、创业者唱戏的思路，是不少返乡入乡创业试点地区的共同做法。有了平台的助力，创业者这个“好汉”即可就近获得信息、技术、资金、熟练工人等重要的生产要素，创业企业也可通过平台的孵化迅速成长，从而带动当地更多人就业甚至创业。

案例6

河南："四个体系"增强返乡创业人员获得感

河南，又称“中原”，是古代群雄逐鹿的地方。今天，河南的农民工也纷纷返乡，“逐鹿中原”，上演了一出返乡创业的大戏。

河南是人口大省，也是劳动力转移就业大省。近年来，河南省委、省政府高度重视返乡创业工作，重点围绕构建返乡创业园区平台体系、基础设施和公共服务支撑体系、融资保障体系、企业成长促进体系“四个体系”，稳步推进返乡创业试点工作。汝州市、平舆县、南乐县等一批返乡创业试点县（市）在实践中积累了经验、探索了模式，试点经验分别在全国和全省推广。截至2020年一季度，21个试点县（市）累计吸纳63.2万农民工等人员返乡创业，创办市场主体37.1万个，带动就业238.4万人。

园区平台体系吸引创业集群集聚

按照“政府搭建平台、平台集聚资源、资源服务创业、创业带动就业”的思路，河南省结合当地资源禀赋和产业特色，依托现有产业集聚区、服务业“两区”和专业园区、农业产业园以及专业化市场、农业规模种养基地等发展载体，积极构建返乡创业园区平台体系。

通过返乡创业园区平台体系建设，河南省引导返乡创业企业入驻相应的园区，为各试点县（市）经济发展注入新的活力。平舆县发挥特色产业优势，规划建设了占地1 000亩的建筑防水产业返乡创业园、1 600亩的户外休闲用品产业返乡创业园，创税1.2亿元，有力带动了县域经济发展。鹿邑县投资30亿元规划建设产业集聚区化妆刷特色小镇、化妆刷特色生产街区、化妆刷创业孵化园、化妆刷产业园、羊毛衫创业孵化园，发展壮大化妆刷、羊毛衫加工两个特色产业，羊毛衫纺织企业达32家、化妆刷企业达115家，从业人员5万余人。截至目前，全省21个试点县（市）累计建设了46个具有区域特色的返乡创业园区，形成了“归雁经济”“返乡创业经济”。

公共服务支撑体系提供创业最优服务

在河南，21个试点县（市）积极提供注册登记、政策咨询、创业指导、社保关系接续和优惠政策享受等“一站式”服务，支持和保障返乡人员创业。围绕返乡创业需要，突出以人为本，整合要素资源，打造全覆盖、普惠制的返乡创业环境。

一方面，根据产业定位，在返乡创业园内建设标准化厂房、研发平台、物流配送、检验检测、职工公寓等，营造基础设施完备、创业成本较低、生产成本最低的集聚环境，提高对返乡农民工等人员创业的服务能力和水平。宜阳县搭建永晖创业孵化基地，返乡农民工等人员创办企业所使用办公家具及设备、场地租金、水电、物业、高速光纤等全部免费，并为创业者提供项目论证、开业指导、创业服务、跟踪扶持等“一站式”服务和工商登记、财税代理等“保姆式”服务。

另一方面，按照“产业为基、就业为本、住房和学校牵动、基本公共服务保障、社会保障和农民权益保障”的思路，统筹推动社保、住房、教育、医疗等公共服务制度改革，使返乡创业人员同等享有各类公共服务权益，解决返乡创业人员后顾之忧，加快新型城镇化进程。

2019年4月15日，河南省省长陈润儿发表《关于外出务工人员返乡创业情况的调查》，肯定了11个试点县（市）的典型经验，进一步激发了全省返乡创业试点工作的积极性。

融资保障体系解决创业资金短缺问题

资金短缺是返乡创业面临的主要障碍之一，针对返乡创业融资难、融资贵、融资慢等突出问题，河南省财政厅、人社厅出台《财政支持农民工返乡创业20条政策措施》《农民工返乡创业投资基金管理办法》，河南省发展改革委、国家开发银行河南分行出台《开发性金融支持返乡创业促进脱贫攻坚实施方案》，积极扶持返乡创业。

河南省设立总规模100亿元的农民工返乡创业投资基金，新蔡县、平舆县等8个试点县（市）分别设立了1 000万元～1亿元不等的返乡创业投资子基金。2016年以来，全省累计为返乡农民工等人员提供创业担保贷款超过250亿元。禹州市投入2 000万元设立了农民工返乡创业投资基金，并设立了300万元的农民工返乡创业风险补偿资金，有效助力返乡创业。

成长促进体系帮助企业发展壮大

河南省鼓励返乡创业企业化、规模化发展，建立返乡创业企业成长政策支持体系。推动各试点县（市）分类建立拟重点培育的返乡创业小微企业、规上企业、上市企业、独立法人机构“四张清单”，畅通企业成长通道，促进企业群体发展壮大。

针对返乡创业企业发展的不同阶段，强化政策引导，制定租金减免、资金补贴、要素保障等支持政策，光山县、清丰县等6个试点县（市）分别设立了200万～1.3亿元不等的农民工返乡创业专项扶持资金，促进了返乡创业企业发展。

返乡创业企业发展促成了从“一家富”到“乡村兴”、从“一企兴”到“产业旺”的辐射效应，为乡村振兴和城镇发展注入了新活力。例如，孟津县的吕妙霞返乡创业后成立了洛阳龙浩农业有限公司、孟津县京孟种植专业合作社，发展草莓种植基地32个，带动5 130余人就业、316家农户致富。

返乡创业试点工作启动以来，河南省构建了“国家试点、省级示范”的返乡创业梯度发展格局，对每个返乡创业示范县（市）、示范园区、示范项目分别奖励200万元、50万元、30万元，激发了更多外出务工人员返乡创业的热情，促进了农村一二三产业融合发展，推动了城乡深度融合，拓展了城乡就业空间，提供了更多就近就业岗位，增强了返乡创业人员的幸福感、获得感和安全感。

案例7

重庆：创新模式搭建平台，多方拓展返乡创业空间

重庆作为西南重镇，山高水长，人文荟萃，工业基础好，人口密度大，具有较好的发展基础。2016年以来，在国家发展改革委的大力支持下，重庆市先后三批次共10个区县被纳入国家支持农民工等人员返乡创业试点。截至目前，全市建成30个市级农民工返乡创业园，试点区县返乡创业人数达12.1万人，创办市场主体22.9万个，带动就业55万人，有力促进了城镇化建设和城乡融合发展，助推了脱

贫攻坚，加快了乡村振兴，稳定扩大就业效果逐步显现。

多措并举建平台，为返乡创业企业夯实载体

演员唱戏需要先搭建舞台，同理，返乡入乡创业也需要一个起步的支撑和载体。重庆市支持农民工等人员返乡入乡创业，即从打造孵化平台这一载体入手，发挥试点区县积极性，结合当地实际打造众创空间、创业园区（楼宇），广泛吸纳创业主体。

首先，创新模式搭建创业平台。开州区采用“龙头企业+小企业+农户”的辐射模式，搭建了“辐射式”农业创业平台。采用“工厂进园区，车间下乡镇”的模式，打造“分散式”工业创业平台。采用“行政+市场”的模式，打造电子商务孵化园等服务业创业载体。

其次，盘活闲置资源打造孵化基地。綦江区将3 000余亩闲置土地、40余万平方米闲置厂房建立台账，研究制定财政专项补贴等扶持政策，对改造闲置厂房给予10元/平方米的补助，先后投入4 000余万元，改造闲置厂房十余处，成功为180余家中小企业提供了创业场地。

另外，多方拓展创业空间。按照“七通一平”建设标准，建设适用于中小规模创业的标准化厂房。江津区、黔江区新建厂房3.2万平方米，为1 700余户返乡创业者解决场地问题。注重将园区建设向农村引导，大力打造以休闲避暑、观光体验为主的农业产业园。永川区发展重点农业旅游项目23个，累计实现旅游收入1.3亿元。

立足产业选项目，为返乡创业企业精准导航

如果说平台是返乡入乡创业企业起步的支撑，那么项目就是企业远航的依托。创业企业是否能行稳致远，项目选择至关重要。重庆市在这方面可谓下足了功夫，结合各试点区域的资源禀赋和产业、区位、交通等优势特点，打造创业园区，集聚创业主体。

首先是准确定位创业园区。按照“一区（县）一品”的原则，精准定位园区发展方向，成功打造出江津西部食谷、永川现代农业、开州电子轻纺、綦江“互联网+轻资产”、垫江电商物流等各具特色的返乡创业园。

其次是编制创业项目清单。按照各园区功能定位，编制可行性强、前景较好、风险较低的返乡创业项目清单并动态更新，依托试点区县，积极开展返乡项目推介和对接，指导返乡人员选择创业项目。

另外还提供创业信息库支持。聚焦返乡创业项目信息，以及人才、管理等短板问题，开州区建立“成功乡友、创业专家、劳务人才”三项信息库，推动以乡情引导创业、以经验指导创业、以专家服务创业、以人才支撑创业。

金融培训双服务，为返乡创业企业鼓足底气

企业是否能快速成长壮大，关键看环境，而环境的好坏又直接取决于服务。重庆市在为返乡创业企业提供服务方面，坚持“四强化”，通过“政策助创、服务助航、金融助力、培训助能”，构建起了全方位创业服务保障体系。

一是强化政策保障。出台《重庆市人民政府关于做好新形势下就业创业工作的实施意见》《重庆市人民政府办公厅关于印发促进农民工等人员返乡创业实施方案的通知》《重庆市推动返乡入乡创业高质量发展实施方案》等扶持政策，完善返乡创业机制，优化创业环境，明确用地、税收、金融等支持政策。

二是强化创业服务。指导区县建设“众创 E 家”创业服务平台，推动市、区（县）、街镇（社区）三级创业服务体系形成，建立近万人的创业服务队伍。在返乡创业园设立服务中心，为创业者提供行政代办、综合审批等“一站式”“保姆式”服务。

三是强化培训服务。准确掌握返乡人员创业需求，大规模开展免费创业就业培训，突出培训的针对性、实用性和时效性，提高创业成功率。

四是强化金融服务。落实小额贷款贴息政策，将贷款额度从 3 万元提高到 15 万元，对返乡创业企业实施最高 60 万元的贷款利息补贴。建立健全“政担银”金融服务模式，推进“政策性+商业性”组合贷款和不良贷款动态管控机制，高效率放大政策性贷款惠民效应。2016 年以来，累计发放各类创业担保贷款 167. 3 亿元。

多方联动聚合力，助返乡创业企业抱团远航

重庆市坚持全市一盘棋运筹，充分发挥产业联动效应，创新返乡创业模式，形成整体合力。

一是推动市区（县）联动。加强市级部门和区县统筹联动，建立全市返乡创业工作协调协作机制，推动各区县间人才、技术交流，促进了市区之间及园区企业间产、发、研方面的合作共赢。

二是推动城乡联动。瞄准返乡创业城市向农村城镇扩散趋势，开州区按照“总部在园区、工厂在乡镇、车间在农家”的三级网络生产模式，把岗位设在农户家门口，促进劳动力转移就业灵活性，有效保障企业用工，降低创业成本。

三是推动产业联动。广泛推行“公司+农户”“大户+散户”等模式，发挥创业主体与周边农户以及其他产业间的联动作用，达到了“以一带十”的创业带动效应。

四是推动园区联动。綦江区构建“3+8+12”的返乡创业基地（园区），依托资源禀赋差异化发展，依托特色产业抱团发展。开州区采取“一园三区多点”模式，在建设主园区的同时，建设了赵家、白鹤、后坝等三个农民工返乡创业拓展区，收效良好。

打造创业好生态，为企业创新添活力

重庆市积极开展各类创业创新活动，大力开展创业政策宣传、典型宣传，营造创业创新良好生态。

一是大力推进“渝创渝新”行动计划。积极开展“渝创渝新”大赛、职业技能大赛、创业路演等创业活动，激发全社会参与创业热情。

二是打造创业联盟。依托重庆市就业促进会组建重庆市创业联盟，下设农民工、大学生、自主择业军转干部、创业导师、投资机构、孵化器六大分盟。各盟之间密切合作，促进创业要素之间资源共享、跨界协作、互助共生，优化全市创业生态。

三是加强典型宣传。大力宣传支持农民工返乡创业的政策措施、典型事迹、诚信模范等，通过典型示范引领带动返乡创业，着力营造崇尚创业、褒奖成功、宽容失败、善待他人的和谐创业环境和良好的创业氛围。

案例 8

云南：彩云之南的返乡创业热情正在熊熊燃烧

彩云之南的惬意生活，一直都在吸引着繁忙都市的年轻人转战前往。尤其是在国家支持返乡入乡创业的大环境下，越来越多的当地或外乡年轻人回到或是来到云南，开启了他们的返乡入乡创业人生。

2015 年，国务院办公厅印发《关于支持农民工等人员返乡创业的意见》后不久，云南省政府办公厅随即印发《关于支持农民工等人员返乡创业的实施意见》，全面开启了支持农民工等人员返乡创业的新征程。云南省沾益、弥勒、南华、思茅、陆良、祥云、蒙自、隆阳、镇雄、砚山、凤庆、石屏、昭阳、巍山、永平 15 个县（市、区）成为全国返乡创业试点。试点地区政府施展十八般武艺，推进以特色发展构建返乡创业基础、以平台搭建营造返乡创业环境、以培训服务提升返乡创业能力、以加强领导强化返乡创业保障四大体系建设，支持农民工等人员返乡创业取得积极成效。

试点工作开展以来，云南以市场需求为导向，着重全面提升创业孵化水平，形成多层次多样化扶持农民工等返乡人员创业格局，为返乡农民工等人员在家门口实现创业梦、就业梦提供支撑，促进返乡创业带动经济增长。2019 年，15 个试点地区共返乡创业 12 616 人，创办市场主体 8 652 个，产值80 905. 96万元。带动就业35 198人，其中建档立卡贫困人口 2 565 人。建立返乡创业园区 220 个，返乡创业孵化基地 6 个。

搭建平台优化创业环境，让返乡创业者了却后顾之忧

对于返乡入乡创业者而言，创业是否能立住脚、可持续，很大程度上取决于创业环境与平台搭建是否完善。在这方面，云南通过搭建平台为返乡入乡创业者营造出放心的创业环境。

祥云泰兴农业公司张现锋成立了泰兴特色农业科技创业园，免费为返乡农民工、大学生等创业者提供政策咨询、创业规划、就业指导、技能培训及后续跟踪服务。泰兴的这一行动也得到政府的支持和鼓励，创业园在 2016 年被认定为省级创业园，并获得省级补助资金 100 万元、县级补助资金 50 万元。有趣的是，祥云泰兴公司本身就是由祥云县外出务工返乡人员朱红青创办，成立当年得到了县人社部门劳动密集型小企业担保贷款 200 万元贴息支持。目前，公司通过产业扶贫、挂钩扶持、订单农业和项目实施，直接带动 3 000 余农户总计增收 5 000 余万元。

除了泰兴特色农业科技创业园，祥云县还打造了财富工业园区创业园、环青海湖创业示范基地等，形成了全民创业带动就业的良好氛围。南华县搭建的电商平台，将政府公租房提供予创业积极性较高的返乡农民工用作经营用房，两年内免租金，有效激发了返乡农民工的创业热情。思茅区六顺镇嘎里村通过实施返乡创业小额贷款整村推进，打造小额信贷示范村、典型示范户的创新举措，有力促进了当地农民工成功创业。

云南省各试点地区采取多项措施着力营造良好的创业环境。除推进返乡创业基础设施建设，在整合资源、统筹规划的基础上，加大投入，不断改善县、乡、村的水电、道路、物流、通信等基础设施条件外，还着力打造返乡创业平台，因势利导，筑巢引凤，打造了一批农民工返乡创业园、电子商务创业园、小微企业创业园、青年创业示范园、创业示范镇等创业平台，促进农民工等人员返乡创业。以思茅区为例，以南亚科技创业园投资开发有限公司为运营主体，打造了思茅区就业创业平台，可同时容纳约 400 余户创业团队，被云南省和科技部备案为国家级“众创空间”和“云南省省级创业园示范基地”。

此外，对于创业者最关心的资金问题，云南省积极搭建融资平台。统筹发挥发展改革、教育、工信、人社等部门的创业贷款、“两个 10 万元”、大学生创业扶持、降费减税等各项扶持政策作用，优先向创办经营实体的农民工提供贷款服务，为返乡创业提供资金保障。2016 年以来，云南省创业担保贷款（含“贷免扶补”）扶持农村人员创业 21.49 万人，发放创业贷款 221.75 万元，占同期扶持创业人数的 50.62%。例如沾益区 2019 年小额创业提供贷款放贷 451 户 6 765 万元，其中“贷免扶补”247 人 3 705 万元，全区创业担保贷款放贷 204 户 3 060 万元，为 4 名大学生创业者申报大学生创业补贴 12 万元。

以特色发展构建返乡创业基础，促产业项目迅速推进

创业环境已营造就绪，接下来返乡入乡创业如何走，就需要瞅准发展方向。发展特色产业即为云南构建返乡创业的基础。

位于云南省陆良县工业园区的陆良蔬菜冷链物流园，每天都人头攒动。挂着各省份牌照的大拖车来来往往，分拣蔬菜、计装箱重、送冷库装卡车。这个占地 500 余亩、净容积 41.2 万立方米的物流园，是陆良县紧扣云南省打造绿色食品等世界一流“三张牌”决策部署，以及“一县一业”试点机遇而建成的一大平台，为返乡从事种植业的大批人员创造了良好条件，解决了种植户最头疼的销售、储运等难题，从而带动该县种植蔬菜共计 60 万亩，并辐射周边县乡种植蔬菜 160 万亩。

云南各试点地区因地制宜，积极引导返乡农民工等人员创建合作社、种植养殖企业、家庭农场等新型农业经营主体，兴起一批农林产品加工、休闲观光农业、乡村旅游、农业服务业等产业项目，推动传统农业与现代服务业融合发展。如曲靖市陆良县的蔬菜物流园、蒙自的过桥米线小镇、沾益的精品庄园、昭阳区的苹果和蔬菜……在这些返乡创业的试点地区，结合高原特色现代农业及其他特色产业，科学选择和确定自身产业发展道路，均取得了良好的效益。以陆良县投入 8 亿元建成占地 500 亩的蔬菜冷链物流园为例，223 座冷库全部投入运营，高峰期每天可收购蔬菜 1 万吨，支付菜农蔬菜款约 1 800 万元，可实现年销售额 30 亿元以上，带动蔬菜加工、包装、销售、物流等产业发展及 4 万余人就业，每年可实现劳务收入 3.6 亿元以上。

同时，各试点地区还加快电子商务进农村的步伐，建立了县、乡、村级电子商务服务站，有效解决“工业品下乡、农产品进城”过程中成本高、时效慢等有关问题，为农民工返乡创业拓宽了路子。

云南省通过引导高原特色现代农业产业化发展，突出“农业+工业”“农业+旅游”“公司+农户”等模式，使产业项目得到了迅速发展，培育壮大了一批牵动作用大、关联度高、带动力强的龙头企业，有效带动一二三产业融合发展。隆阳区着力打造万亩生态观光农业园，并成功申报国家田园综合体试点，新增国家级示范社 2 户、省级龙头企业 5 户、市级龙头企业 7 户、家庭农场 28 个，被列为云南省农村创业创新园区。凤庆县天之凤农村电商平台、凤庆鑫辰电子商务有限责任公司、凤庆县田夫科技有限公司是凤庆县三大电子商务平台，通过充分整合多方资源，发挥地方产业优势，发展具有凤庆地方特色的农村电商模式，2019 年营业额达 1 200 余万元，使凤庆县的农副产品搭上电商快捷服务，实现农民增收。

精准培训服务提升返乡创业能力，带动就业效果明显

“一招鲜，尝遍天。”对于返乡创业者而言，掌握可以傍身的技术是稳定创业事业的必备因素，创业技能的高低也成为农民工等返乡入乡人员成功创业的一个关键。在云南省各试点地区，加大创业技能培训投入被看作是一项重要工作。当地创新培训方式，结合地方特色产业发展，开展有针对性、实用性的培训，很大程度上提升了农民工等人员返乡创业的能力。

砚山县依托农村劳动力转移就业创业示范园、云南技师学院砚山分院校园创业平台，以及社会职业培训机构等培训资源的作用，大力实施“SIYB”（创办你的企业）培训项目，推进农村劳动力技能培训工程。对文化程度较低、资金能力有限的人群，以普及实用技术为重点，开展种养殖、刺绣、缝纫、烹饪等技能培训。2016 年至 2020 年 3 月，沾益区举办了 16 期 SIYB 创业培训班，培训人数 1 266 人；组织 70 期中式烹调师、民族刺绣、畜禽疫病防治员、砌筑工、焊工等专业技能培训班，培训 4 944 人。弥勒市采取“请进来、送出去”的方法，聘请定点培训机构前往乡镇进行培训，有效提升农民工等人员创业能力。2019 年，弥勒全市共扶持 813 人成功创业，发放贷款 8 498 万元，带动就业 2 847 人，实现了创业带动就业的“倍增效应”。

通过具有针对性的技能培训，创业人员的专业技能得到大大提高，创业热情也快速高涨，使得创业带动就业效果明显。支持农民工等人员返乡创业试点工作的开展，开辟了就地转移劳动力的新路径，农民工回乡创办的企业多属劳动密集型行业，为当地农民提供了门槛低、易接受的就业门路，有效促进了就业。

祥云的“豆腐第一村”——天马，以“带头人+农户”的模式，通过技能培训、典型引领等一系列措施，直接带动 77 户 240 人创业就业，天马社区豆腐制作实现劳务年收入 495 万元。常年制作户人均年收入 5 万元，季节性制作户人均年收入 1.5 万元。目前，南华县农民工返乡创业园和野生菌信息港众创空间已服务创业企业 234 户，孵化成功企业 53 户，全部入驻电商广场，带动创业 565 人，带动就业 1 800 余人。

政府“撑腰”领导亲自督战，强化返乡创业保障

如今云南各返乡创业试点地区取得的成绩，离不开政府的大力支持，有关部门领导的亲自督战为返乡创业工作的快速推进提供了坚实保障。在云南各试点地区，均成立了由县（市、区）政府主要领导担任组长的支持农民工等人员返乡创业试点工作领导小组，明确了有关部门工作责任，初步形成了政府主导、部门负责、社会参与的工作格局，并建立了考核督查机制。

南华县于 2020 年 7 月召开了县委、县政府主要领导参加的试点工作推进会，强化绩效考核，实行“一月一督查一通报”责任落实机制。弥勒市在人社局组建创业指导中心，配备工作人员、落实工作经费、完善办公设备，开设返乡农民工创业服务窗口，建立了为民服务代理制，对返乡农民工创业需办理的相关手续，采取“直通车”的办法，简化程序，随到随办，开辟了农民工返乡创业绿色通道。

各试点地区通过制定实施方案，明确了工作目标、任务、措施和时间节点。同时，积极细化和落实国家以及云南省一系列支持返乡创业的优惠政策，在各自权限内加大对试点的政策支持力度。

案例 9

宁夏：积极搭建“1+X”创业培训平台，带动就业效果突出

俗话说，“天下黄河富宁夏”。如今，外出农民工纷纷返乡，利用黄河水利之便，种水稻，养鱼虾，开创自己的返乡创业事业。

自国家启动返乡创业试点工作以来，宁夏回族自治区共有银川市西夏区、贺兰县、石嘴山市平罗县、吴忠市利通区、青铜峡市、盐池县、同心县和固原市彭阳县8个县（区）被纳入国家返乡创业试点。共计接收返乡创业人员约7 200人，带动就业约15 600人。

试点工作的开展实施，为宁夏探索完善返乡创业体制机制，激发县域经济发展内生动力，促进“大众创业、万众创新”提供了重要实践，对今后更好地推动新型城镇化建设和促进创业带动就业发挥了积极的示范作用。

一是大力强化政策支持。出台《关于进一步做好当前和今后一个时期促进就业工作的实施意见》，着力抓好重点群体就业创业；印发《关于加强政银企合作扎实推进返乡创业工作的通知》，确保政策性金融支持返乡创业工作落地见效；发布《关于进一步推进就业扶贫工作若干意见》政策文件，出台4条针对性强、含金量高的闽宁劳务协作新政策，大力开展就业扶贫“百千万”行动，鼓励和引导建档立卡贫困劳动力返乡就业创业或劳务转移就业；出台并制定《关于推行终身职业技能培训制度的实施意见》和《关于打赢脱贫攻坚战三年行动职业技能培训工作计划》，着力强化技能培训力度，提升农民工等群体就业创业能力和水平，返乡创业制度建设更加完善。

二是认真做好指导服务。持续开展农民工等人员返乡创业培训工作，不断提升农民工等群体就业技能；大力实施农民工返乡创业基地培育工作，培育认定4家自治区级农民工返乡创业孵化示范基地，创业孵化效益进一步增强。大力开展创业指导志愿服务专家团“宁夏行”“创业专家走进直播间”，以及宁夏籍人才返乡创业创

新等系列创新服务活动，积极推广“创业培训+基地见习、创业实训、创业项目”的“1+X”创业培训模式，为创业者搭建平台，创业带动就业效果突出。

三是深入开展调查研究。为掌握农民工等群体返乡创业有关情况，一方面督促各试点地区开展对农民工等人员返乡创业情况的摸底调查和农民工等人员的信息建立工作，另一方面结合常规性的调研工作，会同人社、统计、工商等部门适时对全区就业情况及农民工等群体就业创业情况开展深入调研，在此基础上摸清情况、发现问题、提出对策，形成了相关分析报告。从初步分析情况看，目前宁夏农村劳动力就业人数为年均75万~80万人，其中约七成的农民工选择在宁夏本区就业创业，剩余三成的农村劳动力主要集中在内蒙古、新疆、京津、长三角和福建地区就业，本地就业人数占绝对多数，本区对农民工等群体的就业创业仍具有较强的吸引力和承载力。

未来，为进一步深入推进返乡入乡创业工作，一方面，建议国家层面加强调研指导，充分考虑试点地区的实际情况，分类引导，精准施策，切实发挥返乡创业试点工作对促进农民工、高校毕业生等群体就业创业的积极作用；另一方面，建议国家设立返乡创业试点专项资金，激励以企业为主体广泛吸纳就业，有效解决农民工等群体返乡创业就业问题。

案例10

新疆："就业"向"创业"转变，加强平台服务助力创业创新

一首《新疆是个好地方》把人们带入美丽的遐想，那里天高地阔，草美羊肥，资源富集，令人向往，是块潜力无限的发展洼地。自全国支持农民工等人员返乡入乡创业以来，新疆维吾尔自治区党委、政府高度重视，认真部署，11个试点县（市）积极作为，大胆探索，创新政策，优化服务，全区农民工返乡创业呈现出良好势头，促进了当地经济的发展。

由"就业"到"创业"，政策促成观念转变

新疆经济发展基础相对薄弱，城乡二元结构特征明显，农村富余劳动力数量较多，每年200余万农村富余劳动力需转移就业，在当前新增就业岗位有限的情况下，政府扶持返乡创业政策力度不断加大，越来越多就业者开始转变观念，愿意通过创业来实现自我的人生价值。

新疆制定出台了《自治区创业担保贷款实施办法》《关于进一步做好创业担保贷款工作的通知》《关于做好进一步支持和促进重点群体创业就业有关税收政策的通知》等一系列扶持政策，充分运用财政支持、创业投资引导和创业培训、政策性金融服务、小额担保贷款和贴息、生产经营场地和创业孵化基地等扶持政策，吸引返乡创业人员。支持发展农民合作社、家庭农场等新型农业经营主体，落实定向减税和普遍性降费政策。除国家法律法规、国务院特殊规定外，取消最低注册资本限制。充分发挥新疆现有专项资金的引导和放大作用，重点支持小微企业健康发展和创业创新。新疆将逐步减少财政资金直接对企业固定资产投资项目进行无偿资助的额度，逐渐加大对中小微企业服务机构、创业空间、创新载体的投入力度，不断拓展丰富其服务功能。加强对中小微企业的精准服务，优化企业发展环境，鼓励"大众创业、万众创新"。

新疆紧密结合返乡农民工等人员创业特点、需求和地域经济特色，开发有针对性的培训项目，转变就业观念，增强创业意识，协助创业者顺利开业和成功创业。加强创业师资队伍建设，采取培训机构面授、远程网络互动等方式有效开展创业培训，扩大培训覆盖范围，提高培训的可获得性，并按规定给予创业培训补贴。2016—2019年，累计开展创业和职业技能培训471.9万人（次），新增创业31.31万人，带动就业67.18万人，创业带动就业效果明显。

建平台抓服务，助力聚焦创业创新

新疆始终把促进返乡入乡创业工作作为重点来抓，通过政府出资、就业资金补助、民间资本投资等多种形式，投资建设创业孵化基地、众创空间、星创天地、就业见习基地、"民生坊"等项目，努力搭建各类特色的创新创业服务平台。支持高校建立自治区众创空间、科技孵化器和大学科技园等科技成果转化、孵化育成平台，有效带动了大学生创新创业的积极性。截至2019年，全区星创天地42个，其中国家级34个；众创空间87个，其中国家级9个；科技企业孵化器38个，其中国家级

9个。逐渐形成多领域、多层次、全方位的创新创业服务体系，为创业者提供场地支持、政策扶持、创业策划、信息咨询、项目推介、人员培训等服务。双创载体已成为培育科技型企业、活跃社会创新氛围、促进经济转型升级的重要力量，为实现实体经济转型升级、推动经济高质量发展提供了重要支撑。

试点县成立了农民工返乡创业领导小组，专门负责农民工等人员返乡创业的组织指导和协调服务。全区已建成村级就业和社会保障工作站8 668个，覆盖率达95.2%，常态化举办与就业有关的各类活动，公共就业服务能力不断提升。街道、乡镇成立就业办公室，并配备工作人员。同时建立健全各类基础台账，准确掌握了各类劳动者的培训需求、就业情况和创业意向等，构建起覆盖城乡的返乡创业信息服务网络。

借助技术创新，推动产业转型升级带动创业就业

技术是促进企业发展从而带动地方经济发展的重要推动力，新疆借助高新技术手段，积极推动当地返乡入乡创业发展。继续深化和扩大电子商务进农村工作，推动信息入户，建立了高速畅通、覆盖城乡、质优价廉、服务便捷的宽带网络基础设施和服务体系，带动返乡入乡人员依托其平台和经营网络积极创业。加大交通物流等基础设施投入，畅通农产品进城与工业品下乡的双向流通渠道。

随着新疆促进创业创新特别是技术创新优惠政策的落实，科技创新体系不断完善，科技创新环境不断优化，自主创新能力大幅提升，创新载体得到加强，科技人才队伍建设取得积极进展。一批制约新疆发展的核心、关键技术得以攻克，战略性新兴产业快速成长，全疆创业创新氛围日渐浓厚。在新疆，创新创业日益成为具有强烈时代气息的社会价值导向和生活方式，涌现出了以大学生等年轻创业者为代表的创业新军，越来越多草根群体投身创业大潮。2016年，全区新增创业6.72万人，带动就业15.79万人；2017年，新增创业7.68万人，带动就业16.59万人；2018年，新增创业9.44万人，带动就业20.37万人；2019年，新增创业7.47万人，带动就业14.43万人。创业已成为带动就业增长的新方式。

随着创业热情的高涨，新疆通过积极发展产业带动创业，推动转型升级。加大对纺织服装等劳动密集型企业的扶持力度，依托青山绿水、乡土文化等独特资源，发展休闲农业和乡村旅游，盘活农村发展空间，促进农村一二三产业融合发展，引导带动农民工等人员返乡创业，拓展创业空间。鼓励积累了一定资金、技术及管理经验的农民工等人员，顺应消费结构和市场需求，抓住机遇创业兴业，把小门面、小作坊升级为特色店、品牌店，以创业带动就业。支持新型农业经营主体，促进返乡创业。鼓励返乡人员共创农民合作社、农业产业化龙头企业等新型农业经营主体，围绕规模种养、农产品加工、农村服务业，以及农技推广、农资配送、信息咨询等合作建立营销渠道，共同打造特色品牌，通过合作分散市场风险。

案例 11

山西："电商平台+产业培育"成为返乡创业重要载体

著名歌唱家郭兰英那首《人说山西好风光》，让人们认识了山西，知道了太行山、吕梁山和汾河水，还有那些村里的年轻人。今天，也有一批农村的年轻人，在外出打工学得本事后，又回到这片亲切的土地，返乡创业回报家乡。

2015 年开始，山西省 3 批共 11 个县被列为国家返乡创业试点，工作开展以来，各试点地区按照相关文件精神，结合本地实际，培育特色产业，建设产业园区，发展农村电商，积极探索支持返乡创业的体制机制，打造良好的创业生态系统。截至目前，试点地区返乡创业人员达到17 576人，累计创办各类市场主体 9 457 个，创业带动就业作用明显。

山西的经验集中体现在两个试点县的典型案例上，一个是借助电商平台创业的武乡县，另一个是将产业培育作为返乡人员创业载体的曲沃县。

武乡：电商创业引发贫困户自我创业创新内生动力

在山西省返乡创业试点之一的武乡县，通过电商平台创业成为返乡农民工创业的一大特色，不仅从业人数多，网店规模大，而且分布广，物流等配套设施齐全，已成为全县新增创业的主流业态。

武乡县的电商从业者分别在京东、苏宁、乐村淘开设了武乡特产馆，通过举办康达陈醋限量"1 元秒杀包邮"、乐村淘武乡"太行山小米节"、康达陈醋"山西品牌中华行——大连站"展销活动、武乡权店梅杏赏花节、武乡岭头梨花节等一系列农产品促销和宣传推广活动，带动农产品网络销售增长50%，农产品产地收购价提升15%以上，极大地调动起了农民电商创业的热情。

为畅通和完善电商相关物流配送网络，武乡县投资1 000万元，完成了1个县级仓储配送中心（园区物流仓储中心）、15个乡镇服务站、233个村级物流终端和配送体系建设。该县自主开发的农村物流信息管理平台“蚂蚁到村”已上线，并入住武乡县双创基地投入试运行，已建成行政村电商物流配送网店205个。

伴随着电商创业趋势逐渐加强，“头雁”带动电商发展助力脱贫攻坚的示范效应也愈发明显。在岭头微店村成功经验带动下，武乡县与微店官方签订了战略合作协议，双方携手共建微店创业扶贫县，打造县、村、户三级创业体系，复制推广“岭头模式”，对全县贫困户开展批量培训指导，开微店，做微商，脱贫增收。

一是建立全省首家电商扶贫中心。为全面推进电商扶贫工作，武乡县在红星杨双创基地A座设立了电商扶贫营销运营中心，利用微店人才资源、第一书记和微店创业代表组建专业运营团队，承担全县100个微店村、30个扶贫创客小院和全县4 562个微店的农产品收购、分类、包装、营销、推广以及一键代发等全方位、保姆式服务，成为贫困户微店创业的综合服务平台。

二是全面铺开“32+68”个微店村建设。在全县32个贫困村，其中6个深度贫困村，推广复制岭头整村微店创业脱贫模式，后续进一步铺开68个贫困村微店村建设，重点围绕“1+6”战略推进。具体是以第一书记为引领，即首先培训第一书记，并将打造微店村作为电商产业扶贫的重要任务分解到乡镇、各驻村工作队和第一书记，从而形成以第一书记为核心，帮扶党员干部齐上阵，发朋友圈、发微博、做营销、做推广，县、乡、村三级干部齐抓共管的局面。在此基础上，完成“六个一”工程——“一个氛围”即营造微店村的电商氛围，如通过扫描村口石头二维码即能找到全村微店户，又如通过微店主笑脸墙二维码全面展示各微店主信息等；“一群金牌微商”即培育至少10名以上金牌微商，年销量在万元以上；“一个品牌”即打造一个村系列品牌产品，如“岭头三件宝”小米黄梨和核桃、任村的手工挂面和黑花生、王庄沟的黑木耳等；“一个网红”即塑造一个网红，做好微店创业宣传，如石北乡型庄村原瓦房匠人——67岁的郝书文大爷，一句“现在我不能上房了，但我能上网”蹿红网络；“一批硬件”即投入一批硬件设施，包括Wi-Fi覆盖、送货三轮车等；“一个村级物流寄递点”即依托村级电商服务站建设村级物流快递收发点。

三是首创了农户扶贫创客小院。扶贫创客小院最初始于贫困户微店创业主任丽红，以前农闲时节只会聚集村中妇女在院子里打牌、跳舞、拉家常。自从学习微店创业后，聚在院子里的都成了村中学习开微店的妇女，一起学习上架产品、真空包装、营销技巧，从而形成了扶贫创业小院的雏形。随后，县电商办联合微店进行整体规划和整合，在全县打造了“宝玉直播扶贫创客小院”“郝大爷扶贫创客小院”“郭姐扶贫创客小院”等首批扶贫创客小院。这些扶贫创客小院主要集聚了学习、培训、产品展示、加工包装、打码发货、质量溯源、信息汇集等功能，引导更多农村妇女、残疾人、闲散劳力参与其中创业致富，同时指导全村农户什么好卖种什么，通过一个个小小的农家院落，践行了供给侧结构改革。

四是积极探索电商扶贫有效模式。一是农家老魏的“一店带多户”模式；二是“晋黄羊肥”小米的生产商、服务商、网商“三商联动”模式；三是以岭头为代表的打造微信村“整村微商”模式；四是电商公共运营中心建立的扶贫购“平台运营”模式。通过这些模式，优质农产品的价值得到了市场的认可，小米由传统销售4元左右，提高到网销8～10元，“晋黄羊肥”小米更是创下了每斤60～80元的高价，农产品的溢价效应和普通贫困户的创业故事，都极大地吸引了更多的贫困户参与电商创业创新，推动了全县农业供给侧结构性改革，引发了贫困户自我创业创新的内生动力。通过电商扶贫，仅销售小米一项，就为全县5 000多贫困户增收200余万元，带动微商、电商创业7 000余人。

曲沃：“三产示范带”带动返乡创业实现新突破

山西省曲沃县坚持实施“产业强县”战略，紧紧围绕全县八大农业园区、五大工业园区、“六区四园”文旅园区三大产业示范带，积极探索创新创业模式，使产业发展带动返乡创业工作实现新突破。

为发展一产，该县累计投资8.5亿元，通过改善农业基础，推广新技术、新品种，引进先进经营理念，改革经营模式等一系列举措，引导在外人员返乡创业就业。截至2018年底，全县八大农业园区中共有4 848个蔬菜大棚，带动万余名农民工创业就业。其中，各类农村创新创业主体合计1 052个，注册登记农民专业合作社748个，平台注册登记的家庭农场36个，种植50亩以上的种植大户87户，养殖200头（只）以上的养殖大户153户，销售收入500万元以上的龙头企业18个，农业休闲点10个。

为发展二产，该县围绕千万吨级优特钢生产基地，强力推进产业优化升级，2018年总投资127.02亿元，涉及传统产业转型升级、技术装备水平提升、循环经济、战略性新兴产业等多个领域，促进了全县经济社会的发展，这些企业的发展壮大吸收了大批外出人员返乡就业。截至目前，立恒公司、通才公司作为两家全国500强民营企业，共吸纳各类务工人员7 644人。

为发展三产，该县围绕“6411”文化旅游产业发展布局，开发建设了六大旅游景区，完善了各大景区景点功能设施。仅每年文化旅游月期间即可带动关联行业提供3 000个就业岗位，全县餐饮、住宿、演艺行业安置就业人员近1 000人，从事旅游区商铺零散摊位经营的人员1 500人，其中大部分为农民工。另外，充分发挥创新驱动，促进创业就业提质增效，全县建立“小鹿巴巴”“乐村淘”等农村电商平台，全年累计交易特色农产品达2 000万吨，带动2 000余青年农民就业。

编　后

俗话说，“心有多大，舞台就有多大”。而舞台有多大，事业就将做得多大。“舞台”即平台，它既是返乡入乡创业者的“容身之所”“培训学校”，又是创业者对接业务的“中间人”、解决难题的“工具箱”、吸收营养和资源的“信息库”……

从本章案例来看，地方多为通过打造返乡入乡创业园区、各类产业园区及示范园区等平台，帮助创业企业解决问题满足需求实现梦想。在这些平台的帮助下，或许买家卖家看对了眼、才子遇到了伯乐、创业小白找到了投资大咖……总之，在平台的孵化下，一批批返乡入乡创业者和企业走向市场，成长为参天大树。

第三章

栽好梧桐树 自有凰凰来

——创业就业服务保障日渐强化

编者按

任何新生事物的孕育成熟，均需以适宜的生长环境为前提。于返乡入乡创业而言，只有栽好营商环境这棵“梧桐树”，才能引得农民工等返乡入乡创业群体这群“凤凰”还巢。在返乡入乡创业试点地区，各地政府借助现代信息技术等有利条件，提高登记服务效率，实行“多证合一”改革，放宽市场准入条件，降低创业成本……随着“放管服”改革的深入推进，创业相关服务保障日渐完善，创业者们的返乡入乡创业之路也走得日益顺畅。

案例 12

辽宁：出实招优环境，结出返乡创业硕果累累

辽宁，是东北的重要省份，两面临海，辐射纵深，是带动东北及内蒙古东部地区经济发展的火车头，也是承接韩、朝经济的桥头堡，位置十分重要。2016 年以来，经国家发展改革委批准，辽宁省盘锦市大洼区、葫芦岛市南票区、本溪市桓仁县、朝阳市朝阳县及龙城区 5 个县（区）先后分三批被纳入国家返乡创业试点。辽宁省委、省政府高度重视此项工作，为了完善和优化返乡入乡创业营商环境，当地政府不断出台政策措施，有力推动了农民工等人员返乡入乡创业工作的开展。据不完全统计，2019 年，5 个试点地区共有返乡创业人员 27 148 人，创办各类市场主体 24 606 个，实现产值 23.7 亿元，带动就业 81 349 人，带动脱贫 909 人。

支持政策连发，激发返乡人员创业热情

在加强对返乡创业群体的政策扶持方面，《辽宁省人民政府办公厅关于支持农民工等人员返乡创业的实施意见》（辽政办发〔2015〕92 号）提出，完善返乡创业园支持、完善返乡投资等多项政策，有效激发了农民工等人员返乡创业热情；辽宁省发展改革委联合 18 个部门印发《大力发展实体经济稳定和促进就业实施意见》（辽发改卫生〔2018〕807 号），将支持农民工返乡创业列为十项重点工作任务之一，并将任务分解落实到各部门，明确责任分工，督促支持返乡人员创业创新政策的落实，研究解决工作中出现的问题；当地发展改革委等 19 个部门联合印发《关于做好贯彻落实〈关于推动返乡入乡创业高质量发展的意见〉有关工作的通知》（辽发改卫生〔2020〕134 号），提出了缓解返乡入乡创业融资压力、保障返乡入乡创业生产经营空间、强化返乡入乡创业基础支撑等措施，大大优化了返乡入乡创业营商环境。

在加大对返乡创业企业的资金扶持方面，《辽宁省人民政府关于做好当前和今后一个时期促进就业工作的实施意见》（辽政发〔2018〕45 号）明确提出，符合个

人涉农创业担保贷款申请条件的人员自主创业的，可申请最高不超过 15 万元的创业担保贷款；辽宁省有关部门联合印发《关于支持创业担保贷款中个人涉农创业担保贷款财政贴息工作的通知》（辽财债〔2018〕235 号），明确了加大对个人涉农创业担保贷款的贴息支持力度，减轻市县财政资金压力，提高市县政府推进此项工作的积极性，充分发挥省级财政资金撬动作用，引导金融机构加大对个人涉农领域的信贷投放，减轻农民工返乡创业的融资成本。

在促进农村一二三产业融合方面，《关于支持返乡入乡人员创业创新促进农村一二三产业融合发展的实施意见》提出了简化市场准入、加强金融扶持、加大财政支持及用地用电支持力度等多项政策措施。将农民工等人员返乡创业与发展区域经济紧密结合，极大地调动了农民工等人员返乡创业的热情。

服务持续推进，营造宽松舒适的创业环境

环境始终是企业赖以生存的土壤，环境的好坏直接影响企业的生存状况。为给返乡入乡创业人员营造宽松舒适的营商环境，辽宁省提供高效的登记服务。推进全程电子化登记，返乡创业人员足不出户即可快速办理登记事项。提供优质窗口服务，采取咨询服务、业务导办、限时办结、银行免费代办等措施，帮助返乡创业人员办理工商登记。压缩企业开办时间，使返乡创业人员在 3.5 个工作日内即可办结工商登记、刻制公章、申领发照等事项。

另外，辽宁省持续深化“证照管理”改革。通过“证照分离”“多证合一”等改革措施，持续降低市场准入门槛，大幅减少照后备案事项的另行办理，对涉企行政许可事项采取取消审批、审批改为备案、实行告知承诺、优化准入服务等模式进行管理，促进市场主体快速取得特定经营资格。

此外，当地还放宽登记准入条件。简化住所（经营场所）登记条件，推行“一址多照”“一照多址”“住宅商用”“集群注册”等政策，为返乡创业人员拓宽场所资源。

强化技能培训，有效提升返乡群体创业能力

为了帮助返乡创业人员强化技能，坚定创业信心，辽宁省不断创新培训方式，启动了互联网、电视机、机顶盒三合一的全省农村劳动力转移远程培训信息平台，为农村劳动力提升技能提供了自助式、互动型、引导性、视频化的学习工具和培训模式。

另外，依托高校院所和农业企业建设“星创天地”，为返乡农民工提供就业指导、技术培训、金融支持等多方位服务，搭建返乡农民工就业、创业平台。

不仅如此，当地还面向农村富余劳动者开展技能培训，启动了“大篷车”送技能下乡活动。在朝阳和葫芦岛等试点地区所在市，由培训管理人员带领专业指导教师和技能培训车，走进乡镇市集开办培训班，一对一进行技能培训。

除此之外，辽宁省还不断加大对创业带头人的培养力度。修订完善《辽宁省创业带头人管理办法》，加强创业带头人管理，积极贯彻落实创业带头人保险补贴政策。对返乡创业带头人、有创业愿望的被征地农民进行创业培训；对培训后进入城镇自主创业的，在企业注册、土地使用、税费管理等方面提供政策支持；对创业资金不足的，可一次性申请不超过5万元的小额担保贷款，有效地缓解了返乡创业人员经济压力。

辛勤耕耘不停歇，收获返乡入乡创业硕果累累

辽宁省各返乡创业试点县（区）结合当地实际，通过一系列推进返乡创业的扶持办法，在土地使用、税费减免、创业培训等方面出台政策措施，促进了农民工等人员返乡入乡创业工作的开展。各级政府积极鼓励引导返乡人员发展特色产业、林下经济、休闲农业、乡村旅游和农村电商，带动农民就地就近实现就业增收。

盘锦市大洼区通过旅游资源整合、旅游品牌培育等一系列措施，构建多元化产业体系，提供大量就业岗位，鼓励农民工等人员返乡创业。实施“2019相聚盘锦”工程，举办“中国·盘锦第四届开海节”“插秧节”等系列主题赛事活动。全区接待国内外游客129万人，实现旅游收入5 900万元，旅游业总收入增长11%，温泉旅游年接待量以16%的速度递增。全面提高楼宇经济发展质量和水平，中国物流东北基地一期项目运营在即，发展楼宇面积15.6万平方米。葫芦岛市南票区形成了以紫砂产业、电子商务、特色旅游等为主的返乡创业格局。鼓励企业自主创新，保护企业知识产权，促进科技成果转化和技术转移，三年来，共申请发明专利4项，授权发明专利10项。

目前，辽宁省各返乡创业试点县（区）返乡创业园区、就业创业孵化基地初具规模，可为创业人员提供政策咨询、信息对接、产品推介等服务。朝阳市朝阳县依托园区企业，创建“柳城工业园区双创孵化基地”，总面积5 000平方米，功能区域划分完毕，目前已正式挂牌投用；农民工返乡创业基地，建筑面积8 000平方米，配套设施齐全，目前已入驻企业54户。当地农民工等人员创业带动就业效果明显。

案例 13

福建："服务+培训+信贷"支持返乡创业

福建，有太多令人向往的地方——武夷山、鼓浪屿、客家土楼、三坊七巷……不只风景如画，而且名人辈出，令人敬仰。近年来，福建省在支持农民工等人员返乡入乡创业方面同样做得有声有色。

自福建省邵武市、长汀县、连城县、武平县和古田县被列入结合新型城镇化开展支持农民工等人员返乡创业试点以来，各地立足实际，积极作为，努力将返乡创业试点工作作为稳就业、促发展、惠民生的重要抓手，在鼓励重点群体返乡创业方面取得了一定成效。

完善试点地区创业就业服务体系。为更好服务返乡创业试点工作，福建省持续优化公共实训基地布局以助力技能人才培养，完善基层就业社保服务体系，提升就业服务水平。"十三五"以来，福建省根据各地实际，结合预算内资金投向和工作要求，已累计争取和安排预算内投资资金 2 970 万元，支持邵武市金塘工业园区公共实训基地、古田县基层就业和社会保障服务中心、长汀县红山乡劳动保障服务所、连城县罗坊乡就业和社会保障服务中心、武平县湘店乡就业和社会保障服务所等 24 个项目建设，为试点地区做好技能人才培养和储备、提高劳动与就业市场服务能力创造了良好条件。

指导试点地区做好就业培训工作。为有效支持返乡创业试点工作，拓宽全省农村劳动力转移就业渠道，结合相关工作部署和省内实际情况，福建省发展改革委联合 22 部门联合出台《关于大力发展实体经济和数字经济积极稳定和促进就业的实施意见》，从大力实施乡村振兴战略、加大金融支持力度、切实保障项目用地、有效发展农村电商等角度，对返乡创业试点工作给予指导和支持。同时，省发展改革委还牵头组织落实国家发展改革委等 19 部委《关于推动返乡入乡创业高质量发展的意见》，从加强组织领导、抓好政策落实、做好经验总结等方面提出具体要求，推动返乡入乡创业工作落实落细，通过返乡入乡创业稳定就业、促进就业。主动会同相关行业主管部门，指导各地返乡入乡创业人员通过多种渠道参与线上培训，促进提升职业技能。

组织试点地区争取信贷资金支持。为做好返乡入乡创业试点项目的资金保障，福建省发展改革委会同国家开发银行福建省分行、中国农业发展银行福建省分行，将政策性金融支持返乡创业有关文件印发各地，广泛宣传。配合政策性金融机构积极指导试点地区做好项目策划、储备，协助建立健全沟通协调机制，遴选符合支持方向和申报标准的项目，科学谋划并做好项目相关条件落实工作。根据有关工作部署，组织、指导符合国家产业政策、具有可持续发展能力、抗风险能力和产业引领作用的返乡创业大型企业集团申报返乡创业龙头企业贷款，积极争取信贷资金支持返乡创业就业工作开展。

案例 14

陕西：优化环境带动返乡创业年均增长 8%，农业生产向产业化、规模化发展

陕西，表里山河，人杰地灵，是个有着王霸之气的地方，绵绵黄土，历历秦川，成就过多少英雄豪杰。如今，轮到数量庞大的新时代豪杰——农民工粉墨登场。

被列入国家返乡创业试点以来，陕西聚焦政策引领、项目统筹、融资创新、环境优化，先后出台《关于支持农民工等人员返乡创业的实施意见》《关于支持返乡下乡人员创业创新促进农村一二三产业融合发展的实施意见》《关于开展农业政策性金融支持返乡创业助力乡村振兴有关工作的通知》《陕西省优化营商环境条例》等一系列政策措施，为返乡创业营造了良好的政策环境，极大调动了农民工等人员返乡创业的积极性和创造性。2020 年以来，为积极应对新冠肺炎疫情影响，及时印发《陕西省推动返乡入乡创业高质量发展 2020 年重点工作安排》，更好发挥返乡入乡创业在助推脱贫攻坚，稳定扩大就业和带动居民增收等方面的作用。截至目前，已有三批次共 18 个县（区）开展试点，先行先试，创新创造，积极探索了一系列

行之有效的举措和办法。

聚焦环境优化，夯实返乡创业“软实力”

营商环境是吸引农民工等人员返乡入乡创业的先决因素，是否能把人引回来、留得住，还需看环境是否“养”企业。为了创造更好的营商环境吸引能人回乡创业，陕西省从创业主体角度出发，持续在优化营商环境上下功夫，采取一系列举措激发市场主体活力，为返乡创业带来新的生机。

一是下力气健全优化营商环境制度体系，制定全省贯彻落实《优化营商环境条例》工作方案、2020 年深化“放管服”改革优化营商环境工作要点，完善营商环境评价方案，明确评价指标体系。对标京沪等先进地区，推广借鉴先进经验和改革举措，推广宝鸡市“双随机、一公开”监管、咸阳市“互联网+大走访”平台等一批省内先进做法。

二是努力降低返乡创业企业开办成本，推行标准化、智能化、自动化的全程电子化登记，确保实现企业开办 3 个工作日内办结。推广应用电子营业执照和企业注销网上服务专区，推行企业注销“一网”服务。率先开展“微信办照”，最快 30 分钟完成注册，提升返乡创业企业开办效率。落实创业孵化项目补贴资金和标准化创业中心疫情期间一次性补贴资金，支持创业孵化基地（返乡创业园区）和标准化创业中心为入驻孵化小微企业和创业个人减免房租、物业、水电等费用。

三是精准推送，努力做好创业服务，在陕西个体私营经济发展综合服务网，为创业者提供扶持小微企业发展政策“点对点”精准推送，鼓励有意愿的返乡入乡人员创办企业。积极培育市场化中介服务机构，加强资源整合与信息共享，鼓励引导中介服务机构为返乡入乡创业人员和企业提供管理咨询、创业培训、创业指导、资源对接、市场开拓等深度服务。

聚焦项目统筹，为返乡创业提供“硬支撑”

除了营商环境，返乡入乡创业还需要有好项目、大基地作支撑。陕西省从这方面入手，以项目为抓手，以园区、基地和企业为支撑，创建返乡创业示范县、返乡创业示范园区，评选返乡创业明星企业，营造返乡创业浓厚氛围，发挥示范带动效应。

首先，陕西省将支持返乡创业园区建设作为重点，印发《陕西省创业孵化基地（返乡创业园区）认定管理暂行办法》，将孵化成功创业实体个数和带动就业人数作为绩效评估和补贴核算指标，依据绩效评估结果，落实每个创业孵化基地（返乡创业园区）不超过200万元的补贴资金。对贫困劳动力成功创业或实现就业的，补贴标准为其他的1.5倍。截至2019年末，全省确定省级农民工返乡创业示范县区35个，省级返乡创业示范园区22个。

其次，当地重视并加强实训基地和标准化创业中心项目建设。陕西实施的公共实训基地项目优先安排返乡创业试点县（区），对中央预算内安排的项目给予省级配套，同时继续在返乡创业试点地区加强公共实训基地建设，并逐步扩面，切实发挥实训基地公益性和示范性功能。持续推进百县千镇标准化创业中心创建行动，2020年实现标准化创业中心县域和约1 000个街道（乡镇）全覆盖。

另外，陕西省还注重统筹利用现有资金支持返乡创业企业发展，对县级以上批准具有外向型经济功能的园区，对其标准厂房建设、综合配套设施建设、信息化建设、通关便利化建设给予支持，并优先支持牵头承建园区建设的返乡入乡企业。对2019年新转入陕西省并有一定进出口业绩的加工贸易企业，对其厂房建设、生产线建设、设备搬迁及运输等方面的投资给予支持，并优先支持返乡入乡创业企业。

聚焦科技创新，打造返乡创业“主引擎”

返乡创业，人才是核心，培训是关键。陕西省充分发挥科技教育资源优势，破解返乡入乡创业技术瓶颈和薄弱环节。

大力开展创业培训，实施返乡创业培训行动计划，支持西北农林科技大学、杨凌职业技术学院等涉农院校，面向返乡入乡创业人员开展公益性培训。积极开展种养能手、农机操作能手、能工巧匠培训，培养一批乡村产业带头人、职业经纪人。落实职业学校开展职业技能培训的基本职能，大力开展创业能力提升培训，使每位有意愿的创业者都能接受企业培训。

充分发挥科技特派员作用，加大科技特派员选派力度，支持返乡农民工创业创新，增强区域特色产业竞争力。鼓励科技特派员针对返乡入乡创业企业技术需求，组织技术创新，研发新产品、转化科技成果。支持科技特派员以资金、科技成果和知识产权、技术服务等形式入股，帮助返乡入乡创业企业发展。

积极培育本地人才队伍，鼓励技工院校积极对接返乡入乡创业企业，推动院校和企业通过共建专业、共享资源、共同培养等方式实施合作，培养返乡入乡创业企业急需紧缺技能人才，形成产教融合、工学一体的培养模式。进一步挖掘技工院校职业技能培训潜能，鼓励技工院校扩展培训规模，大规模开展企业职工技能提升培训，服务返乡入乡创业企业。

聚焦融资难题，破解返乡创业“中梗阻”

融资难一直是困扰返乡入乡创业企业发展的一个瓶颈问题。陕西将融资担保作为破解返乡创业融资难、融资贵问题的重要抓手，多措并举破解难题。首先，建立政银担保合作机制。制定《政府性融资担保体系建设行动计划》，印发《关于促进政府性融资担保体系建设支持小微企业和“三农”发展的实施意见》，通过增加政府资金投入，构建省、市、县三级政府性融资担保体系。发挥陕西省信用再担保的体系建设龙头作用，牵头体系成员与金融机构构建“总对总”合作和风险分担模式。预计到2020年底前，各市（区）要至少建立一家注册资本金10亿元以上的政府性融资担保机构。其次，完善创业担保贷款扶持政策。印发《陕西省创业担保贷款业务操作规程》，放宽小微企业创业担保贷款申请条件，对新招用符合条件人员的小微企业人数比例下调至20%（超过100人以上的企业下调至10%）。扎实推进信用乡村创建工作，加快创业担保贷款线上服务平台建设，加大创业典型宣传力度。用足用活国家融资担保基金政策，为符合条件的返乡入乡市场主体实施融资担保。另外，创新返乡创业融资模式。鼓励金融机构创新金融产品和服务，加大对返乡入乡创业企业的支持力度，在国家发展改革委和国家开发银行的指导下，创新运用“四台一会”模式，形成开发性金融支持返乡创业试点“安康经验”。

好环境带来了创业潮，创业潮推动大发展。近年来，陕西省返乡创业人数逐年增多，据人社部门测算，2016年以来年均增长约8%，平均每个返乡创业项目带动12.3人就业，对当地就业扶贫、农民增收作用巨大。2016年以来，陕西省农民居民人均可支配收入年均增长近1 000元，年均增幅约10%。

返乡农民工、高校毕业生等群体通过长年在外打工学习，开阔了眼界，更新了观念，在回乡创办企业的过程中，大量从事二三产业工作，促进了农村经济结构的调整和优化，使农村由原来单一的种植产业向二三产业发展。通过发展农产品加工业，带动农产品原料和网络营销，延伸了农业产业链条，促进了工业和农业、城市和农村的有机结合，有效开拓了市场空间，从而带动农业生产向产业化、规模化方向发展。

案例 15

甘肃：返乡创业“种子”在优化环境的阳光雨露下“光合作用”渐显

说到甘肃，人们会联想到“春风不度玉门关”的雄浑壮阔，更会想到敦煌石窟的绚丽多姿，在这条西出长安直通中亚的丝绸古道上，如今正演绎着一部新时代的返乡创业大剧。

近年来，在国家发展改革委等部门的大力支持下，甘肃省返乡创业试点工作加速推进，试点县区返乡创业人数及其创办市场主体数年增幅均超 10%，龙头企业和专业合作社并驾齐驱，“政府+银行+龙头企业+电商+合作社”五位一体的发展模式大面积推开，农民工等返乡入乡创业形成了一个新局面。

精心服务让创业“种子”茁壮成长

一颗创业的“种子”从萌发到成长为成熟果实，需要肥沃的土壤等适宜的好环境、好平台、好服务等阳光雨露进行不间断呵护。因此，为了使返乡入乡创业人员能够扎根当地踏实创业，地方政府即需精心服务，培育和优化返乡创业土壤环境。从甘肃的做法来看：

一是优化返乡入乡创业营商环境。甘肃省印发了《关于推进返乡入乡创业高质量发展的实施意见》（甘发改就业〔2020〕244 号）。深入推进“放管服”改革，从市场准入、创业综合服务等方面形成了完整性和可操作性兼具的创业政策支持体系。积极打造覆盖县、乡、村的创业服务网络，为返乡人员提供企业开办、市场分析、创业指导、资源对接、管理咨询等深度服务，利用“一会（丝绸之路敦煌国际文化博览会）一节（丝绸之路国际旅游节）”、兰洽会、药博会等平台推介产业项目，吸引投资和有序承接产业转移。

二是积极搭建平台努力服务创业。甘肃省着力在打造创业示范园区和孵化基地上下功夫，截至 2019 年末，全省已累计认定国家级创业孵化示范基地 3 家、省级创业就业孵化示范基地（园区）127 家。在榆中县，已建成榆兴生态农业、康源现代农业等8家创业载体，入驻初创企业72家，吸纳创客（团队）100人，带动就业1 000余人。其中，榆兴生态农业、兰州煜峰科技被认定为省级创业就业孵化示范基地（园区）。在山丹县，在发展壮大9个农民创业园的基础上，着重打造张掖国际物流园、创新创业大厦、沃谷创业孵化园、马可波罗电子商务服务中心等六大双创孵化基地，合理布局场地、设施、设备等硬件支撑，科学配套物业、商务、金融等服务能力，实现了“拎包创业”。

三是强化创业扶持力度。甘肃省建立了省级创业引导基金和创业带动就业扶持资金各1亿元。2019年发放创业担保贷款32.63亿元，其中为2.79万个人发放贷款29.88亿元，为140户小微企业发放贷款2.75亿元。全省自主创建的省级返乡创业示范县，每年给予1 000万元的支持。对返乡入乡创业企业招用建档立卡贫困人口、登记失业人员，符合条件的，扣减增值税、城市维护建设税、教育费附加、地方教育附加和企业所得税。

四是加强创业指导引领返乡创业。甘肃省组建创业创新专家服务团，由国家级创业导师、省级首批创业创新导师等组成服务团成员，建立“企业诊室”，落实“坐镇式”“会诊式”等专家指导模式，开展创业项目开发评审、开业指导、跟踪指导等服务，帮助创业者实现由创意项目到创业实体的转化。临泽县围绕菜、果、畜等主导产业积极组织农村实用技术培训，围绕生态旅游，加大对从事特色民宿、农家乐等行业返乡入乡创业人员的精准培训力度。定西市安定区围绕全区马铃薯、草畜、电子商务、现代服务业等产业发展，以市场和创业需求为导向，采取“农民点菜、政府下单、部门主厨”的方式，开展创业培训指导。

创业示范带动返乡创业开出“幸福之花”

返乡入乡创业犹如星星之火，一旦引燃，将会形成燎原之势。这一示范带动效应在甘肃省返乡入乡创业工作推动中具有深刻体现。

首先，甘肃省将创业与产业发展紧密结合。试点地区依托当地资源禀赋和产业特色推动返乡入乡创业。临夏县依托甘肃临夏国家农业科技园区、临夏经济开发园区两大基地，以绿色农产品经营、民族传统手工艺、乡村旅游、农家乐等特色优势产业为重点，推动返乡入乡人员借力信息技术创业。

其次，返乡创业带动脱贫攻坚。甘肃省通过实行公办民办培训机构平等待遇的方法，提升培训能力，突出培训重点，在手工编织、特色种养殖、农产品深加工，以及地方民俗文化等产业上下功夫，打造“陇原巧手”等特色手工艺品牌，进而带动农村贫困劳动力就业增收，有效促进了脱贫攻坚。临洮县返乡创业典型张汝源 2018 年返乡创业，先后成立了甘肃绿润园林景观有限公司、甘肃沃耕农业科技发展有限公司，发展生态旅游。目前花卉基地初显成效，初步探索出了一条在“三变”改革指引下的“生态绿，产业兴，农民富”的产业扶贫新路子，带动的 45 户贫困户在 2019 年底全部实现稳定脱贫。

再次，促进产城融合。甘肃省各试点县统筹发展县域经济，引导返乡农民工等人员融入创业市场，打造具有地方特色的优势产业集群，立足县域整合创业资源。依托阿里巴巴“千县万村”等电商项目，拓宽省内特色农产品网上销售渠道，实现产品与原输入地市场有效对接，打通了城市和农村市场壁垒，有效促进了产城融合。环县鼓励创业基础好、能力强的返乡人员，挖掘开发乡村、乡土、乡韵潜在价值，发展休闲农业、林下经济和乡村旅游，促进农村三产融合发展，以当地传统文化和革命老区为载体，大力发展农业文化旅游和红色旅游，拓展创业空间。

最后，创业创新示范引领效果明显。甘肃省积极组织返乡创业人员参加省市举办的创业大赛、表彰大会等各项活动，结合返乡创业明星报告会，通过宣传栏、彩页、网站等多种方式宣传返乡创业明星先进事迹，以典型引路的方式引导返乡人员创业创新。酒泉市肃州区开展了“返乡农民工等人员创业创新项目大讲堂活动”，以“创新无止境，创业践于行”为主题，开展了创业典型事迹报告、创业创新项目发布、项目论证与政策咨询等活动，展示了返乡创业的丰硕成果，进一步激发了广大返乡人员的创业激情。

返乡创业“光合作用”正在显现

有耕耘就有收获，这是亘古不变的道理。甘肃省已进入收割希望的季节。

一方面，甘肃省实现了“创业一人，带动一方”的乘法效应。农民工等人员返乡创业，可将个人所学知识、技术、经验与家乡资源相整合，对启迪新思路、创建新实体、应用新技术、建设新农村作用明显，加速了经济的转型和发展。另一方面，该省开辟了就地转移劳动力的新途径。农民工等人员返乡创办的企业与当地特色产业结合紧密，为当地富余劳动力提供了大量低门槛、易接受的就业机会。返乡创业的成功范例，也为部分大中专毕业生、退役士兵等提供了就业渠道和创业示范。

此外，当地还形成了社会资本投入的有效载体。返乡创业者通过政府引导，政策扶持，吸引民间资金投入到基础设施和现代农业、文化旅游、餐饮服务等特色产业中，带动了县域经济的快速发展。与此同时，返乡入乡创业加速推进了城乡一体化进程。返乡创业企业中，相当一部分集中在城镇，这既增加了城镇的实际人口，又增加了经济总量、扩大了税源，走出了一条人口向城镇有序转移、农民向市民转变的新型城镇化之路。

案例 16

青海：在那遥远的地方，返乡创业环境已发生了变化

著名音乐家王洛宾一首《在那遥远的地方》，把青海的广阔无垠带入了人们的心海。几十年后的今天，在那遥远的地方已经发生了深刻的变化。

“十三五”以来，青海省认真落实国家发展改革委关于支持农民工等人员返乡入乡创业要求，安排创业扶持资金 3.14 亿元，重点用于落实创业奖补政策、补充创业贷款担保基金、扶持创业孵化基地建设、推动“拉面经济”等劳务品牌发展和举办促创活动。累计发放创业担保贷款 18.63 亿元，直接扶持 11 199 人成功创业，带动 31 325 人就业。全省各类市场主体由 2015 年的 28.89 万户增加到 2019 年的 44.6 万户，累计增加 15.71 万户，其中相当一部分是农民工等人员返乡入乡创办的市场主体。

围绕“创业难”着力优化营商环境

近年来，青海省不断完善创业扶持政策，持续深化商事制度改革，着力打造全省创业大赛、创业成果展等促创活动品牌，营造了创新创业的良好氛围，为农民工等人员返乡创业提供了有力支持。

一是就业创业政策不断完善。青海省各试点县对各类人员返乡创业符合条件的，给予首次创业补贴和创业一次性奖励。对大中专毕业生返乡入乡创办领办农牧业新型经营主体，按规定给予社保补贴。对返乡创办企业或从事个体经营吸纳就业困难群体就业的，给予一次性岗位开发补贴和一次性奖励。

二是创业环境日益优化。青海省持续深化“放管服”和商事制度改革，开展优

化营商环境年活动，压缩企业开办时间，重点推行个体工商户简易登记，拓宽农民工等人员就业创业渠道。

三是创业氛围更加浓厚。通过多年努力，全省已逐步建立政府主导、社会团体支持、大众传媒配合的全方位、多层次、多领域促进创业环境的机制，营造了政府鼓励创业、社会支持创业、民众积极参与创业的浓厚氛围和鲜明导向。

四是创业群体更加广泛。通过创业大赛等系列活动和优秀创业典型宣传，关注创业、了解创业、投身创业的群体显著增加。据统计，2017—2019 年，全省共举办创业大赛选拔赛 35 场，共 4.5 万余人参加创业大赛、创业成果展和创业大讲堂活动，包括在校大学生、农民工、城镇失业人员等各类群体近 180 万人次通过媒体关注大赛。

围绕“创业者”实行全方位服务

政府的本身职责即为服务社会，作为经济发展新生力量的返乡入乡创业者，更是成为重点服务对象，不仅要扶上马，还要送一程，青海省在这方面做了大量工作。

第一，开展政策落实、服务落地专项行动，全面梳理就业创业政策和服务项目，编制通俗易懂的服务清单，提升就业政策知晓度。制定就业创业服务指南，明确就业创业政策享受对象、政策内容、申请条件、申报程序和受理机构，并公布各级经办机构名称、办公地址、联系电话和经办项目。

第二，不断提升公共就业服务机构服务功能，以高校毕业生、返乡创业农民工为重点，向创业者提供政策咨询、项目开发、融资等一系列服务，解决创业服务“最后一公里”问题。

第三，完善基层创业服务，开发建立创新创业项目库，建立创新创业项目免费公开发布制度，制定创业政策和创业流程指南，促进投资和项目与创意对接，推动创新创业科技成果转化，为返乡创业人员提供企业管理、市场营销、人力资源、法律顾问、现代物流等全方位创业服务。

第四，开展创业推进活动。连续多年举办青海省创业大赛，全省累计报名参赛项目 2 198 个，其中 63 项获得奖励。积极组织创业成果展，累计 904 个项目参加展示、交流和推介，有效促进创业成果转化。开展创业大讲堂活动，邀请知名企业家、创业导师为全省创业者进行市场营销、融资技巧、财务管理等专题讲座，帮助创业者提升创业能力。

第五，广泛开展创业宣传推介。制播《西部创客》系列专栏节目 26 期，围绕政策解读、典型宣传和项目推介等内容，在电视网络媒体广泛宣传“大众创业、万众创新”。结合高校毕业生就业专项服务活动，在高校举办毕业生创业典型事迹报告会。协调中国人才流动中心，邀请国内知名导师开展创业宣讲。在《青海日报》开设创业创新专题版块，为创业群体解读创业政策、介绍创业典型，不断激发农民工等人员的创业热情。

围绕“创业+”开展针对性培训

技能培训对于创业者而言，是“扶上马，送一程”的必修课，就青海的有关具体工作而言：

一是加强重点群体创业培训。将具有创业意愿和创业培训需求的各类城乡未就业劳动力和创业初期（开业5年以内或者长期经营不善的人员）创业者全部纳入政府补贴培训范围。依托全省未就业大中专毕业生专项就业培训工程，对离校未就业高校毕业生开展创业培训。推动“创业培训进校园”活动，对在校高校学生（包括技师学院高级工班、预备技师班和特殊教育学院职业教育类学生）开展创业培训。组织开展农民工等人员返乡创业培训五年行动计划，大力推进返乡农民工等人员创业培训工作。

二是严格按照SIYB质量控制体系标准实施教学管理。指导各地和各培训机构严格按照国家质量控制体系标准实施教学，设置规范的创业培训标准化教室，加强培训过程监督管理，促使培训机构保质保量完成培训任务。指导创业培训授权机构针对不同群体、不同项目特点，开展针对性创业培训，对具有创业想法的潜在创业者开展“创办你的企业（SYB）”培训，帮助掌握开办企业、自主经营需要的基本程序和经营管理知识，提高创业能力。对已经创办了微小型企业的初期创业者开展“改善你的企业（IYB）”培训，帮助初创人员改善经营，带动更多劳动力就业。

三是结合实际拓展创业培训内容。积极推行“创业+技能”培训，把创业培训和拉面、农家乐、电子商务等技能培训相结合，鼓励开展“拉面+创业”“农家乐+创业”“电子商务+创业”等培训项目，拓展培训内容，激发创业热情，促进就业创业。

四是加强创业培训机构及师资队伍建设。指导创业培训授权机构健全创业培训师资档案，加强师资培训，提升创业培训教师业务素质和能力水平。落实政府购买培训成果招投标制度，实行培训授权机构动态管理，提升创业培训实效。

案例 17

湖北：因地制宜挖潜力，“鄂军”回乡创业有妙招

近年来，湖北省将返乡入乡创业工作作为稳定和扩大就业的重要抓手、实施乡村振兴战略和打赢脱贫攻坚战的重要路径，通过健全体制机制、优化环境、完善政策、强化宣传等举措，推动返乡入乡创业取得较好成效。据2018年数据显示，湖北全省新增农民工等人员返乡创业人数5.5万人，带动就业17.7万人，超额完成年度目标任务。

坚持高位推进，完善政策支持

湖北省高度重视返乡创业工作，省领导亲自签批《全省农民工等人员返乡创业三年行动计划（2018—2020年）》，为返乡创业者量身打造“六支持、一服务”，包括提供首次创业、示范奖补、创业平台、税费减免、融资贷款、用地支持及全方位创业服务。其中，值得一提的是，依托“湖北省公共就业服务信息系统”开发的返乡创业人员实名制登记系统，已于2018年9月正式上线投入使用，实现了对目标任务完成情况的实时跟踪管理。

湖北省各地政府因势利导、积极作为、细化措施，如武汉市深入实施“三乡工程”、黄冈市把返乡创业列为“一把手工程”、孝感市出台“黄金8条”、恩施市开展“草根创业计划”等。目前，湖北省基本形成引导人员回乡、资金回流、项目回迁的政策扶持体系和良好的发展氛围。

坚持综合施策，优化营商环境

在优化营商环境方面，湖北省首先强化就业服务。全省主动前移创业服务链条，设立返乡创业“一站式”服务窗口，提供创业信息、创业项目、政策咨询、创业指导等服务。如武汉市组建由100余名高校教师、农业专家、企业高管、致富能手组成的“乡村创业导师团”；襄阳市组建“返乡创业专家导师团”，目前有1 076名返

乡创业者与创业导师组成“一对一”帮扶对子；天门市赴深圳开展返乡创业推介活动等。

其次是加强金融支持。从2018年开始，湖北省在分配就业补助资金时，把返乡创业作为重要分配因素，每年拿出2亿元支持返乡创业。例如，宜昌市为返乡农民工量身打造“商户联保”金融产品，为返乡人员发放贷款3 545万元；麻城市设立5 000万元返乡创业基金等。

此外还不断强化平台打造。依托现有园区及闲置土地、厂房、校舍、批发市场等，湖北省整合发展了一批返乡创业园。仅黄冈市就建立了29个返乡创业示范园区，吸引了1.2万名返乡人士入驻创业。

坚持特色发展，打造地方品牌

湖北省结合地方实际和资源禀赋，挖掘并打造返乡创业特色品牌。武汉市积极开展“三乡工程”（市民下乡、能人回乡、企业兴乡）建设，有关做法受到权威媒体关注。2019年，“三乡工程”吸纳社会投资约150亿元，增加农民收入约28亿元，促进271个贫困村农民增收3.5亿元。在恩施州，当地将“女儿城”打造成创新创业的“梦想小镇”；钟祥市将莫愁村打造成“湖北民俗民艺第一村”；黄陂区在返乡创业能人带动下，打造“木兰花乡”景区；鄂州市依托“燕矶金刚石”打造相关产业……

这些返乡创业品牌已成为地方经济发展的“靓丽名片”。湖北省坚持宣传引领，营造浓厚氛围：

一是通过主流媒体宣传。近年来，湖北省召开返乡创业工作新闻发布会，人民网、湖北日报、湖北电视台等主流媒体也对全省返乡创业工作进行了广泛宣传。

二是通过“政策进万家”活动，把就业创业优惠政策送到乡亲们的家门口。

三是通过典型引领，评选“湖北省返乡创业明星”“湖北省返乡创业先进个人”“劳务品牌领军人物”等，充分发挥先进典型的示范引领作用。如荆门市每年春节开展针对返乡人员的宣传、慰问活动；云梦县领导班子赴外地看望本地籍务工经商成功人士；宜都市举行“双招双引”大会，吸引200余名宜都籍在外人才回乡创业，一天内签约投资297亿元；襄阳市举办首届返乡创业大赛，为十强选手颁发1万~5万元扶持资金等。

编　后

孟母三迁的故事告诉我们，要想让孩子健康成长，必须有一个好的环境。其实企业也一样，要想健康成长，也离不开好的营商环境，这一点，各级政府都已有清醒的认识。为了吸引返乡入乡创业人员扎根当地，大多省份都下了实功夫、真功夫。

从具体做法来看，试点地区大多采取降低创业门槛，简化办事流程、提高服务效率，强化财政金融扶持力度、加强创业创新指导等措施营造良好的创业氛围。有了“后勤部长”“坐镇”服务，帮忙“会诊”“献计”，返乡入乡创业的“土壤”变得越来越利于创业企业这颗幼苗茁壮成长。

第四章

手有金刚钻 敢揽瓷器活

——创业就业技能培训内容广方式新

编者按

老话说得好，“一技在手，吃穿不愁”。加强技能培训，是返乡入乡创业试点地区培养孕育创业主体的基本做法。返乡的农民工、大学生、复转军人等群体只有打造好适合自己的“金刚钻”，才有承揽创业这个“瓷器活”的底气。各返乡入乡创业试点地区政府积极适应发展需要，通过线上线下相结合的方式，针对创业主体不同需求，进行观念、管理及各种实用技能等全方位培训，为农民工等群体返乡入乡创业奠定了坚实的基础。

案例 18

黑龙江：强技能优服务，3 000 余人返乡创业带动 4 万人就业

黑龙江，水系丰富，地域辽阔，林草广布，素有“五山一水一草三分田”之说，易于农、牧、渔多业发展。且与俄罗斯接壤地域广，人员交往多，边贸发达。不过由于气候等原因，年轻人外出寻找发展机会的现象较为普遍。

自 2016 年以来，国家发展改革委分三批批复了黑龙江省方正县、宁安市、青冈县、穆棱市、绥滨县、兰西县、海林市、鸡东县、密山市、勃利县 10 个县（市）开展结合新型城镇化支持农民工等人员返乡创业试点县（市）工作。全省积极贯彻落实国家各项优惠政策，出台了支持返乡入乡人员创业创新，促进农村一二三产业融合发展的实施意见，鼓励支持外出务工人员返乡创业。一批熟悉市场需求、掌握生产技能、积累了经营经验的外出务工人员，在政策推动、乡情感动、项目带动下，踏上了回乡创业之路。截至目前，全省试点地区农民工等人员返乡创业人数达 3 400 余人，带动就业人数达 4 万余人。

提供精准多元化培训服务，为创业者拆掉学习门槛

农民工等人员返乡能不能创业、想不想创业，一个重要的决定因素在于手中是否掌握生存的本领。而总体来看，文化水平低、专业技能缺乏是制约农民工等人员创业成功的一个重要原因。因此，针对性地对有意愿返乡入乡创业人员进行知识管理和专业技能培训，就显得十分迫切。

针对这一问题，黑龙江省利用多种平台，线上线下齐发力，开展针对性培训。各试点县结合返乡农民工等人员创业特点、需求和地域经济特色，编制创业培训规划和年度计划。其中，针对有就业意愿的人员，以技能培训为主；针对有创业想法的人员，则以培训创业观念及创业能力为主。

另外，黑龙江省还充分发挥各类公共职业技能实训基地作用，开展“阶梯式”培训。根据创业者不同阶段需求，安排不同的培训内容。除此之外，当地政府还积

极筹措资金实行免费培训。黑龙江试点县区在电子商务、家政服务、建筑劳务、亚麻纺编、服装制作、文化旅游等方面推行免费培训，为返乡农民工等人员掌握一技之长提供无门槛服务。

搭平台选项目，引导创业者因地制宜选准创业方向

有了技术在手，返乡创业者需要舞台来施展。在这一问题上，黑龙江省积极搭建平台，筛选项目，为返乡创业者提供后续服务。为了鼓励农民工等人员返乡入乡创业，各试点地区着力改善投资创业环境，在“简、快、便、优”上下功夫。

当地政府结合地方资源禀赋和产业特色，筛选适合农民工等人员返乡入乡创业投资的领域和项目，引导返乡农民工重在特色农业、特色养殖、科技转化、电子商务、林下经济、休闲农业、文化旅游等方面创业创新。

按照“政府搭建平台、平台聚集资源、资源服务创业、创业带动就业”的思路，黑龙江省搭建电商服务平台、基层就业和社会保障服务平台、中小企业公共服务平台、农村基层综合公共服务平台、农村社区公共服务综合信息平台等创业平台，积极引导返乡创业人员对接特色农产品优势区建设，主动对接农业新产业、新业态、新模式，延伸已有产业链，实现生产要素集约、基础设施共享、一二三产业融合发展，进而推动创业项目集群化、专业化、品牌化发展。

黑龙江省还利用现有平台，集中为农民工等人员返乡创业提供政策咨询、专业培训、信息对接、产品推介、快递物流、法律支持、办公场所等服务，推动精细种植、特色养殖、绿色蔬菜、商贸物流、文化旅游等产业做大做强。

完善政策保障，创优创业环境赢得创业者“芳心”

无论是学技能还是选项目，都依托于好政策的支持和保障，这也是吸引并引导农民工等人员返乡创业的先决条件。

黑龙江省各试点地区因地制宜，在财税政策、土地厂房、交通、物流、网络、水电等方面制定出符合实际的各项扶持政策。通过降低返乡创业门槛、定向减税和普遍性降费、开通返乡创业“绿色通道”、改进信贷管理方式、简化贷款手续、缩短贷款审批时间等措施，推行“一次性告知制”“一站式办结制”等精细化服务，切实保障农民工返乡创业试点工作深入开展。

为了为返乡创业人员创造优越的营商环境，当地政府还降低创业成本，各试点地区加快建设农村基础设施，改造升级农村电网、农村地区宽带网络及移动通信网络，一批农民工返乡创业产业园区、孵化基地、培训场所等基础设施建设完成，推动了农民工等人员返乡创业就业。

案例 19

湖南：返乡创业“春潮”滚滚，灌溉催生地方特色产业

湖南，这个被称为“三湘四水”“芙蓉国”的地方，在近现代历史上出现过许多重量级人物，对中国历史进程形成重大影响。今天，一个来自基层的庞大群体——农民工，在离乡打工和返乡创业过程中，同样正在书写着新的历史。

湖南省作为劳务输出大省，自国家开展返乡创业试点工作以来，省委、省政府高度重视，作为重大战略推动，从完善政策体系、提速平台建设、加强服务保障和加大宣传力度等方面着手，积极推进返乡入乡创业工作开展，进而带动返乡农民工转移就业和就地就近就业。截至 2020 年3 月底，湖南省转移就业人数约为 1 606. 8 万人，农民工创业总人数为 51. 9 万人，创办经济实体 20. 23 万个，其中，返乡创业人数为 19. 97 万人。

培训：为返乡创业人员“强身健体”

人才是创业的核心和关键因素，湖南省这支返乡创业大军的形成，得益于当地的人才培训，有效提升了返乡创业人员的职业技能和管理水平，各试点地区高度重视人才培训，不断加大力度，丰富培训内容，为返乡创业人员提供知识保障。省级层面积极开展“春潮行动”“返乡创业培训五年行动计划”“领头雁”等系列职业技能（含创业）培训。2019 年，已累计开展职业技能培训超 60 万人次，专项资金新增支出超 5 473 万元，预计 2020—2021 年将继续开展各类补贴性职业技能培训 110 万人次以上。

试点县中，祁阳县实名登记有创业意愿的回乡农民工 3 000 余人，参加免费 SYB（创办你的企业）创业培训 1 700 人，实现成功创业 1 500 人，带动就业 3 万余

人。益阳市赫山区全年各类培训基地共完成培训 5 517 人次，其中农民工技能培训人数为 1 854 人，创业培训 750 人。

政策：破解创业痛点难点

湖南省从破除创业痛点难点入手，鼓励农民工返乡创业。当地政府立足经济发展趋势，结合自身实际，出台了针对资金、土地、人才、服务等方面的系列扶持政策。通过实施载体升级、财政金融支撑、资源开放、服务创新、素质培育等重大行动，进一步夯实政策基础，推进政策落实落地，努力降低返乡创业门槛，全面激发农民工等人员返乡创业热情。湖南省还实施“2151 工程”“双百工程”，对创业典型（人和地区）分别予以 5 万～50 万元不同级别奖补。对新入驻园区标准厂房的企业，则予以租金补助。

2020 年，当地加大补助力度，从就业专项资金中安排 1 亿元补贴入孵（驻）创业企业房租、水电费等。鼓励返乡创业人员参加技能培训，对符合条件的人员将培训补贴标准提高 50%。试点县中，湘潭县积极推进创业融资帮扶，近年已发放创业贷款 9 982 万元，贴息 363.5 万元。平江县破解担保瓶颈，率先根据信用对返乡农民工开展可免担保创业贷款申请。

平台：撑起返乡创业者的家园

为了使返乡创业人员找到项目并尽快落地，湖南省积极推动创业载体建设，通过大力发展众创空间、加快农民工创业园和中小微企业创业基地建设等举措，完善配套服务，提升创业载体承载能力，进一步为创业创新提供良好的发展空间。省级层面积极支持有条件的区域、高校和科研院所，以及企业争创国家级“双创”示范基地，支持湘江新区、中南大学、湘潭高新区、三一重工集团获批国家“双创”示范基地，持续组织开展省“双创”示范基地创建，先后授牌省级“双创”示范基地 84 家，全省各级“双创”示范基地入驻企业超 12.2 万家，吸引就业人数超 150 万人。

试点县中，衡阳县抓住产业转移区位优势，加强“一区两园”建设，持续向两个返乡农民工创业园投入资金 20 余亿元。截至目前，已入驻企业 210 家，以创业带动就业吸纳劳动力 3 万余人。慈利县积极打造县域全产业公用品牌“硒有慈利”，建设 16 个富硒产业园区、150 余万亩富硒产业基地、100 余个富硒农产品，带动就业人数超 2 万人。研发出拥有全国特色富硒农产品系列，助力 1 万余人精准脱贫。

服务：使返乡创业步入快车道

为更好助力农民工等人员返乡入乡创业，湖南省努力打造服务型政府，积极探索服务保障新方式，从硬件到软件，不断拓展服务范围。湖南省大力推动“互联网+政务服务”一体化平台省、市、县、乡、村五级覆盖，优化网上政务服务流程，推动网上政务服务由政府供给导向向群众需求导向转变。大力推进“一件事一次办”改革，简化优化审批手续和业务流程，进一步压减企业开办时间，探索推进领照即可开业，破解“准入不准营”难题。

试点县中，湘阴县投入资金1 200万元，大力推进线上“智慧人社”平台和线下实体平台一体化建设，覆盖县、镇（街）、村（社区）三级，其中，乡镇、村（社区）平台覆盖率达100%以上。招募28名县内外青年企业家、致富能人和科技专家，组建创业导师服务团，开展“创业手牵手、帮扶一加一”行动，形成服务创业群策群力效应。桃江县充分依托劳务协作、职业中介、互联网、微信群等方式，积极推荐“月嫂”走出桃江、走出湖南、走向全国。近三年培训的育婴员就业率达92%，月均工资达4 800元。

资源：催生地方特色产业发展

在推进返乡入乡创业过程中，湖南省结合乡村振兴、脱贫攻坚，走出了一条因地制宜的特色发展道路。湘西承接产业转移，并对接粤港澳大湾区等重大战略及资源禀赋和特色产业等，鼓励各地结合本土优势，自主创新，走特色发展道路。湖南省结合脱贫攻坚，鼓励返乡入乡创业人员开展就业扶贫车间建设，对吸纳建档贫困劳动力就业并开展“以工代训”的扶贫车间，根据吸纳人数每月每车间给予2 000～4 000元不等的培训补贴。

试点县中，湘潭县依托湘莲产业，打造全国最大湘莲交易物流中心和集散市场，现有加工、贸易企业23家，从业人员1.2万人，产值50亿元，占全国莲子行业75%以上。资兴市借助国家5A级东江湖风景旅游区，积极推进“依托旅游，拉动消费，促进旅游”的发展理念，投资3 000余万元创建总面积达10万平方米的湖南省农民工返乡创业园——“三湘四水”创业城，打造集旅游相关产业于一体的创业基地。目前已分三批入驻创业商户166家。

示范：搅动更激烈的返乡创业热潮

湖南省为了使更多在外务工人员返乡创业，采取多种方式，对返乡入乡创业工作相关政策、人物典型进行了广泛宣传，营造了浓厚创业氛围，掀起了返乡创业新高潮。湖南省连续开展了2016—2019年全国“双创活动周”湖南分会场活动，“创响中国”巡回接力湖南长沙站、湘潭站活动等专项活动。全省各地、各部门举办各类创新创业赛事活动6 000余场，营造浓厚的“双创”氛围。

试点县中，泸溪县积极开展下乡宣传活动，组织开展了“创业带动就业宣传周”“春风行动”等活动。其中，“春风行动”发放“春风卡”11 000余份、创业宣传资料3 500余份。同时，发挥电视台和门户网站主阵地作用，解读创业政策，报道创业典型，激发全民创业热情。涟源市采取涟商回归战略，通过引凤归巢、典型引导、信函联络等多种方式，通过与外出务工人员叙乡情、联友情、增亲情，介绍当地创业政策，积极鼓励和引导在外务工人员回乡创业。

案例20

四川：返乡创业专项培训激发新动力

四川，山环水绕，沃野千里，人称“天府之国”。这里不仅有美景美食，还有慢节奏的生活。

四川是人口大省，同时也是劳务输出大省，全省农民工总量近2 500万人，农民工占全国近1/10。在国家发展改革委的大力支持和关心下，四川省共有19个县级地区获批结合新型城镇化支持农民工等人员返乡创业试点。四川省委、省政府高度重视这一工作，省政府办公厅出台《促进返乡下乡创业二十二条措施》，有效激发了农民工返乡创业活力，并使之持续升温，创业带动就业出现新局面。

组织保障压实责任，推进返乡创业工作

人常说，火车跑得快，全靠车头带。在我们的体制机制下，无论做什么事，只要组织保障到位，定会事半功倍，四川省在支持农民工等人员返乡入乡创业工作时即是如此。

首先，建立了工作领导机制。2015 年，四川省政府建立了常务副省长、分管副省长任总召集人，省政府副秘书长、人社厅长任召集人，相关省直部门负责同志为成员的省支持农民工返乡创业工作联席会议制度，专门统筹协调支持农民工等人员返乡创业工作。

其次，建立了部门协同推进机制。一方面，发挥四川省农劳领导小组办公室和各成员单位作用，每年印发全省劳务开发暨农民工工作要点，定期召开专题会议，对农民工返乡创业工作作出安排部署。各成员单位按照领导小组统一安排，结合自身职能职责和工作任务，协同做好农民工返乡创业工作。另一方面，发挥四川省支持农民工返乡创业工作联席会议制度作用，协调 14 个成员单位按照省政府统一安排部署，从政策、项目、资金等方面大力支持农民工返乡创业。

另外，建立了上下联动工作机制。四川省、市、县三级普遍建立了支持农民工返乡创业工作联席会议制度，把农民工工作特别是返乡创业工作层层纳入年度目标考核，层层安排财政预算，层层压紧压实责任，形成了省、市、县上下联动的工作格局。内江市、绵阳市安州区等还成立了以党委或政府主要负责同志任组长的农民工返乡创业工作领导小组，为返乡创业工作提供坚强的组织保证。

园区孵化提升培训，确保服务保障

俗话说，“理想很丰满，现实很骨感”。农民工等人员返乡入乡创业仅有愿望和积累还远远不够，若使现实与理想一样丰满，还需要政策扶持、平台承载、环境包容、服务保障和培训提升。四川省在推进有关工作中：

一是建立创业孵化园区激活返乡创业有新途径。各试点地区以建立孵化园区为载体，积极孵化各类返乡创业主体，培育返乡创业企业。通江县积极打造建设省级创新创业孵化园、电子商务孵化园、中小企业孵化园等返乡创业孵化园区（孵化基地），优化园区服务，完善规章制度，落实政策补贴。省级创新创业孵化园已累计入驻企业 91 家，现有在孵企业 19 家，吸纳就近就业 2 000 余人。

二是开展专项培训促进返乡创业有新动力。各试点地区积极开展返乡创业培训行动计划，针对不同创业群体、不同创业阶段开展创业培训。邛崃市采取“创业培训+新型职业农民培训+农村实用技术培训”形式，通过特色化的阵地专题培训和网络菜单点学，打造“创业+职业技能”培训双引擎，累计培训4.9万人次。实施“新型职业农民培育”行动，大力培育以农业职业经理人为重点的新型职业农民，培育现代农业创业创新技能人才，目前已培育新型职业农民2 675人、农业职业经理人2 179人，以及“综合种养人才培训基地”“华夏茶艺培训学校”，培育文博创意、农村种养殖、农旅融合等返乡下乡创业人才3 860人。

三是优化创业服务带动返乡创业有新成效。各试点地区深入推进简政放权、放管结合、优化服务改革，将创业贷款、贷款贴息、创业项目推荐、创业指导、创业培训、创业场地提供、一址多照、三证合一、一照一码、政策宣传等创业促进政策一一落实到位，营造了有利于创业的良好环境。沐川县建立数据共联机制，可从“就业2.0系统”内直接查看劳动者的创业信息与社保参保信息，群众办理就业创业登记证，不再提供营业执照复印件、参保记录等纸质证明材料，2020年以来办理就业创业登记3 081人。

四是创新金融服务助推返乡创业有新探索。各试点地区大力推动金融机构开发新产品，为返乡创业营造良好金融环境。叙州区整合县本级就业创业专项补助资金和创新创业投资引导资金，设立3 000万元规模的创业担保贷款，开展有针对性的孵化支持。给予大学生和返乡农民工等符合条件的创业孵化主体最高每户20万元的创业担保贷款资金；近三年，累计发放创业担保贷款共2 842万元，支持296家创业企业发展，其中返乡创业企业44家。

创业带动就业跟进，夯实脱贫攻坚基础

四川省在推进返乡入乡人员创业创新工作过程中，始终把创业带动就业作为一个刚性考核指标，各级地方政府以加强组织保障为基础，以完善政策为支撑，以搭建平台为载体，以优化环境为保障，积极探索多层次多样化的返乡创业带动就业的路径和办法，返乡创业人数显著增加，创业带动就业作用不断增强。

截至2019年末，四川省累计返乡创业农民工近70万人，创办企业24万户，带动就业239万人，实现创业产值4 000余亿元，相当于2018年全省GDP的10%，成为推动全省经济高质量发展的重要力量。

各试点县区政府始终把返乡创业作为助推脱贫攻坚的有效手段，加大工作力度，夯实脱贫攻坚基础。纳溪区精准掌握贫困劳动力的基础信息、就业培训、转移输出、

自主创业、公益性岗位安置等“五个名单”，开展就业扶贫培训600余人，带动贫困户脱贫致富。目前，纳溪区已建成全国扶贫基地1个（护国镇春晟服装厂）、省级就业扶贫示范村1个（合面镇马桥村）、省级就业扶贫基地3个（大渡口镇佰亿印象生态家庭农场、白节镇竹韵贸易有限公司、渠坝镇故里情源）。

案例21

江西：返乡创业“软”“硬”平台兼具，引领特色产业集聚

江西，自古为“干越之地”“行胜之区”，地理位置十分优越，有“文章节义之邦”“白鹤鱼米之国”的美誉。在现代史上，江西还是一片充满红色记忆的红土地。如今，在这片红色土地上，返乡入乡创业的伟大事业也正在孕育中不断成长壮大。

返乡创业试点工作开展以来，江西省抓住机遇，巧借东风，产业升级、乡村振兴、城乡融合与脱贫攻坚的步伐持续加快。2019年，江西省20个试点县（市、区）返乡创业共计25.93万人，较上年增加3.9万人，增长17.7%；创办市场主体11.6万个，较上年增加1.1万个，增长10.4%；产值3 323.6亿元，较上年增加297.4亿元，增长9.8%；带动就业共计85.38万人，较上年增加10.94万人，增长14.6%；带动脱贫共计10.4万人，较上年增加1.1万人，增长11.8%。

一系列数字的背后，是江西省高度重视返乡创业试点工作，鼓励各试点县（市、区）结合本地特点，培育特色产业，搭建创业平台，优化创业服务，积极引领、支持农民工等人员返乡创业所做的努力。

创业技能培训有序开展

搭建返乡创业平台，既要建设创业园区、孵化基地、标准厂房等“硬”平台，也要健全技能培训、人才培育等“软”平台。江西大力开展高质量职业培训，依托普通高校、职业院校、技工院校、职业培训机构等各类优质培训资源，结合创业意愿、区域经济特色和重点产业需求，开展有针对性的返乡入乡创业培训，符合条件

的，按规定纳入职业培训补贴范围。对返乡入乡创业带头人开展创业能力提升培训。

2019 年以来，20 个返乡创业试点县（市、区）共开展各类培训近千期，累计培训各类人员 9 万余人，带动就业 7 万余人，形成了以培训助力创业，以创业促进就业，以就业带动脱贫的良好态势。

多个创业平台各显其能

江西高度重视创业平台建设，支持各地依托现有开发区、现代农业示范园区以及专业市场、农民合作社、农业规模种养基地等各类平台，整合、创建一批具有区域特色的返乡创业园区（基地）。同时，积极落实“大众创业，万众创新”、现代农业、农产品加工业、休闲农业和乡村旅游等用地政策，在符合土地利用总体规划的前提下，优先保障返乡入乡创业用地，为农民工等人员返乡创业提供强有力的支撑。

近年来，江西省争取国家“双创”示范基地 1 个（赣江新区），认定省级“双创”示范基地 51 个；全省 20 个返乡创业试点县（市、区）累计创建 175 个返乡创业园、44 个创业孵化基地。2019 年以来，江西省新增返乡创业园 16 个、创业孵化基地 11 个，为返乡入乡创业提供了良好的平台支撑。

金融支持引来活水

为支持返乡创业发展，减轻创业企业资金压力，2019 年以来，江西省不断创新金融产品、优化金融服务，加大金融支持返乡创业力度，扩大返乡创业金融供给，有力地支持了返乡创业工作。

一方面，积极对接国家开发银行江西省分行，帮助返乡创业企业获得授信 23. 6 亿元，发放贷款 14. 51 亿元。

另一方面，积极对接中国农业发展银行江西省分行，联合印发《关于推荐农业政策性金融支持返乡创业项目的通知》，争取授信 193. 5 亿元，发放贷款 118. 1 亿元。

除此之外，还印发《关于推荐优质返乡创业企业开展股权融资试点的通知》，并会同江西省产权交易所召集省农信联社、光大银行南昌分行、华夏银行南昌分行、民生银行南昌分行、江西银行、赣州银行、九江银行、上饶银行 8 家金融机构召开返乡创业融资工作座谈会，加大对返乡创业的信贷支持。目前，已征集两批共 179 个项目，落实贷款 4 000 万元。

一大批特色产业风起云涌

江西返乡入乡创业试点工作紧密结合各地实际，着重培育了一大批就业带动能力强、创收效果显著的县乡特色产业，并以这些特色产业为引领，带动大批在外乡贤、外出务工人员返乡创业，初步形成了特色产业引领返乡创业、返乡创业促进产业集聚的良性循环。

在南康区，集中打造家具产业，目前已发展成为千亿集群产业，集群产值从2015年的880亿元增长至2019年的1 800多亿元，成为全国最大的家具生产基地；新干县着力打造箱包皮具产业，现有各类箱包生产企业355家，年产箱包突破3 000万只，中低档拉杆箱包在全国的市场占有率达80%，形成95%自我配套闭环产业链体系。

案例22

贵州："1+X培训"提升创业能力，"归雁兴贵"使同步小康生力军逐步壮大

贵州，地处高原，山多地少，素有"八山一水一分田"之称，是劳动力输出大省。截至2018年，全省在外就业农民工890.65万人，其中：跨省就业614.51万人，省内就地就近转移就业276.14万人。为吸引农民工等人员返乡创业就业，贵州省推出了"归雁兴贵"工程，从完善优惠政策、搭建创业平台等方面进行了积极探索。在这一政策感召下，越来越多的农民工等人员选择回乡自主创业。截至2019年底，返乡创业人员已达7.28万人，逐步成为推动贵州省跨越发展、后发赶超、同步小康的生力军。

"1+X培训"，提升返乡人员创业能力

为提升农民工等人员返乡创业能力，贵州省在全员培训、扩面提质和育才引才上下大功夫，为提高创业企业的成功率和存活期提供人才保障。

一方面，以创业人才培训为抓手，在扩面提质和育才引才上下功夫，印发《贵州省农民全员培训三年行动计划（2019—2021 年)》，为提高创业企业的成功率和存活期提供人才保障。如普定县开展“1+X 培训”（“1”即创业培训，“X”即创业者所需的不同技能培训)，提高了创业培训的针对性和有效性。2016 年以来，贵州省共安排投资资金 2.41 亿元，支持安顺、贵阳、毕节、黔南、黔东南、六盘水、黔西南等公共实训基地项目建设，为提高农民工等人员创业就业技能水平打造基础平台。

另一方面，以全员培训为重点，抓好农村建档立卡贫困劳动力培训。2016—2019 年，当地对农村转移就业劳动者开展创业培训约 10.98 万人。依托覆盖全省农村的多彩贵州“广电云”村村通户户用工程，建设“贵州省农民全员培训电视点播系统”，通过电视点播形式，以村为单位组织农民群众集中学习观看或鼓励自行收看接受培训。如施秉县开展 GYB（创业意识培训）和 SYB（创办你的企业）等创业培训，开设职业技能、创业、乡村旅游、农村电商、农村实用人才、民族手工艺、建筑等 8 大类 20 余个工种，目前培训农村劳动力 8 578 人，培训后创业就业率达 79.2%，有效提高了创业培训针对性。

“好政策+优服务”，增强返乡创业吸引力

贵州省发挥政府导向作用，不断营造返乡创业的良好政策环境。一是对小微企业免征增值税、对重点群体就业创业实行税收优惠等政策。二是加大对农民工等人员返乡创业就业财政支持力度，给予返乡创业的农民工等人员社会保险补贴、一次性创业补贴、场租补贴等优惠政策扶持。如汇川区落实场租补贴 47.2 万元惠及 91 人，创业奖励 7.1 万元惠及 17 人次。三是加大创业担保贷款政策支持力度，将符合条件的自主创业人员申请额度，从 10 万元提高到 15 万元；符合条件的小微企业申请额度，从 200 万元提高到 300 万元，更好地满足创业者的融资需求。2016 年以来，全省新增发放创业担保贷款 124.81 亿元，其中为返乡农民工发放 59.8 亿元，占全省新增发放创业担保贷款的 47.9%，大力激发了农民工等人员返乡创业活力。

与此同时，深化“放管服”改革，为农民工等人员返乡入乡创业营造良好氛围。一是积极为农民工等人员提供创业就业政策咨询、就业指导、创业培训等“一站式”服务；在 200 人及以上的易地扶贫搬迁安置点建设就业创业服务中心，开展标准化、规范化、系统化服务，基本实现培训就业创业服务全覆盖。如清镇市在全市所有的村（居）均建立了劳动保障工作站，按照“九到位”（服务机构、办公场所、设施设备、人员、经费、网络、制度、标识标牌、服务）为群众提供全面、优

质服务；兴义市成立中小企业发展服务中心、青年创业协会，在30个乡镇（办）挂牌成立了创业服务指导中心，提供亲民、便民、贴心的创业就业服务。二是推行“简事快办”服务、多元化办税、网上申领发票邮政速递配送业务、办税事项“最多跑一次”清单，简化企业所得税、资源税等税收优惠办理方式，进一步优化纳税服务。三是全面实施“证照分离”改革，推进压缩企业开办时间相关工作，实施简易注销登记改革、企业名称自主申报改革试点、企业登记无纸全程电子化改革试点。

“综合+特色”平台，提供返乡创业基础支撑

近年来，贵州省基层就业创业服务平台标准化、规范化、信息化建设得到进一步加强，基层公共就业服务机构覆盖率达到98.46%。一是加强创业孵化基地和农民工创业园（点）的创建工作，积极培育创业主体。扎实推进创业就业“双百工程”，目前全省认定省级创业孵化示范基地51家（其中全国创业孵化示范基地4家），创建农民工创业园（点）186家，其中省级农民工创业示范园（点）68家。如独山县抓住本土特色，建成3个省级农民工创业园、2个省级创业孵化基地，目前吸引了300余家企业入园，带动就业1.5万余人；正安县形成了“一区一园十八带”的格局，打造了以吉他为主的农民工产业园等系列创业示范带，目前农民工返乡创业项目带动就业4万余人，帮助精准扶贫户实现就业1.8万余人，带动1.5万个家庭脱贫。二是利用大数据建立个人及单位基础信息数据库，推广“贵州就业帮”手机App，为农民工等人员求职就业提供了更方便、更快捷的供需交流平台。

贵州省还立足本地资源，积极引导农民工和农民企业家通过创办农民合作社、家庭农场、农业产业化龙头企业等新型农业经营主体，大力发展茶叶、畜牧、蔬菜、精品水果等特色优势产业，推动农民工返乡创业就业。近年来，当地积极推广“龙头企业+合作社+农户”组织方式，农民工等人员返乡创业附加值逐步提高。目前全省龙头企业带动农户211.82万户，增收总额144.18亿元，户均增收6 835元，其中：带动建档立卡贫困户38.34万户，增收总额26.86亿元，户均增收7 005元。同时，围绕特色小城镇、新农村建设，通过乡村、乡土、乡韵的特色旅游开发，全力推进农业现代化的新兴力量。如凯里市结合自身资源优势，引导返乡人员围绕医药健康、山地特色农业、原生态民族文化旅游等优势产业开展创业，其中城归人员创业园吸引了262户企业入驻，带动农民工等人员就业1 380人；兴仁市（原兴仁县）按照“一园三区”的框架，以“千亿级、第四代、出口加工、轻重并举”的综合产业园区为定位，同步发展巴铃重工区、瓦窑寨标准厂房区、陆官农特产品加工区，吸引了30余家返乡农民工创业企业入驻，吸纳1 500余人就业。

案例23

广西：精准满足技能培训需求，促进农民“家门口”创业就业

一部电影《刘三姐》，不仅让人们看到了广西的美丽山水，也了解了广西的风土人情。在这方山美水美人更美的热土上，正在掀起一波农民工返乡入乡创业的热潮。

2015年以来，经国家发展改革委批准，广西13个县（市、区）被列入国家支持农民工返乡创业试点。随着这项工作的深入开展，广西的就业环境持续向好，农民工“回流”趋势明显。根据2019年广西农民工监测调查结果显示，广西农民工总量持续增加，目前为1 287.2万人，较2018年增加13.6万人。农民工收入和支出水平逐年提高，从事第三产业的农民工比例稳步提高。广西本地的就业环境持续向好，越来越多的农民工选择就近就地务工。2014—2018年，广西外出务工农民工分别为929万人、924万人、898万人、922万人、912万人，外出务工农民工呈下降趋势；本地农民工分别为282万人、301万人、333万人、354万人、361万人，呈逐年增加趋势。数据表明，2014—2018年，农民工“回流”人数越来越多，新增的79万农民工选择在家门口创业就业。

精准对接技能培训，实现“家门口”就业

广西壮族自治区充分利用“互联网+政务服务”及大数据分析手段，加强线上技能培训服务，精准投放培训教育资源，完善就近就业的创业环境，让留乡就业创业更通畅。通过利用互联网、微信客户端等新兴传播途径，结合地方特色向试点地区返乡创业人员传授其密切关注的职业技能，提升其创业能力，将劳动力留在本地，发挥更大经济社会效益。

为了强化就业服务，广西各试点县（市、区）积极组织各类招聘会，搭建各级

公共服务平台，全力帮扶农民工返乡就业创业。贺州市举办了“春风行动”“就业援助月”“精准就业扶贫”“‘土瑶’聚居深度贫困地区就业帮扶”等专场招聘会，提供适合就业岗位5 000余个，进场人员累计3 000余人，1 000余人达成就业意向，其中建档立卡贫困人口597人。通过组织各地政府牵线搭桥，实现农民工在线培训与本地务工相结合，持续支持就业扶贫车间复工复产，实现“家门口”就业。全区现有3 233家就业扶贫车间，已有1 557家开工，开工率为48.2%；发布岗位需求信息约5.5万个，带动就业46 415人，其中吸纳贫困劳动力就业17 140人。

优化营商环境，聚焦融资用地等难点问题加大资金支持

广西深入开展优化营商环境大行动，狠抓2020年重点任务清单和各专项实施方案的落实。推动中国（广西）自由贸易试验区和西部陆海新通道对标国际标准，对照世界银行优化营商环境评估的十个指标加大改革力度，构建对外开放新高地。贯彻落实国家优化营商环境条例，以服务业为重点，开展“放管服”改革，聚焦融资、用地等重点难点问题，加大开发性、政策性、普惠性金融支持力度。

一是广西加大自治区层面政策支持力度。先后出台了《广西农民工创业担保贷款实施办法》《关于开展农民工创业就业补贴工作的通知》等政策文件。2015—2020年，每年安排3亿元专项资金用于扶持农民工创业就业，2015年至今已累计投入15亿元，每个县（市本级）平均得到自治区下拨扶持资金2 055万元。

二是广西各试点县（市、区）加强对创业就业工作指导，出台了一系列扶持农民工创业就业优惠政策。桂林市出台《桂林市园区企业投资项目“双容双承诺”直接落地改革实施方案》《桂林市职业技能提升行动实施方案（2019—2021年）》等政策。贺州市下发了《贺州市人民政府关于落实自治区人民政府做好当前和今后一段时期就业创业工作的通知》。平桂区和钟山县也相应出台支持农民工等人员返乡创业的扶持政策。靖西市制定《靖西市返乡农民工创业园优惠政策》《靖西市工业招商优惠办法》等优惠政策，对在靖西市注册新办的符合国家产业政策法人工业企业和有创业愿望的农民工给予诸多优惠。平果县出台《关于开展农民工创业就业补贴工作的通知》等，给予自主创业的农民工一次性就业创业补贴。来宾市组织科技特派员和农业、水产畜牧业、林业、糖业等相关职能部门人员深入指导，对返乡人才领头及创办的农民专业合作社进行全程“一条龙”服务。财政资金的持续投入和扶持政策的不断创新，极大地优化了农民工创业就业的大环境。

强调创业平台支撑作用，持续加大资金支持

广西在返乡创业试点地区落实优惠政策，优先搭建、培育返乡创业平台，统筹推动公共实训基地建设和农民工创业园建设，为广大返乡创业人员营造了良好的创业环境，提供交流借鉴的场所，不断夯实返乡创业试点地区的发展基础。

一是在各返乡创业试点地区落实财税优惠政策。推动金融服务，加快矿产加工、农产品种养和加工、休闲旅游、电子商务等知识青年和农民工就业创业涉及较多的领域发展，让试点地区成为优惠政策洼地和制度创新高地。

二是加大基层公共实训基地项目与就业服务能力建设力度，提高基层就业和社会保障公共服务水平。2020 年度统筹安排 5 000 万乡村振兴补助资金，支持基层公共实训基地项目和就业服务中心建设。目前，国家发展改革委就业司 2020 年度支持地方开展公共实训基地项目建设资金 4 400 万投资已经下达，自治区很快将下拨到各个公共实训基地项目。

三是实施农民工创业就业补贴政策，加快推进农民工创业园建设。2015—2017 年，广西人力资源社会保障厅联合自治区发展改革委、财政厅、自然资源厅在全区范围内分三批启动建设 38 个农民工创业园。每个农民工创业园给予 500 万元建设资金补助和 10～20 公顷用地指标扶持。2019—2020 年，继续每年择优扶持 10 个自治区级农民工创业园，每个创业园再次给予 500 万元建设资金跟踪扶持。目前，共投入 2.9 亿元补助资金和下拨 600 公顷用地指标。截至 2020 年第一季度，广西 38 个农民工创业园入驻企业 1 030 家，其中农民工创办企业 686 家，提供就业岗位53 597 个，吸纳就业 26 868 人，其中贫困人口 3 658 人。经创业园自主申请并经自治区现场核验，38 个农民工创业园建设项目已有 34 个验收合格，4 个申请在 2020 年内开展验收。

“双创”示范带动，持续激发创业带动就业活力

为充实各返乡创业试点地区就业创业工作，当地狠抓新业态和就业新增长点的发展机遇，不断强化“双创”工作的示范带动作用。为落实国务院常务会议部署要求，更好发挥“双创”带动就业的重要作用，发展改革部门每年牵头组织“双创活动周”，以全国“双创活动周”广西分会场活动为引领，推动全区 14 个地市全面激发双创热情。2019 年活动期间，共举办广西创新创业大赛、第五届中国“互联网+”大学生创新创业大赛广西赛区等近 60 场系列活动，直接参与人数超过 2 万人，间接辐射人数超过100万人。

2020年以来，为积极应对新冠肺炎疫情影响，提振全社会创业就业活力和信心，继续牵头举办“以创业带动就业”为主题的双创活动周，持续激发创业带动就业活力。牵头开展社会服务领域双创带动就业示范工程工作，聚焦“互联网平台+创业单元”等新模式，在乡村旅游、家电回收和社会服务等领域，谋划一批“双创”带动就业示范项目，围绕家政服务、养老托育、乡村旅游、家电回收等就业潜力大、社会急需的服务领域推广一批具有示范作用的优质项目经验做法。目前正组织全区各级各相关部门做好自治区示范工程推广，遴选申报4领域8个示范工程项目争取国家推广支持。通过充分发挥“双创”的就业示范带动作用，营造浓厚的创业氛围，促进返乡创业试点地区的就业创业事业开展。

编　后

文化水平低，专业技能缺，是影响农民工等人员成功创业就业的一大重要原因。古人云，“授人以鱼不如授人以渔”。针对返乡入乡创业人员的技能培训，即是将“捕鱼技巧”授予培训对象，一旦技能在手，即会“一招鲜，尝遍天”。为此，地方政府制定培训计划、筹集培训资金、动员多种资源，通过与院校合作、线上线下齐发等方式，对返乡创业人员进行创业知识、能力、观念以及就业相关技能的免费培训。

为了帮助创业人员更好地掌握相关知识和技能，各试点地区在培训中展开了“花式”玩法，目的只有一个——让农民工等返乡入乡创业人员掌握一技之长，增强其迈入市场的信心和底气。

第二篇

返乡创业工作呈现不同地域特点

第五章

东北地区

——振兴使命，农业先行

编者按

说起东北，人们常常自然而然联想到肥沃的黑土地。优越的资源禀赋，使得农业成为东北振兴过程中可以深挖的一块领域。黑土地上的返乡入乡创业者们也善于抓住这一机会，在有机、生态、绿色观念的指导下，通过合作社的组织形式，以机械化的作业方式、现代化的农业技术为支撑，孕育出许多深受市场喜爱的农产品品牌，并在全产业链开发及电商平台营销中获得了巨大成功。

案例 24

黑龙江勃利：扶持粮食、蔬菜和林下经济，以产业发展带动农民致富

勃利，满语，“幸福、吉祥”之意。这个以境内勃利河得名的黑龙江省七台河市勃利县，在全国返乡入乡创业的洪流中，挖掘自身优势，瞄准发展方向，奋力走在幸福吉祥的康庄大道上。

政策扶持，给创业者一颗“定心丸”

勃利县青山乡青山村农业生产主要以种植水稻为主，且水田多数位于互助灌区下游。几年前，村里供水出现严重不足，农民被迫将水田改种旱田，却经常遭受水灾危害，粮食产量大幅下降。为改变靠天吃饭的现状，2013 年 10 月，由本村农民张庆承领头成立了庆成水稻专业合作社，带头把低产旱田改成高产水田。当初，很多社员顾虑重重，生怕这么一改，当年的粮食收成会受到损失。为了打消社员的顾虑，合作社向社员承诺，粮食丰收双方平均分红，如遭受损失则由大股东承担，这可给社员们吃上了“定心丸”。不仅如此，合作社还和农民们约定，土地承包当年“上打租”按旱田市场价格给农户承包费，从第二年起即按水田市场价格付给他们承包费，仅 2017 年一年的土地承包费就达到了每公顷 1.1 万元。在这种优惠条件的吸引下，合作社当年就改造了 4 000 多亩旱田。改造后的水田全部统一为 40 米宽、50 米长的大方田，此外还投资新打了 3 眼抗旱引水井，让低产田稳稳当当变成了高产田。

现如今，合作社已有成员 180 户，水田种植面积 6 000 亩，拥有现代化水稻智能催芽车间一座，矩形方钢水稻大棚育苗小区一个；辐射带动水田面积 4 万亩，安置农民就业 140 人，助农增收 700 万元。

庆成水稻专业合作社的成功正是《勃利县推动农民创业工作实施意见》《勃利县促进创业创新若干政策》等众多扶持农民工返乡入乡创业政策落到实处的具体体现。勃利县政府将政策扶持重点向粮食、蔬菜和林下经济上倾斜，以产业发展带动

更多农村劳动力脱贫致富。

为确保创业贴息贷款及时发放，勃利县将原有的三方审核制度简化为由银行一步办理，同时放宽创业市场准入标准，鼓励扶持下岗失业人员、残疾人、大学生、退伍军人、返乡农民工和贫困户等群体创业，免收各项行政事业性收费。此外，政府还大力引导在外企业家、致富能手、农民工“带项目、带技术、带资金”返乡入乡创业，支持县内有愿望、有能力的创业者自主创业，实现由“就业型”向“创业型”、“打工仔”向“企业家”、“候鸟型”向“长住型”转变。几年来已累计发放农民工等人员返乡创业小额担保贷款1.6亿元，为3 855人次开展自主创业提供贴息贷款支持。

强化培训，靠科技引领促增收

“师父领进门，修行在个人”。政府政策扶持，只是把农民们领进门，怎么干？如何让自身素质能不断符合现代发展需要，靠的是培训。还以庆成水稻专业合作社为例。为提升生产效率，增加社会收益，合作社组织成员经常参加市县农技部门举办的各类水田种植培训班，积极向专家求教。合作社自己出资购买种稻科普书籍3 500余册，建立60平方米的阅读室，并配备办公电脑、投影仪等设备。在生产环节上，从整地、购种、催芽、育苗、插秧、田间管理和收储全过程实现了标准化和科学化管理，水稻的品质和产量不断提高。2016—2018年，合作社还承担了县里推广的两项新技术。采用“鸭田稻”和“泥鳅稻”种植模式进行生产，全程不施用任何化肥和农药，生产出纯粹的有机水稻，最终实现水稻、鸭子和泥鳅双丰收，取得较好的经济效益。

在学习和培训过程中，合作社意识到要贴近市场，就得开设更符合大众需求的项目。就这样，“开心农场”水稻种植认领、鸭田有机稻认领项目启动了。只要花3 600元就可以认领一块400平方米的鸭田稻，既感受到乡村田园惬意的生活，又可亲身体验水稻从种到收的全过程，秋收后还能吃上自己精心种植的纯天然有机大米，真正实现了有机食品与人文休闲的完美结合。

其实，受培训惠泽的不仅是庆成水稻专业合作社一家。勃利县非常重视农民工人员素质提升工作：一是加强省级现代农业创业培训和新型职业农民培育工程培训工作，派专人负责，做到三个确保，即确保推荐到省级的创业典型受训率达到100%；确保正常运行的合作社、种植大户受训面达到已有数量的60%以上；确保普通农民受训后积极创业率达到80%以上。截至2019年末，获得省级创业证书学员达525人，获得新型职业农民培育结业证书达679人，真正实现“培训、认证、政策、服务”四位一体的要求。2017—2019 年全县就业创业服务指导中心免费培训 1 200 余人，职业技术学校开设厨师面点、计算机应用、电工电焊等 20 多个专业，免费培训 1 300 余人。艺博计算机专修学校每年开设 10 个班，免费培训 1 100 余人。名威职业培训学校共计开设 14 个班，免费培训 700 多人。二是积极梳理优化“勃利籍在外农民工信息库”“勃利籍在外企业家信息库”“勃利县招商引资项目信息库”，切实根据在外务工创业人员的投资发展动态，有针对性地搭建投资沟通平台，为在外务工创业等人员解读政策信息、提供项目咨询、促进项目合作，推动在外务工创业人员积极返乡投资发展。三是建立创业者经验交流学习机制。举办创业者学习经验交流活动，组织创业者相互参观学习，交流创业经验。邀请培训专家、相关部门业务精英针对创业过程中涉及的工商登记、税务办理等问题，予以专业系统的解答，帮助总结成功经验。

搭建平台，做好宣传、引导、推介服务

“政府搭台，企业唱戏”。勃利县政府想尽办法搭建各种平台，把企业的好产品推广出去。

一是积极搭建就业创业服务平台。目前，勃利县有县级就业保障服务中心 1 个、乡镇就业保障服务中心 4 个。县就业保障服务中心面积 3 000 多平方米，2017—2019 年接待服务群众近 40 000 人次，通过就业创业服务窗口实现职业介绍 3 000 多人。

二是积极搭建电子商务综合服务平台。联合电商办将网络营销型、网站服务型等项目集中于电商写字楼处。既为缺乏创业经验和资金的创业者提供了创业场地，又能第一时间监测创业动态，及时有效地帮助创业者解决创业初期的各种问题，提高创业成功率。建成了 1 500 平方米的电商综合服务中心，是集销售、众创、展示、孵化和管理于一体的综合性电子商务服务终端，免费为电商企业和网络创业者提供办公场所、办公设备和技术指导，让电商企业和网络创业者“零成本”、拎包入驻。

三是为返乡创业人员创办的企业及产品广泛搭建推介平台。县委、县政府积极帮助企业寻找好销路的同时，也为企业带头人争取展示的机会。每年组织绿色食品标志产品企业参加全国各类展销会，以“勃利”冠名的蓝靛果、梅花鹿、葡萄、红松籽等地理标志产品在市场上已占有一席之地。“三品一标”农产品销售扩展到 13 个国家、29 个省市，在哈尔滨、北京、鄂州相继建立了勃利县绿特色食品旗舰店。乐宝系列产品、鲜食玉米、黑甜甜葡萄打入杭州、广州、上海、北京等高端市场。

案例 25

黑龙江绥滨：依托家乡有机食品催生农村电商“大咖”

2016 年 12 月，《关于转发国家发展改革委〈关于同意河北阜城县等 116 个县（市、县）结合新型城镇化开展支持农民工等人员返乡创业试点的通知〉文件的函》正式将黑龙江省绥滨县确定为返乡创业试点县。2017 年 4 月，县里印发了《关于开展支持农民工等人员返乡创业试点县实施方案的通知》（绥政办发〔2017〕25 号），细化方案，明确责任。至此，绥滨县人员返乡入乡创业热情如火如荼开展起来，依托家乡有机食品等农产品，返乡创业试点催出了农村电商“大咖”。

能人王振雨，抢抓农村电商频获扶持新机遇

34 岁的王振雨是鹤岗市绥滨县绥滨镇吉福村人。2008 年大学毕业后，一直在北京从事电子商务服务行业。2013 年底，王振雨发现绿色有机食品在互联网平台销售火爆，各级政府还出台了一系列优惠政策，回家销售家乡的农产品正是一个难得的商机。在做了充分的市场调查后，2014 年王振雨返回家乡，在县城里开设了一家专门销售家乡农特产品的网店。可别小看这网络小店，每天仅淘宝上的零售量就达 1 吨左右。特别是与北京嘉和一品等餐饮公司签订长期大米供应合同后，王振雨的网络小店全年团购量高达 300 余吨。2015 年下半年，他又抢抓黑龙江水产品网络销售空白的有利商机，把经营重心由大米、杂粮，转向了黑龙江野生鱼水产品。半年的时间就销售鲜鱼 8 吨，每条鱼售价在 150 ~ 200 元之间，纯利润 50 元左右。从 2016 开始，水产品成为他的主营项目，全年销售 60 吨，2018 年突破 100 吨，销售额达1 200余万元。

至此，王振雨靠抓农村电商频获扶持的新机遇，依托绥滨县良好的生态环境和产业优势，回乡全力发展以农产品销售为主要内容的农村电子商务，实现了自己“大咖”的人生梦想。

劳模王振雨，带动全县电商行业快速发展

王振雨的成功，刺激、鼓舞了很多绥滨人在淘宝网上开店，特别是2015年，在县里出台鼓励发展电子商务的政策后，他积极帮助有意向的电商创业者进行电商培训。在他的带动下，全县电商已发展到40多家，网上销售总额达到1 100多万元。指导电商创业者开设淘宝店及微店8家，协助电商企业开设网店1家，帮助6户农民注册产品商标。

由于业绩突出，王振雨先后获得“鹤岗市劳动模范”“农民百强创业之星”“绥滨县农村脱贫致富带头人”“鹤岗市人大代表”“县工商联副主席”“县团委副书记”等殊荣。

党员王振雨，扶贫路上献绵力

富裕起来的王振雨始终没忘记自己家乡的部分人员还处在贫困线以下，在电子产业还没做大做强的情况下，他就想为扶贫事业尽一份微薄之力。2018年，王振雨参与了县政府组织的扶贫“小菜园”产品销售活动。通过线上、线下共销售2.8吨鲜品，销售额达29 000元，链接贫困户95户，链接贫困人口135人，户均增收300元左右。2019年上半年，通过王振雨的联系，又帮助绥滨县金穗子农业科技有限公司销售黏玉米12万棒，解决了黏玉米滞销的问题，也为2019年贫困户黏玉米收储解决了仓储问题。

王振雨计划再投资100万元，扩大仓储物流，开展水产品深加工，拓展大客户，开展团购业务，实现品牌化、规模化经营，全力打造水产品销售全省第一店。同时，积极帮助县内同仁一起携手步入电商平台，从事电子销售行业，突破销售瓶颈，努力完善电子商务产业链条，为实现全县农民共同发展、共同富裕的目标尽自己的一分力量。

案例 26

吉林集安：夯实创业服务体系，亮眼精品农品民宿

吉林省集安市地处中朝边境，是我国对朝三大口岸之一。该市文化旅游资源丰富，是吉林省传统土特产品、中药材、山野菜的主要产区和出口基地。近年来，集安市把推动农民工返乡入乡创业创新工作作为促进“大众创业、万众创新”的重要举措，坚持“政府主导、人社牵头、职能部门协同推进、乡镇政府分片负责”的工作思路，着眼乡村振兴，全面加强服务、政策、宣传等方面工作，着力激发农民工返乡创业创新活力，营造人人想创业、个个敢创业的浓厚氛围。全市先后荣获全省首批农民工返乡创业示范县、全国“结合新型城镇化开展支持农民工等人员返乡入乡创业试点”等荣誉称号；被国务院列入《沿边重点地区开发开放名录》，被省委、省政府确定为加快开放发展、扩大经济社会管理权限改革试点市。

有机品牌让农户年均增收 5 000 余元

集安市凉水朝鲜族乡，气候温度适宜，土壤结构合理，内含氮、磷、钾等多种有机物质，是种植甜玉米的理想之地。2008 年成立的信源米业专业合作社看准了地方资源优势，充分利用当地土地和气候条件，加工精致水稻和速冻甜玉米反季节产品，为合作社和入社成员利益最大化创造商机，也为当地农户增加就业、带动农民增收致富创造良好条件。主营产品统一注册为“凉水滩”品牌，凭借着健康、绿色、有机、安全的优势，一经上市就得到了消费者的青睐，产品销往深圳、上海、西安、石家庄等地，并出口韩国和日本。

目前，合作社总资产达 2 230 万元，入驻企业（农户）39 户，直接带动当地农民就业 400 余户。农民收入不断提高，每户年均增收 5 000 余元。2010 年 9 月，依托合作社为主体成立了“吉林凉水滩农牧业有限公司”，专业从事甜玉米深加工，主要生产玉米原浆和玉米须保健功能产品，年生产能力 15 000 吨，平均年销售收入能达到 3 000 万元。企业负责人表示，下一步要创新产业模式，拓宽产业纵深，以

主打优势产品增强辐射带动能力，提高农产品附加值和竞争力，不断拓宽农民增收新渠道，带领更多农民实现就业。

精品民宿吸引北漂一族回乡创业

2020 年 46 岁的孙继春是土生土长的集安人，1998 年大专毕业后一直漂在北京。2017 年春节探亲期间，孙继春看中家乡旅游发展的广阔前景，毅然决定返乡创业。

打造精品民宿一直是孙继春的一个梦想，经过多方考察，最终她将创业地点选择在太王镇钱湾村。

素有“水果之村”美誉的钱湾村是集安市果业种植专业村，有近 60 年的种植历史，果品达 20 多种。由于这里地处鸭绿江河谷地带，日照时间长，生态环境好，所以产出的水果外形饱满，色泽醇正，口感上乘，深受广大消费者的喜爱。每年 5 月中旬，游人可以来这里赏花拍照；8 月至 10 月，漫山遍野的果子相继成熟，到这里来采摘的游客和收果的商贩络绎不绝。可以说，传统的水果种植产业，如今已成为钱湾村发展乡村旅游的重要资源。

2018 年 9 月，投资 200 多万元的正阳晓苑民宿终于建成，孙继春在尊重农村建筑风俗的基础上加入了更多设计元素，使得一经投入使用，就在十一黄金周期间创下了 5 天接待 150 名游客的良好业绩。

孙继春的精品民宿“正阳晓苑”引领带动全村 44 户农民共同发展乡村民宿。2018 年全村农村经济总收入实现 2 300 万元，农民人均可支配收入 18 000 元，同比增长 14%。钱湾村精品民宿被评为“通化民宿大赛”设计一等奖，并获得通化市十佳民宿荣誉称号。

“五库三平台”，服务农民不含糊

无论是有机品牌还是精品民宿，集安人能在家乡踏实创业当然离不开地方政府的全方位服务。集安市委、市政府高度重视农民工等人员返乡入乡创业工作，成立由政府主管领导任组长，人社局局长、政府办副主任任副组长，40 多个部门主管领导为成员的“集安市农民工返乡创业示范县创建工作领导小组”，制定了《集安市创建农民工返乡创业示范县实施方案》《集安市农民工等人员返乡创业工作规划和计划》，建立了领导包保制度和督查机制，全面指导返乡创业工作。强化金融扶持，投入创业担保基金 2 100 万元，撬动资金 1 亿元，保障农民工返乡创业贷款资金需求。目前，已累计发放创业担保贷款 1.75 亿元，扶持农民工返乡创业 2 770 人，带动就业 1.3 万余人。2018 年以来，全市新增个体工商户 5 035 户、小微企业 1 129户。

为全面整合公共服务资源，还建立了“五库三平台”。“三平台”即：（1）综合服务平台。成立农民工返乡创业服务中心，设立返乡创业服务窗口，建立集安就业创业微信公众号；乡镇（街道）、村基层服务平台，设立返乡创业服务岗位，开设农民工返乡创业绿色通道，为返乡创业人员提供“一站式”服务。（2）创业培训平台。大力开展培训教育，依托职业教育中心，创建了全省唯一的省级旅游服务与管理专业实习实训基地和“鸭绿江旅游创业学院”，并与省内 22 所高校开展合作办学，培养既有理论知识又有实际操作能力的应用型、创业型旅游人才，累计培训旅游技能人才和各类创新创业人才近万人；建立返乡人员和返乡创业人员信息台账，实行动态管理，对有创业意愿返乡创业的人员依托培训机构开展创业培训。（3）舆论宣传平台。在电视台设置返乡创业宣传专栏；建立了“集安就业创业”微信公众平台；利用春风行动、招聘会等活动平台，发挥报刊、网站等舆论阵地作用，宣传返乡创业政策和创业典型，全面营造返乡创业氛围。“五库”即：（1）人力资源库。建立了创业人员、即将创业人员、引进回乡创业人员及返乡创业带头人信息库，共 3 000 多人。（2）创业项目库。按产业、区域、类别建立项目库，集中整理适合返乡创业项目 60 余个。创业项目主要有：集安云峰湖旅游度假区、鸭绿江养生度假区等旅游及康养项目，林下参、冰葡萄等特产项目，乡村民宿、农家乐等乡村旅游项目，农特产品、旅游纪念品等深加工项目，满足了不同群体创业需求。（3）咨询专家库。建立了由农技、旅游、咨询、评估、金融、培训等各业界的专家及优秀返乡创业带头人组成专家库共有 32 人，为农民工返乡创业提供技术指导和咨询服务。（4）示范案例库。建立了由 70 个返乡创业典型案例组成的示范案例库，通过各种媒体、载体进行宣传，为农民工返乡创业提供借鉴和引导。（5）资本工具库。将国家、省、通化市和集安市出台的一系列返乡创业相关政策及各部门涉及创业的优惠政策收集整理入库，实行市、乡信息资源共享，并确定专人负责答疑服务。

案例 27

吉林辽源龙山：走养殖、种植、农产品生产专业化道路

自 2017 年 10 月吉林省辽源市龙山区被确定为全国第三批农民工等人员返乡创业试点地区以来，在市委、市政府，区委、区政府的正确领导下，在市就业局、人社局各部门支持指导下，农民工等人员返乡创业试点工作取得了阶段性成果。

组织保障，政策拉动

全区成立并建立了农民工返乡创业工作联席会制度，从组织领导、政策扶持、部门协同、责任落实上给予保障。多次召开了领导小组联席会，听取工作汇报，研究部署工作，下发了《龙山区农民工返乡创业工作实施方案》和考核细则，按照辽源市《关于推进农民工等人员返乡创业工程的指导意见》，进一步明确了责任和目标任务，在全区基本形成了政府牵头、部门联动、社会参与的齐抓共管、共同推进农民工返乡创业工作新格局。

为贯彻国家、省、市关于农民工返乡创业扶持政策，创新服务方式，优化创业环境，龙山区制定了《关于进一步做好返乡农民工创业服务工作的实施意见》《龙山区创业担保贷款实施办法》等返乡创业扶持政策，助推农民工创业者融入“大众创业，万众创新”潮流，本着“输出劳动力，换回生产力”原则，催生了一批有一定资金、技能信息的农民工返乡创业者和带头人，基本做到了“上级政策利用、本级政策给予、行业政策扶持”三到位，以政策驱动农民工返乡创业工作有序开展，顺利推进。

强化培训，搭建平台

在推进农民工返乡创业试点工作中，龙山区把“返乡农民工精准培训，提升职业技能和创业能力”作为一项重要工作。培训前，组织乡镇就业工作人员对农村劳动力进行走访摸排和问卷调查，对有就业需要的贫困劳动力和返乡农民工进行登记

造册、建档立卡、优先安排职业技能培训和创业项目培训，依托市金帆职业技工培训学校，先后举办了家政服务、月嫂培训班，培训学员400余人，在工农乡政府举办了贫困劳动力实用技术面点、手工饰品、编织技能培训班，培训学员51人。

按照省、市统一安排部署，龙山区还先后开展了就业援助月、民营企业招聘周、高校毕业生和农民工就业扶贫招聘会，开展了“送信息、送政策、送岗位、送项目、送服务”下乡宣传招聘活动，发放各种政策资料8 000余份，提供政策咨询215人。仅辽源袜业招聘会一次就招聘725人，缓解了该区就业难问题。为扩大就业规模，区里还建立了龙山区就业局微信公众号平台和创业项目数据库，对创业项目开发、评估、发布、跟踪等提供“一条龙”服务，全面推进农民工返乡创业，助推农村贫困人员脱贫致富。

依托资源，产业带动

在全区上下共同努力下，龙山区返乡入乡创业实体已经初具规模，培育接续产业工作取得实效。截至目前，建成现代农业产业园区8个，龙头企业10家，专业生产合作社58家。先后成立了富春源房地产、金帆技工学校、易兴家居、恒辉物流、正旭食用菌、明乾绿色禽蛋养殖6个省级农民工返乡创业基地。

返乡创业龙头企业辽源市明乾绿色禽蛋养殖专业合作社是一家集饲料、养殖、储运、包装、销售为一体的蛋鸡规模化农民专业合作社。至2015年底，合作社成员已发展为126户，包含2个无公害养殖蛋鸡基地，存栏20万只优良品种蛋鸡。可年产无公害“够够购”牌鲜鸡蛋625余吨、普通鲜鸡蛋2 000余吨，年销售收入5 000多万元，带动周边蛋鸡养殖户300余户，带动就业人数80余人。合作社在服务于合作社成员的基础上，更着力于帮助众多农民养鸡户适应千变万化的市场，促进了当地蛋鸡产业的发展。

辽源市龙山区顺阳种植专业合作社在2017年11月1日由18位永治村村民组建成立，注册资金1 000万元，主要经营中草药种植，目前合作社拥有土地4 458亩，参社农户526户，其中440户参社方式是每亩地500元外加每亩地收益的20%分红。86户是合作社提供种子和技术，农户自己经营。2018年底，永治村加入合作社土地已达到3 458亩，参社农户315户；忠诚村参社105户，500余亩永康村参社106户500余亩，药材基地年用人工10 000余人次，带动20余人就业。未来永治村将注册辽源市柏阳种植有限公司，建设加工厂，建成投产后将收购农户的产品加工并销售，在增加收入的同时，解决农户产品销售难等问题，同时还能提供50余人的就业岗位，让产品真正的产业化、链条化，实现永治村的产业结构调整和产业兴旺。

永盛蔬菜将酸菜注册专利品牌，真空包装实现历史性突破。细心经营下企业不断发展壮大，2013 年更名为吉林省永盛蔬菜制品有限公司。在东北酸菜行业中占有一席之地。企业现有固定资产 3 500 万元，近百名员工，年腌菜量达 4 000 吨。产品销往全国，是辽源地区最大酸菜加工企业。企业产品“周家笨渍菜”代表辽源地区获 2011 年长春国际农业食品博览会金奖。企业原料 2011 年已通过农业部无公害检测。同年，周丙海选为辽源市龙山区第八届政协委员。2012 年企业被评为辽源市农业产业化市级重点龙头企业。通过基地带动周边农户，用利益带动农户种植的积极性，现有三合村、录山村、六间村、寿山村、山湾村等五个自然村种植面积 1 000 余亩。带动农户 500 户，农民直接获益 2 000 万元，带动农村剩余劳动力 600 余人，为农民增收、财政增税、农村剩余劳动力就业作出了应有贡献。

案例 28

吉林汪清：林下资源丰富，创业商机无限

汪清县隶属于吉林省延边朝鲜族自治州，境内拥有丰富的林产资源，为该县经济发展提供了有力的支持。自 2016 年农民工等人员返乡创业试点工作实施以来，全县紧紧围绕整合资源、完善政策、构建平台、示范推动的“四位一体”工作思路，竭力推进县域农民工等人员返乡创业工作的开展。

截至目前，依托 3 个省级农民工等人员返乡创业基地——天桥岭新农黑木耳专业合作社、延边源创生物科技开发有限公司和春华黑木耳种植专业合作社，以及 2 个州级农民工等人员返乡创业基地——百草沟镇宏美蜂业有限公司和东北红豆杉生物科技有限公司。全县 62 553 人的农村劳动力资源，30 533 人实现转移就业，566 位农民工等人员返乡入乡就业。

树典型，鼓励返乡创业

为做好返乡创业宣传和引导工作，发现或培育出一批敢为人先、经营有方的返乡创业典型，汪清县不断总结先进典型的创业经验，大力宣传创业有为、创业致富的典型事例，激发了更多的人投入到返乡入乡创业大军中，逐步推动返乡人员由“体力型”劳务输出向“智力型”创业致富转变。

文铁柱正是汪清县返乡入乡创业大潮中的弄潮儿。2008 年已经在青岛创业打拼 20 余年并拥有 3 家稳步发展企业的他，感受到家乡创业的大好良机。2010 年开始，转战家乡市场，对汪清木耳市场及整个菌类产业进行了深入考察。2012 年初，在汪清县委、县政府的关心帮助下，文铁柱仅用了不到三个月的时间，就选好了厂址，引进了设备，延边源创生物科技开发有限公司于当年年底就正式开工试运行。该公司的成立不仅带动了当地食用菌事业的发展，同时对保护当地的生态环境起到了积极的作用，减少了乱砍滥伐的现象，集中统一发展，将当地的食用菌行业带上了正规的发展道路。

为了带动周边群众共同致富，文铁柱积极聘请菌类种植专家下乡科普种植技术，给周边农户讲解种植菌类需要注意的事项，使种植户的产量大大提升。2019 年公司产值达到了 1 000 万元以上，公司还与韩国、日本等国家建立了合作关系。

优环境，服务返乡创业

汪清县返乡入乡创业工作做得好、做得实，离不开县政府优化营商环境的服务到位。一是提供政策扶持。将返乡创业人员纳入技能培训、职业鉴定、社保补贴等范畴，对农民工返乡创办的企业，招用就业困难人员、毕业两年内未就业高校毕业生、贫困家庭劳动力按规定给予社会保险补贴。二是提供资金扶持。创新小额担保贷款方式，将个人和企业贷款最高额度分别调整为 20 万元和 200 万元，贷款期限延长至 3 年，为创业者融资贷款提供支持。截至 2020 年 4 月，累计发放小额担保贷款 469 笔，共 7 286 万元。其中小微企业贷款 5 笔，达 812 万元；返乡创业者贷款 135 笔，达 1 715 万元。三是加强人才支撑。倾力营造良好的返乡创业环境，强化“三库三平台”建设，建立技术和企业类别专家指导库 2 个，专家 107 人；建立创业项目库 1 个，创业项目 110 个；返乡创业人员信息库 1 个，收集外出务工人员 10 582 人。通过“三库三平台”建设，切实增强了信息引导、创业指导等工作，实现近距离为企业发展支招，有效推动返乡创业人员与创业项目、产业发展、金融支持的有序对接。

搭平台，推动返乡创业

首先，加强创建返乡创业示范基地。建立返乡创业示范基地 5 家，吸纳创业企业 340 余户，带动周边富余劳动力实现转移就业 7 000 余人。其次，创建返乡创业公共实训基地和创业孵化基地。以汪清县被国家发展改革委等 10 部委确定为全国首批支持农民工等人员返乡创业试点县为契机，建设汪清县返乡创业公共实训基地和创业孵化基地建设项目。项目功能以整合创业资源、完善扶持政策、开展技能实训、优化创业环境和推进创业孵化为主，可容纳 50 家创业企业，实现年培训 1 100 人，创业培训 300 人，高技能人才培训 800 人次。累计投入资金 310 万元，依托基地项目载体建设完成人力资源市场项目、家政广场项目和创业孵化平台，目前正逐步发挥功能效益。

通信息，加速返乡创业

为了返乡入乡人员尽快得到就业信息，汪清县想尽办法做保障。一是创建信息服务平台。通过建立全民创业信息网站，及时发布各项就业政策、技能培训、创业项目、小额担保贷款、职业介绍、职业指导等信息，充分利用劳动保障热线 12333，为创业者提供及时信息服务。同时，通过延边州就业创业服务平台、OA 平台等线上“互联网+”形式，定期发布用工就职信息、组织专场招聘会、点对点对接、跨地域搭建用工需求平台等方式，积极为返乡创业企业及返乡创业人员提供用工需求服务。二是打造公共创业服务平台。依托基层就业和社会保障服务设施，通过服务窗口为农民工返乡创业提供政策咨询、就业指导、技能培训、劳动维权、社会保障等“一站式”的创业服务。截至 2020 年 4 月，累计举办各类招聘会 72 场，其中农民工等返乡人员专场招聘会 30 场。进场企业 300 余家，提供就业岗位 1 788 个，进场求职人数 3 148 人，达成就业意向 1 125 人。三是整合政策服务平台。整合各部门资源，制定专门针对返乡人员的创业优惠政策，积极引导鼓励创业。

案例 29

辽宁盘锦大洼：规模化农业经营主体，启动返乡创业新引擎

在辽宁省盘锦市大洼区各级政府和宣传等部门的共同努力下，当地农民工等人员返乡创业试点工作的好经验、新举措和先进典型，鼓舞了新一代农民们不断投身家乡事业、实现自身价值。然而，与绝大多数返乡入乡创业试点地区一样，大洼区也面临资金匮乏、技术欠缺、融资难、公共服务不配套等突出问题。唯有重点突破，以点带面才能有效拉动返乡入乡创业工作全面开花。

一体化运营让碱地柿子焕发新生机

郭佳明就是盘锦市“大众创业，万众创新”大军中的一颗新星。2015 年大学毕业的他，怀揣梦想走上了北漂之路。从北京，到广东，再到海南，各地现代农业发展的规模、速度、效益扩宽了郭佳明对新农业的眼界，加深了回乡创业的信念。

回家，创业！郭佳明想方设法筹资百万元，注册“盘锦菜根堂农业科技有限责任公司”，并在田家镇大堡子村的棚菜区新建一栋占地面积 6 000 平方米的高档全自动智能多功能大棚，作为公司生产示范基地。之后，郭佳明又创建了盘锦市大洼区菜心堂蔬菜种植专业合作社，盘锦市菜根堂农业技术培训学校，使公司成为盘锦地区为数不多的集碱地柿子生产、教学、科研、网销于一体的新型模式的现代农业科技公司。

短短两年多的时间，郭佳明的公司就通过“公司+学校+科研+农业休闲观光+合作社”的经营模式，有效带动了当地种植户增产创收，凭借其原生态特产农业产业吸引大批客户。在他的影响下，周围农民也都纷纷种植起碱地柿子，带动全村 200 多农户共同致富，合作社成员年增收 300 多万元，大堡子村的碱地柿子现已成为盘锦的特色产品。

大洼区充分复制郭佳明公司产业链发展方式，围绕“产业联盟+基地+农户”模式，严格落实《关于建设产业联盟大洼区生产基地的实施意见》，积极协调盘锦大

米产业联盟和各农场，完成了24.6万亩土地土地租赁协议的签约工作。

培育新兴产业，拓宽创业模式

大洼区通过旅游资源整合、旅游品牌培育等一系列措施，构建多元化产业体系，提供大量就业岗位，鼓励农民工等人员返乡创业。实施“2019相聚盘锦”工程，举办“中国·盘锦第四届开海节”“插秧节”等系列主题赛事活动。全区接待国内外游客129万人，实现旅游收入5 900万元，旅游业总收入增长11%，温泉旅游年接待量以16%的速度递增。全面提高楼宇经济发展质量和水平，中国物流东北物流基地一期项目运营在即，发展楼宇面积15.6万平方米。

大洼区还持续推进阿里集团“天猫优品”项目，按照“6+1”模式进行线下体验店布局。同时，加速融合域内农业合作社、农特产品生产企业、老字号、辽宁礼物，推进“互联网+高质量农产品”行动进程。截至目前，已完成了包括大洼街道、田家街道、新立镇等共5家电商体验店进镇街工作，展销面积共计470余平方米。为提升“互联网+高质量农产品”行动质量，组织域内新锐农民、农村青年、农产品种养殖经营户共计100人参加了盘锦市第一届农村电子商务人才培训班。

创业就业见成效

在全区上下联动、强力推进农民工等人员返乡入乡试点工作机制之下，大洼区的创业就业已见成效，达到预期目标。

一是以创业带动就业。按照“鼓励创业，促进就业，以创业带动就业”的思路，加大政策扶持力度，激发农民工返乡创业积极性。截至2019年底，全区累计返乡创业1 241人，带动就业3 254人。其中，返乡农民工859人，带动就业2 239人；返乡大学生6人，带动就业20人；其他返乡人员376人，带动就业995人。

二是以乡村振兴促进创业就业。全面启动国家现代农业产业园和中国好粮油行动示范区建设，争取奖补资金4.87亿元，拉动社会资本投入9.4亿元；全力推进乡村振兴产业园建设，2019中国·盘锦乡村振兴产业博览会在大洼区成功举办，实现乡村振兴规划理念、产业建设和发展模式集成输出；“互联网+认养农业”成为全国县域数字农业创新项目。大力实施南河沿排灌站等水利设施更新改造，农业生产条件进一步改善。大力提升农产品质量和效益，绿色、无公害农产品认证面积56万亩，锦垦、每日、天禹等品牌享誉省内外。大力发展农业龙头企业和经济合作组织，区级以上龙头企业达到133家；光合蟹业成为国家农业产业化龙头企业；盘锦大米、河蟹两大产业联盟的支撑作用、牵动作用、品牌效应已经显现。发放惠农补贴1.64亿元，争取农户贴息贷款5 000万元，有力促进了农业增产、农村增效、农民增收。

三是以工业集聚发展促进创业就业。进一步加强经济区、项目集聚区基础设施建设，项目承载力明显增强，产业集聚效应日益显现。临港经济开发区发展壮大，成为全区产业发展龙头，兴瑞球业、润通电极、昌德新材料等一批科技含量高、产业链条长的项目开工建设；恒润家具、嘉碳新材料、禹王无纺布等产品成功抢占国际市场。东风帅乡工业园蓬驰利石化轻芳烃、龙宇石化高级溶剂油等亿元以上项目竣工调试，可持续发展能力进一步提升；新兴、新立、清水、唐家、大洼等镇街工业集聚区稳健发展。加快扶强做大存量企业，全年新增“小升规”企业11家，“规升巨”企业1家。

案例30

辽宁葫芦岛南票：依托农业资源促进产业融合，为返乡入乡创业创造条件

辽宁省葫芦岛市是环渤海湾最年轻的城市之一，市内有多处优美旅游景点。作为葫芦岛市辖区之一的南票区，自2016年9月起，结合新型城镇化建设成立了支持农民工等人员返乡创业试点工作领导小组，对全区支持农民工等人员返乡创业试点工作实施统一领导，明确任务分工，细化配套措施。2017年5月，出台了《南票区结合新型城镇化开展支持农民工等人员返乡创业试点实施方案》，在土地征用、税费减免、程序简化与优先办理、小额担保创业贷款和融资服务、技能培训、创业培训等方面加大了政策措施的扶持力度，有力促进了支持农民工等人员返乡创业试点工作的顺利进行。

从农机作业合作社到“谷大姐”立式无土栽培

谷秀丽人称“谷大姐”，是地地道道的南票区农民。从村里购买第一台拖拉机进行春翻秋收的活儿干起，2005年由她负责的合作社就已拥有农机7台，年收入七

八万元，成了当地有名的农机大户。

富裕起来的谷秀丽并没有忘记乡亲，2006年她联合32家农机户成立了葫芦岛市第一家股份制农机作业专业合作社，共同开发更大的市场。谷大姐通过第一次购买麦子收割机到河南等地跨区作业，逐渐摸清了里面的行情。2007年，她顺藤摸瓜找到了河北省石家庄藁城市跨区作业队，加入了他们的队伍。

由于市场大，加上麦收季节性强，在石家庄藁城市跨区作业队带领下，谷大姐很快就熟悉了麦收线路，还结识了当地很多麦收经纪人。合作社车队活儿好、信誉高、价钱公道，种粮大户们都愿意与她合作。他们的服务范围如今已经覆盖江苏、河南、山东、河北、广东、上海、四川、黑龙江、吉林、山西、安徽、内蒙古等省份，每年跨区作业行程两万多公里。

敢想敢干的谷秀丽在一次国际农展会上见到了来自美国的立式无土栽培，她觉得这将会是促进我国农业发展的有效技术，于是便前往美国经过一番友好洽谈，最终将该技术引进中国，通过一年的种植试验，目前该项技术已彻底本土化，实现自主生产实装。"谷大姐"立式无土栽培项目就此诞生。该项目极大地节约了农业用水，明显提高了单位土地的经济收益，在发展壮大合作社生产规模的同时，进一步推进全区水果、蔬菜产业现代化生产水平。

促进产业融合发展，推进返乡入乡创业

谷大姐是南票区农民中走出来的先进代表，实践证明，只有将农民工等人员返乡创业与发展区域经济结合起来，才能快速带动更多人走向致富的道路。通过发展农民合作社、家庭农场等新型农业经营主体，大力发展农产品加工、休闲农业、乡村旅游、农村服务业，促进农村一二三产业融合，极大地吸引了农民工等人员返乡创业。开发特色旅游产业，启动全域全景旅游，依托3条新开通的"金三角"旅游线和汤水冬鱼等景区、景点扩建工程大力发展农家乐，举办紫砂文化周、民俗文化节、采桑文化节等活动，积极扩大就业岗位。大力发展"互联网+农业"新经济形态，积极推进商贸物流等传统服务扩容增效。年销售收入6亿元的时利和药业成功落户该区，配送范围辐射全东北。深入对接阿里巴巴、京东等互联网企业，文君甘薯等5家企业实现网上销售。信息进村进户工程不断推进，农村电商网点覆盖率达77%，不断拓展农民工创业空间。

更多新政落到实处

南票区充分发挥财政资金的杠杆引导作用，加大对农民工等人员返乡创业的财政支持力度。对返乡农民工等人员创办的农民合作社、家庭农场等新型农业经营主体，符合农业补贴政策支持条件的，按照规定享受同等的政策支持。开展企业与锦州银行葫芦岛分行、营口银行葫芦岛分行一对一融资对接工作，积极为企业协调融资贷款。落实《葫芦岛市关于延长工业企业产业链条的实施方案》，安排部分资金用于延长工业产业链条。发挥市场监督管理部门动产抵押、股权出质登记等职能，为小微企业、个体工商户提供创业融资服务，执行小微企业优惠政策。2019 年共为小微企业免征增值税 659 万元，小型微利企业减征企业所得税 567 万元，农林牧渔免征增值税 70 万元，有效解决了小微企业及返乡农民工等人员创业资金困难的实际问题。将一次性创业补贴调整为创业场地补贴。对没有进入孵化基地（园区）、租赁场地进行首次自主创业（指首次领取工商营业执照）的高校毕业生（毕业 3 年内）、退役士兵及就业困难人员等群体，给予每年 5 000 元的创业场地补贴，补贴期限不超过 2 年。对享受失业保险待遇人员自主创业的，可将剩余的失业保险金一次性支付给本人。创业 2 年以上但失败的，经葫芦岛市人力资源社会保障部门核准后，比照就业困难人员给予社保补贴。

2019 年，辽宁省葫芦岛市南票区支持农民工等人员返乡创业工作取得明显成效。全区新增个体工商户 1 259 户；农村专业合作社 50 个；私营企业 327 家，带动就业 0.7 万人。

编　后

东北经济相对落后，经济发展连续多年都位居全国各省份 GDP 增速后列。然而东北又很富有，那里有广袤的平原、肥沃的黑土、丰富的矿产，还有最为亲切的乡音乡情。在党和政府富民政策引领下，一代代拥有梦想、敢闯新路的现代农民，借助家乡高品质的农产品，打开了返乡入乡创业的新市场。他们是燎原之火，他们是时代弄潮儿，他们富了自己，同时也带动身边的乡亲共同走出了一条致富之路。

第六章

东部沿海地区

——百花齐放，科技引领

编者按

作为电商平台的重要发源地之一，长三角及沿海地区的创业大潮显现现“互联网+”等信息科技引领的特色。无论是农业（渔业等），还是制造业（来料加工等），又或是服务业（民宿旅游等），在电商平台等信息技术的加持下，相关产品及服务走进了全国乃至世界消费者的视野。插上科技的翅膀，让创业企业飞得更高，走得更远。

案例 31

江苏金湖："家门口的创业"正逢时

2012 年，李文梅从苏南返乡，在金湖县创办了堃阳公司，此后公司不断发展壮大，2018 年销售额 5 150 万元，上缴税收 266 万元，带动本地 179 名劳动力就业。"一开始以为创业很难，但是没想到政府有这么多优惠政策，而且用工也很方便，乡里乡亲的农闲就过来干活，工作都特别卖力。"被评为金湖县的创业标兵后，李文梅如是说。

自 2017 年被国家发展改革委等十部委列为国家级结合新型城镇化开展支持农民工等人员返乡创业试点县以来，江苏省金湖县奋力推进返乡创业，并将其作为在新起点上实现跨越发展的重要载体。截至 2020 年 7 月底，金湖县已累计建成省市级创业孵化基地 9 个，新增农民工等人员返乡创办私营企业 3 186 家，吸纳就业 1. 82 万余人，实现产值 9. 2 亿元。

"家门口"的"春风"

金湖县浓厚的创业氛围，可以追溯至 2007 年。当时金湖县积极开展创业就业培训，通过开展"创办你的企业"、"改善你的企业"和"技能+创业"复合培训，激发创业者的热情。如今，这份感召力已经扩散至金湖县外的"老乡们"。在金湖县致农民工的一封信中，这样写道："不用辛苦往外跑，就业还是家乡好。企业项目入驻多，就业岗位也不少。创业政策福利多，想当老板很轻松。每日归家餐饭热，妻儿老小开颜笑……家乡热切期盼你们回归，干事创业，成就自己的辉煌，建设家乡的希望。"

朗朗上口的大白话，眼见为实的创业成功案例，通过金湖就业创业微信平台、电视台、网站等媒体广泛传播。不仅如此，当地还利用"春节大型招聘会""春风行动"等载体，进行现场宣传，全力营造全社会支持和服务返乡创业的浓厚舆论氛围。仅2018年一年，金湖就吸引了1 830名农民工等返乡创业，直接带动就业7 448人。

在乡情亲情的感召下，在外学子、农民工等纷纷返乡创业。比如获得淮安市首个“2017创响江苏”大学生创业标兵称号的杨大伟，2006年毕业于中国矿业大学，2011年在金湖县创办了国内第一家全氟离子膜产业化工厂——江苏科润膜材料有限公司，并设计制造出我国第一套流延法离子膜生产线，打破了美日大企业在该领域的技术垄断。

实际上，金湖县有多项农民工返乡创业项目入选第三届“中国创翼”大赛江苏省赛区，以此为契机，金湖选树农民工等创业典型280多人，有效带动农民工等人员返乡创业从一支独放到花开满园。

政府帮解后顾之忧

返乡创业选择什么产业？创业者有需求，金湖县也有谋划。金湖县积极推进特色小镇、集中居住、产业园区三区共建，形成“农业二三产”集聚。大力发展培育新型农业经营主体，让农民工就近就地创业就业。全县布局20个农民相对集中居住区，打造新型农业社区，使集中区农民就近进入特色小镇产业园就业、创业。其中，特色小镇荷韵小镇、尧乡小镇等初具规模，产业特色较为明显。如荷韵小镇，就是以荷藕、芡实等农产品深加工为基础，形成了高效荷藕产业区；以湖畔旺屯集中居住点为依托建设周边东方园林苗木、田小萌乡村旅游度假、农耕休闲乡村旅游等一批农业二三产项目，发展绿色生态产业，让农民在家门口实现就业创业，农民增收效果显著。

近年来，金湖县坚持把创业孵化基地建设作为推进全民创业的强大引擎，因地制宜建设创业载体，为创业者提供良好的创业平台。包括：加快推进电商产业园建设，大力扶持淘宝特色中国“淮安馆”“村淘”服务站点等载体建设，新增省“两化融合”示范试点企业5家、省级电子商务示范点5个，建成“村淘”服务站点60个，开发“互联网+”创业平台，引导全县返乡创业人员从事电商达1 000余人，实现网上涉农销售2.6亿元。鼓励有一定文化的新生代农民回乡就业创业，同时也作为村后备干部培养，目前已建成省级基地1个，市级创业基地9个，4个镇（街道）、51个村（社区）、1个园区创成省级创业型镇、村、园区。

金湖县创业孵化基地巨龙科技公司负责人吴国庆说：“政府以低价租金为我们提供场地，还提供很多优质服务，在家门口创业真方便。”

吴国庆所说的优质服务，不仅体现在金湖县先后出台的《关于促进农民就业创业工作的意见》《关于开展农民工等人员返乡创业试点工作的实施意见》《金湖县农民创业小额贷款实施办法》等一系列含金量高、激励作用强的政策文件上，也体现在积极兑现就业创业相关优惠政策上，最明显的就是资金支持——2020 年以来，金湖已发放富民创业贷款 1 200 万元，支持成功创业 505 人，创业带动就业 2 150 人。

此外，金湖县还组建了创业指导专家咨询团，定期为创业者提供项目论证、开业指导、管理咨询、创业贷款、人力资源管理等咨询服务。推行县职能部门联合办公，对企业树立“终身帮办”理念，建立全方位帮办制度，实行领导挂钩帮办、部门专责帮办、专人跟踪帮办、集体会商帮办，千方百计帮助企业解决生产经营中遇到的问题和困难。

值得一提的是，金湖县实行返乡农民工本土创业准入“无门槛”、服务“零收费”、注资“分步走”、场所“无限制”改革，率先上线“多评合一”网上服务平台，为农民工等人员返乡创业提供全程代办服务。特别是，围绕创业者权益保护服务，对侵犯权益的案件快查、快处、快结，已受理农民工创业者投诉案件 8 件、挽回经济损失 87 万元。

案例 32

江苏泗阳：“追梦青年”返乡创业惠乡邻

在江苏省宿迁市泗阳县，有这样一群年轻人，他们有理想、有热情、肯吃苦、敢创新，在各级各部门的扶持帮助下，走出了一片新天地。

走出农门寻出路 返乡创业把梦圆

泗阳县城厢街道的张露金，用行动诠释着对于不幸命运的抗争：虽然一出生就是一名残疾人，但他敢拼敢干，不断开辟人生新天地，不仅给了命运响亮的答案，也带动了更多乡邻实现就业脱贫。

1986年，张露金出生于泗阳县城厢街道一个普通的农村家庭，从小患有先天性脊柱炎，背部呈“S”型弯曲，持有4级残疾证书。由于身体的原因，他不能久坐、不能负重、不能剧烈运动，久而久之养成了封闭自卑的性格。2005年高考落榜的他面对愁眉苦脸的父母，一股不服输的劲头“逼”他走出家门自寻出路。他跟着亲戚来到上海，先后干过送奶工、保洁员、洗车工等工作，每次均因身体原因难以长久，这让他非常苦恼，备受打击。

2007年，张露金在老乡的推荐下来到上海市嘉定区农贸市场，帮老板整理菜摊、打理蔬菜、记录饭店订单并帮助老板送菜。由于他细心、负责，蔬菜摊位被打理得干干净净，账目也清清楚楚，深得老板认可。就这样，张露金在上海扎下根，一干就是10年。也就是在这一过程中，他逐渐摸清了蔬菜市场的供求关系、价位走向等情况，更加深刻地领会到普通市民对无公害蔬菜的渴求，种植绿色无公害蔬菜这一想法逐渐在他心里扎根、萌芽。

2017年，在外漂泊十余年的张露金决定返乡，创办绿色蔬果种植家庭农场，但他的决定遭到家人的一致反对。家人认为他身体有残疾，不能胜任重体力活，而且农业看天吃饭，风险太大。在阻力面前，张露金从自己多年卖菜的经验出发，给家人做了详细的市场分析和风险预算，最终获得了家人的支持。

返乡只是张露金迈出的第一步，下面的路怎么走，土地如何流转，无公害蔬菜种植技术如何获得……创业过程中的难题开始一一显现出来。

“在我举步维艰的时候，城厢街道人社所、泗阳县残联向我伸出援助之手，积极与村部、村民协调，帮助我流转了22亩土地，协助签订土地承包合同、确定土地承包管理费用、办理工商登记营业执照。”张露金说，对于资金缺口问题，县残联、县人社局先后给他发放了15万元的残疾人创业扶贫贷款和10万元的富民创业担保贷款，解了他的燃眉之急。

2017年9月，第一批蔬菜种子播种以后，蔬菜出苗率差、新苗发黄干枯、长势不好等问题让他吃不好、睡不香。城厢街道人社所工作人员得知后及时联系县农技站技术指导专家上门服务，对肥料配比、水循环系统等细节问题进行指导，并为他办理了一次性创业补贴，让他增强了创业信心。从第二批种子播下去以后，有关问题逐步得到了解决，农场的发展也走上了正轨。

返乡创业成功 富了乡邻笑开颜

张露金创办的露金家庭农场主营“黑珍珠”菠菜、“上海青”小青菜、有机生菜等绿叶蔬菜，由于各项标准均达到“绿色有机”标准，蔬菜一上市，就得到了经销商和饭店的一致好评，呈现供不应求的状态。产品除在本地农贸市场批发外，更是远销上海、昆山等地，常常在播种时期就被订购一空。现在，张露金的家庭农场已流转土地54亩，年销售额超200万元，实现净利润100万元左右。

返乡创业取得成功，但张露金并不满足：“一人富了不算富，更重要的是要带着大家一起谋出路。身为残疾人，我深知就业创业有多不容易。所以在农场开始盈利的时候，我第一个想到的就是帮助更多的残疾人。”说到做到，从2018年初开始，他就聘用了30多名残疾人到农场就业，并根据残疾人生理特点，发明了可移动的“菜地轮椅”，不仅可以调节高低，还可以360°旋转，大大提高了工作效率。

现在，城厢街道共有40多个残疾人家庭通过张露金实现稳定就业、成功脱贫，张露金家庭农场也被评为泗阳县残疾人就业扶贫基地，成为带动残疾人就业脱贫的典范。

“众人拾柴火焰高。创业道路充满艰辛，残疾人创业更是不易。很幸运的是我得到了来自县人社局、残联、农委等相关部门的帮助，下一步，我将继续扩大规模，帮助更多的残疾人和乡邻增收致富。”身材瘦小的张露金，用他并不强壮的脊背，在圆了自己“创业梦”的同时，还扛起了当地残疾人脱贫增收的“大梦想”。

“90后”复旦毕业生返乡当花匠

2014年毕业于上海复旦大学动画专业的庄晨阳，出于对多肉植物的喜爱，毅然返回家乡建造起了400平方米温室用于多肉植物培育，并于2017年年中成立自己的公司——花汀园艺种植园。

早在复旦大学期间，庄晨阳在学习之余便尝试在宿舍阳台养多肉，并通过播种、叶插等方式繁育出了不少小苗。随着小苗的数量越来越多，庄晨阳开始尝试对外出售，没想到，销售情况十分乐观，这让庄晨阳兴奋不已，更让他察觉到了种植多肉的商机。大学一毕业，庄晨阳便决定放弃上海原有的工作机会，回乡种植多肉。

2017年末，由于其培育的多肉植物品种多、卖相好，先后被各大新闻媒体关注并相继报道，收获了较好的社会效益和经济效益。为扩大规模，开展产业化经营，2017—2018年，他每年新建1 000余平方米多肉温室，带动周边农户就业近30人。2018年6月，庄晨阳获评泗阳县“全民创业十佳先进个人”荣誉称号。

“我这相当于是先爱上（这行），然后再决定干，再苦再累我都能承受，可是如果没有县人社局的大力帮扶，我的创业道路也不会如此一帆风顺。”庄晨阳回忆说，在创业初期他一度遭遇场地、资金难题，众兴镇人力资源社会保障劳动所得知后，主动与杨圩社区对接，帮助他流转 1 000 多平方米土地，建起了两个恒温大棚。泗阳县人社局 2017 年、2018 年连续两年每年为他提供了 10 万元贴息贷款，发放初次创业补贴 8 000 元，帮其申报获得大学生优秀创业项目省级补助资金 10 万元。

如今，庄晨阳大棚里的多肉植物种类已经达到 300 多种，培育出的多肉苗远销上海、山东、深圳等地，年产值保守估计在 80 万元左右，经济效益十分可观。

案例 33

江苏连云港赣榆：凤还巢助力小渔村变身电商村

电商，是江苏省连云港市赣榆区发展经济的一个突破口，也是返乡创业的主阵地。2017 年，赣榆区入选国家发展改革委组织实施的结合新型城镇化开展支持农民工等人员返乡创业试点地区。赣榆狠抓支持农民工等人员返乡创业各项政策措施的落实落地，进一步强化行政服务，继续推进各类创业园（电商园）等载体建设，高频次开展各类技能培训、政策及典型宣传、就业专场活动等，鼓励创新创业，依托本地海产品资源优势，大力发展电商等新兴小微经济体，全方位拓宽就业富民渠道。

返乡好时节 电商创业热

30 岁出头的张延喜，是江苏省连云港市赣榆区的代表人物。从早年一度生活十分困难到如今年收入超过 200 万元，张延喜的秘密武器就是网络直播卖货。事实上，在张延喜所在的传统渔业大村海前村，电商正在从根本上改变原先“渔民路边摆摊、拦车叫卖”的销售模式。海前村党总支书记周家新说，现在，全村利用电子网站经营的有 160 多户，还有不少外地人专程来村里租房做电商。海前村已成为江苏省农村电子商务示范村。

张延喜因为家境贫穷早早辍学，随哥哥南下深圳打工。2013 年，他返回家乡务工时偶然发现了网络的美妙。2015 年，他在上网时无意间把自己的手机号码和一些海产品介绍发到网上，没想到却接到了一位北京客户的电话，对方要求张延喜把他需要的海鲜寄送过去，并询问是否有网店。

于是，开网店的想法在张延喜脑海里萌发了，在反复考察后，他决定从当时新兴的网络直播平台入手，开起了“三子海鲜”店，并在短短两三年时间里积累了50万粉丝。至2018年，“三子海鲜”的网络年销售额达1 200万元，利润200万元，员工则从刚开始张延喜一个人发展到现在的10人。

如今，每天晚上9时至12时，连云港市赣榆区海头镇海前村有大大小小上百间直播间，上演着海鲜直播销售的热闹场景。而这种电商创业的热烈氛围，也洋溢在赣榆区多个角落。

在赣榆经济开发区，总面积1.4万平方米的国家级创客空间——和安创客汇已吸引十几家企业入驻。30岁的尹徐广也是其中之一。他2012年便从南京回家乡创业，创建了当地最大公众号“赣榆部落”，通过引入本地的广告商和自营电商，公司经营得有声有色。在赣榆海洋经济开发区紫菜产业园的紫菜交易中心里，围绕紫菜汇聚了一批电商，经营者多是回乡创业的大学生。

截至目前，赣榆区拥有省级电子商务示范园区1家、示范镇1家、示范村2家。其中，赣榆电商园被认定为省级科技企业孵化器、省级特色产业集群、省级小企业创业基地、省级大学生创业园，目前已入驻电商园企业55家，从业人员630人。全区累计18个电商产业园（街）、47个村级电商服务中心建成并投入使用。其中，海头镇创建成省级农村电子商务示范镇，青口镇电商物流产业园、紫菜电商产业园、柘汪镇“e+众创中心”创建成省级电子商务特色产业园，青口镇里沙村、大小盘村，海头镇海前海后村、大兴庄村以及宋庄镇四新村6个行政村创建成省级农村电子商务示范村。截至2020年6月底，全区电商交易额突破40亿元，销售覆盖淘宝、天猫、京东、拼多多、快手、抖音等多个电商平台及直播平台。特别是海头镇，以165亿次视频播放量成为快手上全国排名第一的乡镇。据连云港市邮政局统计，2018年全区快递上行量达2 607万件，同比增长90%；快递下行量超3 000万件，快递营业网点150余个，从业人员1 000余人。

狠抓政策落实 助力返乡创业

在赣榆，返乡创业者以电商为突破口，而支持返乡创业的赣榆区政府也在围绕电商做好服务文章。

赣榆区委区政府专门成立了农民创业园指挥部，总揽全区农民创业园建设推进工作。截至目前，青口紫菜电商产业园、柘汪镇“互联网+”众创中心、海头海产品电商产业园、宋庄新康邑煎饼产业园、墩尚泥鳅电商产业园、班庄孙净埠电商产业园、厉庄电商产业园等15个电商产业园（街）和47个村级服务中心已投入使用；线上线下融合模式的“赣榆电商示范馆”已建成营业；重点推进的5个创业型街道（乡镇）、120个社区（村）已建成投用。

这些创业园、电商园等载体体验如何？创客汇里配套设施齐全，除了物业水电费，几乎是零房租，连桌椅沙发都由开发区配好。楼下就是开发区行政审批局，随时可以寻求审批手续方面的帮助，还可以随时和其他创业者互相交流、碰撞、启发。

为了优化创业环境，赣榆区秉承“应上尽上、全程在线”原则，全面梳理政务服务事项和行政权力清单，集中公开、动态调整；建设“互联网+政务服务”平台，推动线下与线上融合，构建“网上办为主、线下办为辅、自助办为补”政务服务新格局。在赣榆创业，“七站八所”汇聚成“一站式”服务，群众动嘴、干部跑腿——围绕区级“三重”项目，区、镇（园区）两级代办员队伍提供从项目设立到竣工验收全流程代办服务，且流程优化、时限压缩，《“马上办”权力事项清单》中的项目均以“10分钟以内”为办理时限。

除此之外，近年来赣榆区认真梳理试点以来制定出台的《关于进一步促进新形势下就业创业工作的实施意见》《关于落实省办公厅支持农民工等人员返乡创业的实施意见的通知》《赣榆区电子商务大发展实施方案（2018—2020年）》等政策措施，狠抓落实落地，让返乡创业人员创业依据更清晰、运行更方便、起步有扶持。

截至2020年6月底，全区共发放创业涉农贷款余额157.3亿元，比年初增加24.5亿元，增长18.4%，高于全部贷款增速。上半年，全区开展创业培训16期，培训创业人员454人，其中各电商实战专场培训31班（场），累计培训1 200余人次。

不仅如此，赣榆还在组织开展“凤还巢”系列活动，协同区内机关、企业、社会组织在寒暑假为赣榆籍大学生提供更加多样化的社会实践岗位，鼓励大学生返乡就业创业，回馈家乡；举办青年专场招聘会、免费技能培训、人才政策推介会、青商研讨交流会，结合微博、微信公众号等网络媒体对外推介众创空间、创业优惠政策等，吸引青年人才来赣榆施展才华，成就事业。

案例 34

浙江桐庐："新农人"还乡"电商+"插上腾飞的翅膀

在浙江省桐庐县，扎根乡村田野间的年轻人越来越多，相对于传统农民而言，他们专业素质更高、更懂农业技术、更善于经营管理，被称为"新农人"，用自己的才华和实干，在乡村振兴的浪潮中逐梦人生。

近年来，桐庐深化国家级"结合新型城镇化支持农民工等人员返乡创业试点示范县"创建工作，持续开展多渠道、多形式、多层面的创业服务，大力推进特色农业、电子商务、"全域旅游+"创业，极大激发了在外务工人员返乡成为"新农人"的热情。2018 年，桐庐县新创办市场主体 9 992 家，其中第一产业 354 家、第二产业2 133家、第三产业 7 505 家，带动就业 3. 6 万余人。

农业要"接二连三"，"特色农业+创业"来帮忙

在桐庐县百江镇奇源村，隐匿着一个"花果园"——世衡家庭农场。2013 年，开过酒吧、跑过物流的李敬在百江镇奇源村的大山脚下当起了"新农人"，建起了 100 多亩地的农场，种上了冬桃、李子、火龙果等 11 个品种的水果，还有 40 多亩提子和葡萄。与普通农业种植不同的是，李敬的农场"回归传统"——不追求产量和卖相，只追求果实最本真的味道。但这些不好看的果子却获得了无数"吃货"拥趸。

乡村要振兴，产业发展是关键。近年来，桐庐县大力发展高效生态农业，出台《关于大力推进农村产业融合加快新型业态发展的意见》，明确土地经营权股份入股扶持政策。让皇甫海顺和村民们富裕起来的凤溪玫瑰园项目就受益于此。目前，全县试点土地股份制合作社 30 家，土地股份制企业 3 家，入股土地面积 8 764 亩。在此基础上，积极推进特色农业建设，先后建成了阳山畈水蜜桃、怡合青笋等 15 个亦农亦游的"一乡一业"现代农业示范园区，还建成了省级现代农业综合区 1 个、面积 36 200 亩，省级现代农业产业示范区 3 个、面积 14 870 亩，市、县级精品园 28

个、面积达47 318亩。在“接二连三”“整村连片”的特色农业发展思路指引下，桐庐的农产品种植很快呈现规模化态势。仅在富春江镇金家村，就建成了金家水果精品园区400余亩，不仅成功招引增先农业，还带动了本村外出务工人员十余人返乡种植美国凯德杏50余亩。

“电子商务+创业”给农产品插上腾飞的翅膀

“有工业无园区、有土地无空间、有负担缺活力、有文化少遗存”，在桐庐的老城区桐君街道，一度有这样的说法。不过，如今的桐君早已“老树发新枝”：从2013年以船王服饰为代表的传统服装产业“触网”转型起步，到2015年麻蓬村农村淘宝2.0模式首发，再到梅蓉村“创客中心”带动的农民创业潮，以及年产值1.5亿元的桐君街道电子商务众创孵化园，桐君街道新增创业主体1 352家，其中电子商务92家、乡村旅游11家、农业产业化12家，创业带动就业2 000余人。这些不仅迎来了老城发展的“春天”，还以园区为支点辐射周边，有力推动了县域传统产业应用电子商务转型升级。目前，桐庐共有县级核心电商产业园3个，乡镇孵化园6个，县域电子商务销售年增幅30%以上，日均发货量突破40 000单，2018年营收过百亿元，连续5年获得“中国电子商务发展百佳县”称号。

2013年，王晓桢毅然放弃了高薪白领生活，回到家乡做了一名“泥领”，从零起步，以在朋友圈“卖包头鱼”为切入点，深耕农业电商5年，将农产品与电子商务有机结合在一起，最终圆梦农业电商行业。针对农业电商产业链服务不完善这一缺陷，安厨首创了“电商平台+仓配平台+商户平台”的全产业链运营模式。也正是因为这一创新模式，让公司在短短4年内荣获了省级骨干农业龙头企业殊荣。如今，安厨蓬勃发展，已连接合作社1 000余家，带动约5万农户增收。

安厨的快速发展当然离不开当地“人力+财力”的政策支持。近年来，桐庐实施“君山引凤”招才引智一号工程，强化乡村本土人才开发和帮扶，建立院士专家工作站2家，柔性引进院士20人，引育国家“千人计划”和浙江省“千人计划”等高层次人才5人、紧缺专业技术人才289人，形成了“农民留乡、市民下乡、能人回乡”的创业人才良性流动机制。同时，大力推进金融创新改革，实施“普惠金融”工程，促进社会资金向创业园区和创业人群集聚；创新金融产品，推出农信担保贷款、电商助力贷以及“生态贷”“茶园贷”等形式多样、操作灵活的融资渠道。

毕业于安徽农业大学的“90后”钟明辉，大学毕业即返乡创业。如今他不仅是“雪水云绿”茶叶有限公司的“新掌门”，还兼任浙江千层绿农业开发有限公司茶叶技术顾问、农函大桐庐县分校茶叶专业讲师。2012 年，他成为桐庐县第八届政协最年轻的一位委员。

“全域旅游+创业”让“画城”名副其实

在桐庐，像王晓桢和钟明辉这样回到家乡创业发展的年轻人越来越多。杭州九月体育文化有限公司的负责人洪林波也是一位回乡创业的“新农人”，他的另一个身份则是北京体育大学的在读大学生。

2017 年假期，洪林波回到家乡合岭村，忽然发现家乡的变化太大了：以前村里人烟稀少，如今到处车水马龙；以前村居破败冷清，如今村容古朴秀丽，摇身一变成了“网红村”。于是他萌生了将“体育+旅游”的梦想带入乡村的想法。在旧县街道党工委以及乡村振兴队的帮助之下，他成立了杭州九月体育文化有限公司。公司运行仅一年就初显锋芒，在 2018 年杭州市中小学生阳光体育射箭锦标赛中取得初中组团体第一名的好成绩。

“中国画城、潇洒桐庐”，这里绿树成荫、整洁清新、白墙黛瓦、和谐温馨，处处听得到鸟鸣，时时闻得到花香，可谓所见皆成画。桐庐不仅风景如画，更以“画”闻名，绘画人才辈出。当地以“画”为媒，依托良好的生态环境和“中国最美县”“中国醉美乡村”等旅游品牌，积极打造精品线路和精品区块，形成了特色鲜明的全域旅游示范区。乡村旅游、民宿经济等创业创新业态成为返乡创业新亮点。2018 年，全县新增民宿经营户 70 户、床位 584 张，农家乐、民宿接待游客 516.5 万人次，营业收入 33 880 万元，分别同比增长 25.2% 和 28.8%。

“绿水青山就是金山银山”。今天的桐庐人，深刻地体会到了这句话的深厚内涵。在富春江镇“慢生活体验区”，共有民宿 212 家，芦茨、茆坪、石舍等村的特色民宿“忆·松树岭”“画中阁”等早已名声在外，青龙坞等区块正在打造首屈一指的高端民宿聚集区。而这些民宿从“星星之火”到“燎原之势”只不过几年时间。本地农户在家门口既享受了天伦之乐又实现了就业，还吸引了大量外出务工人员返乡。民宿“庐居里外”的负责人孙云飞就是从一线城市的布丁酒店运营管理岗位回乡创业的。2018 年，“慢生活体验区”累计接待游客 160 万人次，实现营业收入 1.75 亿元，较 2017 年分别增长 17.6% 和 21.5%。

“试问岭南应不好，却道：此心安处是吾乡。”如今的桐庐，正吸引越来越多的“新农人”找到心灵的真正归宿、施展的舞台。

案例 35

安徽望江：光大传统产业，织就增收致富路

“做服装，到望江”。安徽省望江县有一张闪亮的名片——纺织服装，全县纺织服装企业达400多家，其中规模以上企业44家。

作为人力资源大县，望江县从事纺织服装行业的有10万余人。通过建设服装产业园，望江县大力发展一二三产业，积极吸引人才回乡创业，实现“凤还巢”。2019年，望江县返乡创业人员2 616人，同比增长11.2%；返乡人员创办经济实体1 621户，同比增长11.6%；返乡创业帮助8 450人实现就近就业，同比增长13.4%。

强化政策支撑，大力发展传统优势产业

为进一步做大做强纺织这个传统产业，2014年底，总投资3.7亿元的望江意达童装城（一期）正式投入使用。在不断完善童装城内水、电、通信、公交、邮政快递等基础配套设施的基础上，出台优厚的厂房租赁减免、税收减免、融资贴息、就业补助等相关政策，及时解决商户小孩就近入学等难题，提供绿色通道办证、金融对接、免费电商培训等服务。

截至2019年，意达童装城共入驻各类企业292户339个单元和151户分销商（小淘宝），注册公司482家，个体户62家，其中规模以上企业2家，线上企业6家，相关配套产业70多家。

依托望江县童装城科技孵化中心建立的创业孵化基地，共入驻各类企业292户，注册公司482家，个体户62家，新签相关配套产业31家。2019年，平均每日网络快递发货量达到6万单，双“十一”当日快递收货量达到15万单，相比2017年双“十一”翻了3倍。先后被评为安庆市返乡农民工创业园、安徽省小微企业创业基地。

目前，童装城二期“时尚创业园”已启动规划建设，建成后预计可带动当地从

业人员 3 万余人实现创业就业。

加大资金保障力度，形成“一区多园”发展格局

近年来，望江县以“一核三区六园”为重点，加大县经济开发区和高士、长岭和鸦滩乡镇工业集中区建设。乡镇工业集中区与县经济开发区互为补充、错位发展，形成“一区多园”格局，不断完善路、水、电等基础配套设施，增强园区吸附能力，使之成为返乡创业首选之地。县经济开发区农民工创业基地占地 1 200 亩，提供就业岗位 3 万多个；乡镇返乡农民工创业园总占地面积 8 916 亩，累计提供就业岗位 7. 12 万个。

加大资金扶持力度，筹集 3 365 万元保障就业再就业政策落实，投入 614. 21 万元推进就业创业促进工程、农村电商升级工程、技工大省技能培训工程，累计培训 3 399 人次，开发就业岗位 867 个。投放小额创业贷款 5 123 万元，贴息 322. 54 万元，为 356 个创业主体提供资金支持。设立产业投资基金 1 亿元，累计注入县经开区产业引导基金 11 920 万元，积极兑现中小企业政策奖补各项政策奖补资金 1. 56 亿元。拓宽融资担保服务渠道，2019 年为 47 户小微企业提供贷款担保共计 1. 5 亿元，其中“4321”比例再担保业务 25 户 8 378 万元、税融通业务发放 9 户 4 510 万元、科技融资担保业务发放 4 户 2 610 万元、助保贷 8 户 3 220 万元；为 48 户中小企业提供续贷过桥资金 25 420 万元。

针对企业用工和返乡农民工需求，加快实训培训基地建设。已建创业就业实训基地 5 100 平方米，县经济开发区和高士镇、鸦滩镇等乡镇拟建新建创业实训基地 24 000 余平方米。通过在各乡镇举办以“电脑、电子、纺织、机械、缝纫”为内容的返乡农民工培训班，不断提高农民工的创业就业技能，2018 年以来实现技能培训 6 300 多人。

一二三产深度融合，促进县域经济发展

望江县不少返乡人员充分利用资金、人脉、市场等优势，深度挖掘地方特色资源，创办了一批各具特色的田园综合体、家庭农场、民俗体验等实体，催生了“三农”新业态、新模式，有力促进了一二三产融合发展。

为促进现代农业和现代服务业发展，望江县先后出台了《望江县特色种养业脱贫攻坚工程实施方案》《关于大力培育发展农民专业合作社和家庭农场的实施意见》《关于加快推进电子商务产业发展的意见》等。目前，全县建成稻鸭共生绿色生产基地4万亩、稻虾连作生产基地3.2万亩；农业与旅游、文化等产业深度融合，全县共有规模休闲农业经营主体52个，休闲农业资产总额15.2亿元，休闲农业综合营业收入达5 100万元。

这些各具特色的产业进一步推动了县域实体经济的发展。新能源汽车及零部件制造产业集群前景可期，规模以上企业41家，已培育发展“专精特新”企业21家、高新技术企业6家、科技孵化器入孵企业6家。第三产业加速发展，2019年望江县三产服务业增加值同比增长5.9%，社会消费品零售总额同比增长10.7%；建成农村电商扶贫站118个；新增电商企业276家，电商交易额突破7.1亿元，增长30.4%。

持续优化营商环境，促进就业增收

返乡创业带动了城乡人员实现就业和增加收入。2019年，望江县新增城镇就业5 336人；开发就业困难人员公益性岗位271个、就业见习岗位112个、辅助性岗位896个；就业困难人员再就业帮扶率达94.8%（任务数70%），失业人员再就业率为55%（任务数50%）。2019年，全县城乡居民可支配收入分别达到30 173元、13 006元，分别增长8.7%、10.8%。这与望江县多年来持续优化创业市场环境的努力分不开。在望江，不仅有“一窗受理、一表申报、互联互通、信息共享”，还有“创业直通车”和“创业绿色通道”。2018年，望江县将企业开办时间压缩至3个工作日以内，实现了企业开办事项办结最多跑一次的工作目标。县政府每季度召开一次政企座谈会、银企对接会，及时了解企业生产经营状况，排出问题清单，着力为企业发展排忧解难，确保返乡创业主体安心经营。

值得一提的是，望江县建立42个就业扶贫基地和233个居家就业扶贫基地，提供就业岗位3 705个，开发居家就业岗位12 508个，帮助贫困人口5 821人实现就业。2014年以来，通过就业脱贫12 253户48 375人，占总脱贫人口的40.53%。2017年21个脱贫村村均集体经济收入达20万元，最高突破50万元；2018年贫困村村均集体经济收入达35万元，最高突破80万元；2019年贫困村村均集体经济收入达50万元，最高突破100万元。

2019年，意达童装城内开工企业用工总人数2 000余人，其中带动40余户贫困户在童装城就业，就业贫困人员人均年收入3万元。482家企业中80%以上的采用外发周边服装加工，带动全县家庭小作坊式小微服装厂300多家、总劳动就业人数达5 000余人，带动全县居家就业人数2 000余人，其中贫困户参与务工达600余人，贫困人口务工年收入达到15 000元以上。

案例36

安徽金寨：打好返乡创业“三张牌”，助力脱贫攻坚“决胜局”

安徽省金寨县地处鄂豫皖交界处、大别山腹地，是中国革命的重要策源地、人民军队的重要发源地，也是国家级贫困县和安徽省深度贫困县。近年来，金寨县积极推进支持农民工等人员返乡创业试点工作，大力支持外出能人返乡发展、创业兴业，有力带动了当地脱贫攻坚的步伐。

打好“引导牌”，唤回脱贫带头人

脱贫攻坚，人才是关键。金寨县以往大批有文化、懂技术、会经营的青壮年劳动力外流，一些乡村出现“老龄化”“空心化”现象，本地缺乏脱贫能人。当地瞄准这一突出矛盾，大力引导外出能人返乡创业，发展壮大脱贫攻坚队伍。

一是优化创业环境，积极搭建干事创业平台。金寨县不断创新和完善人才、财税等优惠政策，在用地、资金、项目等方面为返乡创业提供全力支持，营造良好创业环境，为返乡人员搭建了干事创业的好平台。目前，金寨县已为返乡创业人员优先提供建设用地3 000余亩，发放各类补贴3 000多万元，落实各类扶持资金2.1亿元。

二是用好乡情纽带，着力提升能人返乡意愿。金寨县借助血缘、亲缘纽带，搭建感情联络平台，积极引导、扶持在外乡贤、优秀外出务工人员等回乡创业。2018年以来，通过外出走访、返乡恳谈、实地参观等多种活动，积极吸引外出能人返乡，洽谈返乡创业项目120余个，仅2019年春季以来，就召开返乡人员座谈会50余场，推介创业项目、就业岗位上万个。

三是建立激励机制，大力营造尊重返乡创业的社会环境。金寨县坚持“靠能人兴村、靠待遇留人”，着力提升返乡创业者的政治待遇、荣誉激励，大力营造尊重返乡创业的社会环境，让返乡创业者有自豪感。2012 年以来，已有 415 名返乡能人进入村“两委”班子、担当村集体经济组织负责人，引才回乡初见成效。

打好“产业牌”，注入脱贫新动能

脱贫攻坚，产业是基础。引回脱贫带头人只是第一步，支持其创业兴业、夯实脱贫产业基础才是重中之重。为此，金寨县重点做了三方面工作。

一是抓返乡投资，夯实脱贫攻坚产业支撑。金寨县积极吸引在外创业成功人士回乡办企业、兴产业，目前，有 600 多名返乡人员领办、联办工业企业，其中，47 家企业成长为规模以上企业，占全县规模以上企业的一半以上。例如，雅迪集团董事长董经贵回乡投资 15 亿元新建 500 万台高端电动车生产及配套项目，达产后年产值 70 亿元、税收 2.5 亿元，解决就业 2 000 人。

二是用特色资源，促进山区农业“接二连三”。金寨县大力引导和支持返乡人员深度挖掘大别山区特色资源，创办一批土特产深加工、特色田园综合体、家庭农场、民俗体验馆等项目。目前，金寨县有休闲农业经营主体 280 多家，家庭农场、合作社等 2 500 多家，流转山场、土地 6 万亩，发展有机茶、中药材、猕猴桃等特色基地 4 万多亩，帮助 6 000 多个贫困户建起“绿色银行”。

三是拓展电商创业，打造老区“网红”特产。利用返乡青年熟悉互联网的特长，大力支持电商创业。建成“互联网+”大厦，吸引“供销 e 家”“上街去”等近 30 家电商企业集聚发展，3 000 余名返乡农民投身电商，全县电商、网商从业人员达 1.1 万人，跻身全国电商扶贫十大样板县。由返乡人员开发的“老班长红烧肉”“长寿金家寨”等“网红”产品近 300 种，山里“土疙瘩”变为城里抢手“香饽饽”。

打好“服务牌”，营造创业好生态

脱贫攻坚，服务是保障。金寨县主动当好后勤员，在金融、技能、平台等方面出真招、实招，着力帮助返乡创业人员敢创业、会创业、创成业，并提升返乡创业人员扶贫积极性。

一是提高服务效能。组建了金寨县返乡创业服务中心，建立县乡村三级干部帮扶制度，对返乡创业人员的生产经营问题，列出清单，分解交办，跟踪督办。简化各类手续办理程序，对单独供地的返乡创业项目推行“容缺审批”，促进早落地、早开工。

二是注入金融活水。设立2.5亿元产业发展基金，支持返乡创业产业发展。推出创业担保贷款、创业扶贫贷款等一系列政策性贷款，对返乡创办的中小企业，以及带动10户以上贫困户就业的专业合作社、家庭农场给予贷款贴息，三年来共发放创业贷款14.8亿元。创新金融撬动分红，返乡人员每帮扶一户贫困户，可申请政策性贴息贷款5万元，链接的贫困户每年可享受分红2 000元。

三是培育"绿领"人才。实施博士后帮扶、专家到基层、创业成功者互动计划，为返乡创业人员提供智力支持。设立500万元的创业培训资金，根据创业者需求列出电子商务、旅游服务等10个技能"培训菜单"，依托金寨技师学院，大力培训返乡创业人员。选择12家企业作为返乡创业培训基地，开展现场教学。

四是搭好资源平台。建设了金梧桐创业园和中小企业创业园，三年内免厂租、免税收、免创业团队房租。政府投资2.2亿元，吸引社会投资近30亿元，建成返乡创业示范基地总部经济园、电商大厦、大别山农产品物流园，吸引数百名返乡人员入驻创业。

目前，全县返乡创业人员累计达到6 000多人，创办市场主体4 400余家，有力地推动了全县工业、服务业和特色农业发展，为贫困人口就业脱贫提供了广阔空间。据不完全统计，全县返乡创业累计带动就业2.4万人，带动脱贫18 900多户66 800多人。

案例37

江西赣州南康："四强化"助推传统产业转型升级

"产业支撑、政策扶持、平台孵化、环境提升"，这是江西省赣州市南康区不断探索优化鼓励返乡创业的体制机制环境创建的创业就业生态链。2016年以来，南康区形成了良好的返乡创业氛围，吸引农民工等群体带着资金、技术和管理经验返乡创业。目前，南康区建成返乡创业产业园7个、返乡创业孵化基地9个，新增返乡创业人数15万人，创办市场主体5.1万户，带动就业50万人。特别是南康区的传统特色产业家具产业加快转型升级，成为江西传统产业向高质量发展的鲜活样本，助推如期脱贫摘帽。

强化项目支撑，助推优势产业集群发展

农民工等群体返乡创业，带回了大量的信息、技术、资金和管理经验等，这为南康区发展家具生产等传统优势产业发展注入了新活力。

围绕家具产业，南康区致力打造返乡创业的“主战场”。依托“六个信贷通”，南康区大力扶持农民工等群体返乡创业，2016 年以来，共向 1.2 亿户返乡创业企业发放贷款逾 60 亿元。设立还贷周转金，累计为 500 多户返乡创业企业发放周转金 21 亿元。以县域金融改革创新试点为抓手，引导区内银行创新推出“产业升级贷”“品牌贷”等 50 个金融创新产品，2020 年一季度新冠肺炎疫情期间为 4 846 家返乡创业企业发放贷款 40.42 亿元。

同时，出台“转企升规”政策，分行业分类别召开家具产业专场等 4 场融资对接会，18 家驻区金融机构、1 000 家企业参会，会上共收到 571 家企业融资需求，总融资需求 113 亿元，有效拓宽创业企业融资渠道，提供强大发展动力。通过建链、补链、强链，南康区打造了国内家具制造行业最完善、链条最齐全、成本最低的产业基地，吸纳了近 10 万名回乡创业者，与家具相配套的物流、电商、金融等新业态也应运而生，带动就业近 40 万人。

在此基础上，南康打造了家具产业孵化平台。发挥南康家居小镇的集聚功能，打造了省级家具研发设计平台，柔性引进国际顶尖研发机构 6 家、国内一线设计团队 30 多家、设计师 1 000 多名，推动小镇朝着全国乃至世界级的创新创业孵化园、生态园迈进。

目前，南康家具生产、销售企业突破 1 万家，物流企业 450 家，电商企业 5200 家，迅速发展成为千亿元集群产业，集群产值从 2015 年的 880 亿元增长至 2019 年的突破 1 800 亿元，成为全国最大的家具生产基地，实现了从“简单模仿”到“原创设计”、“南康贴牌”到“南康品牌”、“南康制造”到“南康智造”、“单一内贸”到“买全球、卖全球”、“南康家具”到“南康家居”的历史性转变。

打造数字科技孵化平台，开拓返乡创业新领域

近年来，南康区注重科技创新添活力，区财政每年投入 1 亿元科研引导资金，用于返乡创业企业创新创业孵化补助。每年组织常态化创业就业技能培训，平均年培训逾万人次。其中2019年全年开展了各类培训135期，累计培训各类人员1.5万人，带动创业就业1.2万人。2020年疫情期间，组织了“双摸底、双对接”活动，以乡、村为单位分散组织举行就业招聘会，开展“送岗下乡”“送工到岗”活动，让劳动力与企业精准对接。

依托电子行业返乡创业龙头企业德普特科技，打造了“电子薄膜与集成器件”国家重点实验室赣州分实验室。通过“政校企”合作，强化核心技术转化和产业基金扶持，成功孵化“小巨人”电子行业创业企业30余家。

电商行业返乡创业带头人杨品华创办了南康光明电商创业孵化园，并常态化开展电商创业培训，累计孵化企业500多家。截至2020年，南康区电商企业达5 200家，其中年交易额上亿元的22家、超5 000万元的65家，带动就业近10万人。

高标准规划建设粤港澳精密智能制造产业园，着力打造成对接粤港澳大湾区的承接地，引进东莞、深圳南康商会一批具有自主研发能力、核心技术、行业影响力的电子信息、高端装备制造企业回康创业，预计进驻企业100家，带动就业2万人。

2016年以来，南康区专利申请量、授权量均位居全省各县市区前列。支持汇明集团打造了“喷涂机器人技术及在家具行业的示范应用”国家重点项目，博士家居研发了目前世界上最先进、最环保的水性漆并打造了中国水性涂料集中喷涂示范基地。

围绕城乡统筹发展，打造创业创新热土

南康区位优势明显，吸引了大量的能人返乡创业和企业家投资。为推动赣州国际陆港和工业园区向综合性功能区方向发展，促进产业和生产要素不断集聚，南康区成功创建国家级产城融合发展示范区，并以赣州国际陆港与深圳盐田港的港务合作为契机，打造深赣“港产城一体化合作区”，粤港澳大湾区加工贸易、资金、管理等优势资源正涌入南康。

依托农业产业，南康区持续推进农业供给侧结构性改革，大力发展蔬菜、油茶、甜柚等特色产业，积极培育新型农业经营主体，促进农村劳动者就地就近转移就业，扩宽农民增收渠道。目前，南康有农民专业合作社341家，家庭农场247家，带动农村劳动力转移就业5万多人。

为助力高质量脱贫，南康区在家具返乡创业园搭建了产业扶贫平台，通过创建扶贫车间、加大就业技能培训、政策奖补等方式，鼓励返乡创业企业吸纳贫困户就业，仅家具企业吸纳1.27万人贫困劳动力实现就业增收，占已就业贫困劳动力总数的 34.5%。

同时，依托光明等电子商务聚集区提供创业孵化服务和电子商务实训，建成九大电商精准扶贫实训基地、电商服务中心，在实训区为贫困户开设了免费电商培训课程，引进了 25 家返乡创业企业入驻，为贫困户提供就业岗位。

强化环境提升，蓄积返乡创业新活力

在南康区 1 000 万平方米标准厂房的返乡创业园，返乡创业企业可享受低于市场行情价的标准厂房，实现“拎包入驻”。目前，已有 341 家规模以上企业入驻标准厂房。

为优化营商环境，南康区深化“放管服”改革，打造了江西省首个双向开放服务中心，开设 48 个窗口，集成企业注册开办、外贸进出口业务、出入境业务、项目审批、金融扶持和第三方机构服务，以及自助办理业务等功能。通过并联审批、容缺审批，企业注册开办时间缩短 77%，在赣州市率先对企业投资项目实行网上备案制和全程代办制，实现企业“一次不用跑”；率先推行证照免费寄递服务，在工作日中午、双休日以及国家法定节假日提供错时延时预约服务，极大方便了企业、群众办事。

依托家博会，定期开办乡贤讲堂、举办招才引智恳谈会，集聚长三角赣商联盟主席邹承慧等 200 多名乡贤人才返乡创业，邹承慧投资的爱康光伏组件项目为南康首个百亿元产业项目。依托赣州国际陆港，“港产城”一体化示范区正逐步成为新一轮返乡创业主战场，推动了人才、金融、物流等高端要素集聚，外贸服务、现代物流、跨境电商等配套服务企业扎堆集聚。目前，南康返乡创业外贸企业由 3 家猛增至 450 家，带动就业约 6 万人。

持续推进降本增效，2016 年以来，南康出台惠企政策 200 余条，服务企业降低成本超 60 亿元。为解决返乡创业人员的后顾之忧，南康区实施教育优先发展战略，在全省率先解决城区大班额问题，确保返乡人员子女享受到公平有质量的教育。此外，在全省首创互联网医共体，服务网点实现县、镇、村全覆盖，筑起返乡创业人员健康网。

案例 38

福建古田："电子商务+公益性岗位"推动创业创新

2017 年，福建省古田县被确定为全国第三批结合新型城镇化开展支持农民工等人员返乡创业试点。围绕构建组织领导体系、政策落实、技能提升、平台建设、优化返乡创业营商环境等方面，古田县扎实做好试点各项工作，推动大众创业、万众创新。

——搭建政策平台，完善公共服务。古田县先后出台《关于支持农民工等人员返乡创业的实施意见》《关于印发古田县促进电子商务产业发展的若干措施的通知》等系列文件，为促进农民工等人员返乡创业提供强有力的政策保障。

依托县级就业和社会保障服务平台，古田县建立了创业服务中心，设立了乡镇(街道)、村（社区）级基层就业和社会保障平台，为返乡创业人员提供便捷、易得的登记认定、政策咨询、创业指导、创业培训、优惠政策享受等"一站式"服务。目前，古田县已形成由 1 个县级人力资源和社会保障综合服务中心，120 余个乡镇(街道)、村（社区）基层就业和社会保障平台构成的公共就业服务体系，更好、更快服务广大返乡创业者。

结合信息技术新手段，古田初步实现了"不出村就能咨询政策和查询个人信息，不出村就能找工作，不出村就能办理社保，不出村就能维护劳动者权益，不出村就能享受金融服务"的人社业务"五个不出村"目标，有效解决服务乡村群众"最后一公里"的问题。

——强化资金保障，落实就业创业政策。积极发挥财政资金杠杆作用，加强财政资金对农民工等人员创业的支持。整合并激活现有财政相关资金，划拨 1 100 万元在古田农信联社设立古田县创业贷款担保基金，为农民工、大学生和退役士兵等返乡人员提供资金支持。2018 年以来，已发放创业担保贷款 785 万元，发放创业担保贷款贴息 31. 95 万元。

实施高校毕业生就业创业促进计划，共有 22 个项目获得省级资助资金，20 个项目获市级资助资金。给予14个项目的19个高校毕业生发放生活补贴7.2万元。

此外，通过实施“稳就业、防失业、促创业”行动计划，2017年以来古田县已发放稳岗补贴超过260万元，受益企业59家，惠及职工超过4 000人。

——壮大农村电子商务，吸引返乡创业。通过举办古田县电商扶贫专题人才培训班、促进电子商务产业发展若干措施申报指南解读培训会、古田县电商扶贫专题人才培训班等各类培训活动，不断提高基层组织、农产品生产企业和返乡创业者在电子商务、对外贸易方面的能力，激发农村青年创业热情，提高农民创业技能，形成传、帮、带的良好氛围。据统计，2018年以来，古田县通过“春潮行动”已累计培训近6 000人。

为积极推动电商企业集聚发展，古田县启动“双创”示范基地建设，总建筑面积3.56万平方米，总投资超过1亿元。目前，首批15家电商企业完成入驻并开始运营。

出台《关于印发古田县促进电子商务产业发展的若干措施的通知》，对农民工等人员从事电子商务进行扶持。目前已对26个单位（个人）申报的34个项目予以补助112.5万元，进一步助力试点工作顺利开展。

——培育新型农村经营主体，带动返乡创业。重点围绕茶叶、水产、食用菌等支柱产业和水果、蔬菜、竹木、药材、禽畜养殖等优势产业，大力支持发展特色农业、生态农业、绿色农业、健康养殖业、农业休闲旅游；支持发展农副产品深加工，在资源优势中培育地方特色；积极扶持家庭农场、农家乐等特色主体发展。

目前，古田县共有家庭农场240户，总注册资本1.21亿元，其中4家为有限公司，总注册资本1 200万元；有农民专业合作社1 017户，总注册资本40.73亿元。

——实施金融保险创新，增强营利和抗风险能力。进一步完善民富中心建设，深入实施农村金融创新，大力推进农村“两权”抵押贷款试点工作。在有效防范风险的基础上，引导金融机构创新“两权”抵押信贷产品，简化贷款管理流程，围绕食用菌、果蔬等优势产业，针对种植基地、合作社、种养大户等重点对象开展贷款试点。

截至2019年底，累计发放合作社担保贷款3136笔，金额8.26亿元；“普惠金融-民富卡”已发卡1.74万张，授信7.84亿元；全县农村承包土地的经营权抵押贷款余额5.32亿元，农民住房财产权抵押贷款余额5.23亿元，“两权”抵押贷款余额占全县贷款比重为6.81%。

——优化返乡创业营商环境。一是持续推进商事制度改革。贯彻落实注册资本认缴制、放宽市场主体住所（经营场所）登记条件、注册资本认缴登记制、年度报告公示制、简化住所（经营场所）登记手续、“多证合一”、“证照分离”等政策，为返乡创业人员营造宽松舒适的准入环境。二是严格执行“马上就办”等制度。推行企业登记注册“一人办结制度”，结合“一次告知”“延时服务”“预约服务”“否定报备制”等制度，对材料齐全、符合法定形式的申请快速办理，确保返乡创业人员快速落户。三是放宽经营范围登记条件。对申请的经营范围属于前置目录所列项目的，按照审批文件、许可证载明的内容进行登记；对申请的经营范围属于一般经营项目和前置目录以外的审批或者许可项目的，由企业参照《国民经济行业分类》中的各级类别，自主选择，灵活表述经营范围用语，申请登记。对具有相关技术的企业，鼓励返乡人员投资农村基础设施和在农村兴办各类事业。

值得一提的是，为鼓励、支持大学生返乡创业，古田县在福建省率先设置乡村大学生公益性岗位。

古田县域经济薄弱，农村物质文化生活相对滞后，发展空间相对有限。为吸引大学生参与建设运营乡村人力资源和社会保障基层平台，同时为其他返乡创业者提供高质量的服务，古田县设置乡村大学生公益性岗位，着力解决大学生就业困难与乡村人才缺乏“两难”问题，不仅为大学生返乡就业提供机会，也有效缓解了村组织人才缺乏、村干部断层问题。目前，全县已招聘 238 名大学生公益性岗位人员服务于乡村、基层社会保障及社工等方面。

案例 39

广东怀集：“金燕归巢”助创新，良性循环促发展

怀集，是著名的“中国燕都”“中国竹子之乡”“中国禅宗六祖惠能顿悟成佛圣地”，也是“中国金融生态县”、“广东省林业生态县”、产粮大县和粮食创高产示范县。

2016 年，怀集县被列为返乡创业试点地区。紧紧围绕“一园区一基地”的产业

定位，怀集县积极培育创业主体，完善创业平台，拓宽创业领域，优化创业环境，全力推动农民工和农民企业家返乡创业，以完善的政策保障、新活的机制体制、良好的创业环境、广阔的创业平台，形成了“大众创业、万众创新”的良好氛围。

搭建人才平台，为创业企业释放政策红利

怀集县以本土人才为突破口和切入点，于2016年8月创新实施“金燕归巢计划”——怀集本土人才回乡创业促进行动，引导展翅高飞的“金燕”人才回归“燕都”怀集。成立了创客联合会、青年企业家商会，在珠三角地区成立或筹建怀集商会，在广州成立“人才飞地”——怀集创新创业人才广州培育中心，构建乡贤企业家、政协委员、大学生等资源网络，广泛联系和凝聚外出创业人才。

此外，怀集与暨南大学创业学院、广东省营销师协会、广州孵客创业公社、五山博士创新创业联盟等结成创新创业人才培养战略合作伙伴，成立创业导师团队，帮助回乡创业企业对接高层次人才和科研力量。

为拓宽创业融资渠道，对各类符合条件的返乡创业人员发放各类创业补贴等，提高其返乡创业积极性。2016年以来，共向69名符合条件的创业人员审批发放一次性创业资助50万元，创业租金补贴6.8万元，创业带动就业补贴1.5万元，较好地激发了返乡人员创业就业的热情，为其顺利创业就业保驾护航。

怀集县加强与金融机构合作，通过设立专项资金，开展“金燕归巢”创新创业贴息贷款活动，推出小额担保创业贷款、“政银保”融资项目等一系列对人才创业的融资贷款项目，累计为本土创业人才发放创业贴息贷款510笔，放贷总额近5 300多万元，较好破解了创新创业资金短缺的难题。

从事生态竹鼠养殖的青年覃楚文，通过创业贴息贷款拿到了资金，解决了建设厂房资金短缺的燃眉之急，使创业项目顺利推进。

目前，怀集县入园企业136家，其中投产企业78家，在建企业42个，筹建企业16家，69.8%为本土人才回乡创业项目或牵线引进项目，投资总额达21.7亿元；返乡创业企业12家，已投产7家，带动就业1 300人。全县新增市场主体9 590户，注册资金163亿元，城镇新增就业10 156人，新增自主返乡就业创业2 519人，返乡创业人员逐渐成为引领怀集经济发展的主力军。

加强政策保障，为电商产业发展提供沃土

近年来，怀集在用好广东省“扬帆计划”、肇庆市“西江人才计划”等人才政策的基础上，专门出台实施《返乡创业试点创新人才工作方案》《大力促进产业人才发展实施办法》《大力培育拔尖人才工作方案》《深化“金燕归巢计划”工作方案》等政策，完善创业人才扶持政策体系，不断优化招才引智优惠政策，如对入园企业给予资金奖励、通用厂房租金优惠、创业带动就业补贴等，乡贤引荐客商到工业园区投资、落户的，奖励基础奖励金6万～30万元。

为满足日益增长的就业创业需求，怀集县大力提升基层创业服务能力。为切实解决服务返乡创业人员“最后一公里”的问题，该县积极加强基层人社公共服务平台建设，在全县19个镇（乡）均设立了人力资源社会保障服务所，同时在324个村（居）公共服务站也设置了人社服务窗口，做到了机构、人员、经费、场地、制度、工作“六个到位”，搭建了县、乡镇、行政村（社区）三级人社工作服务网络，达到了标准化服务水平，积极为广大返乡创业农民工提供就业创业、社会保障、劳动保障等人社服务，打通了人社部门服务返乡创业人员的“最后一公里”。

怀集县积极推动电子商务深入发展，助力脱贫攻坚和乡村振兴，加快融入粤港澳大湾区建设。2019年，怀集县电子商务行业协会正式成立，目前已吸纳及从事电子商务、物流、影视制作、农业开发、传媒等多个领域的会员40名。目前，网络零售市场规模不断扩大。2019年，全县网络零售店铺数量达1 114家，吸纳就业人数达1 251人，网络零售额达8 816.1万元，共售出商品500.7万件，其中农产品网络零售额达288.3万元。

强化创业培训指导，形成创业带动就业的良性循环

针对产业发展实际需求，怀集县有计划地加大培养扶持力度，切实营造好适合自身实际的人才生态。

以创客联盟、青年企业家商会、创业孵化基地、“人才飞地”——怀集创新创业人才广州培育中心等人才集聚基地为基础，围绕创业团队打造、市场定位、产品营销、企业股权设计等内容对创业者进行专项培训。同时，通过举办创新创业大赛决赛、大学生考察交流暨人才招聘、大众创业万众创新活动周等活动，开展怀商讲堂、暨南大学-怀集企业家高级研修班、创业沙龙、“粤菜师傅、怀集名厨”工程行动等技能培训，近两年，参加活动及培训各类人才达14 500多人次，有效提升了本土人才的创业素质和创业成功率。

为解决广大返乡创业人员创业过程中遇到的招人难问题，怀集县人社局积极落实主体责任，多渠道为用人单位和求职者搭建双向选择平台。2016年以来，全县共

组织举办各类招聘会153场，累计提供岗位84 657个，已成功落实就业岗位4 899个，在一定程度上缓解了返乡创业人员招人难问题，同时也优化了该县就业环境，形成了创业带动就业、就业反哺创业的良性循环，取得了较好的社会效应。

案例40

山东平度：创新“六大模式”，助力乡村振兴

总投资398亿元的78个工业项目开工在建、128亿元的39个工业项目竣工投产；汽车产业集聚成势，天际新能源商用车生产基地一期主体竣工；通用航空产业提档升级，“平度造”首架工业级氢能源无人机投产下线；传统产业提质升级，四大主导产业实现产值490亿元……山东省平度市良好的经济发展环境，为农民工等人员返乡入乡创业提供了“热土”。

当地以打造“农创平度”品牌为带动，切实加快农民创新创业载体建设，让农民真正成为创新创业的主角，涌现出全国“三农人物”、圆葱大王、农机发明达人等一大批农民创新创业明星，成为平度加快经济社会发展、加快打造青岛全域统筹战略支点的重要力量。

多措并举助力返乡创业

在平度市，返乡入乡创业是有补贴的：2017年以来，返乡农民工一次性创业补贴236万元、一次性小微企业创业补贴428万元。

事实上，“创新”贯穿于平度市返乡入乡创业工作的全过程。通过创新实施“农创+”科技、名品、旅游、电商、工贸、脱贫六大模式，依托各类园区、闲置厂房等存量资源，科学规划建设产权清晰、利益共享的农民创新创业载体，统筹布局优质高效农创项目，加快现代农业产业园、科技园、创业园和田园综合体“三园一体”建设，努力为创新创业者提供低成本的工作空间、网络空间、社交空间和资源共享的优质平台服务。截至目前，已经整合3个部门、10个乡镇涉农资金2.5亿

元，重点支持旅游、电子商务、农村新型经营主体培育等方面农创项目建设，提高了涉农资金使用的精准性和高效性。

值得一提的还有，创新“政银保”、“助保贷”、企业扶持基金、产业引导基金、城镇化发展基金等模式，累计撬动扶持创新创业资金 75 亿元。创新深化农产品保险，探索政策性苹果“保险+期货”业务，逐步扩大农产品保险保障范围，在青岛市首次探索开办了西瓜种植业保险，继续开展马铃薯、蒜薹价格指数保险，累计承保面积达 4. 50 万余亩，赔付 307. 4 万元，为平度特色农业的发展撑起“保护伞”，有效保障了种植户的收益。

为服务保障好乡村振兴战略，平度市可谓不遗余力。在全国率先实现从“3540”到“1330”改革突破，上榜“2019 中国改革年度案例”。140 个审批事项落实“马上办”，131 个事项实现“零跑腿”“全程不见面”审批，企业登记推行免费代办。招商项目实现全程代办、“拿地即开工”，推行工程建设项目“多测合一”改革，颁出山东省首本建设项目用地预审与选址意见书。

出生于平度市旧店镇的张伟大学毕业后一直有回乡创业的想法，了解到家乡日益完善的创业政策制度，2014 年 7 月，张伟返乡创立了青岛宏瑞特食品有限公司，该项目被平度市列入了当年的市重点项目，实现了当年落地、当年建设、当年投产，并于 2015 年 7 月份开始产品投放国际市场。

特色示范带动释放农业农村发展新动能

创新之花结出硕果连连。如今，在平度市，已建成多家各类示范园，带动创业 3 000余人。不仅有以探索新产业、新业态、新模式为主题的仁兆镇绿粮公社现代农业科技示范项目、以保护区域特色资源为主题的大泽山镇青岛菩泽天下农民创业园示范项目，还有以高端引领为宗旨的三合山果业休闲观光农业示范园项目和集创业孵化等多功能于一体的东阁街道智汇谷文化创业产业园。

秉持“双创路上不缺失、小康途中不掉队”的理念，平度市综合科技、品牌、旅游、电商、脱贫等特色新兴要素，加大培育指导力度，激发农民创新创业群体活力，实现创新创业带动产业、产业助推创新创业。

在“农创平度”网站，创业导师队伍实时向学员开展辅导，创新创业、实用技术、全程辅导“三位一体”的培训孵化机制，累计培训农民 3. 7 万人次。2018 年 5 月，平度与青岛大学共建的山东省首家乡村振兴研究院揭牌成立，成立了山东省首家县级乡村振兴研究院，以人才振兴引领乡村振兴。

2018 年以来，开展农业经营主体带头人培训 680 人，农机大户和农机合作社带头人示范培育、畜牧养殖大户示范培育各 50 人，现代青年农场主培训 20 人，共计 800 人。2019 年开展农业经理人培训 80 人，新型经营主体带头人培训 560 人，女农民带头人培训 60 人，现代创业创新青年培训 70 人，共计 770 人。另外，针对不同人群，开设电工、焊工、育婴师、面点师等十余个工种的培训，开展中、短期社会化培训 59 期，累计培训人员 1 108 人。

石楼院村是一个传统的农业村，人多地少，交通不便，主要种植小麦、玉米、花生等粮油作物，年收入较低。2006 年 7 月，徐兆鹏从青岛恒星职业技术学院毕业后，在青岛、平度经销电器。挣了钱后，他暗暗下定了决心，回村带领村民闯出一条致富路。为了找出一条适合本村本土发展的经济模式，先后去青州、沂蒙山区、上海等地参观取经，经过一番考察后确定了发展高效农业为主要目标，与青州果树研究所、上海果树研究所等签订了蜜桃种植合同。全村蜜桃种植面积突破 1 100 亩，亩增收入 10 000 多元，仅此一项全村增收 1 000 多万元。

在基于“农创+科技”型的农民创新创业平台青丰种业，年繁育推广良种4 000 万公斤，辐射带动育种合作社 132 个、种植户 17 600 个，增加收入 2. 6 亿元。

凤还巢激活希望的田野

2018 年以来，为更好地引导和扶持平度籍在外优秀人员返乡创业就业，破解人才流失难题，平度市创新实施“雁归工程”，通过构建服务机构、数据库、服务平台、专项活动、创业载体、指导团队等方面的“雁归工程”服务体系建设，强化组织领导、政策支撑、资金投入、责任落实、宣传引导等方面的工作保障，打造富有活力的“雁归”人才创业生态，推动人才回乡、资金回流、项目回迁。

岭上润禾农业产业示范园总经理杨鹏飞是平度市云山镇“雁归工程”优秀人才，2016 年，他返回家乡云山镇撞上村，成立了青岛西沟润禾农业综合开发有限公司，2017 年，他带领本村村民共同成立了青岛西沟润禾农业专业合作社，成为撞上村增收致富的带头人。目前，合作社在杨鹏飞的带领下，以打造“农创+旅游+工贸”新型综合性现代化生态农业企业为主线，以打造综合发展型田园综合体为目标，经过三年多的不懈努力，将荒山变果园、荒沟变塘坝，并为周边农民提供了大量就业机会，尤其提倡贫困户优先就业政策，助力周边农民真正成为乡村振兴的主人。

在平度市大力促进创业与创新之下，农民创业水平大幅提高，越来越多的游子返回家乡的热土，一大批农民创客明星应运而生。

“享受国务院特殊津贴专家”，曾获全国“五一”劳动奖章、国家技术发明二等奖，拥有十多项高分子材料发明专利的田素峰，2013 年回乡创业，开办了青岛沃丰苑现代农业有限公司，解决了200 多名农业闲散劳动力就业问题，带动多名贫困户脱贫，仅沃憩蓝莓精准扶贫产业园每年可为周边村民增加劳务收入 330 多万元、土地租赁费 120 余万元、旅游增收 100 多万元；云山镇铁岭庄村民车晓松看到大樱桃的红火市场，从北京一所高校辞职后专职回家创业，流转了 30 亩地，运用高新技术种植大樱桃，组建团队搞电商，年收入达到 100 万元；云山镇铁岭庄村民车玉顺，在北京一家公司上班，一年下来工资也就 10 万元，辞职回家种了 3 亩大棚，将大樱桃卖上了淘宝，每年 4 月份开始上市，通过互联网销售的方式，短短一个月便能收入 15 万元；“圆葱大王”王桂欣连续 8 年成为阿里巴巴圆葱类标王，累计实现销售额 2 000 万美元；返乡大学生王聪通过网络销售葡萄，一年卖出 5 万公斤，并带起周边 300 多人通过网络销售农产品；“发明达人”刘德波拥有大葱全程机械化设备 5 项发明专利。

案例 41

山东郓城：“三引领、四平台、五带动”服务返乡入乡创业

“回得来、留得住、干得好”，这是山东省郓城县几年来大力发展“归雁经济”的基本遵循。

2016 年 2 月，郓城被认定为全国首批农民工等人员返乡创业试点县。通过建机制、搭平台、优环境、浓氛围，郓城把返乡创业作为高质量发展的三大新动能之首，探索出返乡创业的“郓城模式”“郓城经验”，全县返乡创业人员累计创办各类企业 2. 05 万家，个体工商户 3. 03 万家，带动各类人员就业 15. 44 万人，成功通过省级创业型城市验收，并受邀参加人社部在河南省周口市召开的部分省份返乡创业工作经验交流会。

2019 年 8 月，国家发展改革委、人力资源社会保障部等各级各部门领导、专家先后对郓城县返乡创业工作进行了专题调研，对郓城返乡创业工作取得的成绩给予充分肯定，指出郓城返乡创业已形成可复制、可推广的工作经验。新华社、人民日报等媒体先后多次对郓城返乡入乡创业进行专题报道。

坚持三大引领，畅通返乡入口

为抢跑返乡入乡创业的“最先一公里”，郓城县坚持机制创新引领，连续实施两轮返乡创业三年行动计划，出台 6 个方面的配套文件，28 个部门同向同力，县乡村三级同频共振，形成了整体工作合力。

为加大宣传沟通引领力度，郓城县创建了返乡创业微信群和公众号，举办返乡创业座谈会 68 次，寄发宣传页和创业政策汇编 10 万余份，推送工作信息 13 万条；深入开展“接你回家”系列活动，全力构建返乡创业绿色通道。重视典型示范引领作用。总结推广返乡创业典型 300 余名，汇编《郓城百名创业之星》《创业风采录》两期，编印创业简报 20 余期，在县电视台、政府网站开辟专栏，主流媒体宣传推介 400 余次。创建示范基地 209 处、示范点 357 个。

不仅如此，郓城县财政拿出 585 万元，连续 4 年重奖创业示范基地、“县长创业奖”、“归雁之星”、“大学生创业之星”，进一步激发了返乡创业热情。

搭建四大平台，提供精准服务

为打通返乡入乡创业的“最后一公里”，围绕“破瓶颈、建载体、优环境”，郓城县筑牢服务、园区、培训、融资四大平台。

郓城在山东省率先设立了县级返乡创业服务中心、23 个镇级返乡创业服务站和 690 个村级服务点。建立了完备的人才库、项目库和专家库，纳入创业指导专家 150 名、创业人才信息 3 000 余条、创业项目 300 余个，与县行政审批局服务大厅资源共享、信息互通，变过去“来回跑”为中心“牵头办”。深入推进“一次办好”改革，着力打造“企业吹哨、部门报到”郓城升级版。

以实施“三六九”产业提升工程为引领，整合资源，创建市级返乡创业园 1 处、市级创业孵化基地 6 处、乡镇特色创业园 7 处。县返乡创业园建成标准化厂房 25 万平方米，实现“七通一平”，69 家企业“拎包入驻”，完成固定资产投资 52 亿元，总吸纳就业人数达到 12 580 余人。其中入驻创业园的山东百帝科技有限公司、山东好朋友生物科技有限公司项目均是由郓城返乡创业（济南）服务站和北京服务站的负责人创办。

此外，郓城整合培训资源，搭建培训平台 12 处，将创业培训与实践有机结合，免费培训 3. 3 万人次，9 500 名高校毕业生、农民工和复退军人成功创业。

为搭建融资平台，郓城设立返乡创业银行和 5 000 万元创业担保基金、过桥资金，累计发放创业贴息贷款 3. 6 亿元，财政贴息 570 万元。

实施五个带动，渐成燎原之势

通过突出创业重点，拓宽创业领域，抓好产业引领，郓城县返乡入乡创业呈燎原之势。

一是双招双引带动。通过亲情招商、人脉招商，吸引大批成功人士返乡创业。2016 年以来，全县落地建设的 275 个招商项目，187 个由返乡人员创办。北京返乡人士李明远，创建好朋友生物科技公司，吸纳就业 200 余人，产品出口美国、欧盟等国家和地区。

二是电子商务带动。郓城县 265 名农村淘宝合伙人，返乡人员有 212 名；新上的网店、网商和电商平台，80% 以上由返乡高校毕业生和农民工创办。返乡大学生郑本栋，创办艾尚羽羽绒制品公司，线上线下结合，销售额连续三年翻番。

三是动能转换带动。全县新旧动能转换和传统产业提档升级项目，60% 以上由返乡人员创办。从江苏泰州返乡创业的大学生杨海明 2016 年创办了山东绿杨资源再生科技有限公司，是一家专业处理城市固体废物和工业固体废物的资源循环再生企业，拓展了工业产业链，实现了资源循环再生，目前已经成为国内工业固废资源循环利用技术领先企业，充分实现了新旧动能转换。

四是乡村振兴带动。支持返乡人员创办新型经营主体，壮大一村一品，发展农业 “新六产”。全县市级以上 “一村一品” 示范村达到 194 个，农业新型经营主体达到 4 832 家，其中返乡人员创办的占 72% 。北京昊农高新技术服务公司经理刘强，返乡创办百蔬园果蔬合作社，建成全国最大的连体蔬菜大棚，把先进生产模式和管理经验带回家乡，带动就业 2 000 余人。

五是科技创新带动。积极搭建众创、众包、众扶、众筹支撑平台，全力创建省级科技企业孵化器、科技型创业园区和综合性众创空间，促进返乡人员实现更高层次的创业就业。郓城返乡创业（济南）服务站站长刘献福回乡创办了山东百帝气动科技有限公司，始终把创新和产品研发放在优先发展位置，机器人和数控加工设备是目前国内气动行业最先进的智能化生产线，公司拥有和使用专利 20 多项。研制的专利产品无线控制电磁阀、超薄型气缸、油气混合缸等填补了国内空白，达到了国际先进水平。

“归雁”引领，实现县域经济社会四个增长

如今，郓城县通过大力开展政策激励、亲情招商、人脉招商等活动，吸引了一大批成功人士返乡创业，“归雁效应”日趋显现。

带动了就业增长。返乡创业企业，大多是劳动密集型企业，带动就业的能力较强。2018 年，郓城返乡创业成都服务站长刘勇返乡创建了郓城煌韵民族乐器制造有限公司，项目从选址、建厂到第一批“煌上煌”古筝正式生产面市用了不到一年的时间，项目总投资 6 000 万元，吸纳就业 100 余人。

拉动了农民增收。返乡创业有效拉动了群众收入增长，在北京服装企业打工的郓城县随官屯镇女青年李海霞 2016 年回到老家办起服装工厂郓城百利安服装有限公司，解决了当地 100 多名“留守妇女”就业，每年为社会创造劳务收入 300 多万元，人均年增收近 3 万元。

助力了乡村振兴。在家乡返乡创业政策吸引下，2018 年 8 月，水堡乡杜楼村人杜季益从黑龙江大庆回到家乡注册了郓城益峰置业有限公司，着力开发建设水堡乡仿宋商业街，总投资 2. 2 亿元，于 2018 年 11 月开工建设，预计 2020 年 5 月全部完工。项目实施后，将进一步提升水浒文化旅游的引力和品位，带动地方经济发展。

提升了城镇化率。近年来，郓城从户籍制度、社会保障、公共服务等方面入手，制定了一系列吸引返乡人员在城镇创业就业的优惠政策，有效拉动了城镇就业，成为农业转移人口市民化的重要动力，推动了新型城镇化进程。从西安返乡的青年张来爽 2017 年创办了郓城润捷商贸有限公司，公司下辖 6 家连锁超市分布在县城内各大居民区附近，并拥有自己的配送中心和蔬菜种植基地，为超市供应绿色放心货源。目前，公司总投资已达到 1 200 余万元，共吸纳和带动 180 余人在县城内就业。

案例 42

河北南和："政策+平台+培训+扶持"四位一体助力返乡入乡创业

南和县地处河北省南部、太行山东麓冲积平原，自古便是安居乐业之地。2016年12月被国家发展改革委等十部委列为第二批开展支持农民工等人员返乡创业试点以来，南和县以"返乡创业就是招商引资、劳务回归就是人才引进"思想为指导，依托宠物产业等"2+2"主导产业，积极探索优化鼓励返乡创业体制机制环境，打造良好的创业生态系统，用实惠的政策和浓浓的乡情向在外的游子发出"返乡帖"，吸引大批人员返乡创业就业，也带动了当地群众就近就地实现就业。目前，南和县已有1.47万余名农民工等人员返乡创业，新增1.25万余个创业实体，直接实现自主创业就业和带动就业3.81万余人。

以宠物产业为载体强力带动就业

车子行驶在南和县的大道上，只要稍加留意就不难发现，道口路边常有可爱的猫狗雕塑，似乎在向行人车辆挥舞致意，这正是南和县特色产业的标志。据南和县县长韩明智介绍，目前，南和县的宠物食品在全国的市场占有率已经达到了60%以上，品种1 000多个，直接和间接服务于宠物的企业达到了400多家。

南和县的宠物食品产业由来已久，不仅利润高、无污染，而且带动就业效果明显。近年来，南和县委县政府将其作为特色产业大力扶持，不仅成为发展县域经济、促进乡村振兴的一个主要抓手，更是扛起了促进农民工等群体返乡创业、带动当地群众就业的大梁。一是引导企业与科研院所、高校合作，大力推动宠物产品的研发。二是按照现代宠物饲料产业体系建设要求，研究制定了《河北南和宠物产业发展专项规划（2017—2021年）》，引导宠物产业向宠物食品、零食、用品、医疗、培训、美容、电商的全产业链发展，以大产业带动、促进、支持返乡创业。三是加快实施"互联网+"宠物产业行动，推广宠物食品电商模式，引导宠物食品企业把互联网思维、互联网手段有机融入企业业务流程中。目前，全县已经建立了5个宠物食品

"淘宝村"，带动村民在家实现创业就业。四是成功举办了两次宠物产业博览会，拉开了南和县宠物产业经济发展的序幕，在做大做强宠物产业的基础上，为返乡农民工等人员创业就业拓宽了路径、奠定了基础、提供了更高更好的平台。

宠物食品从车间生产出来，还需要大量人员将其销售到全国各地，这就为近水楼台的南和年轻人创造了大量机会。入驻南和县米桥米创业孵化基地的南和县执北宠物食品店合伙人张恒，之前一直在浙江绍兴打工，从事的包括金融支付等行业，并学习了一些互联网技能。2019 年春节回到家乡，听朋友说南和县鼓励返乡入乡创业的政策非常好，张恒就和朋友合资开了宠物食品店，并申请免费入驻米桥米创业孵化基地。得益于朋友之前积累的渠道资源，加上自己在外学到的技术，一年时间里，他们已经开了数个网店，月收入超过了 2 万元。

政府搭建平台营造火热的创业氛围

7 月的南和，骄阳似火。更加热烈的创业氛围正蒸腾在南和县的大地上。51 岁的李建强是南和走出去的优秀人才，在外打拼 20 年，先后在东莞、苏州等地成立公司，并将自己的企业——中纸在线（苏州）电子商务股份有限公司成功推向资本市场，在新三板上市。2017 年，在南和县委县政府相关部门和领导的努力下，李建强接受来自家乡的邀请，回乡投资办厂，生产热升华纸。仅一期预计建成后就将达到产值 10 亿元，年纳税总额 2 500 万元，并为当地提供 300 个就业岗位。

在服务重点企业的基础上，南和县还以培育创业主体、创业带动就业为目标，全力推进创业孵化园区建设，着力打造"县级创业孵化基地"服务链，共谋划创业园区平台 10 家，其中已经建成 6 家，4 家正在按计划建设。一是南和县创业孵化园，入驻项目 30 余家，带动就业 200 人，年产值 2 000 万元。二是南和县米桥米创业孵化基地，入驻创业实体 36 户，带动就业 280 余人。三是南和县双创孵化基地暨"南和县创业小镇"，入驻创业实体近 66 家，带动就业 420 余人。四是中国宠物食品之乡南和孵化园，共建标准车间 26 座，总面积 9.3 万平方米，现在已经入驻宠物食品企业 6 家。五是南和县蜂巢云谷创业孵化基地，扶持发展宠物产业电子商务，容纳创业实体 40 户，带动就业 280 余人。六是邢台润乡云计算项目，集成电话销售、第三方客服、云计算售后服务等业务，已实现 80 余人就业，预计可解决 200 余人就业。七是南和县科技型中小企业孵化园，为促进科技创新成果转化、培育高新创新技术中小企业提供孵化平台，总投资 11.5 亿元，占地面积 460 亩，建筑面积 15 万平方米，可入驻科技型中小微企业 30 家，带动 1 000 余人就业。

多个创业平台多点开花，为许多缺少资金、技术、项目的人开拓了出路，打通了难关，点燃了希望。入驻南和县双创孵化基地的邢台市得瑞宠物用品有限公司是2019年2月注册的，后来从政府办的微信公众号中了解到县里对于返乡创业者的优惠政策，就赶快申请入驻了。在这里，可以免费享有30~40平方米的办公场地，水电费全免。

南和县在为返乡创业人士出台政策支持的同时，也为建档立卡贫困户和残疾人提供创业机会和支持。建档立卡贫困户胡敬国原来打零工，收入难以保证，后来孩子生病，导致家庭贫困。南和县委县政府在了解到他的情况之后，吸收他入驻米桥米企业孵化基地，并对他进行了培训，帮助其选定创业项目——销售民用智能网络摄像机。现在，他的月收入稳定在三四千元，已经脱贫。不仅如此，通过安装器材，他还带动了就业。

46岁的残疾人士沈献军，3年前在做板材的时候左手致残，也因此成为建档立卡贫困户。后来，在政府的帮扶下，免费入驻南和县双创孵化基地，并接受了电商培训，学会了使用电脑开网店销售宠物食品。

善用社会资源让创业更专业

南和县委县政府创新机制，巧妙利用社会资源，搭好戏台，让企业来唱戏。南和县米桥米创业孵化基地、南和县双创孵化基地等创业孵化基地就是在政府提供场地的基础上，让企业来进行运营，采用政府补贴的方式来购买服务，把“专业的事交给专业的人来做”，而这些企业就承担了为中小微企业进行培训、帮助经营、提供咨询等一系列的服务工作。

在企业红火唱戏的背后，是一系列优惠政策的支持：一是大力实施注册资本登记制度改革，2018年起实施“38证合一”登记制度、个体工商户实行二证合一登记制度。结合农民工等人员文化水平不高的特点，在审批大厅专门设立了农民工返乡创业登记绿色通道，为农民工返乡创业开办企业提供一站式服务。二是全程落实定向减税政策，对符合条件的农民工等创业人员，落实税务减免政策，提供精准服务。三是大力开展贴息创业担保贷款政策，给予企业租金、吸纳就业及社会保险补贴等政策。四是创新金融服务提供资金支持。五是做好返乡创业人员社会保险服务工作。六是做好返乡创业人员住房和教育保障工作。

2017年，南和县共筹集创业就业资金930万元，支出528万元；2018年筹集1 321万元，支出1 272万元。资金扶持力度实现跨越式增长。近两年，新发放贴息创业担保贷款1 250万元，给予贴息127.14万元，直接帮扶130名创业者获得免息创业担保贷款，帮助其解决资金短缺等棘手问题，使其敢创业、创大业。

如今，创业成了南和县的一个热门词汇，随着“政策+平台+培训+扶持”四位一体的工作模式不断完善，南和县支持农民工等人员返乡创业体制机制的基本建立，一个个创业平台越来越枝繁叶茂、开花结果，越来越多的人正奔走在返乡创业的大路上。

案例 43

河北威县：筑巢引凤让“白手”也能创业

对于返乡创业者来说，最难的往往就是起步。近年来，河北威县县委县政府下大力气，做好“筑巢引凤”的工作，让想创业者“白手”也能创业。

支持政策打消创业后顾之忧

就在一年多以前，河北省邢台市威县人王春月恐怕怎么也想不到，自己经营的淘宝店竟然能在百舸争流的“双十一”购物节中获得“羊毛护膝类目”第一名的成绩。当然，让她更高兴的是，她的信心也像这红火的业绩一样熊熊燃烧了起来。从犹豫不安到信心满满，只用了几个月的时间，“这全靠县里为我们这些返乡创业者提供的大力支持。不然的话，我恐怕还在是否创业的问题上犹豫徘徊，不可能这么快就取得这样的成绩。”王春月说。

王春月之前在广州打工，做的就是淘宝店客服工作。南方发达的淘宝运营技术为她打开了一个新的世界，她学会了如何高效运营一个淘宝店，包括如何进行图片美化、关键词设置、商品上架运转等。后来，眼看自己年近而立，也不想拿着一个月三四千块的工资继续漂泊在外了，王春月就萌生了返乡创业的念头。可是，返乡容易创业难。王春月的家里是做羊皮加工批发生意的，许多南方卖的羊毛护膝类产品就是从她的家乡批发过去的。而父辈通过批发也只能赚取微薄的加工费用，南方的经销商却能以高出很多的价格卖出去。王春月不想再做批发了，想要开个网店自己直接销售。

可是，开网店需要场地和起步资金，最起码要五六万元的初始投入。她一个女孩子，做花销这么大的事，家里不是很支持，自己也缺乏信心。就在这个时候，她从威县公众平台上了解到现在针对返乡创业者有很大的支持力度，就试着提交申请，结果很快就得到了免费入驻威县农民工返乡创业园的机会。不仅房租全免，而且电费、水费、上网费等也全部减免。不仅如此，她还申请了15万元的小额贴息贷款，利息由政府补贴，她只需要三年后交还本金即可。一下子，所有的困难全部解决，顾虑也全部打消，王春月的生意自然顺利开张。目前，她注册的公司已经拥有了三个淘宝店铺，在不到一年的时间里，纯收入就实现了30多万元。“因为业务扩大的需要，我的公司目前已经带动了十多个人就业。我们的羊毛护膝都是手工制作，因此，除了这些固定人员外，订单多的时候，我还会回到村里请村里的妇女来帮忙制作，有20多个人。她们可以把活儿拿到家里去做，比种地挣得多多了。”王春月说。

补贴贷款齐发力为创业者鼓足底气

2016年，威县多方筹措资金600万元，在县城行政中心选址，高标准建设了威县农民工返乡创业园，着力解决创业实体在项目实施、资金筹措、企业扩充过程中遇到的问题，为创业实体提供创业贷款、税费减免、法律援助、创业培训、创业指导、落实补贴等方面的扶持，并做好跟踪服务。

在这里，来自县发展改革局、财政局、就业服务局、地税局、招商局等部门的领导和同事成为创业指导专家，亲自为返乡创业群体进行手把手的指导，他们的指导有针对性和实效性，对农民工等人员返乡创业起到了非常好的促进作用。就像王春月一样，通过县里的这些帮扶措施，很多人解决了起步难题，走上了创业之路。

数据显示，截至目前，共受理申请入驻创业园创业实体65家。经初步审核和专家评审，已成功入驻创业实体51家，带动就业234人。提供创业指导服务280人次；免费为入驻实体申请税费减免，发放贴息贷款，现已受理45笔，完成审核发放31笔435万元；举办创业培训班2期，培训68人；帮助退役军人实现创业1人，带动贫困人口就业25人。

威县对于自主创业人员的政策是非常优惠的，在威县创业就业孵化园，有如下规定：“对入驻企业自入驻之日起给予最长不超过3年的房租物业水电费补贴，每户每年补贴5 000～30 000元不等”“初次创业的毕业5年内高校毕业生和就业困难对象可享受不超过3年全额社保补贴”“毕业5年内高校毕业生自主创业并稳定经营6个月以上可一次性享受创业补助5 000元”等。

除了补贴以外，贷款扶持也是威县促进创业的一条主要办法。据介绍，对有创业要求、具备一定创业条件但缺乏创业资金的创业人员，可以为他们提供 8 万～15 万元的政府贴息小额担保贷款。对于合伙经营、有发展潜力的企业，担保贷款额度可按人均不超过 15 万元、总额度不超过 90 万元确定贷款规模。统计显示，2020 年以来，该县共为创业人员发放创业担保贷款 75 笔，共计 681 万元，其中 65% 为农民工返乡创业人员。

然而，并不是每个人都像王春月一样，掌握技能，只欠资金。威县就业服务局认识到，有了硬件的支持，很多人还需要有软件的培训。于是，他们充分利用现有各类创业培训资源，对农民工开展涵盖如何创办企业、企业管理、成本核算等内容的创业培训，普及创业知识、提升创业技能、提升创业成功率，为有创业愿望的返乡创业者提供专业化、系统化、社会化和个性化的服务，充分发挥创业带动就业的倍增效应。2019 年共举办各类创业培训班 9 期，培训 387 人。

案例 44

河北灵寿：返乡入乡创业助力驶入强县富民“快车道”

位于河北省省会石家庄市西北部的“千年古县”灵寿县，地处太行山东麓，山地和丘陵占了全县约九成，曾经一度是国家扶贫开发重点县。在乡村振兴的舞台上，灵寿县积极鼓励农民工返乡入乡创业，特别是引导农村青年参与农村事务管理、发展壮大特色产业、带领村民致富增收，成为促进农村发展的有生力量。

在“引才”上做足文章

为了唱好返乡入乡创业这台“大戏”，灵寿县推出了青年人才筛选储备、培养提升创业的递进式工作链条，闯出一条农村选才育才用才的新路子。

据介绍，灵寿县选拔政治觉悟高、服务意识和领富能力强的返乡大中专毕业生、致富能手等 7 类青年，加入“青年人才库”，并实行“一人一档”，动态化管理，乡镇党委每半年进行一次综合评定，并根据评选等级优先推荐为入党积极分子和省、市、县农村青年拔尖人才。

在此基础上，拿出真金白银“育才”，设立了人才发展专项资金，出台了农村青年人才“星火工程”实施意见，实施了农村青年人才发展提升三年行动计划，开展技能培训、创业贷款等15项“清单式”帮扶。目前，已组织各类培训27期、培训4 100余人次，并点对点为有创业意愿的青年人才发放创业贴息贷款780万元。

在用才这个关键环节，灵寿县因人设岗，确保人尽其才。据介绍，自2017年底创设乡镇农村青年人才服务中心以来，入库农村青年人才达到2 032名，166名农村青年人才创办了农业合作社或家庭农场，吸纳1 200多个农户入股发展特色产业，帮扶730多个贫困户实现脱贫出列。

2019年“石家庄青年五四奖章”获得者秦慧冬，就是一位返乡创业青年。2016年3月，秦慧冬回到家乡寨头乡砂子洞村，通过考察研究，在双委和村民代表的支持下，创办了灵寿县达源种植专业合作社，栽种优质桃树100多亩、板栗500亩，通过成立合作社，村民自愿入股，目前已拥有社员87户，占全村户数3/1。

在“扎根”后大展风采

在灵寿县青年创业示范基地鼎恒特色农业种植园里，马正剑、马晓跃兄弟俩正在商量着如何利用电商让农产品走得更远。从外出务工到成立灵寿县鼎恒种植有限公司，再到公司实现年营业额100多万元，兄弟俩成了南寨乡马家庄村乡亲们眼中的“能耐人”。

2015年，哥哥马正剑回到家乡，拿着在外做工程装修挣来的50余万元在村里流转了40多亩地，搞起了葡萄、西瓜、西红柿等特色农产品种植，收益可观。带着对农产品事业的热爱，弟弟马晓跃在2019年开始推广电商运营。他在网络上为马家庄村和灵寿的农副产品销售开辟了一块新的天地，让品质蔬菜、水果也插上翅膀，飞得越来越远。如今，马晓跃也加入了农村青年人才中心，他相信，根扎在马家庄，只要肯努力，一定能干成事。

目前，公司已成长集农产品产销、无公害农庄开发、农业采摘观光为一体的新型生态农业企业，成为国家发展改革委扶贫帮扶采购直供单位。注册“庄里人家鼎恒农业”商标，产品远销北京、石家庄、太原等大中城市，通过土地流转和增加就业岗位，村民获得了很高的收益，同时解决了100余人的就业，其中贫困户10户30人。

在灵寿县，像鼎恒种植有限公司这样的“五星创业基地”还有很多。地处北洼乡西孙楼村的兴业奶牛养殖专业合作社，基地负责人梁志永在返乡后确立了奶牛养殖的创业目标。经过几年的努力，按照国家规模化、产业化、标准化的饲养模式，高标准建成了大型奶牛养殖基地，目前有固定资产 5 000 万元，奶牛存栏 1 500 头，年产鲜奶 5 500 吨，带动就业 60 余人，帮扶了全村 34 户 88 个建档立卡贫困人员，安排有残疾的村民参加就业并免费教授养殖技术。2012 年被石家庄市政府认定为“农业产业化重点龙头企业”，2019 年成为国家级学生奶源基地，获得中国名牌战略推进会颁发的“河北绿色养殖特色示范单位”称号。

乡村振兴驶入“快车道”

5 月，河北省灵寿县南营乡车谷砣村的千年古茶树花开正旺。这棵深藏大山的古茶树，正在变成乡亲们的“摇钱树”。昔日的车谷砣，曾是交通闭塞的穷山村。如今，得益于生态旅游开发，不仅实现了脱贫摘帽，乡村振兴也驶上“快车道”。

在位于河北省灵寿县新村农业园区的河北佳联农业科技有限公司，基地负责人王志广正忙得不亦乐乎，占地 600 余亩的园区里，葡萄、草莓、番茄、猕猴桃等果蔬品种琳琅满目，吸引了许多人前来采摘。在乡村旅游的带动下，王志广的农业科技公司已经发展成为集蔬菜、水果、食用菌种植、加工、配送、采摘为一体的石家庄市重点产业化龙头企业，2018 年成为河北省星级休闲农业采摘园、河北省最具影响力百强企业、河北省诚信经营 3A 级企业。

灵寿县旅游资源丰富，拥有五岳寨、秋山、水泉溪 3 个国家 4A 级景区，其中，五岳寨是国家级森林公园、省级地质公园。由于旅游基础设施落后，宣传力度不够，灵寿旅游一直处于初级发展阶段，旅游资源优势尚未转化为经济优势。在国家发展改革委的倾力支持下，帮助其做好顶层设计，构建全域旅游格局。根据灵寿自然旅游资源特点，明确了灵寿“一轴、两线、三区”旅游产业发展布局，进一步整合旅游资源，拓展历史文化内涵，打造旅游休闲康养产业集群。为缓解灵寿旅游景区停车难、出行难、设施水平低等问题，国家发展改革委协调支持灵寿县建设游客服务中心停车场、漫山花溪谷景区旅游连接线、五岳寨国家森林公园旅游基础设施建设等一批项目，进一步提升了灵寿县旅游业服务水平。2019 年，灵寿县游客接待人数同比增长 96%，旅游业综合收入同比增长 110%，十余万群众从中获益，旅游业成为强县富民的重要产业。

编 后

科技引领，百花齐放。通过“产业支撑、政策扶持、平台孵化、环境提升”，小渔村变身电商村，传统产业依托“电商+”插上腾飞的翅膀，各地助推传统产业转型升级，不断打造乡村振兴新引擎。

事实上，当“金燕归巢”开始“家门口的创业”，带回来的不仅是产业，更是创新、良性循环促发展的理念。如何充分发挥返乡入乡创业人员有见识、有能力、有技术的优势，带动小农户融入现代农业产业链，实现返乡入乡创业与繁荣农村经济的同频共振，需要花一些时间和精力予以关注和引导。

第七章

中西部地区

——春暖雁归，反哺家乡

编者按

长期以来，中西部一直是外出务工人员占比较高的地区。但近年来，情况正在发生变化。当地好的扶持政策、好的创业环境，如春风、如暖阳，召唤着南雁北归。远方的游子在外打拼收获了见识、技能、资金，完成了人生的原始积累之后，怀着对家乡的牵挂回到生于斯长于斯的一方热土，引领返乡入乡创业的热潮。

案例 45

山西曲沃：四方面打出“组合拳”，为返乡创业“搭桥铺路”

在国家政策的扶持和鼓励下，农民工返乡创业大潮日益汹涌澎湃，新的创业传奇书写在广袤大地上。2017 年 10 月，山西省曲沃县被确定为全国第三批结合新型城镇化开展支持农民工等人员返乡创业试点县。紧紧围绕产业发展带动返乡创业的工作思路，曲沃县从营商环境、服务保障、产业平台、典型引领四方面入手，积极推动外出人员回乡参与家乡建设，走出了一条资源型省份创新驱动、转型升级的新路。截至 2018 年底，曲沃县返乡创业人员达 1 027 人。

创优营商环境 打造返乡创业福地

为了让返乡创业者留得住、站得稳，曲沃县委、县政府高度重视发挥政策引领作用，成立了由县委副书记、县长为组长，常务副县长、分管副县长为副组长，37 个部门负责人为成员的支持农民工等人员返乡创业试点工作领导组，制定出台了《曲沃县结合新型城镇化开展支持农民工等人员返乡创业试点工作实施方案》。

此外，曲沃县有关部门还积极发挥各自职能优势，开创性开展工作，在项目审批、办事流程、税收减免等方面给予政策支持，为全县推动返乡创业工作注入了强劲动力。曲沃县发展改革局为返乡创业人员的投资项目审批开通“绿色通道”，简化审批程序，精简备案事项，强化项目事中事后服务，让项目早日落地；县市场监管局降低登记门槛，减少审批环节，简化办事流程，提高工作效率，打造“六最”营商环境。

搭建产业平台 构筑返乡创业高地

“曲沃县坚持实施‘产业强县’战略，紧紧围绕全县八大农业园区、五大工业园区、‘六区四园’文旅园区三大产业示范带，积极探索创新创业模式，使产业发展带动返乡创业就业工作实现新突破。”曲沃县常务副县长孙惠生介绍说。

一产方面，曲沃县累计投资8.5亿元，通过改善农业基础，推广新技术、新品种，引进先进经营理念，改革经营模式等一系列举措引导返乡人员争当新型农民。截至2018年底，全县八大农业园区中共有4 848个蔬菜大棚，带动万余名农民工创业就业，其中各类农村创新创业主体合计1 052个，注册登记的农民专业合作社有748个，平台注册登记的家庭农场36个，种植50亩以上的种植大户87户，养殖200头（只）以上的养殖大户153户，销售收入500万元以上的龙头企业18个，农业休闲点10个。

二产方面，曲沃县强力推进产业优化升级，2018年总投资达到127.02亿元，涉及传统产业转型升级、技术装备水平提升、循环经济、战略性新兴产业等多个领域，促进了该县经济社会的发展。这些企业的发展壮大吸引了一大批外出人员返乡就业。举例来看，截至目前，立恒公司、通才公司作为两家全国五百强民营企业之一，共吸纳各类务工人员7 644人。

三产方面，曲沃县围绕“6411”文化旅游产业发展布局，开发建设了六大旅游景区，完善了各大景区景点功能设施。近几年每年文化旅游月期间就可带动关联行业提供3 000个就业岗位，全县餐饮、住宿、演艺行业安置就业人员近1 000人，从事旅游区商铺零散摊位的人员1 500人，其中大部分是农民工。另外，充分发挥创新驱动，促进创业就业提质增效，全县建立“小鹿巴巴”“乐村淘”等农村电商平台，全年累计交易特色农产品达2 000万吨，带动2 000余青年农民就业。

强化服务保障 形成返乡创业洼地

曲沃县充分发挥政府的协调和服务作用，为创业就业人员保驾护航。其主要做法有：

——利用公共服务平台，提供创业就业信息。曲沃县以7个乡镇的劳动保障所为依托，开展劳动力创业就业状况调查统计工作、“就业创业服务车下乡”等各项活动，深入了解全县企业用工需求，为农村劳动力和返乡人员提供就业服务。

2018年，曲沃县共发布各类用工信息500余条，为县域企业推荐412名高校毕业生就业，其他就业人员2 000余人，开发了161个公益性岗位用于安排就业困难人员。

——提升部门服务水平，解决创业就业难题。曲沃县发展改革局为山西搏途贸易有限公司与曲沃县职业中学搭建合作平台；县农业农村局和各乡镇党委政府为创业者提供土地流转服务；县人社局认真落实完善创业担保贷款政策，加大返乡人员、农村金融、中小企业金融服务的支持范围，如为全县小微企业岗前培训 1 700 人进行补助，每人补助 300 元，为 5 名成功创业的大学生落实创业担保贷款 25 万元等，同时积极开展免费技能培训，为返乡人员提供创业就业支撑，2017—2018 年共组织职业技能培训 117 期，参训人数达 5 277 人，其中 2 665 人通过培训找到了合适的工作岗位；县财政局加大对返乡人员培训、场地租金补贴、建设补助资金等方面的财政支持，如为磨盘岭大学生创业园发放创业场地租金补贴和一次性建设补助资金共计 15. 4 万元；县金融办积极鼓励、支持金融机构研发关于返乡创业贷款的新产品，放宽贷款条件，解决返乡人员创业初期资金困难的问题，如新田村镇银行开发了额度为 10 万元的“大学生创业贷”新产品，为返乡大学生提供低息创业贷款。

——积极筹建创业园区，提供创业就业基地。具体的成果包括：曲沃县在县磨盘岭农业观光区筹建了首个大学生创业园，累计入驻企业 30 家，带动周边乡村农民工就业千余人；以曲沃县原机电厂闲置厂房、闲置办公楼为依托，规划建设了小微企业创业基地孵化成长区，入驻企业已达 12 家，带动就业人数约 500 人；以三星新型工业园区闲置土地为依托，规划建设了小微企业创业基地壮大区，入驻企业近 20 家，吸纳就业人员 500 余人，实现年营业收入 5 000 万元左右。

注重典型引领 打造返乡创业热土

曲沃县充分发挥农民工返乡创业代表、大学生返乡创业代表、退役军人返乡创业代表的示范带头作用，坚持示范带头、典型引路，为返乡创业凝心聚力。具体来看：

其一，农民工返乡创业对就业增收、脱贫致富有着极强的带动性。像北董乡景明村青年吉高瑞，就是农民工返乡创业的代表。其利用自己在外打工赚到的资金以及社会融资 4 000 余万元，实施了诗经山水景明风景区建设和荒山绿化工程，并成立了盛景种植专业合作社，其中风景区拉动了景明村 300 余人就业，合作社吸纳了 256 户村民入社，实现了自己创业致富并带动村民共同富裕的目标。

其二，大学生返乡创业对当地经济社会发展具有极大的推动作用。像杨谈乡杨谈村的门高峰，就是大学生返乡创业的代表。门高峰在太原经营过公司，也有自身产品品牌，正是曲沃县优化返乡创业营商环境吸引了他，返乡创建了山西搏途贸易有限公司亚马逊跨境电商平台，该电商平台目前在亚马逊上拥有店铺十余个，带动就业三十余人。

其三，退役军人返乡创业，不仅为退役军人开辟了一片新天地，也是曲沃县乡村振兴的一支重要力量。杨谈乡八项村的贾砚林，就是退役军人返乡创业的代表。

其利用承包的500亩地，成立了佳林果业有限公司，目前已成为杨谈乡农业调产示范项目和扶贫项目，并依托全县旅游平台，拉动周边农民就业，实现了“复转军人创业梦”。

案例46

河南光山：挖掘产业优势，昔日荒山变成生态福地

农村富余劳动力多、劳务输出多，这是河南省光山县的一大特点。据统计，光山县总人口86万人，农村劳动力总人数达40万人，农村富余劳动力有27万人，劳动力转移人数18万人。

如何把外出的劳动力“喊回家”？在创建省级农民工返乡创业示范县过程中，光山县把曾经的劣势转化为优势，大力吸纳外出务工人员返乡入乡创业，目前全县有各类企业近1.5万家，其中，返乡创业人数17 248人，返乡农民工创办企业3 959家，带动就业17.6万人。2010年被授予“全国农村劳动力转移就业工作示范县”，2016年被授予“全国支持农民工等人员返乡创业试点县”，2017年被授予“河南省农民工返乡创业示范县”。

保障措施到位，返乡创业带动经济社会发展

为加大对农民工等人员返乡创业支持力度，光山县坚持资金保障到位，2018年全县共安排产业扶持资金5 000万元，设立县级企业还贷应急周转金3 000万元，其中2 800万用于支持返乡创业企业。县财政追加拨付1 000万元，用于补充县创业担保基金，累计发放返乡创业担保贷款2.2亿元。

出资金的同时，光山县还积极建平台。设立了光山县农民工返乡创业综合公共服务中心，积极推进新型农业专业合作社、家庭农场、中小企业创业园、电商企业孵化器等返乡创业平台建设，推动建设更多高标准创业平台。累计投入就业资金3 000余万元，完成340个村级（社区）基层公共就业创业服务平台建设，村级服务

平台建设覆盖率达94.4%。同时，县政府专门为全县360个行政村（社区）各配备1名兼职社保员，实现了县乡村三级创业就业服务全覆盖。

据统计，2018年光山县新增省级农业产业化龙头企业4家、国家级示范社4家、省级示范农场2家、省级农业产业化联合体1家。新认定“三品一标”无公害农产品产地21个、无公害农产品23个、有机食品标志产品3个。全县主食产业化粮油加工企业达到19家，年加工能力30.9万吨。

持续的返乡入乡创业也进一步夯实了光山县的经济发展基础。三元光电、白鲨针布、顺祥化纤、联兴油茶、邦盈电子、创勋机电等一大批创业企业成长壮大，逐步成为全县经济发展生力军。2018年，全县共谋划500万以上重点项目222个，总投资512亿元，静脉产业园入选省静脉产业示范园区，并列入国家资源循环利用基地。

值得一提的是，光山积极推广羽绒产业智能制造，新增羽绒服装加工企业35家，新增1 053家充绒户加盟个性化订制，户均增收30%左右。“光山羽绒”地理标志证明商标通过国家认证，成为全国唯一的羽绒地理标志证明商标。

荒山地变成宜居宜业的生态福地

光山县殷棚乡凉亭村的陈世法家境贫苦，1983年，十几岁的他离开家乡外出谋生，先后做过早点、蔬菜、代理电线杆等小本生意，不断打拼积累起创业资金。2008年，怀揣回报家乡的赤子情怀，陈世法回到光山，开启了返乡创业路。

借着国家大力支持油茶产业发展的东风，在县委县政府的引导下，经过对油茶主产区全面细致的考察，2009年3月，陈世法创办了光山县第一家油茶企业——河南省联兴油茶产业开发有限公司。随着公司的稳健发展，得到了社会各界的广泛关注，国家及省市领导相继到公司油茶基地视察，2010—2018年连年被河南省林业厅审定为河南省林业产业化重点龙头企业，2018年被评为河南省农业产业化重点龙头企业。

油茶产业投资大，见效慢，资金、技术等问题是严峻考验。为此，2014年，陈世法牵头成立了光山县联兴油茶产业协会，构建起党组织引领、产业协会承载、良性互动的发展格局，油茶产业逐步形成了“龙头企业支撑、合作经营带动、致富能人引导”的发展模式。

经过多年的探索与坚持，光山县油茶产业涌现出全新发展与变化：从传统的一家一户、粗放经营模式转向集约化规模化种植、科学化规范化管理；抛荒闲置的山地坡地得到综合利用，生态得到改良；油茶管理趋向精细化，产量大幅增长；本土化的油茶品牌增多，经济效益越发明显；最重要的是，油茶正成为光山经济发展的特色产业，万余农民就地转化为产业工人，增收致富。

目前，光山县新发展茶园 8 000 亩，总面积达到 24 万亩；新发展油茶 1.3 万亩，总面积达到22.7 万亩；新发展小杂果 1 万亩，总面积达到 8.5 万亩；新发展中药材 3 500 亩，总面积达到 1.5 万亩；新发展苗木花卉 3 000 亩，总面积达到 9.2 万亩。荣获“2018 全国茶业百强县”称号，紫云苏山春牌信阳毛尖获第九届“中绿杯”绿茶类金奖。

创新“五个一”举措，提升创业质量

为持续营造政府鼓励创业、部门支持创业、行业参与创业的浓厚氛围，光山县从小处着手，做到了“五个一”。

——发放一封慰问信。每年春节期间给外出创业就业人员发放一封慰问信，介绍全县经济社会发展，宣传返乡创业扶持政策。

——召开一场座谈会。坚持每年春节召开全县在外成功人士座谈会、返乡创业座谈会、政策宣讲会，赴京采访慰问外出成功人士，培育创业主体，引导在外成功人士回乡投资兴业。

——赠送一张火车票。自 2016 年以来，光山县每年春运期间开展赠票活动，免费为外出务工及返乡人员赠送往返火车票。

——树立一批典型。评选县级农民工返乡创业示范项目 20 个，每个项目奖励 3 万元；评选返乡创业之星 30 名，每人奖励 5 000 元；评选县级示范园区 1 个和返乡创业优秀服务单位 1 个，各奖励 10 万元；评选返乡创业先进个人 5 名，每人奖励 1 万元。

——培育一批工匠。从 2019 年起，在全县范围内开展培养“光山大工匠”活动，每年选拔 100 名技能人才进行重点培养。

抢抓光山作为全国第一批电子商务进农村示范县的机遇，强化技能培训服务，每年接受农民工返乡创业培训和创业辅导近 1.7 万人。开展电商培训 117 期，培训 14 000 余人次。通过“巧媳妇”工程，累计培训服装缝纫技能人员 2 506 人。实施到村培训，全县设立村级培训站点近 70 个，将培训送到家门口。

为鼓励电商企业入驻县返乡创业示范园区，县政府明确规定：对入驻园区的电商企业，每家企业可使用 220 平方米房子 1 套，并享受“五免一补”（免房租、水、电、宽带、办公设施，对开发网上热销的新产品进行补助）优惠政策。目前，全县累计发展网店近 2 万家、从业人员超 3 万人、网货生产企业 200 多家、供货商 500

多家、物流速递企业50余家。2018年“双十一”，全县羽绒电商累计发货100.75万单，累计销售额达1.6亿元；农副产品累计发货30.2万单，销售额达1 806万元。

光山还拥有许多“第一”。比如，借助光山县被确定为全省“一网通办”前提下“最多跑一次”试点县的机遇，积极打造程序更便利、流程更优化的服务新模式，为农民工返乡创业营造更加便捷、高效的政务环境，取消行政审批项目63项，发布第一批“零跑路”84项、“最多跑一次”267项。

案例47

河南汝州：返乡入乡创业的“筑巢引凤”与“丝绸之路”

河南省汝州市120万人口中，外出务工人员达30万人，主要分布在沿海地区，从事机绣纺织以及汽车零部件组装等行业。汝州市委、市政府紧紧抓住产业梯度转移的机遇，顺势而为，积极搭建与之相关的返乡创业平台，不断优化营商环境，通过“筑巢引凤”工程等一系列优惠政策，不仅吸引了汝州籍农民企业家纷纷回乡创业，更吸引到同行业的外籍老板到汝州投资兴业，形成了农民工返乡就业的集聚地。

机绣业的成功激励更多返乡创业

“筑巢引凤”是汝州市在农民工返乡创业方面成功实现人才回归、技术回乡、资金回流集合效应的典范之作。2015年9月汝州市启动汝绣农民工返乡创业产业园建设，仅用半年时间，就建成一期29栋标准化厂房、9栋仓储物流用房。

不过，随着近几年沿海地区的产业升级，机绣行业的产业转移已是大势所趋。产业究竟该往哪个方向转?

转型最主要的因素就是当地的政策和生产条件，而且，即便有好的政策，生产条件跟不上也不行。为此，从政策方面的优惠到园区设施的配套和回乡创业所需的生产条件，汝州都为机绣产业转移奠定了坚实的基础。更为重要的是，汝州有大批在沿海地区从事过机绣工作的务工人员，他们如今回到家门口上班工作，家庭生活和经济收入都让老板和员工满意。可以说，政策的支持和稳定的用工都为企业发展提供了保障，到汝州创业是多赢。

2017 年 3 月，二期 42 栋标准化厂房建成投用，一二期合计投入使用面积 40 万平方米。已入驻机绣企业 160 余家、拥有 1 300 余条生产线，带回产业工人 8 000 余人，2019 年实现产值 25 亿元，产品远销中东、印度、欧美等 20 多个国家和地区。目前，总投资 11. 36 亿元的三期工程顺利推进，计划再建 40 万平方米，包括多层标准化厂房、综合服务中心、职工宿舍楼、专家公寓、职工餐厅等，届时，汝州汝绣园区一二三期合计建设面积将达到 80 万平方米，入驻企业将达到 350 多家，产值将超过 50 亿元。

汝州机绣纺织产业的返乡创业模式的成功，不仅为汝州返乡创业工作提供了启示，还为其他在外人员返乡创业提供了经验和鼓励。汝州市政府充分发挥机绣纺织产业的带动示范效应，结合外出务工人员的创业和经营特点，依托汝州籍人员在外地从事各种行业的生产技术、务工人群和销售渠道等优势，先后启动建设特种汽车装备制造产业园、智能终端产业园等规模化产业集群。与此同时，利用人文自然优势规划建设汝瓷小镇、温泉小镇、森林康养小镇，吸引了多行业在外人员返乡创业，使汝州的回乡创业大军遍布城乡。

乡村创业拓宽致富门路

汝州返乡入乡创业的热潮不仅仅涌动在一个个产业园区，更活跃在汝州的乡镇村庄，返乡创业人员带回的好项目，已成为打开致富之门的一把把金钥匙。

汝州市焦村镇曾经是一个农业穷镇，全镇 16 个村，有 8 个是贫困村。养蜂、种桑养蚕，在焦村这个传统农区，还只是个停留在“听说”层面上的词语，然而就是这两个看似和焦村不搭边的项目，却按下了焦村人脱贫致富的“快进键”：自幼家庭贫困的焦红飞早年外出打工，勤奋的他学会了养蜂技术，近两年返乡后靠养蜜蜂率先实现了脱贫致富；同时期返乡创业的毕建旗靠种桑树短期内便脱了贫。焦红飞、毕建旗的例子为焦村镇跳出扶贫抓产业打开了一片新天地。

为确保产业稳步健康发展，焦村镇借鉴外地经验建立了北蜂南桑产业发展机制，采用“党支部+合作社（公司）+基地+专业户+贫困户务工”的运作模式，克服扶贫项目资金条条框框的束缚，争取项目、利用奖补政策等筹措资金，大力引导扶持群众参与到北蜂南桑产业上来。

在发展养蜂方面，如今焦村镇实行了统一购置蜂种、统一奖补政策、统一技术服务、统一蜂产品收购等“四统一”。蚕桑产业方面，实行统一规划、统一土地流转、统一返租倒包、统一采购桑苗、统一技术服务、统一奖补政策（贴息贷款、防草布、方格簇等关键技术推广奖补等）、统一组织收购等“七统一”。与河南农大等单位签订了长期的技术合作协议，与国内知名缫丝厂签订蚕茧收购协议，为产业发展打下了坚实的基础。目前，该镇共发展桑园3 500亩，种桑养蚕户89户，养蜂560箱，养蜂户86户，两项务工群众1 300多人。

正是这些返乡创业人员带回的新技术、新观念，让政府和老百姓都有了底气。随着产业发展，焦村镇改变了以往“衣来伸手”式的帮扶模式，将“懒人”转成“勤人”，“勤人”转成“能人”，“能人”转成“富人”。据统计，焦村镇3年内桑园种植面积将达到1万亩，种桑养蚕专业户350户左右，亩产值将超过万元，务工人员将达到4 500人左右。养蜂达到5 000箱左右，养蜂户300户以上，产值达1 500万元，户均净收益在3万元以上。北蜂南桑产业项目，将让老百姓获得“四金”，即土地租金、种养收益金、劳动薪金和分红股金。随着产业项目的落地生根，“耕者有其田”将变成“耕者有其股”。

汝州市通过精准承接，建好园区，快速培育机绣纺织产业集群，示范带动、精准服务，支持更多人员返乡创业，优化环境，解决返乡创业后顾之忧等有效做法，实现了能人返乡、产业发展、脱贫攻坚的“三赢”效果。如火如荼的农民工返乡创业热潮正将汝州打造成名副其实的“丝绸之都”。

案例48

河南平舆：“防水之乡”摆开创业矩阵

占地1 000亩的建筑防水产业园、平舆防水大厦、免费为回迁的建筑防水企业提供办公场地……为了召唤“防水工匠”们返乡创业，河南省平舆县可谓不遗余力，并结出了硕果：成功吸引了返乡企业30余家，创税1.2亿元。

平舆县在防水材料生产、施工方面有着独特的资源和优势，20世纪80年代以来，全县100万人口中有25万人在全国各地从事防水行业方面的工作，是名副其实的“防水之乡”，其中亦不乏业界大鳄和技术精英。为了给返乡下乡创业提供优质高效的创业环境，平舆县人社、发改、农业、扶贫、国土、财政、工商、税务等部门密切联动，全面加快企业、项目和资源要素集聚，为返乡入乡创业提供广阔的发展空间。

以传统产业为突破，撬动返乡创业

自2018年被列为农民工返乡创业试点以来，平舆县从政策体系方面出台了《平舆县人民政府关于进一步促进就业创业工作的实施意见》《平舆县返乡下乡创业示范乡镇和示范项目评审认定办法》《平舆县人民政府关于做好新形势下为农民工服务工作的实施意见》等政策文件，从稳定和扩大农民工就业创业、维护农民工劳动保障权益、推动农民工平等享受城镇基本公共服务、促进农民工社会融合等方面予以政策支持，为平舆县农民工返乡创业奠定了政策基础。

同时，当地积极引进国内顶尖防水材料研究机构，目前河南蓝翎环科防水材料有限公司联合中山大学河南研究院（坝道工程医院）已开始建造项目，将形成防水材料产、学、研一体化的“矩阵”效应。

李伟是建筑防水行业返乡创业的企业家。2017年，他投资的河南蓝翎环科防水材料有限公司在平舆建筑防水产业园落地生根，该企业是目前国内最大的防水材料生产企业，占地面积230亩，引进国际一流的生产设备20余条，实现了防水材料类别生产全覆盖，最终将打造年产值36亿元的国内一流防水材料生产企业。

“矩阵效应”还远不止于此。在平舆，传统优势行业的带动作用正日益增强。平舆县紧紧围绕皮革皮具、建筑防水、电子商务、户外休闲、芝麻花生五大产业，着力建设产业集聚区、商务中心区、现代农业示范区、城市新区、航空产业物流园五大片区，为返乡下乡创业提供广阔的发展空间。

除了传统产业，平舆也在积极发展户外休闲用品产业。截至目前，平舆县户外休闲产业园共建有标准厂房80万平方米，入驻生产及配套企业33家，其中13家户外休闲企业是由返乡农民工等人员创办，形成了户外休闲产品生产全链条发展的局面。2018年，当地户外产业年产值达11.68亿元，县城企业总部共吸纳5 000余人就业，其中贫困人口2 000多人，平均月收入3 000多元。全县现有外协点200多家，辐射新蔡、正阳、项城、上蔡、汝南等周边县。另外，在全县72个贫困村开设藤编实训加工点，带动农村剩余劳动力1.65万人就业增收。

为全面加快企业、项目和资源要素集聚，平舆还规划建设了总面积2.23平方公里的商务中心区，目前已入驻商家90家，创业实体个数达到85家，总资产30亿元，年销售收入4亿元，利税6 000万元，吸纳就业人员5 000人。建成了县级电子商务运营服务中心，为全县有志于从事电子商务的创业者提供从创业计划到开办企业、从政策扶持到专家指导等全方位的服务和帮助。目前已由返乡创业人士引入京东商城、农村淘宝等品牌电商32家，建立了从农村到城市的农产品直供渠道。

农业方面，平舆县结合重点建设80万亩优质小麦、30万亩白芝麻、10万亩花生、5万亩黄花菜等特色优质农产品标准化生产基地的发展要求，积极鼓励、引导返乡农民工成立专业合作组织、家庭农场等经济实体，重点发展高效农业种植园区。目前，全县农民专业合作社达到2 245家，实现土地流转38.5万亩，占全县总耕地面积的28.7%，带动农户8万余户。

以优质服务为切口，为返乡创业输血健体

除了提供实体平台，为返乡创业人员解决办公场所之外，平舆县还为返乡下乡创业提供资金支持。平舆县财政设立了1 000万元的创业基金，由县创业贷款担保中心为返乡下乡创业开辟绿色通道、简化程序，加大对农民工返乡创业担保贷款支持，将个人创业担保贷款最高额度提高到10万元，充分发挥创业担保贷款促进创业就业的倍增效应，从资金上积极引导务工人员就业创业。2018年已发放创业贴息贷款7 270万元，创业带动就业4 236人，扶持自主创业727人，其中返乡创业农民工704人，发放创业贷款7 040万元。

为了切实服务到位，平舆按照“八统一”和“六到位”的标准，在全县成立了1个县级返乡创业综合服务中心、19个乡级就业和社会保障服务所和224个村级就业和社会保障服务站，为返乡创业人员提供政策咨询、创业指导、创业帮扶、创业培训、创业贷款等“一站式”服务，为返乡创业工作的顺利开展提供更强的组织和人力保障。

人力资源是返乡创业的重要支撑。平舆县整合就业技能培训工程、新型职业农民培育工程、雨露计划等培训，实行培训计划、目标考核、补助政策、定点学校、资金管理、组织实施“六统一”。建立了以县劳动就业训练中心为龙头、民办培训机构为补充、覆盖城乡的职业技能培训体系，使全县返乡创业人员就业创业能力大幅提高。同时，大力开展校企联合培训、“劳务品牌+培训基地”等对接行动。

值得一提的是，平舆县还成立了创业指导团队，建立了农民工等人员返乡创业专家智库，不断吸纳优秀企业家、行业专家、创业讲师、返乡创业成功人士成为智库成员，形成了强大的返乡创业指导团队，为返乡创业人员提供智力支持。

平舆县还把全县 18～60 周岁有劳动能力的群众全部进行实名制登记，摸清人力资源的总数、年龄结构、技术能力构成等信息，建立全县人力资源交易网络超市，及时发布就业培训和招聘信息，推荐创业项目。同时，建立完整的返乡下乡创业台账，详细统计创业人数、创业意愿、产业分类等信息，做到返乡下乡创业的动态监测，构建覆盖城乡的劳务输出和返乡下乡创业信息服务网络平台。

案例 49

河南鹿邑：依托传统优势产业打造特色双创模式

在黄河流域平原地区，坐落着河南省鹿邑县。鹿邑总人口 123 万人，富余劳动力约 40 万人，是名副其实的人口大县。

劳动力这么多，为什么经济就是上不去？被确定为全国第三批结合新型城镇化开展支持农民工等人员返乡创业试点地区之后，鹿邑县持续实施“凤还巢”工程，通过深入开展乡土人才联络工作，鹿邑持续点燃农民工返乡入乡创业的激情，实现了由“输出一人、致富一家”向“返乡一人、带富一方”的转变。鹿邑县依托尾毛化妆刷传统特色优势，积极引导农民工返乡创业的做法，得到国务院副总理韩正的赞许，并对鹿邑“输出打工者，引回创业者，带动就业者”的双创模式给予了充分肯定。

多方压实责任，切实做好就业创业服务

这几年，鹿邑县许多机关干部的节假日，都是在各种联欢会上度过的。为了以浓浓的乡情引老乡、回故乡、建家乡，鹿邑县利用春节、清明节、中秋节等重要传统节日，通过联欢会、座谈会等形式，组织“返乡人士看家乡”考察活动和走村入户到返乡农民工家庭开展“家访”活动。看到家乡越建越好，感受到家乡的真情实

意，许多在外打工的人都动起了回乡创业的心思。

趁热打铁，鹿邑县出台了一系列扶持政策，让人们看到了满满的希望：出台加快工业经济高质量发展的25条意见；财政每年在公共预算中列出不少于2 000万元的工业发展基金，用于奖补；2018年，兑现电脑织机企业帮扶资金2 240万元；积极取得省人社厅、财政厅支持，为返乡创业企业争取省农民工返乡创业基金1 000万元，缓解了返乡创业企业融资难题……

不仅如此，鹿邑县还强化服务促“回归”，持续优化营商环境，投资2 500多万元建成了电子政务数据资源中心，纳入省政务服务网行政审批事项1 060项。完成省下达的“三级十同”上传测试事项1 182项、实现网上可办率99.8%。建立县处级领导干部联系企业制度，实行联审联批和服务企业代办制，帮助企业解决在审批和生产经营中遇到的困难。

目前，鹿邑县外出务工人员累计返乡达8.3万人，累计创办各类实体数量3.2万个，带动就业18.1万人。2019年第一季度，超额完成了就业创业工作“首季开门红”的目标任务，为实体经济“开门红”打下坚实的就业保障。

多层面搭建平台，构建立体创业体系

以产业吸引企业，是创业带动就业的根本。立足于鹿邑县的特色优势产业——尾毛化妆刷，鹿邑县推进以企业为主体、产学研相结合的技术创新平台建设，提升企业技术创新能力。组建尾毛产业发展办公室，成立化妆刷产业协会和尾毛商会，制定化妆刷产业中长期发展规划。投资30亿元规划建设产业集聚区化妆刷特色小镇、化妆刷特色生产街区、化妆刷创业孵化园、化妆刷产业园、羊毛衫创业孵化园，发展壮大化妆刷、羊毛衫加工两个特色产业，打造“初菌”“蔻莲娜”“淡扫蛾眉”等化妆刷自主品牌30多个，羊毛衫纺织企业达32家、电脑织机保有量5 600台，化妆刷企业达115家，从业人员5万多人。目前鹿邑已发展成为北方地区有一定影响的羊毛衫生产加工基地县和名副其实的“中国化妆刷之乡”。

与此同时，以高效农业示范园区为带动，整合发展农民工返乡创业园带动就业。鼓励积累一定资金、技术和管理经验的返乡人员和本地农民充分挖掘鹿邑县乡村、乡土、乡韵、乡情的潜在价值，大力发展农产品加工、现代农业、休闲农业、特色农业和乡村旅游，推动农业和工业、服务业三产深度集合，拓展创业领域。积极培育发展家庭农场、农村合作社、农业产业化企业、农村专业技术协会等新型经营主体，构建新型农业经营体系，实现家门口创业就业。截至目前，成立家庭农场584

个、合作社542个、其他类型农业产业企业255个，带动就业3万余人；培育特色农业生产基地56家、农产品加工基地24家，整合发展农民工返乡创业园2家。

为构建立体产业发展格局，鹿邑围绕新型业态建平台，着力在商务中心区建设城市综合体，建立供销电商物流园、邮政物流园等大型物流配送中心2个，开通全国唯一化妆刷销售专业网站——中国化妆刷网，注册中原羊绒衫网、鹿E商城网和鹿邑京东特色馆，组建村级电商服务网点489个，电商物流交易额取得新突破，达到4 175.7万元。

多策并举、多维度推动，创业渐成新风尚

老子文化是鹿邑不可复制的人文资源。近年来，鹿邑县规划实施了30平方公里的曲仁里老子文化产业园，举行全球李氏家亲祭祖大典，举办“中韩老子文化研讨会”“老子诞辰祭拜大典”等活动，形成了具有鹿邑特色的文化氛围。

文化也是生产力。鹿邑县积极发挥政府引导作用，大力做好媒体宣传，集中展示返乡创业成功案例和主要成果，提高创业创新公众知晓度和认知度，帮助企业提升了竞争力和市场占有率，推动全社会形成“想创业、愿创业、敢创业、善创业”的良好风尚。

结合举办2018年“创响中国·鹿邑站”系列活动，组织引导县域企业代表和创业成功人士200多人积极参加“创业大讲堂”“尾毛产业高峰论坛”，组织县域企业、创业团队个体等参加“创业项目大赛”，激发了全社会创业的热情。

值得一提的是，鹿邑县强化“以质取胜”的战略意识，积极做好企业家外出参与学习培训，引导企业贯彻新发展理念，逐渐摆脱家族式管理，助力企业做大做强。通过评选“老子故里突出贡献者”“创业之星”“创业标兵”等，进一步提升企业的社会担当，突出创业者的人生价值，吸引更多的农民工回家创业。

案例 50

湖北监利：栽好家乡“梧桐树”，返乡创业报桑梓

监利县位于湖北省中南部，洞庭湖北面，享有“中国小龙虾第一县”、“中国玻铝之乡”和“中国面点师之乡”等美誉。

在返乡入乡创业工作中，监利县委县政府大力发展“归雁经济”，实施“能人回归”工程，带动了一批新技术、新产品、新产业落户监利，实现了玻铝产业、智能装备、生物医药、光电产业和稻虾连作等新兴产业的“无中生有”；呈现出人员回归、资金回流、项目回迁的“集合效应”，带动贫困群众实现稳定就业，达到了能人回归与乡村振兴和脱贫攻坚的双赢效果，为县域经济转型升级注入了新动能。

坚持政策引导，催生返乡创业“暖气候”

监利县出台了《关于推进农民工等人员返乡创业工作行动计划的通知》文件，县财政每年筹措资金 1 000 万元用于支持农民工等人员返乡创业，累计发放创业担保贷款 849 笔合计 11 165. 6 万元。“十件财政嫁妆”让返乡入乡创业主体走得稳、行得远。

值得一提的是，监利县不仅开展免费办证、补贴场租、项目资助、扶持创业补贴、企业技术改造、住房保障等措施，还高标准地建设了生活配套、设施完善、环境优美的“企业人才公寓”，为返乡农民工玻铝产业园、电子产业园提供 6 栋 288 套住房，实行“拎包入住”。

此外，近年来，监利县先后举办了“金状元杯”创业创新大赛等活动，开展“创业创新在监利”征文和评选表彰 20 名“监利创业之星”，向 55 名优秀人才和 6 家创新企业发放 158 万元奖励资金，包括 15 名首届“监利能人”获得者、40 名领取津贴的工业企业人才和 6 家引进省级创新团队企业。

截至目前，建立农民工等人员返乡创业园 4 个，2 个市级大学生创业孵化园，

建成了6个县级电子商务运营中心和193个村级电子商务服务点。全县农产品加工企业392家，农民专业合作社1 457家，家庭农场达3 230家。全县2016—2020年新增各类市场主体3.88万户，开发就业岗位6万余个。

坚持高位推进，营造返乡创业“强气场”

享有“玻铝之乡”美誉的监利县，自20世纪80年代以来，共有十多万人从事玻铝和塑钢加工行业，监利玻铝客商已经成为全国玻铝产业营销的主力军。但监利玻铝却迟迟没有自己的品牌，也没有自己的铝材生产厂。

事实上，广西的高新技术企业南桂铝业，总经理彭小龙就是湖北监利人。年轻时彭小龙即离开家乡外出打工，1997年他在佛山市大沥镇开始经营铝材配件生意，历经20多年的市场打拼，彭小龙的玻铝生意越做越大。

2017年，彭小龙在家乡招商引资的真情呼唤中，毅然回归监利，将南桂铝业集团的总部设立在监利，领衔华中（国际）玻铝产业园的运营管理，打造万亩生态铝基地，扛起振兴监利玻铝的大旗。为了让入园企业轻装上阵，专心做加工和销售，避免重复建设，减少资金投入、降低入园门槛和缩短投资周期，他们引进国内最顶尖的立式氧化、立式喷涂等铝材表面处理设备，配备建设最先进的污水处理厂集中氧化、统一污水处理，确保环保安全。“原来要1.5亿元才能做成，在这个模式下5 000万元就可以了。”彭小龙说。通过这一模式，占地总面积4 000亩的华中（国际）玻铝产业园形成了大中小微企业聚集效应。目前，签约入园企业已达69家，其中南桂铝业、应鑫铝业等28家企业已经投产运行，在建22家，带动就业2 100余人，监利玻铝经营占据全国市场份额的70%。

搭建平台，助推返乡创业“快车道”

在监利，还有一个叫得响的行业，那就是面点。如今，已经连续举办了十六届“毛市佬”面点技能比武大赛，形成了“北有狗不理，南有毛市佬”的社会口碑。

监利县玻铝、面点师两个“全省劳务品牌”从业人数有近20万。为将传统产业发扬光大，监利县组织全县企业家赴深圳大学进行创新能力提升班的学习培训，组织召开“全县农民工等人员返乡创业工作”千人动员大会，提高政策的知晓率和覆盖面，营造尊重返乡创业、鼓励返乡创业、支持返乡创业的浓厚氛围。

为引导劳务输出之乡向返乡创业之城转变，监利县按照“园中园”模式，大力规划建设各类专业园区，吸引外出务工人员返乡创业。监利上信服装产业园入园企业 324 家，带动就业人数 2 025 人，发放水电场租补贴 152. 6 万元；朱河芦陵大市场项目入驻企业 87 家，带动就业人数 160 人，发放水电场租补贴 138. 8 万元。

为坚持精神引领，增强返乡创业“凝聚力”，监利县建立 48 万条在外监利人信息数据库，定期进行数据更新和联系机制，让在外的监利籍优秀人才离乡不离情，心系家乡发展。对优秀返乡创业人员，优先推荐为人大代表、政协委员等，让他们在政治上受尊重、精神上得荣誉、社会上有地位。每年召开农民工等人员返乡创业表彰大会，大张旗鼓地表彰返乡创业示范企业、“创业之星”、优秀农民工等先进典型，通过示范带动，形成“雁归效应”。认定和表彰了 2 个返乡创业示范园、16 个返乡创业示范项目、16 个返乡创业明星、9 个返乡优秀农民工，发放奖金 72. 5 万元。激励和引导更多在外人员回乡创业就业，真正让他们深度融入家乡、扎根家乡、回报家乡。

案例 51

湖南湘阴：把准创业脉搏点，搭建返乡大舞台

湖南省湘阴县明泰家政服务保洁公司是一家年轻的物业保洁公司。由于企业一开始没有找准市场定位，导致前期发展方向有所偏差，市场知名度也不高。2016 年，公司在拥有“创业基地+行业技术专家+资源共享+政策对接+培训服务”体系的湖南金钥匙创业服务有限公司的帮助下，制定相应的营销策划方案，并开展了一系列活动，公司在市场中拥有了一席之地。

这是湘阴县扶持返乡入乡创业企业的一个缩影。近年来，湘阴县紧紧抓住结合新型城镇化开展支持农民工等人员返乡创业试点的契机，认真贯彻“五大发展”理念，推动“人才回乡、资金回流、企业回迁”，形成了群凤归巢效应，全县经济社会发展保持稳中有进态势。

依托精准扶贫战略支撑返乡创业

湘阴县南湖洲镇居民刘建国，长期在长沙自主创业。受到家乡政策的吸引，他

带着资金和技术团队返乡，创办了湖南百树山生态农业发展有限公司，同时成立七姑塘现代农业专业合作社，采取“公司+农民专业合作社+基地联农户+农产品粗加工+社区农超+配送中心”的运作模式，安置200余人就业，并使30多户贫困家庭实现脱贫，有效促进当地农业增效、农民增收。目前，公司流转及租赁土地2 066亩，累计投资6 000多万元。公司先后获评湖南省“蔬菜特色产业园”、岳阳市“农业产业化龙头企业”“优质初创企业”“市级科普基地”“湖南省创新创业带动就业双百工程”。

事实上，湘阴县结合全面实施培训就业脱贫攻坚行动所开展的项目还有很多。返乡创业人员王特、陈远东等人投入资金400多万元，利用芙蓉国际大酒店17、18两层近3 000平方米，打造“湘阴县创客大楼”，指导创业、帮扶创业、服务创业的功能更加凸显，现已发展成员单位500多家，入驻创业主体55家，在岳阳全市具有较强代表性和示范性，先后被评为市级、省级创新创业带动就业“示范众创空间”。

通过落实返乡下乡创业补贴等政策，引导返乡人员与扶贫项目有效对接，积极参与贫困村产业扶贫项目建设和道路硬化、饮水设施建设、危房改造、生态环境建设、易地搬迁等基础设施建设，着力改善就业创业环境，带动外出农民工返乡创业。

同时，鼓励返乡人员利用本地资源大力发展优质农产品种养殖、加工、仓储、保鲜等设施建设，带动贫困村的特色优势产品精深加工，不断延长产业链。大力推进产业扶贫，围绕休闲农业、农村电子商务和农村旅游服务等产业开展创业。支持精准扶贫推进返乡创业项目33个，县以上财政直接投入3 706万元，结对帮扶1.1万户，发放扶贫小额贷款7 400万元，27个光伏发电项目建成并网，28个贫困村整体退出贫困村行列，7 800名贫困人口脱贫。

结合新型城镇化建设促进返乡创业

现代旅游业的“磁石”效应如何释放？湘阴县通过精心打造青山岛湿地公园、洋沙湖-东湖湿地生态公园、左宗棠文化园等一批优质旅游开发项目，成为吸引返乡创业的舞台。2017年，湘阴县成功举办首次由县级城市承办的中国湖南国际旅游节，洋沙湖国际旅游度假区完成投资60亿元并正式开园营业，全年接待游客570万人次，旅游收入增长35%，获评全国首个“湖鲜美食之乡”。

不仅如此，湘阴县还注重发挥现代服务业“蓄水”功能，在中心城区和重点乡镇支持返乡人员投身商贸服务业，大力发展电子商务、家政服务、文化创意等业态，引资发展养老、健康、体育等幸福产业，积极推广在线教育、智慧社区、网络约车等新型服务模式，带动了上下游产业和周边地区返乡创业“井喷式”发展，“三产”成为返乡创业人员就近就地创业的“蓄水池”和“主阵地”。

结合农村电商发展，强化现代物流业“引擎”作用，重点在中心城区和乡镇构建县、乡、村“商品下乡，食品进城”的农村物流三级体系，加快建立物流公司、连锁超市、仓储式商场、专业市场等现代流通体系，打通农村物流的“最后一公里”，实现“乡有物流公司，村有物流网点”，形成湘阴返乡创业值得推广的特色模式。截至目前，全县新增限上商工贸企业 11 家，建成农村电商服务站点 451 个，145 家企业工产品上线运营，电商交易额达 8.5 亿元、增长 106%。

结合公共就业服务体系建设服务返乡创业

针对大部分中小微企业、创业者在选择项目、企业管理方面容易走“弯路”的现实情况，为解决创业企业的瓶颈及减少企业费用额外开支、良好对接企业资源，湘阴县大力扶持湖南金钥匙创业服务有限公司发展。据介绍，金钥匙创业服务有限公司能够实时提供人力资源、法律咨询、财务管理等增值服务，自成立以来，已服务了 100 多家企业，为其提供举办公益活动、举办品牌交流会、文化活动的组织与策划、品牌营销策划、电子商务培训、财税规划、企业管理培训、投融资对接、创业项目咨询及评估等服务。据统计，近两年，公司开展了 30 次免费的“企业管理培训”“创业交流会”“创业沙龙”“培育会”等的服务活动，参与的中小微企业累计达 200 多家，使创业者及企业对项目如何成功孵化及有效对接资源、企业管理策划方面都有了全面的认识。

服务返乡创业，一定要有优质的平台。基于这个理念，湘阴县投入资金 1200 万元，大力推进线上“智慧人社”平台和线下实体平台一体化建设，覆盖县、镇(街)、村（社区）三级，提升了专业化、精细化创业服务能力。乡镇、村（社区）平台覆盖率达 100% 以上。招募 28 名县内外青年企业家、致富能人和科技专家，组建创业导师服务团，开展“创业手牵手、帮扶一加一”行动，形成服务创业群策群力效应。

在此基础上，升级众创平台，建立“湘阴县创客协会电商服务平台”，引进近百家企业产品上线销售。筑建占地 284 亩的孵化基地卓达和合力创业园，投入资金 3.8 亿元，实现提供生产、办公、住宿“一体化”服务，达到生产面积 17 万平方米、办公面积 1.08 万平方米、住宿 307 套 1.16 万平方米。2019 年实现入驻创业企业 55 家，累计经济规模 2.6 亿元；上缴税收 1 040 万元，带动就业 2 683 人。2020

年规划新增入驻企业 14 家，扩大经济规模 4 100 万元，新增就业岗位 280 个，力争带动就业近 3 000 人，实现经济规模总量达到 3. 07 亿元。

案例 52

湖南江永：线上线下齐发力，实现乡村美丽嬗变

从“五香”到“特香”，从“传统农耕”到“一镇一产业”。在湖南省江永县，一系列嬗变正在发生。通过加强动态监控、注重政策宣传、强化创业服务、落实扶持政策等措施，江永县积极推进返乡入乡创业工作，促进了返乡农民工有序流动，社会更加和谐稳定。

创新发展“互联网+”为主的电商创业

为鼓励和扶持返乡创业的农民工等人员利用互联网技术开办网店和电商企业，发展农产品销售和各类商贸流通，江永县推动线上线下融合发展，积极引导返乡农民工等人员发展线上“农家乐”和休闲观光农业等。

围绕电子商务产业，打造一批电商创业载体。建全电商创业孵化基地孵化功能，实现返乡人员电商创业零门槛；依托京东、淘宝、惠农网等电商平台和电商巨头，引导返乡人员加盟开店创业；延伸电商创业产业链，发展配套服务创业。支持乡镇政府、农村集体经济组织与社会资本合作共建智能电商物流仓储基地，鼓励物流企业完善物流下乡体系，提升冷链物流配送能力，畅通农产品进城与工业品下乡的双向流通渠道，鼓励返乡人员通过参与电商物流配套服务创业。

2018 年以来，在打造好电商创业为主的电商一条街基础上，辐射农村电商创业，与县电商办、农商银行、邮政银行签订协议专为电商创业者提供创业贷款，放宽创业担保政策，把返乡农民工创业纳入扶持政策范围，2019 年贷款金额由 10 万每人提高到最高 15 万元，2018—2019 年共发放创业担保贷款 3 698 万元，扶持创业 320 人，带动就业 2 275 人。同时，江永县全面落实培训补贴政策，鼓励农民工等人

员参加各类技能培训和创业培训，组织返乡农民工参加职业技能和创业培训，共培训3 950人，开设种植、养殖、电子商务、育婴师、旅游培训、创业培训等类别培训。

目前，江永县已发展电商企业60余家，开设网店1 000余个，建设农村电商服务站90多个，吸引电商从业人员达4 000余人，其中有2 000余名外出大学生和打工人员回乡创业，涌现出“桃川婆”吴翠凤、外来媳妇葛晚梅、何镇文电商三兄妹，“粽子大王”吴志华等“草根”的创业故事。通过免费的电商创业培训，确保电商人才的输送，2018年开办电商创业培训4期，培训学员120人。

大力发展现代家庭农场为主的现代农业创业

江永县是以农业为主的边远县，素来以盛产“五香”特产而闻名。在开展返乡创业试点以来，江永县委县政府一班人认为，仅依靠劳动力输出为主的就业扶贫模式，不足以满足本地贫困户脱贫增收的需求。因此，江永县确立了大力发展现代化家庭农场为主的现代农业的主方向。依托精准扶贫，开展“一村一品、一镇一产业”，把就业创业和精准扶贫有机结合起来，鼓励贫困家庭合伙经营，共同创业。

一是发展“特香”农业产业，打造江永农业升级版，实现农业种养的职业化、标准化、信息化和适度规模化，提升农产品品种、品质、品牌和品位，推进农业现代化。并扶持培育现代家庭农场，鼓励返乡人员通过创办现代家庭农场创业。

二是壮大龙头企业，加大农业物联网、互联网在农业领域的应用，促进返乡人员通过农业配套信息技术服务创业；加快土地流转进程，鼓励返乡人员利用土地资源，引进外地客商加盟发展创业。

三是加大家庭农场主职业化培养。根据区域现代农业发展，重点加强对规模经营农户的职业化培训，提高其职业素养，强化家庭农场人才扶持。引导和鼓励“农民企业家”“返乡农民工”“创业大学生”等群体成为新型农业经营主体，鼓励大学生到农村创业，争做新型农业经营主体。

针对农场主面临的资金和劳动力这两个难题，江永县拓展创业就业的新方向，强化就业服务，把“创业+现代化家庭农场”有机结合在一起。为扶持江永县旭日升现代家庭农场吸纳更多的贫困劳动力就业岗位，对其发放创业担保贷款50万元，积极与附近贫困农户对接，在休闲、餐饮及管理等方面提供了60多个就业岗位，吸纳建档立卡贫困户30多人，加快了周边贫困户脱贫步伐，极大提高了周边农户的致富能力。近年来，农业园每年销售额达1 000余万元、纯利润300万元，成功创建为江永县示范家庭农场，2016 年评为“湖南省无公害农产品生产地”，2017 年评为湖南省生态休闲农业示范点，2018 年被湖南省人社厅评为“优质初创企业”。

在“创业+现代化家庭农场”模式下，江永县家庭农场发展 20 余家、农村专业合作社 200 余个，形成了一大批集生态、休闲、观光、培训于一体的示范性现代家庭农场、休闲农业示范园，从经济和社会效益上、从示范带动作用上，进一步加快了当地脱贫攻坚的步伐。

积极发展“三千文化+农产品加工”等为主的乡村旅游

江永县拥有独特而丰富的旅游资源，围绕乡村旅游产业，江永县打造了一批旅游创业载体。

江永县鼓励返乡人员通过独资或合伙投资，实施特色农业体验游项目。选择了一批有基础、有特色的美丽村寨，鼓励返乡人员通过建设美丽乡村创业。

值得关注的是，江永县加快“三千文化”旅游线路融入桂林国际旅游线，强化乡村旅游与互联网的结合，鼓励全民微商旅游创业；开发保护与发展少数民族传统手工艺，鼓励返乡人员通过手工艺创业；鼓励返乡人员利用传统工艺对农产品进行深加工，保留有“三千文化”底蕴的创业模式。

在支持返乡人员个人创业的同时，江永县还注重引申创业链，季丰农业有限公司利用互联网拓展产品的销售渠道，深入乡村流转农村土地 1 500 余亩，打造从苗木繁育到多业态营销一体化的柑橘生态产业链，带动周边 5 000 多人种植优质柑橘 3 000余亩。从贫困村走出的放牛娃创办的大角牛生态农业电商公司与家乡群众合作建立香姜、香芋生产基地，实现网上销售 300 万元。义华花生电商公司、硒品香生态农业有限公司以松柏瑶族乡为基础，发展小籽花生基地 3 000 亩，实现线上线下销售收入 2 200 万元。

案例 53

重庆永川：一人返乡带动一方，乡村振兴动力强劲

莲藕作为一种水生蔬菜，深受人们的喜爱，但不能连作的技术“硬伤”，使得莲藕持续生产几乎成为一个“神话”。不过，在重庆市永川区临江镇人张优华的悉心调教下，莲藕却改变了习性：不仅有双季藕，还有浅水藕，实现了莲藕全年供应，亩产量也提高了 1 倍以上，莲藕采挖量每天可达 250～300 公斤。

永川区的莲藕生产以“人无我有、人有我新”的特色在我国西南地区独占鳌头。这是永川区积极做好外出务工人员返乡创业大文章结出的硕果。近年来，永川区着力开发外出务工人员群体这一宝贵的人力资源财富，大胆探索外出务工人员返乡创业路径，建立劳动力回引长效机制，实现农民工从“输出一人、致富一家”转变为“返乡创业、带动一方”，为全区经济社会发展和乡村振兴注入了强劲活力。

打好“调查牌”，把外出人员找出来

2019 年，永川区制定了《永川区返乡人员就业创业情况调查方案》，对全区近 10 万外出务工人员、农村转移劳动力开展全面调查，精准掌握外出人员返乡就业创业意愿及基本情况。

在此基础上，做好外出务工人员“千户监测”，各监测村定期形成分析报告，及时、动态掌握返乡外出务工人员就业创业需求，开展跟踪服务。

同时，实施驻外办事处调查试点，联合驻广西防城港办事处对其辖区内重庆籍外出务工人员进行摸底调查，建立基础台账，了解其就业创业情况及返乡就业创业意愿，为有针对性地开展就业创业帮扶打下坚实基础。同时，对返乡未就业人员做到调查一人，落实帮扶一人。

打好“亲情牌”，把在外人才引回来

通过建立外出人员长效回引机制，开展返乡创业先进典型的评选、宣传活动，

并抓住春节前后等重要时间节点，组织全区外出务工返乡人员座谈会，大力宣传返乡就业创业新机遇和支持政策。

2019 年，永川区回引外出务工人员返乡 9 930 人，新增返乡创业 2 377 户，带动就业 5 173 人。

返乡人员以支柱产业及农村融合发展带动创业，推动返乡创业带动就业的成效明显。农民工侯明永利用务工积累的资金和技术，返乡创建了注册资金 500 万元的重庆晶宇光电科技有限公司，以研发、生产晶体谐振器控制元件、光学元件及传感器元件为区内汽车及零部件、电子信息产业提供原材料，现年产值 4 000 万元，吸纳就业近 100 人。返乡人员蔡家泽创办了石笋山生态农业有限公司，投资 2 亿元，直接带动周边 92 户农民约 300 人共同致富，人均增收近 2 万元。

打好“服务牌”，把优秀人才留下来

在永川区，“周有培训，月有沙龙，季有大赛，年有节气”，各类双创活动丰富多彩，在全区营造出尊重、支持、参与返乡创业的浓厚氛围。

为着力提升创业能力，永川区探索“网络创业培训”和“创业培训+X 技能”模式，引进万学教育开展“互联网+创业培训”，引入淘宝大学课程开展“互联网+电子商务”培训，针对观光旅游和种养殖等创业开展“SYB+X 技能”培训；开展创业培训“进乡镇、进园区、进基地”活动，切实提升农民工创业能力。2019 年，开展创业培训 3 162 人，建成专家工作站 9 个、专家大院 15 个，选派 80 余名科技创新指导员指导返乡下乡创业。返乡创业人员张优华、张正群、周元贵等被评为重庆市级劳模。

如今，在张优华的带动下，永川莲藕种植面积已达 5 000 余亩，发展特色蔬菜种植 1 000 亩。主导产品莲藕年产 7 500 吨，实现产值近 5 000 万元。解决当地农民就业 200 人左右，务工农民年均收入在 3 万元以上。获得“永川莲藕”农产品地理标志认证，绿色莲藕、绿色泥鳅等 5 个绿色食品认证，获得重庆市著名商标、重庆市名牌农产品等称号。

打好“融资牌”，让返乡创业“活”起来

永川区着力优化和落实好各项扶持创业政策，加大返乡人员资金支持、解决融资困难。一方面，建立了知识价值信用贷款风险补偿基金、创业投资种子基金、中小企业风险补偿基金等三只基金，基金总规模达 2 亿元。在创业担保贷款上，永川区推行“政策性+商业性”组合贷款，个人贷款最高额度从 15 万元提高到 30 万元。率先取消返乡外出务工人员身份限制，将农村劳动力统一纳入贷款范围。2017 年开始返乡创业试点以来，为 2 117 名创业者发放贷款 3. 22 亿元，带动就业5 780人。

利用大数据金融技术，永川区创新推出“吉之汇云贷”金融服务，采用“仓单质押、账期质押和好商家信用贷”三种方式进行数据担保，实现随借随还灵活贷款模式，为市场平台中小微及创业商户提供大数据贷款服务。入驻互联网平台商户通过网络提交贷款申请，系统自动评估通过后将在 24 小时内自动放款，商户可根据需求选择随借随还日计息贷款和周期性贷款，有效降低贷款成本、提高贷款时效，目前农业银行、光大银行、北银村镇银行整体授信可贷额度达 2. 3 亿元。

打好“培育牌”，让返乡创业品牌“靓”起来

永川区八角寺村曾经是一个落后村，如今实现了华丽蜕变，2017 年被评为中国美丽休闲乡村。这得益于永川十里荷香智慧田园综合体“大园区带小业主”的发展模式。据介绍，十里荷香智慧田园综合体是集农业生产，农产品加工、销售，乡村旅游为一体的“一二三产业融合发展”的返乡创业特色园区，以大园区带小业主的方式，带动周边农户办农家乐、小卖部、莲藕、特色水果种植等创业 50 余户，带动就业 300 余人，被评为国家农业科技园区。

一个项目可以带动一方乡亲走上致富路。受到这个项目的启发，永川区按照政府引导、社会参与、市场运作的思路，突出自身优势聚力打造返乡创业平台，并加大创业平台扶持，对评为国家级、市级创业平台的分别予以 50 万元、20 万元的奖励。

截至目前，永川区已建成各类创业孵化平台 26 个。其中，近两年建成市级外出务工人员返乡创业园区 4 个，累计入驻企业 164 家，带动就业 2 000 余人。五间镇现代农业返乡创业园依托专家大院和西瓜协会，扶持返乡创业近 50 户，打响了畅销区内外的永川富硒西瓜品牌；板桥外出务工人员返乡创业园立足区域特色的农副产品及食品加工，实行龙头企业带动、花椒产业拉动等方式，入驻企业 35 家，其中返乡创业 21 户，成立花椒种植合作社 8 个，发展花椒 1. 6 万亩，吸纳 600 余人实现就近就业，2018 年获批第一批国家农村产业融合发展示范园区。

案例 54

四川宜宾南溪："领头雁"带来返乡入乡创业良性生态

在四川省宜宾市南溪区仙临镇龙川村、五星村一带，有 1 000 余亩稻田，除了田埂筑得宽一些、田边多些围栏、水更清澈以外，与普通稻田没有多大区别。不同之处在于，这里有一位穿着防水裤的返乡大学生，常年伺候着他的宝贝——小龙虾。在这个四川省最大的小龙虾养殖场，又瘦又黑、与人说话都脸红的"90 后"大学生杨海，带领 97 名协会会员养殖龙虾 12 000 余亩，年产龙虾 300 万斤，远销北京、上海、广州、深圳等地，打造了南溪龙虾品牌，年产值上亿元，为乡村振兴起到了标杆示范作用。

像杨海这样的"领头雁"，南溪区还有很多。自 2015 年以来，南溪区抢抓作为"全国第二批结合新型城镇化开展支持农民工等人员返乡创业试点区"的重大机遇，坚持"以创业形成产业，以产业带动就业"的工作思路，按照"三三三"工作模式，率先在全省打造"便民化"人社服务品牌，搭建起组织保障健全、平台空间广阔、服务环境一流的返乡入乡创业良性生态系统，促进了县域经济高质量发展。

突出"三个强化"，为返乡创业提供坚强保障

在南溪区，关于支持返乡入乡创业的政策文件有十多个，《关于支持农民工和农民企业家返乡创业的实施意见》《结合新型城镇化开展支持农民工等人员返乡创业试点实施方案》等文件从金融、税费、土地、创业奖补等方面进行明确和支持，将返乡下乡创业项目视同招商引资享受各类优惠政策，对入驻返乡创业园区的 30 余家企业减免场地租金、水电费用 400 万余元；发放大学生等各类创业人员创业补贴 111.5 万元、种养殖奖补 385 万元、电商奖励 300 余万元。

南溪区坚持把就业创业工作纳入政府目标绩效考核，加强督促检查，对成绩突出的单位和个人，按规定予以表彰，对工作落实不力的单位和个人进行严格问责。

通过强化制度设计，南溪区返乡创业工作实现快速发展。目前，全区返乡下乡创业人员达6 000余人，占全区外出务工、经商农民工总数的3.75%；创业项目7 812个，吸纳就业10.5万人，是返乡创业人数的17.5倍；建成省级大学生创业（孵化园）基地1个、省级经济开发区1个。

搭建“三大平台”，为返乡创业开辟发展空间

南溪区建立了返乡就业创业人员数据库、优秀创业项目数据库，构建“厅+网+号+窗+端”办理模式，率先运用数字化、大数据系统，为创业项目精准匹配推介人才。

——搭建宣传推介平台。整合区级新闻宣传媒体、城乡宣传栏、微信公众号等融媒体资源，发布创新创业公益广告、悬挂创业兴业标识标语、宣传创业兴业典型、宣讲创业政策，营造域内创业、兴业、乐业的浓厚氛围，激励农民工、高校毕业生等人员返乡下乡创业。同时，通过中介服务招引创业，联合商协会，用好明鼎物业公司、首创文化公司等人力中介服务，每年举办投资推介会、项目推介会等20余场，为优秀农民工等创业人员招引、回引提供专业服务，签订招引协议30余个，累计招引项目200余个。

——搭建资金融通平台。设立返乡创业专项资金2 000万元、区级创业担保贷款担保基金600万元，与银行签约合作，降低门槛，加大贴息力度，发放创业担保贷款4 320万元，年均突破840万元，创业担保贷款工作在全市处于领先地位。建立信用乡村、信用园区推荐免担保机制，鼓励“三权”抵押贷款和保险增信贷款，开发“返乡农民工创业贷”“助业贷”“小额农户贷”等信贷产品，投放贷款资金46亿元。为确保增资有渠道，引入社会资本，鼓励农户以土地、资金、技术入股，壮大返乡创业项目规模。

——搭建资源载体平台。围绕“主导产业建平台，园区产业有支柱”目标，紧扣“以业兴区”战略，依托南溪经济开发区，围绕智能制造、轨道交通、食品饮料、纸业精深加工、轻纺科技产业，精准招引优秀创业项目入驻，打造罗龙工业园、九龙食品园、裴石轻工业园、川商返乡投资科技园4个返乡创业园区。目前，园区入驻企业348户，营业收入突破300亿元，园区企业创业带动就业35 000人，有孝善坊食品有限公司等一批省市级返乡创业示范企业。

围绕特色农业建平台，采取“龙头企业+专业合作社+基地”“专合组织+基地+农户”等模式，发展农业专合组织438个、家庭农场359个、规模养殖场15个，南溪白鹅纳入国家地理标志保护产品，南溪豆腐干传统制作工艺列入省级非物质文化遗产。

围绕文旅产业建平台，着力依托滨江体验式商业等消费性业态项目、南山文创园等爱国主义教育基地和历史文化成果展示区、糖果山国际音乐节等赛事节会和长江第一湾田园综合体、林丰早茶产业园、刘家竹文化双创园等乡村生态旅游项目，引导创业者发展家政、养老、快递等生活性服务业和金融服务、信息咨询、科技研发等现代服务业，打造古街川南美食街区、钻石城商业综合体、时代香街等创业示范街区，目前已入住个体工商户 3 000 个，带动就业 2 万人。

创优“三个品牌”，为返乡创业打造一流环境

一是创优发展环境品牌。建立“双千”“双联”制度，区领导和部门主要领导深入乡村、返乡创业实体开展调查研究，实地走访调研 80 余次，形成《关于加快“双创”示范基地建设和扩大就业创业的情况报告》《关于农民工返乡创业的专题调研报告》等 20 余份调研报告，针对性的制政策提建议解难题。同时，开展营商环境利剑行动，从源头清理涉及农民工返乡创业的歧视性规定，简化流程、优化服务，行政审批总体提速 90% 以上；创新全天候、“综合柜员制”、“一站式”便民服务，畅通“最后一公里”；搭建“线上+线下”服务平台，实现政策、服务全覆盖。

二是创优人才支撑品牌。构建“创业培训+政策支持+创业指导”三位一体的创业人才培训模式，开展创业培训、劳务品牌、新型职业农民培育，按需施教、分层施训，培养造就转型发展、创新发展、跨越发展的高素质创业人才。2015 年以来，累计培训人数达 9 335 人，其中创业 2 600 余人，创业成功率达 60%。率先创建 4 个市级技能大师工作室，以“大师工作室+高技能人才”形式，新培育有初级以上职业资格证书（专项职业能力证书）的劳动者 1 200 余人。引进成都银杏酒店管理学院、宜宾职业技术学院等院校，建设南溪高等教育产业园，建有校外实训基地 12 家，以校企合作为基础，年培训产业技能人才 6 000 人以上。

三是创优赛事项目品牌。以赛为媒，组织推荐 200 余个创业项目参加“天府杯”“中国创翼”等各类创新创业比赛，推荐参赛项目数量远超其他区县，获奖项目数量全市领先。在省第一届、第二届“天府杯”创业大赛上宜宾燃面标准化和产业发展项目、六月天食品项目、民用发射药生产线建设项目荣获全省“创业典型”称号，以杨海、胡海、蒲小芳等为代表的一大批返乡创业人员通过赛事拓宽融资渠道、扩大产品宣传。

案例 55

四川苍溪：情系桑梓报家乡，带动就业共致富

“山里人”罗洪和黄猫垭商会，是四川省苍溪县响当当的名片。2014 年，在石材行业颇有名望的罗洪回归农民本色，回到家乡投资兴业，投资 1 亿元创办黄猫垭现代农业观光园，引进四川省农科院最新选育成功的优质高端白肉枇杷和获国家金奖霞翠脆桃作为主导产业，形成了以产业发展为基础、以开发乡村红色旅游为重点的“产业旅游一体化”发展道路，带动黄猫乡及周边群众就业 1 000 多人，其中贫困劳动力 330 余人，户均月增收近 300 元。

在苍溪县“返乡创业致富一方、吸纳就业带动一片”的道路上，许多“能人”像罗洪一样，回到家乡，在返乡下乡创业的大潮中乘风破浪。苍溪县坚持政策推动、服务促动、典型带动，大力做好各类创业主体的培育和支持的经验做法，被评为全国第三批农民工返乡创业试点县、全国农村创业创新典型县范例。

“1466”助力创业有保障

苍溪是劳务输出大县，常年外出务工约 23 万人。为切实做好返乡入乡创业工作，苍溪县先后出台《关于支持引导在外人员返乡下乡创业的实施意见》等，从市场准入、税收、财政、用地、返乡创业园建设、项目配套等 7 个方面，制定 20 条扶持政策，建立了常态化的联席会议制度和季报表统计制度。

为做好综合保障服务，苍溪县设立农民工服务中心，为全县农民工提供就业信息、创业指导、维权救助等综合性服务。

值得一提的是，在农民工服务工作过程中，苍溪县探索形成了“1466”工作机制：

“1 个平台”实现基础信息全覆盖，以信息化建设为支撑，动态采录、精准发布、完善互动，建成一个农民工服务大数据平台，为精准施策奠定了扎实的信息基础。

“4 张网络”实现优势资源全整合，科学整合党建、工会、人社、商会资源，构建灵活的服务机制，为在外农民工编织服务保障“四张网”，并实现网上网下联动，网内网外协作。

“6 个送”实现外出农民工就业全服务，通过送岗位、送补贴、送关怀、送技术、送维权、送援助，帮助农民工解决实际困难，让他们安心闯天下。

“6 个一”实现返乡农民工创业全扶持。通过健全一个对接联系机制、出台一套激励优惠政策、储备一批成熟优质项目、搭建一级职教培训平台、培育一批优秀农民工典型、制定一套绩效考核办法，引导他们带着技术、项目、资金和先进观念返乡创业，成为脱贫攻坚的生力军。2019 年，苍溪县被四川省委、省政府表彰为农民工服务保障工作先进单位。

此外，苍溪县财政每年筹资 500 万元，设立“返乡创业扶持资金”，滚动用于返乡创业补贴、贷款贴息、创业奖励、培训补贴等。对返乡下乡自主创业或合伙组织创业的，财政贴息贷款额度提高到 15 万元，对小微企业财政贴息贷款额度提高到 300 万元。对采取众创、众包、众扶、众筹等新模式带领贫困劳动者创业或参与创业的，按每脱贫 1 户给予 1 万元的一次性奖励。制定出台《关于创业企业认定“就业扶贫基地（车间）”“贫困家庭劳动力创业项目”及落实创业扶持政策的实施方案》，对吸纳贫困劳动力 10 人及以上的企业，认定为就业扶贫基地，给予一次性 3 万元的奖补；对贫困劳动力创业并吸纳 5 人及以上的创业实体，给予一次性 1 万元的奖补。

苍溪县通过建立多项支撑服务制度，有效促进带动了返乡农民就业致富，也涌现了大批返乡创业典型。黄猫乡罗洪被授予“全国优秀农民工”；雍河乡杨敏被评为“全省优秀党员”，石马镇曹军、歧坪镇蒋先直被表彰为“四川省优秀农民工”“四川省返乡创业明星”。王贵荣获“全国农业创业创新优秀带头人”；黄猫垭返乡创业商会荣获“全国‘万企帮万村’精准扶贫行动先进民营企业”殊荣。据统计，近年来全县累计招引苍溪籍在外创业成功人士 8 100 余人，回引资金 410 余亿元，创办各类实体 2 700 多个，年均总产值 22. 7 余亿元，常年吸纳就地就近就业 3 万余人，其中贫困劳动力 5 700 余人，带动 2. 1 万人脱贫。

四大服务制度确保留得住

苍溪县有一个“返乡创业人员信息库”，其中收录了 370 名固定资产 5 000 万元以上在外成功人士和 68 名投资百万以上返乡创业优秀代表基本信息。由 34 名县领导分片区、定人群、组团式开展联系服务工作，每年开展一次实地走访，每半年召开一次座谈会，常态化沟通联络，及时准确掌握投资动向，适时宣传政策、推介项目，协调解决返乡下乡创业项目建设和企业生产经营中存在的困难和问题。

人才回来了，就要想方设法留得住。苍溪县返乡创业的实体项目涵盖各行各业，创业形式多种多样，如个体、农合社、“农户+公司”、农户入股等，产业涉及一二三产业。为此，苍溪县建立创业指导服务制度，连续 3 年收集整理包装推介返乡创业重点项目册 3 本，项目涉及工业、农业、社会事业、乡村旅游和基础设施等共 5 大类 680 个项目，免费向在外创业成功人士和返乡创业人士发放。

此外，成立返乡下乡创业指导服务专家志愿团，创办返乡创业孵化园，开通创业绿色通道，实行“联系领导跟踪督办、项目落地单位协办、行业部门全程代办、简化流程限时办结”，切实解决创业手续和要素保障。引导返乡下乡创业人士积极参与红心猕猴桃、中药材、畜牧养殖、特色小水果等“1+3”优势产业发展，领办农业专合社 124 家、家庭农场 581 家、业主大户 157 家，带动万余名贫困劳动力就业创业，实现增收脱贫，积极推动乡村振兴。

三大带动模式确保乐创业

苍溪县电视台有一个颇受欢迎的专题栏目《梨乡创业》，专门刊播返乡下乡创业“每周一星”，还编印了《苍山有路》《返乡创业明星风采录》《梨乡创业之星》《让梦飞翔》等书刊，先后评选出两届返乡下乡创业“十强领军人”20 人、“返乡创业先进集体”10 个、“感动家乡十大奉献人物”10 人，掀起创业主体积极实施、各方力量踊跃参与的返乡下乡创业的典型带动热潮。

苍溪县还通过孵化带动，加强创新创业孵化园的建设工作，累计入驻企业 30 余家，通过园区孵化已有 19 家企业孵化成功进入市场发展。创新创业孵化园被推选为全市“人才培养先进单位”，为苍溪县被命名为“国家级电子商务进农村综合示范县”起到了前期引领和孵化作用。

在园区带动方面，苍溪县引导返乡创业人士创办返乡创业园 17 个，入驻返乡创业业主 107 户，常年就地就近吸纳就业 2 万人以上，其中贫困劳动力 0. 54 万人，实现户均年增收 3 000 元以上。

与此同时，苍溪县实施优秀农民工“五项培养”计划，选任村（社区）党组织书记 182 名，培养致富带头人 672 名、产业领军人才 149 名，发展农民工党员 233 名，储备村级后备力量3 661名。通过开设“技能专班”、开办“农民夜校”，采集企业需求并量体裁衣式开展培训，帮助城乡劳动者掌握一技之长，合格后推荐到舒之恒鞋业有限公司、金瑞中药材公司、沸点眼镜等企业就业，就业率达 100%。确定定点培训机构 14 家，每年开展青年劳动者技能培训 1 200 人以上、品牌培训 600 人以上、创业培训 600 人以上，为返乡创业企业提供了必要的创业人才保障。每年举办春风行动、就业扶贫、东西部劳务协作等招聘活动 40 余场次，提供就业岗位 2 万余个，为返乡下乡创业项目或企业免费推荐就业人员 2 000 多人次。

案例 56

四川通江：企业引领育产业，连心联利共致富

在四川省通江县工业园区，有一家集农林产品检测、电子商务公共服务、回乡创业电商为一体的企业——四川省锐嘉食品工业有限公司，通过采取“基地+公司+农户”的模式，流转土地、林地 10 万余亩，建成万亩示范基地 4 个，覆盖 4 个乡镇 25 个村，种植核桃 1. 8 万余亩、菌类合作基地 16 个、蔬菜基地 1 万余亩，辐射带动 5 000 余户农户增收致富。

辐射带动，正是近年来通江县做好返乡入乡创业工作的主基调。2017 年，通江县被确定为返乡创业试点县，县委县政府坚持以生态建设标杆县、特色产业重点县、红色旅游引领县、振兴发展示范县建设为工作目标，把返乡创业工作作为助推统筹城乡、追赶跨越、脱贫攻坚、全面小康的重要抓手，主动适应经济发展新常态，强化工作保障，压实工作责任，改善创业环境，完善政策措施，全力推动返乡创业试点工作有序开展，取得了明显成效。全县累计实现回引返乡创业人员 1 700 余人，创办投资规模 100 万元以上经济实体 350 多家。

强化保障，精准对接，在“引得回”上使实劲

在通江县，提到“一号工程”，可谓无人不知无人不晓。这个“一号工程”就是返乡入乡创业工作。通江县建立了返乡创业工作联席会议制度，出台了《关于支

持农民工等人员返乡创业实施意见》《通江县促进返乡下乡创业二十二条措施》等多项政策，构建了县、乡镇、村社三级工作体系，层层落实责任，细化工作任务，过硬目标考核，形成党政主抓、部门负责、社会参与的“三级联动”工作机制，营造了齐抓共管、互相配合、共同推进的良好工作格局。

为开展精准对接，依托村社干部反馈、商会组织联络，通江县以乡镇为单位建立在外成功创业人员信息库，精准掌握创业行业、资金实力、返乡意愿、家人动态等，锁定潜在返乡创业群体。

值得一提的是，针对乡镇推荐的目标人员，通江县委书记、县长和挂联乡镇的县级领导为其量身定做项目，有效提高了回引创业的针对性和有效性。同时，为支持成功人士牵头，通江县在北京、新疆、重庆等8个地方建立了域外劳务基地，建立外出人员信息档案，开展各类商会活动，深入宣传通江县返乡创业政策，定期开展工作对接，积极引导在外人士返乡创业兴业。2018年2月、2019年1月，通江县先后举办返乡创业发展论坛暨项目推介会、返乡创业工作座谈会，实现会上签约返乡创业项目15个，签约总金额达16.5亿元。

优化环境、跟进服务，在“留得住”上出实招

通江县建立了返乡创业服务中心，开设59个基层返乡创业服务窗口，并与网上便民中心、移动自助服务等相结合，组建了企业投资促进协调服务中心，开辟了返乡创业“绿色通道”，全面推行“马上办、网上办、一次办”政务服务，积极开展返乡创业项目行政审批代办、金融信贷领办、公共服务快办、跟踪协调促办，形成了“互联网+返乡创业”服务新模式，实现了返乡创业者“只进一扇门，只跑一次路”。

通江县有一支有名的“专家队”，这支由部门业务骨干、知名企业家、创业成功人士等组成的创业指导专家志愿团队，通过专家“会诊”、电话咨询、上门指导等方式，在创业意识、项目选择、企业开办、投资融资、企业管理等方面为返乡创业人员提供个性化咨询指导3 500余人次。依托成都信息工程大学等知名院校积极开展校地合作，实施创新创业人才培育计划、技能人才资源开发计划、创新创业项目征集计划，成功培育“双创”科技人才235人。

在一系列扶持举措的助推下，通江县省级创新创业孵化园、电子商务孵化园、中小企业孵化园等返乡创业孵化园区（孵化基地）遍地开花，省级创新创业孵化园已累计入驻企业91家，吸纳就近就业2 000余人。组建成立大学生创新创业联盟、返乡创业联盟、创客中心等创业孵化平台，全方位提供创业培训、政策咨询信贷融资等服务，帮助500多名农民工等人员实现成功创业。推进“创业苗圃（前孵化器）+孵化器+加速器+产业园”阶梯形孵化体系建设和“公司+专合社+农户”的经营模式，推选带动力强、抗风险力强的优秀企业，牵头建立返乡创业示范园，建成了金堂生态牧场创业示范园、鹦鸽嘴农业产业园、春在绿色食品加工园、元顶乡村旅游创业示范园等31个园区以及杨柏、火炬、民胜、大兴、诺江镇连片创业示范带，推动实现以点带面、以面带片、抱团发展、合作共赢的良性发展局面。

政策扶持、创新引领，在“可持续”上求实效

通江县最早建设的龙凤场乡环山村产业基地，累计发放农民工工资达600余万元，每个劳动力月平均务工收入超过2 000元，户均年收入达4万余元，最高达到6.6万元，农民年收入与公司入驻前相比增长10倍以上。

这与通江县近年来大力加强金融政策扶持分不开。通江县返乡入乡创业的补贴可谓多样，不仅有社保、见习、场租、培训、稳岗等补贴，还有优秀人才创业补助、科技创新奖励、重点创业项目补贴、农产品加工企业补贴、特色产业发展补贴、创业品牌奖励、返乡创业贷款贴息、税收优惠政策等多项地方性奖补措施，对各类返乡创业奖补政策明确了申报对象、申报条件、补助标准及方式、申报资料、申报流程等五个方面内容。截至目前，累计兑现创业吸纳就业补贴128.1万元，大学生、贫困户等创业补贴472万元，减免创新创业孵化园租赁补贴91.37万元。

不仅如此，通江县成立了现代农业融资担保公司，对符合条件的新型农业经营主体按年利率3%进行贷款贴息，帮助巴山牧业、锦祥兔业等89家返乡创业企业贷款1.2亿元。同时，强化“政银企对接”，县财政对投资额500万元以上、贷款额1 000万元以下的企业，按年利率3%贴息；贷款额1 000万元以上的，按年利率5%贴息。通过整合创业扶持、就业补助、电子商务发展等专项资金，通江县成立1 000万元返乡创业贷款基金，引导金融机构加大返乡创业信贷投入，累计发放创业担保贷款9 472万元、返乡创业风险基金贷款4 956万元。

为确保产业发展可持续，通江县不断深化创新活力，主动对接前沿企业、科研院校，组建专家团队，支持重点返乡创业企业深化科技创新，提高产品附加值和市场竞争力。“巴山牧业”在新三板成功挂牌上市，成为巴中市首个上市企业。推荐李亚雪的“亮雪剪纸市场开拓项目”和张育贤的“巴山牧业项目”参加第三届“中国创翼”创业创新大赛，分别获得该组别省级第一名、全国总决赛创业组三等奖和专项组优秀奖的佳绩。四川手绣前程刺绣工艺品有限公司的冉建华多次获得四川省第二、三届乡土人才创新创业大赛铜奖等荣誉。通江银耳获得了“西部力量品牌榜样”第二届西三角品牌大会“2019 四川‘一城一品’金榜”品牌。

案例 57

贵州凯里：游子归来成凤凰

从成立时的一个月营业额 2 000 元到今天的一个月 200 万元，由成立时的 3 个人到今天的“20 余人研发团队+80 余人蜂鸟众包团队”，返乡大学生舒宗凯创办的贵州省众城互联网络科技有限责任公司取得了快速发展。王金灵也是一名返乡大学生，他创办的贵州美惠网电子商贸有限公司，是贵州省第一家自主研发基于移动互联网技术为小区居民提供快消品订购的速送电商平台，服务覆盖 7 万户家庭，为凯里市逾 30 万居民提供 20 分钟送货上门的智慧社区服务。

这些返乡创业的凯里人，不仅带回了产业和技术，也带回了未来和希望。2016 年 2 月，国家发展改革委将贵州省凯里市列为结合新型城镇化开展支持农民工等人员返乡创业第二批试点县。凯里市着力优化农民工等人员返乡创业就业软硬件环境，在破解影响农民工等人员返乡创业的政策壁垒、优化鼓励返乡创业的体制机制环境等方面进行了积极的探索，促使有志青年全面汇入双创热潮，全面提升了劳务输出地返乡创业参与率、成功率。

加强平台建设，改善返乡创业“软环境”

为实现返乡创业“零障碍”，凯里市全力推进政策、资源、资金“三整合”，出台《凯里市鼓励农民工等人员返乡创业的实施意见》《凯里市一次性创业补贴实施方案》等系列政策，制定税费减免清单。在财税、信贷、户籍、社保、住房、子女入学、产业以及项目建设等方面对农民工等人员给予重点支持。把返乡人员创业用地纳入城乡发展、新农村建设总体规划和村镇建设规划，建设发展返乡创业产业集群，整合小微企业资金、扶贫资金、涉农资金等，对符合条件的返乡创业人员给予一定补贴，优先享受“3 个 15 万”补助政策，实现返乡创业“零负担”“零压力”。

按照“政府推动、市场支持、合作共赢”原则，凯里市大力打造电商平台，建设了凯里市农村淘宝服务中心和 59 个农村淘宝村级服务站，为有意愿创业的人员提供了创业平台，直接推动 92 人创业，孵化 59 户中小微企业。投资 2 亿元建成互联网众创产业园，打造电商企业集聚区，吸引 40 余家电商企业入驻。开展电商培训 51 期 9 000 余人次，促进 700 余人创办中小微电商企业。

2016 年，凯里市共建成省级创业基地凯里市城归人员创业园（农民工创业园）、州级创业基地凯里市新峰家具城、凯里互联网众创产业园起步区和凯里银田农产品电商物流园、凯里市电子商务运营中心四大创业平台。

2017 年，凯里市创业平台进一步完善：一是电商平台村级电商网点增加到 91 个，开设天猫原产地商品旗舰店和淘宝特色馆，建成凯里银田农产品电商物流园。2017 年全市电子商务交易额突破 30 亿元，网商数量达 12 389 家，同比增长 43.66%。二是建成人力资源信息和用工信息数据库信息平台。信息平台包括本辖区人力资源人员的年龄结构、就业状况、技能专长、创业就业需求等信息，建立健全准确掌握返乡农民工等人员创业意向等信息。三是建强园区平台。农业园区、工业园区和青年创业园、大学生创业园等平台进一步建成完善。

2018 年，凯里市信息平台基础设施完成投资 2.37 亿元，光纤到户覆盖家庭数 75 万户，“村村通”上线，实现客车载货运营需求与物流配送需求的实时匹配，并实现电商进山、农货出山。

与此同时，通过整合和推进农业园区提档升级，形成了以“云谷田园”为代表的 21 个现代高效示范农园区。各级“双创”示范基地 4 个，建成国家级众创空间 2 个，建成国家级众创空间 1 个，国家级星创天地 1 个。城归人员创业园共 262 户企业入驻，带动农民工等群体就业 1 380 人；八大专业园区共入驻企业 1 309 户，新增就业 2 200 人。

加快推进城乡一体化，打造返乡创业“硬环境”

凯里市因地制宜分类打造农业、工业、旅游业、商贸等特色城镇，着力抓好“8+X”城镇基础设施和公共服务设施建设，构建“镇企局”联动模式，集中人力、财力、物力推动试点城镇区域重点项目，增强城镇综合承载能力和辐射带动能力。加快下司镇、碧波镇等凯里周边城镇群建设，打造城乡统筹发展的融合点，吸引了一批人员创业就业。

通过持续建设，城镇基础设施进一步完善，吸纳人员创业就业能力持续提升。新增省级农业科技示范园区 2 个，拥有 5 个。培育众创空间 1 个、省级工程技术研究中心 1 个。建成杭州路、红星美凯龙至银桂大道等一批城市主干道，环城高速北段、凯都快速通道等项目加快实施。优质众创空间和创业平台建设加快，市域企业与高校、科研院所组建技术创新发展联盟，成为贵州省两个列入全国首批创新型县（市）建设的县（市）之一，市科技企业孵化器实现了“零”突破，贵州省苗侗特色文化创意产业孵化器通过省级认定。

加快推进城镇化建设的同时，乡村面貌也得到了全面提升，增强了乡村对城乡社会资源的吸纳能力集聚能力。目前，凯里市休闲农业和乡村旅游得到持续发展，建成旅游线路 3 条、休闲体验园区 5 个；新型农业经营主体不断壮大，农民专业合作经济组织增至 348 家，种养大户增至 178 户，家庭农场增至 378 个，家庭农庄增至 44 个，组建街镇工贸公司 19 个、村级集体经济公司 168 个，农村产业得到长足发展。

创新政企合作模式，营造返乡创业“强磁场”

凯里市发展特色农业和乡村旅游有着得天独厚的优势，这也是凯里市外出务工人员返乡创业的重要领域。凯里市创新机制推进“农文旅”融合发展，采取政府和社会资本合作（PPP）模式，与专业运营新型农业园区的台湾云谷田园公司合作，流转 1.2 万亩土地，建设了集现代种养殖、观光旅游、休闲采摘、养生度假、餐饮娱乐、商业运营、旅游地产为一体的大型农业旅游综合体——凯里云谷田园，大力推动农文旅产业融合发展，辐射带动农民工等人员返乡创业。云谷田园以现代农业技术的强力支撑，辐射带动凯里市特色种养基地、家庭农场等发展，吸纳了大量返乡人员创业就业，涌现出一大批依托农业、旅游业增收致富的能手。

同时，依托云谷田园现代高效农业示范园，建设了新型职业农民培训学校，累计开展各种集中培训 44 期，培训 4 000 余人次，推动创办了家庭农场和农庄 481 个。推广云谷田园模式，示范引领 21 个现代高效农业园区提档升级，建成舟南大坝和碧波百香果主题园等“农文旅”一体化园区，通过农文旅产业融合发展，带动农民工等人员 3 200 余人返乡创办农家乐、乡村客栈等实体。

在此基础上，创新政企合作机制建设物流园区，促进返乡创业。凯里市携手专业运营智慧农批市场和农产品流通供应链系统的山东银田农贸集团，共同打造了黔东南银田农产品物流园（包括市场交易区、冷库区、冷链仓储物流园区、深加工配送区、电子商务区、商务配套服务区和检验检测及结算中心等六区一中心），成为“黔货出山”的重要载体，也为返乡人员创业搭建了新平台。入驻物流园的返乡创业微型企业，可享受“3个15万”政策（微型企业实际货币投资达到10万元，政府给予5万元补助、15万元税收奖励和15万元信贷支持），同时，给予在物流园创业的返乡农民工等人员免交租金一年半的优惠政策。目前，物流园已吸引850余户商家入驻，间接带动周边镇（街道）农民工等人员返乡创业5 700余人。

案例58

贵州正安：“神曲”引回创业者，弹出返乡最强音

一个产业打通一方致富路。位于贵州省东北部的正安县，通过大力发展吉他产业，成为中国最大的吉他生产制造基地。

正安县是国家扶贫开发重点县、武陵山片区集中连片特殊困难县，也是遵义市唯一的深度贫困县。近年来，正安县精准把握本县优势、精准引进优势资源、精准搭建园区平台，以商招商，吉他制造产业集聚发展，返乡创业工作取得了明显成效。

精准招商，“无中生有”发展大产业

正安县是“全国劳务输出示范县”，为准确掌握外出务工人员动态信息，正安县建立起了覆盖20余万外出务工人员的数据库。

一是精准摸排，建立返乡人员档案库。通过对数据库的梳理，发现正安县大量务工人员在外从事吉他制造行业，仅广州市就达5万人以上，且其中相当一部分为企业技术骨干和管理人才。这些务工人员行业经验丰富、返乡创业意愿强烈，是正安县招商引资宝贵的资源。

二是以商招商，创建特色产业大园区。2013年，正安县委县政府组织工作队远赴广州、深圳等地招商引资，成功引进郑传玖创建的神曲乐器制造有限责任公司，

成为正安第一家返乡人员创办的吉他生产企业。在其示范带动下，贝加尔乐器、华诚乐器、塞维尼亚乐器、台湾钰丰乐器等知名乐器或配套生产企业也先后入驻正安县，目前已成功引进32家吉他返乡创业企业。2018年，全县共生产吉他600万把，正安·国际吉他园成为中国最大的吉他生产制造基地、贵州省最具特色的产业园区之一。

三是完善配套，搭建返乡创业大平台。正安县依托省级经济开发区，切实加大投入，不断完善园区硬件配套功能，为返乡创业企业搭建了良好的发展平台。已建成标准厂房60万平方米，占地400亩。近年来，众多吉他企业排队入驻，将再建设64万平方米标准厂房，全面引领吉他制造企业集聚发展。

强化扶持，营造返乡创业良好环境

为打造返乡创业企业发展的良好环境，正安县从财税、金融、土地、基建等多方位入手，支持企业孵化、成长、壮大，并通过自身发展带动更多就业。

通过强化财税扶持，精心帮扶企业。正安县对所有返乡创业企业免费提供标准厂房；为140户易地扶贫搬迁返乡创业劳动力免费提供创业场所，打造了易地扶贫搬迁户劳动力返乡创业一条街；成功帮助吉他企业申报省级服务业引导资金397万元；协助吉他企业累计办理出口退税1 487万元；落实180家小微企业享受“3个15万”优惠政策，兑现资金900万元。

正安县大力畅通金融渠道，倾力支持强企业。先后为5家吉他企业提供了融资担保，实施了贵园信贷通、创业贷、惠农贷、产业贷等金融惠农政策，累计撬动银行资本投入5.479亿元，积极支持在外务工人员返乡创业。2018年以来，正安县已为16家吉他企业发放“贵圆信贷通”贷款5 000余万元，并实行利率优惠政策；对518名返乡人员发放创业担保贴息贷款5 200万元，兑现贷款贴息545万元。

为了优化营商环境，正安县通过多种多样的暖心服务“助飞翔”。大力营造了“敬商、亲商、安商、富商”的营商环境，对返乡人员创办企业提供最优质、最优惠、最快捷的服务，实现“拎包入住”。推行园区企业县级领导挂帮制度，及时协调解决企业生产经营过程中遇到的困难和问题。

转型发展，“互联网+”开拓大市场

在吉他制造蓬勃发展的同时，正安县着力推动返乡创业企业转型发展，引导企业通过品牌创新提升附加值，积极开拓线上线下、国内国外两个市场。

一是自主创新强品牌。正安县设立品牌创新奖励基金，鼓励企业加强技术创新和品牌创建，加大自主品牌的研发和推广。神曲乐器、贝加尔乐器等返乡创业企业已研发并注册了“格拉苏蒂”“百斯卡”“塞维尼亚”“贝加尔”“威伯”“天缘”等20余个吉他自主品牌。

二是“互联网+”拓市场。正安县深入实施“互联网+吉他”行动，目前许多企业的吉他品牌已入驻天猫、京东等大型互联网商城，2018年实现电商销售吉他180万把。贝加尔乐器有限公司“双十一”一天就实现网上销售吉他2.4万把，荣获全国网络吉他销售冠军，并获得阿里巴巴集团董事局主席马云先生点赞。正安县也被商务部列为“全国第三批电子商务进农村综合示范县”。

三是本土品牌“走出去”。正安县大力推进返乡创业企业“抱团出海”，多次组织园区吉他企业赴巴西、德国等地参加各类乐器展出，承接国际订单，提升正安吉他品牌在国内外市场的知名度和影响力。目前正安县“芬达”“依班娜”“塔吉玛”吉他品牌出口到美国、巴西等30多个国家和地区，占亚洲市场的20%、美国市场的30%、巴西市场的40%。

正安县企业在不断发展壮大自身的同时，还积极反哺贫困，带动贫困劳动力就业脱贫。2018年，正安·国际吉他园企业共计解决就业13 978人，其中建档立卡贫困人口1 294人，人均月工资3 500元以上，带动4 660人脱贫。

案例59

陕西眉县：回乡创业助脱贫，致富有了加速度

一株株长势喜人的灵芝，托起了乡亲们致富的希望。在陕西省眉县的灵芝扶贫产业基地，太白雪农产品专业合作社理事长达亚洲正带领农民们埋头忙碌着。2018年，基地栽培灵芝11万棒、羊肚菌25亩，年销售收入280万元人民币。陕西省科技厅、宝鸡市、眉县政府领导多次到灵芝扶贫基地视察，并肯定了合作社在灵芝产业扶贫和药材基地建设所取得的成绩。

近年来，眉县始终把推进返乡创业作为实施乡村振兴战略的突破口，坚持高目标引领、强有力推进、精准化落实，完善返乡创业服务孵化体系，鼓励支持各类人员返乡创业，掀起了农民工等人员返乡创业的新热潮。目前，全县返乡创业人员达0.44万人，创建企业340户，专业合作社362户，网店1 000多个，个体工商户2 100户，带动就业3万余人。

构建全覆盖返乡创业服务网络

着眼每位返乡人员创业需求，眉县在县镇村三级健全服务平台、组建服务团队、营造舆论氛围，形成覆盖全县的创业服务实体化网络。

他们首先健全了精准化返乡创业项目对接机制。依托县镇村三级公共就业服务平台，在8个镇街成立创业指导中心，在86个行政村设立创业服务窗口，形成服务平台横向到边、纵向到底的格局。完善项目信息库建设，收集整理有返乡创业愿望的人员信息资料，并为返乡人员提供创业项目信息。目前，根据园区和重点项目建设，包装符合产业发展需求、带动就业能力强的重点创业项目32个，吸纳就业1万余人。

在此基础上，眉县致力打造专业化返乡创业服务团队。组建眉县创业指导专家服务团，聘请15位创业成功人士和知名企业家，定期为返乡创业者提供指导、咨询、项目评估等服务。成立“眉县大学生创业联盟”“眉县返乡创业协会”等团体，吸纳各类优秀创业者200多人，为返乡创业者传授创业经验。积极开展“百日创业帮扶”“创业典型评选表彰”等创业扶持活动，充分发挥示范带动的作用。

为营造浓厚的返乡创业舆论氛围，广泛利用微信公众号、微博官方平台、广播电视等新闻媒体，宣传眉县近年来追赶超越取得的新变化、新成就，在8个镇街和4个园区开展专项宣传活动，发放创业扶持政策宣传资料3万余份，县电视台开辟专栏广泛宣传返乡创业扶持政策、创业项目和各行各业涌现的返乡能人，吸引更多在外务工人员返乡创业。

达亚洲就是一个生动的例子。从西北农林科技大学毕业后，他在外乡创业多年，并于2005年成立杨凌中天生物工程有限公司，先后承担主持和参与20多种中药材提取研究和工业化生产技术开发，其投入产业化后，产生综合效益2亿元人民币。在家乡创业政策的吸引下，2016年达亚洲决定回到家乡眉县干一番事业。凭借多年的创业经验，在对眉县的产业发展作了详细的调研分析后，他另辟蹊径，以食、药用菌的菌种培育和标准化有机栽培为重点，并利用现代生物技术，研究开发、生产、销售各类药用菌产品，带领当地农民走出了一条产业致富路。

打造全链条返乡创业孵化模式

通过建设众创空间、孵化器、加速器和产业园区，眉县有效把人才、技术、物流等创新要素聚集起来，形成项目初选到产业化发展的全链条创业孵化模式。

一是创建“园区+基地”孵化载体。依托眉县省级经济技术开发区、常兴纺织工业园区、国家级猕猴桃产业园区等载体，通过“众创空间+孵化器+加速器+产业园区”创业孵化链条，建成眉县天龙广场等10个市级创业基地、眉县纺织工业等4个市级农民工返乡创业基地，建成市级砖机城小微企业、县级明润农产品物流园2个创业孵化基地，吸纳创业户610户，带动就业人员1.1万人，其中入驻农民工创业者269户，带动就业0.3万人。

二是强化“产业+集群”孵化动能。充分发挥国家级猕猴桃产业园科技研发中心、产业信息中心作用，孵化培育猕猴桃深加工企业3户，生产加工营销企业11户，专业合作社183户，果业中介服务机构300多个，使大量返乡农村劳动力实现家门口创业和就业，全县涉农返乡创业人员达到1 100人。依托县内纺织产业，引进和孵化各类纺织企业60余户，全县工业领域返乡人员创办的经济实体达到200户。依托太白山旅游资源，实施标准化农家乐创建行动，对返乡人员创办达到标准的农家乐每户补贴5 000元，目前旅游区农家乐已达600户，其中80%的农家乐年收入达10万元以上。

三是配置“电商+物流”孵化资源。全面布局县、镇、村三级电商服务点和物流配送点，建成眉县互联网科技产业园、国家级猕猴桃产业物流园、二级货运站等一批电商服务和物流设施，在8个镇街布局了一批集约化的物流网点，通过线上和线下多种活动的紧密结合，促进返乡创业项目、资金和市场等要素实现对接。全县孵化各类电商企业57家，网店1 000多个，微电商运营户2 000多户，从业人员1.2万人，年销售猕猴桃10万吨、大樱桃等杂果10万吨，营业收入13亿元。

强化全方位返乡创业要素保障

2018年初，太白雪农产品专业产业合作社在眉县首善街办支持下，与三和村建立了“党支部+合作社+贫困户”的扶贫模式，投资建设灵芝扶贫产业基地，基地占地30亩，总投资620万元人民币，建设食用菌大棚22座，共计10 000平方米、灵芝初加工生产车间500平方米；目前已吸纳任白庄村建档立卡贫困人员22人，并与贫困户签订扶贫协议，分三种模式实现脱贫。一是扶贫贷款资金入股。贫困农户可将扶贫贷款资金等作为股金入股分红，每股按5 000元参股，3年期限，每年每股保底收益300元。二是灵芝菌棒代养代管。合作社负责技术指导，贫困户代养代管灵芝菌棒，每个菌棒按0.3元代养费用支付给贫困户。三是务工就业。合作社吸纳贫困户从事劳务活动，采取临时用工当天结算工资，男工不低于80元，女工不低于60元，长期用工按月结算，每人不少于1 500元，保障贫困户按劳获取报酬，确保稳定脱贫。

事实上，在眉县，返乡入乡创业带动脱贫的生动实践还有很多。通过提供优惠政策、资金支持、人才培养全方位全要素保障，眉县返乡创业工作快速推进，带动当地脱贫致富。

为狠抓返乡创业措施落实，眉县整合市场监管、税务、住建、人社、工信等相关部门扶持政策，确保返乡创业者在证照办理、场地租赁、创业培训、劳动维权等方面切实享受到政策红利。严格执行税费减免和创业贷款等各类返乡创业优惠政策，累计为865名返乡创业农民工减免各类税费43万元。

值得一提的是，眉县注重加大财政性资金引导作用，设立2 000万元工业发展资金、2 000万元应急转贷资金、1 000万元创业扶持基金，引导各类社会资本为返乡创业人员提供多样化融资支持。累计发放创业贷款4.8亿元，实现自主创业9 600人，带动新增就业4.9万人。其中累计为1 860名返乡农民工发放小额担保贷款1.2亿元。

案例60

陕西平利：绿色增富裕，创业“活”山水

“人不负青山，青山定不负人。”2020年4月21日，习近平总书记在陕西省安康市平利县老县镇锦屏社区考察时，对平利县“山上兴产业，山下建社区，社区办工厂”的发展思路给予肯定。

这个位于陕鄂渝三省市交界处、南水北调重要水源涵养区的县城，地处秦巴连片特困地区，在2016年被确定为支持农民工等人员返乡创业试点县后，通过大力推

进返乡入乡创业工作，取得了良好的成效。平利县首创的新社区工厂就业扶贫模式，被国家发展改革委作为搬迁后续脱贫经典案例向全国推广，获得全国首届创业就业服务展示活动“优秀项目奖”和“最具人气奖”，并被确定为全国“暖心工程·社区工厂就业扶贫”公益项目试点县。

兴办社区工厂，构建返乡创业新载体

为打造返乡创业基础平台，平利县按照“搬得出、稳得住、能致富、快融入”的目标，以县内新社区工厂、就业扶贫基地等为重点，充分发挥就业载体带动就业作用。2019 年新增社区工厂 22 家，其中毛绒玩具工厂 15 家，实现了对 55 个 100 户以上移民搬迁安置点的全覆盖。全县新社区工厂累计达到了 83 家，吸纳就业总人数达到 2 370 人，其中贫困人口 823 人。

按照“总部建在园区、车间办在社区”的发展思路，依托县工业集中区的优势，平利县集中配建了 16 000 平方米标准化厂房，鼓励返乡人员入园创业，形成返乡创业代工聚集地。平利县把 30 人以上规模的“生产车间”放在安置社区，把 30 人以下规模的小微工厂搬到集中居住点，降低返乡创业生产成本，集聚了一批返乡创业代工企业。积极争取苏陕协作扶贫项目支持新社区工厂发展，2019 年拨付老县镇、洛河镇、八仙镇标准化厂房建设对口帮扶资金 600 万元，三个镇新建镇级总部标准化厂房共 3 000 平方米，目前均已交付使用，2020 年新增苏陕协作社区工厂项目 10 个，计划争取对口帮扶资金 860 万元，用于新建和改造 6 000 平方米标准化厂房，新增购置生产设备 70 台（套），确保返乡创业有场所、工厂生产有车间、群众就业有岗位，为搬迁群众就地就近就业搭建了良好平台，实现“楼上居住、楼下就业”。

在此基础上，平利县创建社区工厂“升级版”，拓展返乡人员创业空间。按照安康市大力发展毛绒玩具文创产业的总体部署，在全力支持返乡创业人员发展毛绒玩具、服装手套、电子元件、手工艺品等产业的基础上，积极探索“社区工厂+生态旅游”新模式，借助社区工厂开发旅游商品等新兴商品，不断延伸社区工厂产业链条，拓展返乡人员创业空间。

创新帮扶举措，掀起返乡创业新高潮

“小企业同样受重视，小规模同样被扶持，小贡献同样得奖励”，这是平利县推进返乡入乡创业的基本遵循。

为此，平利县制定了社区工厂和小微企业奖励办法，设立了专项发展基金，出台了十条优惠政策，根据落户时间、生产规模、用工数量的不同，从厂房租金、电费消耗、工人社保等多方面给予不同程度补贴，尽最大努力减轻企业负担。2019 年为各类新社区工厂企业拨付各项扶持资金 123 万元，其中一次性岗位补贴 15 家、115 人，共计 11.5 万元；一次性创业补贴 13 家共计 3.9 万元；房租补贴 10 家共计 11.56 万元；水电费补贴 17 家共计 28.79 万元；以工代训补贴 24 家、1 121 人次，共计 67.26 万元。

不仅如此，为了扶持创业，平利县把社区工厂作为“一把手”工程，实行“领导联厂、部门包厂、干部驻厂”结对帮扶机制，为企业提供“店小二”式服务，积极帮助他们解决融资和用工难题，保障建设和生产环境。近年来，累计为返乡创业主体协调解决信贷资金 6.3 亿元，发放“两权”抵押贷款 11 亿元，创业担保贷款 4 577万元。

为着力优化营商环境，平利县在县政务服务中心增设小微企业、返乡创业咨询服务窗口，实行“不见面审批服务”和“互联网在线审批”，可上网办理 34 个部门 688 项审批服务事项，同时提供在线咨询、办事指南、网上预审、网上投诉、进度查询、短信告知等多功能信息化服务，让群众办事更方便、创业更顺畅。

激活内生动力，开辟就业脱贫新路径

绿水青山既是自然财富，又是经济财富。在探寻绿水青山向金山银山转化的路径中，平利县用好返乡入乡创业这个抓手和平台，诠释担当与作为，不懈地进行着尝试与努力。

创业，让绿色本底更坚实。在平利乡大山里出生成长的万琴棋，经过多年打拼，成长为平利乡源农产品工贸有限公司总经理。在她看来，爱绿护绿始终是自觉的选择与行动，产业不仅仅是对财富的追逐，更是对绿色本底的坚守与呵护。创业成功的万琴棋非常看好当地优越的原生态茶资源，她以租赁和联营农户的方式，开辟了 1 100 余亩茶产业基地，生产优质绿茶、陕南系列红茶，打造“帝景南山”著名品牌，很多农户改变了传统粗放的耕作方式，生态也得到进一步修复。为了传承先哲思想，大力传播和谐、环保理念，她还将农业产业与文化产业相融合，创办了“帝景南山国学茶馆”，开设国学讲堂，培植“茶与文化旅游”的有效架接，进一步拓宽了创业空间。

好山好水能够“变现”，需要实干、肯干的坚持和韧劲，也需要善干、巧干、会干的技能。为了促进绿色带富更强劲，平利县全面推行“返乡创业主体+贫困户”模式，制定了企业带动贫困户脱贫的考核办法，以增收目标完成率、帮扶对象脱贫率、脱贫对象巩固率和群众满意度为主要考核内容，将考核结果与项目资金扶持、两权抵押贷款、扶贫支农再贷款、带贫成效奖励“四挂钩”，鼓励企业多帮多带，形成了返乡创业主体竞相帮扶贫困户的局面。

同时，建立利益联结机制。结合“三变”改革，通过土地流转、劳务用工、产品回购、配股分红等方式，把贫困户聚在龙头企业上、嵌在产业链条上。仅桃花溪景区千亩花海建设就带动120人就业，其中贫困户41户，年发放工资150多万元。

案例61

甘肃临洮：引雁归巢谋创业，带动致富促发展

临洮，古称狄道，是甘肃定西市的一个县城。2017年10月，临洮被国家发展改革委等十部委列为结合新型城镇化开展支持农民工等人员返乡创业试点地区。截至目前，全县农民工返乡创业人数达3 245人，创办市场主体587个，带动16 500多人就业（其中贫困劳动力7 600多人）。

昔日“南飞雁”今日“还巢凤”

“以前这地里只长苦蒿，如果不是龚总，谁能想到这里还能种多种经济作物，我们更过不上这么好的日子。”村民龚玉霞在承包的日光温室里看着长势喜人的菜瓜，直言自己简直不敢相信这是真的。

村民口里的龚总，叫龚志荣。2012年下半年，龚志荣回乡探亲，看到阔别许久的家乡大片土地荒废，昔日良田杂草丛生，满目荒山秃岭，见不到一丝绿色，龚志荣的心里除了酸楚，更是萌生了一个大胆的想法：何不回到生他养他的三益村，把家乡的荒山变成青山，把穷山沟变成金窝窝，让全村人都富裕起来？回到家乡后，他创建了甘肃跃雅森农业综合开发公司，流转、承包三益村和周边村土地1.29万

亩，其中流转土地5 500亩，承包整治荒山7 400亩，一次性向村民支付了三年的土地流转资金82.5万元，并吸纳100多名本村群众来公司务工。

过去，临洮县村民种蔬菜不知往哪里销，价格更是受收购商控制，卖不上好价钱。如今，龚志荣让三益村的蔬菜集种植、深加工、销售于一体，搭上了全产业链的快车。他建成蔬菜大棚200座，所有蔬菜均达到无公害生产标准。特别是创新净菜进城新模式，在提升壮大临洮县蔬菜产业的同时，解决当地农民蔬菜产业后顾之忧，使农民收入增加了20%，减少了中间环节，真正做到了农超对接，使市民开支降低了20%，推动了精准扶贫。目前，仅蔬菜种植环节，就可以带动当地200户贫困户共同发展，贫困户年收益每户可增加2万元，在净菜加工、销售、配送等环节，为当地贫困户提供工作岗位170个，按人均月工资2 500元计算，每人每年增收3万元。

建立优化创业环境的多体系保障机制

如今，返乡创业工作已被纳入临洮全县经济社会发展规划，成立了以政府县长为组长、人社局等23个相关单位负责人为成员的临洮县返乡创业工作领导小组，强化督查考核，保证了示范县创建工作的顺利进行。

临洮县市场监管部门从放宽市场准入、放宽经营场所限制、放宽企业名称登记注册条件、实行免收登记费和创业注册资本"零首付"等方面落实创业优惠政策。税务部门严格执行40条创业优惠政策和鼓励发展家庭创业小项目的20条优惠政策，支持群众大胆创业。

住建部门加大创业经营场所规划建设力度，简化项目审批程序，制定项目报批流程，为创业载体审批提供方便快捷的绿色通道。同时，对符合条件的返乡创业人员，优先提供城镇保障住房。

国土部门把民营经济发展用地纳入城乡建设用地总体规划，积极探索土地流转的方式方法，全方位地为返乡创业人员提供方便。

农牧、旅游等部门引导支持大力发展设施农业、规模养殖、花卉苗木、生态观光、休闲农业等特色优势创业项目。引导县内7家农业龙头企业与县政府共同出资，组建成立了混合所有制的现代农业投资发展公司，已累计实现融资1.5亿元，有效解决了创业者发展特色产业资金短缺的难题。2018年，全县累计筹措担保基金400万元，为600名有志创业人员发放小额担保贷款6 000万元，带动3 300多名城乡劳动者实现了就业。

据介绍，在各部门共同优化临洮创业环境的同时，临洮县着力优化创业培训体系。2017 年至今，累计举办创业培训班 30 期，培训学员 919 人。参训人员培训合格率达到95%以上。围绕助推脱贫攻坚，探索推行了农村劳动力“1+X”精准培训模式，通过培训 1 人带动多人发展，共集中培训农村劳动力 3 767 人，带动培训农民 1.43 万人，有效提升了贫困村群众的创业发展能力。

临洮县还在着力搭建平台服务体系，让创业实名制信息管理实现精准化。截至目前，返乡创业信息库已登记 1 744 人；从全县初步谋划的 627 个项目中，筛选论证了 191 个符合要求的创业项目，县人社局、市场监管局从各个方面征集了 119 个小微创业项目，充实了创业项目资源库并在政府网站及时公布；全县初步实现了县、乡、村“三级”农民工公共服务平台全覆盖。目前，已为 385 名返乡创业人员提供服务。中铺园区已规划 200 多亩园区用地用于支持农民工返乡创业园建设，县里重点扶持了跃雅森现代农庄、平长人家、森源苗木、经纬集团等一批特色突出、功能完善、具有示范和带动效应的创业孵化基地。如今，各孵化基地（园区）已累计出孵企业 16 家，带动 1 200 多人就业。

返乡创业的叠加效应凸显

值得一提的是，临洮县返乡农民工在创业中逐步形成和弘扬了敢为人先的开拓精神、不尚空谈的务实精神、百折不挠的进取精神、重诺守信的诚信精神、回报社会的奉献精神，涌现了一批农民工创业典型，培养了张效平、龚志荣、边国胜、苟永胜、张汝源等返乡创业带头人 31 名，带动 2 800 多人实现就业。

更重要的是，返乡创业在促进一二三产融合发展，促进贫困劳动力转移就业，推动和谐社会建设等方面发挥了更加积极作用。

比如，在促进一二三产融合发展方面，全县建成电子商务服务站点 288 个，其中返乡人员创办 161 个。建成电商平台 8 个，培育电商企业 6 家，返乡人员发展网店 264 个，实现网上交易额 2 480 万元。目前，全县建立农家乐经营单位（户）186 家，其中返乡人员经营单位 113 家（户）。2018 年，全县农家乐旅游点新增从业人员 1 500 多人。

又如，在促进贫困劳动力转移就业方面，临洮县按照“一村一品”“一户一业”的思路，将农民工创业与精准扶贫紧密结合，让许多无法外出的贫困劳动力与当地特色产业项目有效对接，积极参与村道硬化、饮水设施建设、危房改造、创建美丽乡村、易地搬迁等精准扶贫项目基础设施建设，辐射带动 1.6 万人就近就地转移，实现脱贫 1 256 户。

再如，在推动和谐社会建设方面，一是缓解了农村留守问题。农民工回乡创业，带动了村民就近转移就业，让农民持家就业两不误，有效缓解农村空心化、农民老龄化、农村三留守等社会问题。二是促进了农村社会事业发展。一大批返乡创业农民工在创业成功后，不忘初心，积极回馈社会，成为农村社会事业发展的重要力量。三是提升了公共服务能力。在推进农民工返乡创业进程中，各部门上下齐心、协同作战，搭建平台、完善机制，强化考核、靠实责任，不断提升服务水平，大众创业、万众创新迈上新台阶。

案例 62

甘肃高台：形成返乡创业促就业“大循环”格局

36 岁的姚艳玲，毕业于西安外国语大学，如今是甘肃省高台县九发妇女民间手工制品专业合作社理事长。2014 年 4 月，姚艳玲创办了高台县九发妇女民间手工制品专业合作社，吸纳社会就业人员 100 多人，实现年经济收入 800 万元，带动特色技能创业家庭 201 户，户均月增收 800 元以上。

姚艳玲是高台县返乡创业众多成功创业者的一个缩影。高台县抢抓“一带一路”和“双创”等重大发展机遇，以“互联网+”为推手，建立了多层次、多样化的返乡创业格局，实现了由“外出务工县”向“返乡创业县”的重大转变，形成返乡创业促就业的“大循环”格局。截至目前，全县累计建成各类创业基地、示范园 22 个，入驻经济实体 526 家，培育各类返乡创业带头人 4 925 人，登记各类市场主体 9 563 户，带动就业 17 800 多人，年实现创业综合产值 2. 82 亿元。

让政策引导激活创业动能

返乡创业试点开展以来，高台县在各镇、村、社区设立农民工综合服务所（站）、创业指导室，在全县形成了齐抓共管、互相配合、共同推进的返乡创业服务工作格局。

据介绍，高台县先后出台了《关于支持农民工等人员返乡创业的实施意见》等政策性文件，从市场准入、项目服务、用地政策、住房保障等方面形成了兼具完整性和操作性的农民工返乡创业政策支持体系。深入推进“放管服”改革，全面落实企业“五证合一”、“一照一码”和个体工商户“两证整合”便利化登记举措，为创业者设立法律顾问、创业担保贷款、农民工合法权益保障等服务窗口，大力推进“一站式”审批，实现了“一条龙”服务。通过建立创业创新导师团队和“企业诊室”，落实“坐诊式”“会诊式”“保姆式”等专家全程跟踪服务，帮助创业者实现由创意项目到创业实体的转化，确保返乡创业实体快速发展。

“四位一体”让创业者吃下“定心丸”

通过建立“创业培训+创业实训+创业贷款+跟踪服务”四位一体的创业就业服务体系，高台县把创业培训及贷款打造成了返乡创业者的“加油站”。

2015—2017 年，全县共发放创业小额担保贷款 1 429 笔共计 1. 22 亿元，贴息达 1 341 万元，进一步激发了返乡创业人员的积极性和主动性。2019 年以来，高台县共为 187 名符合条件的创业人员和 7 户企业发放创业担保贷款 4 260 万元，其中返乡创业人员 78 名，发放企业担保贷款 1 070 万元。

对不符合《高台县创业担保贷款实施办法》相关条件规定但又需要创业贷款的个体返乡创业人员，由县财政筹措一定资金给予贴息扶持，2017 年县财政贴息 129. 4 万元，每年新发放创业贷款人数保持在 300 人，2018 年开始每年需县财政贴息 260 万元。

高台县现代农业创业示范基地探索推行“公司+基地+农户+品牌+市场”现代农业发展模式，建成了甘肃全省最大的蔬菜产业基地，可辐射带动就业 2 000 余人，被人社部、国务院扶贫办列为“全国就业扶贫基地”，返乡创业人士寇克国被评为“全国创业之星”，杨永林被评为“全国优秀农民工”，李文荣被评为“省级劳动模范”，刘青录被评为“省级创业明星”，赵立国被评为“省级优秀创业青年”，这些优秀典型的培树对全县农民工等群体返乡创业、自主创业起到了积极的示范带动作用。

六大示范基地形成特色促就业格局

如何不断提升返乡创业者的创业能力和创业素质，努力营造全县农民工返乡创业的有益环境，推动全县形成大众创业万众创新的良好局面，是高台县扶持政策考虑最多的问题。

为此，高台县立足县域实际，着力建成六大返乡人员创业示范基地，形成特色明显的返乡创业促就业格局，不断完善创业基地服务“双创”和促进就业的功能。

——依托工业园区创建中小企业创业示范基地。结合南华工业园区企业集中的优势，建成了企业家投资引领、返乡大学生科研开发、农民工等人员就业经营的“品牌”示范基地。目前，园区内43户企业共吸纳农村富余劳动力、大学生等人员就业1 600多人，年收入4 480万元，人均收入2.8万元。其中，“80后”返乡创业大学生寇俊磊创办的甘肃华能彩印包装有限公司，与十多家省内外企业接洽业务，现已成为甘肃河西走廊地区大型专业纸品包装彩印企业，带动33人就业。甘肃丝路新世纪文化传播有限公司建设的小微企业创新创业孵化基地，开展政策解答“点对点”、创业指导“面对面”、创业服务“门对门”一条龙创业孵化服务，引领26名农民工返乡创业，带动108人就业。

——依托绿色蔬菜产业园创建现代农业返乡创业示范基地。凭借得天独厚的区位优势和资源禀赋，依托甘肃绿洲有机农业有限公司，将万亩绿色设施蔬菜产业园创建成现代农业返乡创业示范基地。大力发展技能型劳务经济，先后建成农村劳动力技能培训实训基地64个，每年组织开展各类实用技术培训132余场（次），累计培训3 560人（次），培养创业带头人90余人，带动就业3 540人，年均实现劳务收入1 200万元。

——依托湿地新区创建城区服务业创业示范基地。为推动“大众创业万众创新”纵深发展，积极为返乡农民工等创业人员搭建平台，投资460万元对基地内的创业孵化实训中心进行了改扩建，率先在张掖市引进ERP创业沙盘实训演练培训软件并开展培训，进一步提高了创业成功率。目前，已创建各级创业孵化基地8家，入驻企业346家，吸纳带动就业2 710人，其中：培养创业带头人168人，带动就业1 375人，返乡农民工创业者152户。

——依托表是文化创建创业创新基地。针对“80后”“90后”新生代农民工等人员返乡创业，创建了创业创新基地，重点培育现代农业、文化旅游、网络经济以及现代服务业等领域的创业创新项目，实现“孵化服务+创业导师+创业投资”的模式，提高初创企业成功率。基地成功创建“全国青年创业示范园区”，被认定为“国家级科技企业孵化器”“省级优秀众创空间”“青年创业孵化示范基地”等。现入驻企业32户，培育创业带头人79人，带动就业323人。入驻的九发旅游文化创业创新孵化实训基地，以“互联网+文化产业”为支撑，实现文化创意旅游产品产销一体化模式。“80 后”返乡农民工陈志创办的“民间红色系列产品研发”项目，经过成功孵化，现已走向市场独立经营，并带动 20 名农村富余劳动力自主创业，吸纳就业 240 人。

——依托大湖湾旅游风景区创建文化旅游创业基地。通过整合大湖湾文化旅游景区资源优势，建成“一个中心五个示范区”休闲度假文化旅游创业基地。目前，基地企业数达 60 个以上，新增就业 480 人。基地内成功孵化返乡农民工申报的景辉休闲农业旅游开发项目，投资 4 281 万元，带动就业 133 人。同时，沿景区辐射带动巷道镇西八里美丽乡村度假旅游、宣化镇休闲观光园等镇级示范基地大力发展乡村旅游，扶持 25 名农村富余劳动力就近就地创业，带动 400 多人就地就近就业。

——依托各镇创建八个镇级返乡创业示范基地。为了鼓励返乡农民工创业致富，依托骆驼城镇旅游集镇优势创建了“骆驼城返乡农民工创业基地”，在骆驼城镇果树村建成了“高台县返乡农民工创业示范基地”，进一步强化了农民工等人员返乡创业的服务。目前，已为全县 8 个镇返乡农民工及创业大学生举办电子商务、农村实用技术、STYB 创业培训班 126 期，3 800 多人（次）参与，开展法规专题讲座及务工人员和返乡创业成功人士访谈等活动 26 场（次），为 320 人发放创业担保贷款 3 100 万元。实施创业项目 225 个，培育创业带头人 580 人，带动 5 000 多人就业。

案例 63

甘肃定西安定：共促筑巢引凤，发展回归经济

从 1 家发展到 20 家连锁，从面馆到草牧业，这是回志仁的返乡创业成绩单。回志仁 1974 年出生于甘肃省定西市安定区香泉回族镇泉湾村，在外打工多年后，成为资深拉面师傅。2007 年他回乡二次创业，开启“回老四牛肉面馆”的快速扩张之路，并在涉猎畜牧养殖业后创办了定西巨盆草牧业有限公司和定西泉湾肉羊农民专业合作社，按照“公司+基地+农户”的模式，辐射带动周边农户 1 800 多户（其中

建档立卡户 130 户）从事畜禽养殖、草产品加工，拓宽农民多元化增收渠道。

这是安定区以返乡创业推动脱贫攻坚工作的一个缩影。为让贫困群众真脱贫、脱真贫、不返贫，近年来，安定区委、区政府立足实际，按照以特色产业为主导的发展思路，紧紧围绕“致力脱贫攻坚、加快转型升级、建成小康安定”的总体要求，通过宣传引导、政策倾斜、融资扶持、优质服务等措施，积极鼓励吸引在外能人、农民工等人员回乡创业，发展“回归经济”，走出了一条以返乡创业助推脱贫攻坚的新路子。

立足区情转变观念 调整思路创新机制

安定区地处黄土高原丘陵沟壑区，全区总人口 46.05 万人，其中农业人口 35.95 万人，属于六盘山连片特困地区和国家扶贫开发工作重点县区，截至 2017 年底，全区共有建档立卡贫困户 14 368 户 45 508 人。

安定区是一个农业大区，也是一个劳动力资源大区。为将丰富的人力资源转化为经济优势，安定区委、区政府立足区情，调整发展思路，创新工作机制，把“巧打返乡创业王牌，助推区域经济发展”作为增强经济发展活力、激发返乡创业新潜能和扩大就业的重要举措，按照“产业引领、中心带动、基地示范、众创辐射、全面推进”的工作思路，坚持“依托现有资源抓整合、坚持项目引领建平台、强化创业服务促增效、落实扶持政策保创业”的工作原则，重点打造了“一园两中心三基地”。一大批受市场经济、城市文明熏陶，完成资本积累的返乡人员，带回了资金、技术、先进的管理经验及市场信息，返乡后置办企业、家庭农场、农民专业合作社等，这些新型经营主体成为促进全区经济发展的新生力量，形成了新的经济增长点。定西马铃薯产业创业园、定西电子商务创业就业孵化基地、甘肃民祥牧草有限公司被甘肃省人社厅认定为 2017 年省级农民工返乡创业示范基地。

2019 年 7 月，甘肃省人社厅、发展改革委、财政厅联合发文，确定安定区为 2019 年省级农民工返乡创业示范县，给予一定资金扶持。为全力打造农民工返乡创业示范园区和孵化基地，紧紧抓住国家大力实施乡村振兴战略、“一带一路”建设和精准扶贫精准脱贫攻坚等政策叠加的有利机遇，以马铃薯、蔬菜、草畜、旱作高效农业、劳务输转等区域经济发展基础优势，不断促进返乡创业工作，取得了显著成效，全区累计有 7 126 名农民工返乡创业。

亮出返乡创业绿灯 架起金凤还巢金桥

安定区把"政策到位、关怀到人、服务到家"作为返乡人员创业的坚实保障。建立了工商、财税、金融、农业等多部门联席会议制度，为返乡人员创业开绿灯、建平台、架金桥、办实事，打通了决策部署的"最先一公里"和政策落实的"最后一公里"。特别是工商部门积极响应区委、区政府富民强区的发展战略，联合相关部门启动了"凤还巢"工程，大力引导农民工回乡创业，发展"回归经济"。

在此基础上，还相继下发了促进个体私营经济发展若干意见、促进全民创业 20 条服务措施等多个文件，在市场准入、经营范围、主体资格、信贷投入、项目支持、证件办理、税费征收等方面加大政策扶持力度，为返乡创业开辟"绿色通道"。全区共创办、领办各类企业和经济实体 3 257 家，带动就业 11 914 人，其中建档立卡贫困劳动力 7 317 人。

如今的安定区正呈现出人回乡、企业迁、钱回流的"凤还巢"火热景象，助推了区域经济的发展。

发挥特色产业优势 拓宽返乡创业空间

立足资源禀赋和产业发展特点，安定区大力发展马铃薯、草牧、蔬菜等地方特色产业。围绕全区马铃薯、草畜、电子商务、现代服务业等产业发展和"一村一品""一村多品""一乡一业"的产业格局分布，以市场和创业需求为导向，采取"农民点菜、政府下单、部门主厨"的方式，开展创业培训指导。

据介绍，安定区马铃薯种植面积每年稳定在 100 万亩左右。近年来，全区按照"科学化布局、集约化种植、标准化生产、精深化加工、品牌化营销"的总体思路，坚持把马铃薯产业作为推进就业扶贫和助农增收致富的关键举措来抓，全区马铃薯龙头企业积极响应"千企帮千村"的号召，积极带领贫困户大力发展马铃薯产业，以爱兰、凯凯等企业为代表，带动 2 600 余户贫困户户均增收 2 000 元以上。

同时，依托民祥牧草、巨鹏草业、现代草业、伊兰纯牛业等草牧龙头企业，形成以家庭养殖为基础、规模养殖为重点、种养一体化的草牧业循环发展新格局。通过与兰州大学等科研院所和高等院校建立产学研合作关系，与蒙牛、伊利、新希望等知名企业建立供应关系，带动新建标准化养殖场 20 个，培育养殖大户 1 800 户，规模养殖场达到 400 余家，规模养殖户达到 1.8 万户，吸地劳动力 7 200 余人，户均增收 1 800 元以上。

不仅如此，安定区还大力推进蔬菜产业化发展步伐，积极引导蔬菜种植大户走区域化、规模化、标准化、产业化发展之路，目前全区蔬菜种植面积达到16万亩以上，吸纳了近万名当地劳动力就地就近就业，人均月收入达到4 500元以上。

依托电子商务拉动带动返乡人员创业

近年来，安定区重点实施了一批农民工返乡创业示范项目，打造了“一园两中心三基地”，即定西马铃薯产业创业园、安定区创业创新服务中心、安定区农民实用技术实训中心、定西电子商务创业就业孵化基地、甘肃民祥牧草创业就业示范基地和定西市安定区灵活就业创业基地。

以定西电子商务创业就业孵化基地为依托，大力发展创新与创业、线上与线下、孵化与投资相结合的众创空间。

以拓展农村创业为目标，积极促进电子商务向基层延伸。目前，全区共有45个农村淘宝村级服务站开业运营，阿里健康、阿里教育、蚂蚁金服等服务落地。已建成网店550多家，135个贫困村已有101个建立电子商务服务点。2019年累计实现电商销售额2 000多万元，构建了“消费品进家门”和“农产品出远门”的双向流通渠道，带动农村创业就业，形成了多层次、多样化的农民工返乡创业格局。

编　后

家乡栽好“梧桐树”，返乡创业报桑梓。越来越多的返乡入乡创业人员，扎根村庄，把梦想种在了希望的田野上，弹出了返乡入乡创业的最强音。

“桃之夭夭，灼灼其华。”乡村振兴，关键在人才。当前，广袤的农村还需要更多的能人返乡创业，助力家乡发展。在做好“筑巢引凤”这篇命题作文的基础上，如何大力发展回归经济，把绿水青山变成金山银山，如何不断激活内生动力，促进连心联利共致富，在这些方面，尚有许多亟待开辟的新路径。

第八章

民族地区

——特色产品，借船出海

编者按

民族地区地处偏远，长久以来苦于信息相对闭塞、交通相对不便，一些优秀的民族产品“藏在深闺人未识”。民族地区的返乡入乡创业者们看准了其中的商机，成为民族产品的“代言人”。他们借助互联网信息公路和现代物流平台，不仅实现了与互联网科技等新生事物的接轨，还推广了民族特色产品，在实现自己创业梦想的同时，也借信息科技平台这艘大船开始了扬帆远航。

案例 64

内蒙古五原：创业园内“免免免”政策助推电商新发展

2020 年以来，内蒙古自治区五原县积极决策部署推动返乡创业试点工作，搭建创新创业平台，深入推进三产融合，壮大县域经济实力，建设大学生创业园、电子商务创业园、返乡创业就业服务中心，通过强化返乡创业政策支撑，引导返乡创业向新业态发展，大力推进返乡创业载体建设，健全完善返乡创业公共服务，营造了返乡创业良好氛围，返乡入乡创业工作得到长足发展。

要创业吗？政府给你钱

为全力支持返乡入乡创业，营造创业氛围，五原县出台了一系列创业优惠政策。

一是一次性创业补贴。对首次创办小微企业或从事个体经营，且所创办企业或个体工商户自工商登记注册之日起正常运营 1 年以上的离校 2 年内高校毕业生、就业困难人员、建档立卡贫困劳动力，给予 5 000 元一次性创业补贴。

二是创业服务补贴。对企业和社会组织、创业园和创业孵化基地、四众创业支撑平台为劳动者提供创业指导、项目开发、注册登记、投资融资、风险评估、法律咨询、帮扶落实创业扶持政策等服务的，根据其提供创业服务的数量和创业服务的效果等，对经工商注册登记并稳定经营的，按每个实体不超过 2 000 元的标准给予服务机构创业服务补贴。

三是创业项目库建设补贴。对创业项目库建设单位组织的创业项目征集、评审、入库、展示、推广等产生的费用，根据创业项目征集数量和推广使用的效果给予一次性补贴。补贴标准为，上年度入库项目推介成功率不低于 10%，每征集一个项目入库给予不超过 1 000 元的入库补贴；对其中推介成功被创业者复制使用并稳定经营半年以上的创业项目，再给予每个项目不超过 2 000 元的推介补贴。

四是创业担保贷款。对有创业实体返乡人员落实创业担保贷款政策，贷款额度提高到 15 万元。2019 年为返乡创业群体等人员发放创业担保贷款 110 笔 1 090

万元。

五是创业活动补助。举办创业创新大赛，奖项最高限额一等奖5万元/人，二等奖3万元/人，三等奖1万元/人，参赛人员参赛期间按照每人每天住宿费180元、伙食费100元进行补助。

做电商吗？房子免费用

五原县立足特色优势资源禀赋，积极搭建网络营销平台，发展县域电子商务。2015年被列为“国家级电子商务进农村综合示范县”之后，县委、县政府更是将发展县域电子商务作为拉动经济发展、解决农产品销售、助力乡村振兴的重要抓手。

为提高创业承载力，五原县建成了3家返乡创业园区。为更好地吸纳创业人员，五原县人民政府为入驻河套电子商务产业园的创业人员提供13项优惠政策：三年内免费提供办公场所、会议室、仓储中心、公寓及物业服务；三年内免费提供网络、电脑设备、技术支持、设备维修等运营资源；三年内免费提供技能培训、电子商务培训、摄影培训、开店业务培训、网店基础知识培训、代运营及托管培训；项目资金优先向电子商务产业园区企业倾斜；入驻电商可优先申请创业贷款、助保贷款；举办电商推荐会、产品展销会、电子产业论坛、电商企业沙龙等线下推广活动；提供农畜产品企业名录、产品信息及团购优惠价格；提供物流快递团购优惠价格；对发展潜力较大的商户提供奖励扶持资金；提供包装企业、销售企业等信息；设立电子商务公司注册、行政审批事项绿色通道，实现各项手续一站式办理服务；成立电子商务协会，加入全国电子商务协会等机构；入驻电子商务产业园区企业可优先申请用工补贴。

如今，总投资5亿元的河套电子商务产业园，已建成展示中心、众创中心、孵化中心、实训中心、服务中心、云仓中心、仓储中心、快递中心8大功能区，入驻电商企业230户，吸纳和带动其他就业人员2 000余人，孵化出了36个互联网畅销品牌，2019年销售额达6.3亿元。电商事业的蓬勃发展为返乡创业提供了新高地。

做农业吗？贷款培训扶持你

发展一批农创客，带动返乡创业致富。五原县将“农创客”培育工作作为吸引返乡创业人员的重要举措。免费为农创客提供钢架拱棚或暖棚（1～2栋）和大田（1～5亩）开展农业创业创新种植，并给予免租金、免物业、供设备以及创业担保贷款、外出培训等扶持。对形成可复制、能推广的新型农业成果的农创客给予现金补贴5 000元。已在农创客聚地区胜丰、新公中、塔尔湖建设成立了农创客园区，首批“农创客”主要以返乡创业青年、新型职业农民和返乡大学生为主。“农创客”种植品种有草莓柿子、钙果、红心番石榴、方西瓜等78个品种，其中文冠果、长线椒、黑土豆、养心菜等27个品种为首次种植。贝贝南瓜、蜜瓜种植取得了很好的经济效益，亩均增收900元。充分利用“农创客”引入的先进种植经验和科学的管理方式，重点提升灯笼红香瓜、白梨脆、蜜瓜等优势经济类作物产业高质量发展。“农创客”通过尝试“三膜”种植技术，实现了白梨脆香瓜提早上市20天，使得当地白梨脆产业取得了较好的经济效益，亩均产值由原来的1.5万元增加到最高2万元。

2019年五原县已培育农创客102名。2020年五原县将重点扶持在“农创客”培育中取得良好示范效应和经济效益的创客，选树典型、重点支持，以此来扩大“农创客”的影响力，带动返乡创业人员种植积极性。同时，也将以2020年种植成功的“农创客”为依托，积极争取相关部门的项目与荣誉，推动“农创客”工作持续向前。

在返乡创业试点工作中，五原县将继续大力弘扬“一往无前、吃苦耐劳”的蒙古马精神，以最大的勇气直面挑战，以最强的韧劲创新突破，以最优的就业成绩交上一份满意答卷。

案例65

内蒙古托克托：深挖北疆资源，提升创业空间

托克托县隶属内蒙古自治区首府呼和浩特市，是国家呼包银榆经济圈和自治区沿黄沿线经济带的重要产业区。近年来，托克托县全面落实中央、自治区、市出台的一系列扩大就业和扶持创业的政策措施，依托托克托县被评为国家级返乡农民工创业试点县的契机，兴办各类创业园支持返乡农民工等人员返乡入乡创业。

依托黄河文化旅游产业促就业

黄河文化旅游区创业园是立足托克托县旅游发展思路，围绕把托克托县建设成为“独具北疆特色的旅游观光、休闲度假基地”的新机遇而开始新建的。依托170平方公里的黄河文化旅游区，从一溜湾葡萄到海生不浪文明遗址再到新兴的文化旅游产业，在曾经以传统农、工为主要产业的小县城激活了历史，描绘了未来。目前，园区围绕内蒙古瑞沃酒庄项目、神泉旅游风景区的建设带动周边人群就近就地就业，通过“公司+合作社+农户”的模式带动了106户创业人员创业，带动就业1 608人。

依托嘉丰农民工创业园发展旅游业带动就业。该园区是集餐饮、娱乐、生活、购物、采摘等功能为一体的多功能园区。目前，入驻商户65户，带动308人就业，每户年增收3万多元。已投入运营的黄河梦幻水世界直接带动周边306人就近就地就业。正在建设的云中绿博园、黄河旅游小镇等项目建设将带来更多的创业就业空间。

发展现代科技产业促就业

近些年，人们对休闲生活的需求日趋旺盛。2009年，张朝飞在个人投资兼政府扶持之下，投资1.5亿元创办了呼和浩特市嘉丰农业科技有限公司，发展现代休闲农业产业。该公司占地1 600余亩，以种植绿色有机无公害特种蔬菜为主。2014年8月嘉丰农业公司和嘉丰合作社在河口管委会东营子村流转土地2 000亩进行嘉丰现代休闲农业园建设。目前在建的嘉丰现代休闲创业园孵化基地已建成规模大棚100座、智能连栋温室10 000平方米、5 000平方米的黄河麦田游乐园、16 000平方米的黄河梦幻水世界、游客服务中心、农事科普展示厅、户外拓展基地、花海、高科技无土栽培区等，为现代化农业休闲园区的规划建设提供了较大的空间。因地制宜地将园区规划成体现地方特色和引进“新、奇、特”项目相结合，突出农业高科技，形成一个融观光性、参与性和具有乡土气息及农业文化产业内涵的自然、清新、质朴的有机农业示范园。

为将先进人物的成功经验全县复制，托克托县还扶持成立了占地20.35平方公里的呼和浩特市云中现代农业科技示范园，集农业高新技术的创新、示范、产业孵化和技术集成于一体。正在建设良种选育与高效种植业、生态养殖业、生物质能肥循环业、设施园艺业、农产品商贸加工业、文化休闲旅游业六大产业。目前，已入驻商户47户，带动779人就业。

此外，托克托县还围绕创业创新产业园区，打造该县“互联网+”的创业新模式。创业创新产业园是依托颐高托克托县美丽乡村电子商务平台打造的该县新型创业平台，园区是集合托克托县物流产业、电子商务企业、美丽乡村景点、特色农副产品、特色旅游路线等优势资源，搭建托克托县线上线下平台，重点孵化托克托县区域电子商务、美丽乡村区域内企业和创业团队。目前，已入驻创客 18 户，通过创业带动就业 86 人。

依靠县域产业发展促就业

托克托县以大力发展县域产业经济为抓手：一是拓宽农牧业产业就业渠道，推进农牧业产业化进程，围绕设施农业技能培训和养殖业引导农村剩余劳动力就近就地就业，2019 年该县农牧民技能培训 487 人。二是发展现代工业产业促进就业，围绕托克托县电力、化工、冶金、生物制药四大产业的发展促进就业。近年来园区企业共吸纳就业 7 500 余人。三是以重大项目拉动就业，在全县已实施的 52 个重点建设项目，带动就业 5 230 人。四是发展家庭服务业促进就业。目前全县有家庭服务业 156 户，吸纳就业 331 人，家庭服务业培训从业人员技能培训 374 人。五是发展旅游业带动就业。立足托克托县旅游发展思路，围绕把托克托县建设成为“独具北疆特色的旅游观光、休闲度假基地”的新机遇，依托黄河文化旅游特色产业促进就业。目前，已吸纳就业 1 600 多人。六是发展电子商务带动就业。目前，托克托县已建成两个县级运营中心和 30 多个乡村服务站，带动就业 200 多人。七是积极实施托克托县公共实训基地建设项目，该项目总占地面积 12 984 平方米，总建筑面积 4 281. 36平方米。2016 年以来，托克托县积极申报实训基地建设项目，项目建成后能够满足新时期就业创业培训事业发展的变化与需求，提高农民工等人员创业就业的成功率，促进全县创业就业和地方经济的发展。

完善政策扶持体系促就业

为加大创业政策落实力度，完善配套措施，托克托县工商部门按照“非禁即入”的原则，进一步完善了放宽创业主体市场准入的相关政策，消除市场壁垒，降低创业门槛；金融部门正在制定和完善拓宽创业者融资渠道、解决融资瓶颈的政策措施；税务部门正在制定出台税收优惠政策的具体操作办法；政务服务中心完善了行政管理的相关措施；人社部门将进一步完善创业培训、创业担保贷款政策，制定出台增加和解决创业场地、优化创业环境和服务等相关政策。目前，托克托县为 752 户返乡农民工发放创业担保贷款 3 258 万元，为呼和浩特市云中现代农业科技示范园、嘉丰农民工创业园、颐高美丽乡村众创空间、托克托县美源农民工返乡创业园4个创业园申请了590万元的“以奖代补”扶持资金。2020年，新申报了云中返乡农民工创业园和托米返乡农民工创业园，共带动周边300多名返乡农民工就近就地就业。2017年底，按照《内蒙古发展改革委、中国农业发展银行内蒙古分行关于组织开展农业政策性金融支持返乡创业有关工作的通知》（内发改就业字〔2017〕1516号）文件要求，积极组织开展农业政策性金融支持返乡创业贷款项目工作，目前已对18个申报项目进行了登记备案。

案例66

西藏昌都卡若：传统产业与新兴产业融合发展

昌都位于西藏自治区东部、澜沧江上游，三河一江（昂曲、扎曲、色曲、澜沧江）地区，藏语意为“水汇合口处”。藏族人口占当地总人口的95%以上，此外还有汉族、纳西族、侗族、苗族、黎族、白族、土家族、瑶族、布依族等民族。

自支持返乡入乡创业工作开展以来，昌都卡若区在多方面宣传就业创业政策的基础上，还为返乡创业人才搭建互动、交流、学习平台，充分利用电视、广播、微信、手机短信和报纸等，采取通俗易懂的方式，加强宣传引导工作，充分调动农民工等人员返乡入乡创业的热情。卡若人在发挥传统产业优势的基础上，更是大胆尝试新兴产业，特别是在两者融合发展的道路上不断探索。

朗吉次措的众创空间系列

朗吉次措是昌都市卡若区沙贡乡人，2014年辞去乡镇公务员工作决定创业。在北京、上海、深圳等地打工期间，朗吉次措发现我国一线城市居民很注重绿色产品，尤其是藏区特产。想到家乡有不计其数的纯绿色产品及民族特色产品，只因不完善的销售渠道至今未能出售在外，于是想到回乡创业，由此创建了西藏秀龙电子商务有限公司。

2018 年 3 月，公司筹建卡若区众创空间，为高校毕业生创办企业提供办公配套、交流共享、注册办理、研发支持、创业培训、专利技术转化、宣传推广等一系列服务。旨在提高卡若区的高校毕业生及农牧民成功创业机会，打造卡若区特色产品知名品牌。

线下公司与 CCCA（全国冷链联合会议秘书处）、中国仓储与配送协会冷链分会、上海市圣薇商贸有限公司、上海市家乐福超市、杭州市海纳百川酒店管理有限公司、武汉市生鲜销售公司、西藏农业投资开发集团有限公司达成意向性合作，帮助公司孵化企业产品通过线下渠道销售到内地。

线上公司已经在淘宝、京东、微信小程序开发注册了网店，正在整合产品上传销售。同时开发具有本地特色的宣传销售平台，全方位、多渠道进行推广及特色产品销售。目前，公司吸纳本地高校毕业生 20 名，达成意向合作创业人员 8 人，准备开发筹备成立的公司涉及藏香、唐卡、农产品、互联网等。另外，依托公司双创中心内孵化公司 23 家，外孵化企业 60 余家。

因地制宜，发展重点产业

卡若区产业发展总体规划，按照“优势区域、优势产业、优势资源、优先发展”工作思路，遵循市场经济规律，立足群众增收实际，实施了卡若区蓝天圣洁牦牛育肥基地、“宗嘎秀然”牧场、腌菜加工厂、青贮玉米种植等一大批群众想干、能干的项目，群众的参与度逐年提高，效益明显提升。充分利用资源禀赋、区域特色等优势，积极推动返乡创业工作。一是通过找准方向、强化措施等有效手段，重点推进卡若区青贮玉米种植、腌菜加工、如意花卉等当地特色农业产业发展，鼓励和支持农民积极参与到当地企业的经营活动中。二是因地制宜，大力实施蔬菜种植、牦牛育肥等产业，促进返乡人员不离乡、不离土，就近就便实现增收。如 2016—2018 年，累计种植青贮玉米 3 772.9 亩，累计实现产值 483.84 万元，带动建档立卡群众 217 户，户均增收 7 433 元；2019 年，种植青贮玉米 1 466 亩，总产量达 5 864 吨，总产值达 586 万元，加之群众可通过土地流转和务工增收 219.9 万元，227 户群众可实现户均增收 9 600 余元；2020 年，种植青贮玉米 5 000亩。卡若区蓝天圣洁牦牛育肥基地辐射带动妥坝乡、嘎玛乡、约巴乡、面达乡等 4 个短期育肥合作社，从卡若区 15 个乡（镇）购买了 3 ~5 岁架子牛 2 229 头，受益 975 户，兑现现金 1 003.05 万元。

强化创业培训，提升创业能力

自试点工作开展以来，卡若区从2018年到2020年4月，积极组织各类技能培训41期，培训人员2 785人，培训后实现就业1 469人。成功举办了“城区易地搬迁点”“东西部协作”“春风行动”等各类室外现场招聘活动8场次，并发放创业奖补政策小册子、宣传单等2 000余份，让全区农牧民群众更深入地了解返乡创业的好处，进而激发了农牧民群众自力更生、光荣致富的内生动力，巩固脱贫攻坚成果，推动乡村振兴，为全面建成小康社会奠定了坚实的基础。

案例67

新疆托克逊：优化返乡创业营商环境

自被评为返乡创业试点县以来，新疆维吾尔自治区托克逊县高度重视返乡创业试点创建工作，采取一系列有效措施激发了全县创新创业创造活力，助推了脱贫攻坚，加快了乡村振兴，促进了城镇化建设和城乡融合发展，稳定扩大就业效果逐步显现。

深化“放管服”改革，激发返乡创业活力

为做好返乡入乡创业工作，托克逊县持续推进简政放权。全面实施市场准入负面清单制度，优化登记窗口服务，提高注册登记效能，登记注册时间压缩到3个工作日内。2019年，受理咨询服务1 500余人次，办理企业设立登记234户，变更登记389户，注销登记79户，迁出企业5户，迁入企业3户，办理股权出质登记8起；办理个体工商户注册登记937户，变更登记1 216户，注销登记874户；办理食品经营许可登记769户，变更登记100户，注销登记133户。有效破除了制约劳动者返乡入乡创业的体制机制障碍。

大力发展“互联网+政务服务”，全县涉及政务服务事项的单位进驻政务大厅，自治区一体化在线政务服务平台正式投入应用，落实名称自主申报和市场主体网上登记，坚持网上登记与窗口登记并行，方便企业办事。全面落实通过手机等智能移动终端“随时下载、实时验证、移动应用”电子经营执照。

创新金融服务，缓解创业融资难题

为做好加大贷款支持工作，托克逊县将《新疆维吾尔自治区创业担保贷款实施办法》和创业担保贷款办理流程下发至各乡（镇）、村（社区）劳动保障站所，依托基层平台进一步扩大创业担保贷款政策宣传范围，做好申领贷款人员资格审核工作。为使借款人少跑路，组织乡（镇）劳动保障站所对辖区内拟借款人贷款资格进行初审，确保上报一笔成功一笔。2019 年，共有 9 人申请创业担保贷款，审核发放每人 2 万元。另外，有 6 笔贷款申请已入户调查完毕，待银行核贷。

在税费减免方面，托克逊县牢固树立落实减税降费政策是硬任务的理念，对返乡入乡创业企业招用建档立卡贫困人口、登记失业人员，符合条件的，按规定落实税收优惠等政策。对入驻返乡入乡创业示范基地的返乡入乡创业企业，对厂房租金、卫生费、管理费等给予一定额度减免。2019 年，经过采取税费减免等一系列创业扶持政策，该县新增成功创业 722 人，带动就业 1 983 人。

完善配套设施和服务，强化创业基础支撑

一是完善基础设施。深入挖掘电商文化内涵，以“县级电子商务公共服务中心”“乡镇电商服务站”“村级电商服务点”为载体，为托克逊县返乡青年、贫困户、返乡大学生电商创业项目提供创业创新平台，以及培训服务和孵化服务。目前，规划为 10 510 平方米的托克逊县国家级电子商务示范项目产业园一期建成 4 000 平方米，功能涵盖物流仓储、电商培训、创业孵化、公共服务、办公会议等，可容纳 55 个电商企业和个体（企业孵化位 23 个、个体孵化位 32 个），对入驻托克逊县电商产业园的经营主体可以享受“6 免 4 优先”的优惠及配套政策。包含为创业者提供免费场地、免费办公设施、免费培训、免费仓储、免费技术支撑等“拎包创业”便利服务，开园以来，已招商入驻邮政托克逊有限公司、京东大家电运营中心、邮乐购、韵达优递爱、百世快递、金润枣业、新天地果业、百缘电子商务有限公司、德源酒庄等 15 家企业。创客中心入驻创业个人 120 人左右，部分个人已指导其开设淘宝店铺，并对其现有的微商、微店等渠道进行统计整合，后期进行有针对性的指导。截至目前培训人数 6 700 余人，群体涵盖基层服务站站长、电商创业者、农民合作社、农村贫困户、返乡大学生，其中培训贫困户 156 人，营造了“大众创业万众创新”的浓厚氛围，增强了创新发展能力，搭建起电商创业带动就业的平台。

二是搭建创业平台。紧扣“互联网+”的新趋势，以“互联网+乡村”“互联网+农业”为载体，大力推动农民工返乡“线上”抓商机，创新全县农产品经营模式和流通方式，建立县级电子商务公共服务中心 1 个、乡镇级电子商务服务站 8 个、村级电子商务服务点 24 个，县、乡、村三级服务体系基本搭建完毕。通过物流整合，打通了“工业品下乡、农产品进城”上下行物流通道。注重电商宣传和各层次培训，累计完成 5 410 人次的电子商务培训工作，其中贫困户培训 626 人次，累计培育企业、个人网商 110 家，带动 214 人就业。充分发挥电商产业园产业洼地优势。2020 年电商产业园已招商入驻企业 20 家，其中电子商务企业 10 家、快递企业 9 家、财务公司 1 家；O2O 体验馆集中了全市优质网货 6 类 18 种；电商培训中心完成 907 人次电商普及培训及电商增值培训；分拨中心继续发挥物流整合优势，已实现全县 8 个乡镇 44 个行政村包裹的统一分拣；创客中心 2020 年孵化新增企业、个人网商 45 家，其中企业网商 5 家、个人网商 40 家。园区继续为创业者提供免费场地、免费办公设施、免费培训、免费仓储、免费技术支撑等“拎包创业”便利服务。

三是充分发挥农村电商阵地能力。目前已建成 8 个乡（镇）电商服务站、24 个村级电商服务点，乡镇覆盖率达到 100%，村级覆盖率达到 55%；在 8 个建档立卡贫困村建立 6 个电子商务服务点，覆盖率达到 75%。电商服务站点内，统一配备电视、电脑、电脑桌、网络、宣传栏、电子秤、信息发布牌等硬件设备，统一制作门头。电商服务站除开展网络代购、话费和电费代缴等基础服务外，重点开展农村青年创业服务工作。通过发布就业信息，指导开设网店、微店等服务，为广大农村青年创业提供帮助。2019 年，电商服务站点交易额达到 450 余万元。

优化人力资源，增强返乡入乡创业发展动力

以促进农民创业增收为切入点，托克逊县在各乡镇开展创业培训班 30 期 600 人，组织农民参加农民合作社经营与管理培训班 2 期 76 人，引导其优化经营与管理方式，将托克逊县的优质馕、花生、黑羊肉、哈密瓜等产品销售出去，实现创收。

案例 68

青海大通：八策助创业

大通县地处青海省东部，总面积 3 090 平方公里。2016 年以来，全县新增登记创业实体 14 291 户，吸纳带动就业 26 960 余人，其中：合作社 741 户、企业1 702 户、个体户 11 848 户，创新创业热情和活力持续高涨，创新创业扶持政策全面落实，返乡农民工创新创业能力显著提升。

强政策、重宣传，营造良好氛围

大通县全面贯彻落实《青海省人民政府关于进一步做好新形势下就业创业工作的实施意见》《青海省人民政府办公厅关于做好农民工等人员返乡创业试点工作的实施意见》《青海省人民政府办公厅关于支持返乡下乡人员创业创新促进农村一二三产业融合发展实施意见》等文件精神，切实做好农民工等人员返乡创业试点工作。根据省、市返乡农民工创业试点工作相关要求，制定印发《大通县关于做好农民工等人员返乡创业试点工作的实施意见》《大通县关于进一步做好稳就业和农民工务工工作措施的实施意见》《大通县应对疫情影响支持贫困户增收确保稳定脱贫 13 条措施》《大通县关于应对疫情影响支持建档立卡户就业创业工作实施方案》等文件，为全县返乡农民工创业提供政策依据和保障。

为营造良好返乡创业氛围，大通县支持返乡农民工创新创业，助力脱贫攻坚和乡村振兴，积极组织返乡农民工创业人员和创业团队参加农村创新创业项目创意大赛、创业大讲堂、创业创新成果展、青年创新创业大赛等系列活动。2016 年以来，举办各类创新创业活动 30 余次，组织参加省、市创新创业活动十余次，发放各类政策宣传资料 5 000 余份，在省农业农村厅和共青团青海省委联合举办的第三届青海省农村创业创新大赛暨农村青年创新创业大赛上，大通禾田宝有机肥“年产五万吨有机肥加工项目”荣获市级一等奖、省级三等奖，“粮油文化产业”项目荣获市级二等奖。

建平台、拓培训，提升创新创业力

大通县加速推进企业研发平台建设，四年来全县新认定县级企业研发中心3家，企业科技创新承载能力和科技转化能力进一步增强。加快大通县创业孵化基地建设。总投资1 000万元的基地建成投运后，将形成集“职业介绍、技能培训、创业指导、创业贷款”为一体的创业空间，可容纳孵化企业50余家，吸纳带动就业达300余人。

大通县积极开展创业培训，动员引导返乡农民工参与创新创业培训，4年来组织开展创业培训44期895人，重点组织返乡青年参加省、市、县各类创新创业培训班40期1 294人次，累计培训84期2 189人次，实现创业1 500余人，创业带动就业4 500余人。充分借助电子商务示范县政策扶持，加大电子商务各类专业人才培训，4年来组织开展电商人才培训班27期14 100余人次，实现创业260余人，吸纳带动就业500人以上。

抓落实，搞特色，返乡创业工作迈上新台阶

大通县调动返乡创业热情，形成以创业带动就业、以就业促创业的良性互动格局。一是全面落实“两补一奖”和创业担保贷款扶持政策，2016年以来，发放首次创业补贴40人8万元，创业一次性奖励130人33.5万元，为7户企业、127户个体创业人员发放贴息贷款3 533.5万元。二是凝聚银团资源，助力青年创新创业，4年来累计为177户创业实体发放“青春创业扶贫贷款”“鼎力助青贷”等青春创业贷款3 834.5万元，吸纳带动就业708人。三是加大返乡人员创新创业项目资金扶持力度。2016年至今，为33名大中专毕业生落实创办领办农牧民合作社生活补贴和社保补贴37.01万元，为10家农民专业合作社落实返乡人员创新创业项目资金55.33万元，为25名符合“昆仑英才”行动的返乡创业人员奖励资金78万元。

在特色农业发展方面，充分发挥“大通县生态旅游”品牌优势，积极开发鹞子沟风景区、元朔山、广惠寺、边麻沟花海农庄等旅游资源。推广东峡农家乐品牌，形成夏季休闲观光度假和冬季滑雪于一体的旅游产业化品牌，创办农家乐和休闲自助营200余家，带动周边地区就业2 200余人。借助明长城、察汗河国家森林公园、黑泉水库、达坂山、娘娘山等资源优势，开辟冬夏季徒步旅游路线，连通青海湖旅游，充分发挥丝绸之路227线三县旅游合作联盟的优势，打造青海湖北线旅游线路，提升“大美青海、山水大通”旅游品牌的内涵和竞争力，创办农家乐和休闲自助营160余家，带动周边地区农民工就业3 000余人。

树典型、搞创新，助推企业创新创业

大通县在基础设施建设、改善金融信贷服务、扩大保险覆盖范围、加大项目扶持力度、支持人才培养等方面给予新型农业经营主体政策支持，全县农村创业创新主体多元发展，农业组织化、规模化和产业化水平稳步提升，培育农民专业合作社741家、农业产业化龙头企业51家、家庭农牧场29家，带动受益农户1 000多户。2018年成功入选全国100个农村创业创新典型县范例，2019年被农业农村部推介为“全国农村创新创业典型县”。

2016年以来，全县有10家企业被评为西宁市科技型企业，科技创新型企业数量不断增加，产业结构持续优化。创新创业实体围绕市场需求，紧跟科技潮流，加大研发投入，加强技术协作，加快产业开发和技术升级，仅2019年就有2家创新创业企业被评为高新技术企业。重新修订《大通县科技项目管理办法》，加强项目管理，提高项目资金利用率。

案例69

云南陆良：返乡创业“引得回”“落得下”“有空间”

自2016年12月成功申报为国家结合新型城镇化开展支持农民工等人员返乡创业试点县以来，云南省陆良县围绕返乡人员“引得回”“落得下”“有空间”，探索建立农民工返乡创业有关体制机制，协调推进一批返乡创业项目落地，全方位扶持返乡人员创业和企业发展。

创业带就业，万紫千红总是春

活水乡曾经的贫困户张学斌，2008年开始与妻子一直外出打工，积攒了一些资金后毅然决定回老家创业。2016年起，在帮扶干部的引导和专业老师的指导帮助下，张学斌决定从事灯盏花种植，并在短短两三年间将灯盏花种植从最初的6亩发展到现在的700余亩，从最初的6户人家发展到如今的80多户人家，从最初的长冲村扩展至现在本乡的新台子村委会、雨麦红村委会以及本县的中枢街道、小百户镇，罗平县的阿岗镇等。最初，种植灯盏花只有每亩2 000元的收入，如今已涨到每亩5 000元，年均收入9万~10万元甚至更多。2018年，张学斌获得了曲靖市光荣脱贫户的称号，他不仅自己脱了贫，而且还带领周围的父老乡亲一起脱贫。

马街镇的刘凯槟，2015年7月开始回乡创业，2016年12月创立了逸禾花卉种植专业合作社，2019年又创立了云南煜天农业发展有限公司，现在种植面积扩大至1 000余亩，包含了种植户43户，种植地点分布在四堡村、郭家村、庄上村、二堡村、山坡子村、薛官堡村、西桥村、杜旗堡村等地，带动周边就业260余人。如今，逸禾花卉种植专业合作社种植出来的花卉产品常常供不应求，年销售鲜花4 200万枝，销售总额达到3 300多万元。一花独放不是春，万紫千红才是春。近年来，刘凯槟又与53户建档立卡贫困户签订了产业扶贫就业协议，将带动贫困户共同致富。

张学斌、刘凯槟等人，都是陆良县涌现出的返乡创业带动就业脱贫先进典型。近年来，云南省陆良县的创业氛围日益浓厚。当地政府也以试点县的创建为契机和抓手，成立了由县长任组长的支持农民工等人员返乡创业工作领导小组，通过广泛调研制定出台了具体实施意见，提出了“引导和鼓励外出农民工等人员返乡创业，促进农村富余劳动力就近就地转移就业，以创业带动就业，以就业促进转移，推进城乡一体化进程，促进和谐社会建设”的工作思路，明确了有关部门的工作责任，建立了考核奖惩激励机制，以制度理清责任链条、拧紧责任螺丝，为“大众创业、万众创新”提供了强有力保障。

打造创业平台，全力推动提质上水平

陆良县坚持以产业为支撑、工业为重点、园区为平台，不断配套设施、优化环境、强化招商、加快项目建设，全力推动创业园区提质上水平。

在大力推进工业园区建设方面，陆良县已累计投入18.64亿元，规划建成43.99平方公里的青山、召夸、大莫古“一园三片”工业园区。建成后的园区主干道长30公里、标准厂房达1.9万平方米，水、电、路等基础设施不断完善。园区被列为省级重点工业园区、全省新型工业化轻工业产业示范基地，目前有100户入园企业，其中规模以上企业25户，就近就地转移劳动力10 058人。

在着力推进农村淘宝创业园建设方面，陆良县加快农村淘宝网络建设，培育发展电子商务新业态。目前，全县农村电子商务覆盖率达100%，已建成1个县级农村淘宝服务中心和50个农村淘宝服务站，本地工业产品和农副产品网络销售额突破3 840万元，为130名农村青年提供了就业岗位。

在推进现代物流园区建设方面，陆良县还加快了县城南、召夸2个物流片区建设，规划建设大莫古片区现代物流产业园、仓储物流基地及家用电器仓储等配套基础设施，打造滇东物流中心。目前，已发展物流企业7家，提供就业岗位4 000多个，带动周边酒店、餐饮、包装等业务蓬勃发展。

此外，陆良县还在青山工业片区建设了包括农民工返乡创业园、大学生创业园等为一体的小微企业创业园。该项目总投资4 260万元，目前1.9万平方米的主体标准化厂房已完工。陆良县投入8亿元建成占地500亩的蔬菜冷链物流园，223座冷库全部投入运营，高峰期每天可收购蔬菜1万吨，付给菜农的蔬菜款每天达1 800万元，可实现年销售额逾30亿元，带动蔬菜加工、包装、销售、物流等产业发展及4万余人就业，可实现年劳务收入逾3.6亿元。

坚持问题导向，提供全方位优质服务

除了打造创业平台载体，陆良县坚持问题导向，围绕返乡创业农民工等群体创业需求，加大部门资源整合力度、制定优惠服务政策措施，致力于为返乡创业人员提供资金、技术、政策等全方位的优质服务。

在资金上，陆良县针对返乡农民工创业资金不足的实际，积极实施贷免扶补贷款、创业担保贷款、小微企业贷款、云岭大学生创业引领计划（大学生创业补贴）、微型企业培育工程（“两个10万元”）等政策，2017年至2019年6月，全县累计发放创业贷款4 942人次5.5亿元，财政支付贴息资金0.6亿元，带动就业1.4万余人。

在技术上，围绕返乡创业农民工的实际需求，陆良县有针对性地开展技能培训和创业培训，累计培训0.65万人，投入培训资金500万元，切实提升了返乡人员的创业能力。

在奖励政策上，陆良县对吸纳建档立卡贫困人员较多的企业进行奖补，比如对陆良县逸禾花卉种植专业合作社及云南煜天农业发展有限公司进行就业扶贫车间认定后，给予了该公司一次性奖补5万元。同时，为了解决返乡创业人员的后顾之忧，陆良县提供社会保险手续接续办理，让这些人享受城镇职工和居民医保政策、子女就学等相关优惠政策。

下一步，陆良县将按照省市相关要求，全力推动“大众创业、万众创新”。一是在更高水平上推进突破发展，为全民创业提供更为广阔的空间，创造更多的就业岗位。二是进一步完善扶持农民工等人员返乡创业的优惠政策，帮助他们解决好创业中遇到的困难和问题，促其不断做大做强；提高对农民工创业资金的扶持额度，吸引更多的农民工回乡创业。三是坚持鼓励回乡创业与有序输出并重，进一步做大做强劳务经济，建立农民增收的长效机制。四是以农民工等人员返乡创业为突破口，积极探索以创业促进就业的有效途径，推动全民创业深入开展。

案例 70

广西荔浦："龙头企业+合作社"，探索返乡创业发展新思路

近年来，广西壮族自治区荔浦市坚持“支持返乡创业、促进大众创业”思路，积极培育创业主体，完善创业平台，拓宽创业领域，优化创业环境，全力推动农民工和农民企业家返乡创业，在全市形成了“大众创业、万众创新”的良好氛围。

荔浦市总面积 1 758. 62 平方公里，辖 10 镇 3 乡，人口近 40 万人，其中以农民工为主体的转移劳动力近 15 万人。近年来，荔浦市经济、社会高速发展，创造了原料、市场“两头在外”“无中生有”占据全国市场份额近七成的衣架产业和覆盖全国市场并远销欧美、东南亚的食品产业，是中国衣架之都、食品名城，同时带动了本市生物制药、五金制品、印务包装等关联产业的快速发展。通过大力发展“雁归经济”，在政策方面给予扶持和支持在外成功人士和农民工返乡创业，引导和扶持荔浦市籍在外人才返乡就业创业创新。2017 年荔浦获批为“全国第二批新型城镇化开展支持农民工等人员返乡创业试点”之一。截至 2019 年 12 月底，已为创业农民工办理工商营业执照 16 300 户以上，就近就地农民工创业就业 8. 5 万人，创业成功 21 000 人，带动就业 64 000 余人，各类企业达到 800 多家，500 万元规模以上工业企业 109 家。截至 2019 年底，年均新增个体工商户 1 500 余户，新增就业人员近 5 500人。

建设农民工创业园，实现“城园一体，产城融合”

荔浦市在荔城至马岭323国道线两旁长达10公里的工业集中区开辟了一个占地1 000多亩，集生物提取、小五金、农业机械和新兴产业为一体的“农民工创业园区”。园区总体规划土地1 079.44亩，计划投资6.804 1亿多元。第一期占地220.87亩，已入驻企业23家；第二期规划土地471.6亩，计划安排企业88家；第三期规划土地386.97亩，计划安排企业61家。签订入驻协议的24家企业中18家是农民工创办。农民工创办企业占园区企业总数的78.3%。投产企业总投资额6 000万元，投资额最高1 600万元，最低450万元，总营业收入14 000万元，共提供就业岗位1 200个，带动就业1 150人，其中农民工810名，占创业园内就业总人数的70.34%。实现“城乡与园区一体、产业与城乡结合、农民工融入城镇”目标。

同时建成了4 900平方米的作为园区附属设施的综合服务实训基地，并整合和赋予了创业孵化基地、众创空间、创业培训基地等功能，为企业和务工人员提供优质的一体化综合服务。创业园区将成为企业发展、人才培育、就业稳定的凤还巢“栖息地”。

运用“公司+基地”“合作社+农户”模式，带动返乡农民发展现代农业

荔浦市委、市政府十分重视返乡农民工创业就业问题，近几年来，全市始终坚持把培育龙头企业作为推进农业产业化进而带动返乡农民工创业的关键举措抓紧抓实。目前已成功培育重点龙头企业21家，其中自治区级6家、市级15家，其中桂林爱明生态农业开发有限公司、荔浦罐头食品有限公司、荔浦桂祥农业发展有限公司等龙头企业，推行“公司+基地”模式，通过盘活资产、资源开发、土地流转、兴办实体、服务创收等方式大力发展现代农业，现代农业示范园、现代农业（蔬菜）科技产业园等项目，为返乡农民发展现代农业产业搭建平台。建立现代农业产业园区，发展区域特色农业标准化生产和技术示范基地，其中广西荔浦农业科技园区达到了标准示范园区，园区主导产业为沙糖橘、荔浦芋、马蹄，园区总面积75 000亩，其中：核心区面积5 000亩，示范区面积10 000亩，辐射区面积60 000亩。在产业园区推动农业科技创新和成果推广，实施“水肥一体化”、三避技术及无人飞机喷洒农药、农产品速冻、全粉、营养成分提取等新技术、新产品，培育壮大特色主导产业，力争将园区打造成集砂糖橘新优品种培育、良种繁育、先进技术示范为一体，生产、加工、信息服务、培训于一身，基本实现产品标准化、经营企业化、布局区域化、管理信息化、服务网络化，符合现代农业发展方向的农业科技园区，为返乡农民工搭建创业致富的新平台。

荔浦市通过“专业合作社+农户”模式带动返乡农民工发展现代农业，取得较好的成效。2016 年以来，荔浦市按照在发展中规范、在规范中发展的思路，积极搭建服务平台，开辟绿色通道，涌现出多个机制灵活、管理规范、运作有序的农民专业合作社。合作社按照“合作社+基地+农户”的模式，围绕砂糖橘、荔浦芋、马蹄、食用菌等优势主导产业，积极支持返乡农民工和农户发展现代特色农业生产。合作社负责为社员提供销售信息，拓展砂糖橘销售市场，解决了返乡农民工缺技术、缺信息、抵御市场风险能力弱的困难，实现了产、销一条龙服务。通过农民专业合作社及活跃在全国各地的农村经纪人商业网络，实现了农产品销售畅通无阻，达到了农民增产又增收的目的，进一步激发了返乡农民工创业的积极性。截至目前，在全市农民专业合作社达 491 家，其中国家级示范社 4 家、自治区级示范社 9 家、市级示范社 7 家。2019 年荔浦县万家兴果蔬专业合作社荣获 2018 年度国家农民合作社示范社称号；荔浦县海丰农产品专业合作社、荔浦文武农产品专业合作社获得了桂林市第四批示范合作社称号。在合作社带动的前提下，建立了家庭农场 51 家，其中荔浦市红美人家庭农场和荔浦市珍珠李种植家庭农场获得自治区级示范家庭农场称号。

加大政策扶持力度，助返乡农民工创业就业

在政策扶持方面，荔浦市将返乡农民工创业与推动城乡一体化建设同步推进。比如在加大乡村旅游带动返乡创业、返乡创业助推乡村旅游和休闲农业等方面都取得明显成效。首先，围绕依托桂林国际旅游胜地建设，深入实施“旅游+”“全域旅游”战略，创新旅游发展模式，推动乡村旅游和休闲农业转型升级。持续推进马岭旅游小镇、衣架之都两个主题城镇建设，投资 2 亿元全力打造地狮–马岭–修仁生态休闲旅游精品线路，进一步将乡村旅游和休闲农业融入大桂林旅游圈，带动一批返乡农民工创业就业。其次，返乡创业助推乡村一体化建设。2018 年在茶城乡建设文化休闲广场，进行全面立面改造。以打造独具桂北瑶汉民族特色山区小镇，并以贫困村文德村的自然风光玉生态灵芝园为基础，修建园区步道、观景台、民宿、餐厅、厕所、停车场等基础设施，打造一片集灵芝园观光、河滩休闲、环村骑行、农耕体验等主要功能的旅游休闲区域。在青山镇拱秀村宏门、永镇村双堆、青山社区进行绿化提升项目完成验收。此外，还计划重点建设包括荔浦荔江湾景区旅游开发（二期扩建）及养生养老休闲度假建设项目、曝荣汽车营地建设项目、天誉养生谷建设项目、美丽壮乡建设项目、银子岩景区提升项目等5个旅游项目。

目前，全市已完成美丽乡村示范点建设60多个，随着城镇基础设施不断完善，全市乡村人居生态环境日趋优良。

在帮助返乡农民工解决创业资金难的问题方面，2016年制定出台《荔浦市农民工创业担保贷款实施办法》，稳步推进荔浦市农民工创业担保贷款。共落实担保贷款基金489万元，担保贷款规模达2 445万元。截至2018年12月底，全市累计收到创业担保贷款申请420笔，发放创业担保贷款255笔，发放创业担保贷款金额2 441万元，无逾期及不良贷款。扶持入园企业及务工人员创业76人。

荔浦市还加大职业培训力度提高返乡农民工专业技能。自2016年以来，全市结合本地特色农业产业实际情况，针对不同阶段及不同群体的需求，与培训机构和讲师沟通调整创业培训重心，充分发挥定点培训机构、专兼职的创业培训师资队伍作用。面向农村劳动力和城镇失业人员开展电工、焊工、育婴员、保育员等专业技能的人才培训。2020年以来，共开办各类职业技能培训42个班次，培训学员1 837人（建档立卡贫困户340人）并全部取得相应的职业技能资格证书。

编　后

全国上下“大众创业、万众创新”给民族地区带来了发展新机遇。有人说，由于民族地区经济发展落后，很多人思想上比较传统，也不愿吃苦，更愿意考公务员抱一个铁饭碗过一生；技术上有意愿返乡创业的人员因专业能力不足，在应聘方面不具优势；创业上容易按部就班的工作学习，缺乏自己独立思考和主见，不愿意花更多的时间去创新。从本章的案例中可以看到，越来越多的年轻人勇于追求梦向，敢于撑起地区发展的重担。地方政府要做的就是解决具体的资金筹措难、创业成本高、转变服务意识、完善社会保障，然后“静待花开”。

第三篇

返乡创业企业发展态势及启示

第九章

一辆“快车”：返乡创业企业竞相搭乘电商“顺风车”

编者按

每一种新技术的出现，都孕育着巨大的机会。根据“风口上的猪”的说法，电子商务就是返乡入乡创业者需要关注的一个重要“风口”。搭乘电子商务这辆“顺风车”，就相当于搭上了实现梦想的“快车”，无论是发达地区还是欠发达地区，这辆“快车”已经成为相当一部分创业者们到达目的地不可或缺的“交通工具”。

案例 71

河套电子商务产业园：三大工程助力县域返乡入乡创业走上“快车道”

在我国，电子商务的快速崛起和高速发展已深深地影响了互联网、零售业、金融业等行业，成为促进我国经济发展、产业转型升级的重要力量。有关电子商务的服务业也开始受到人们的关注，电子商务产业园区开始在我国各地逐渐兴起，并受到地方政府、商家、投资者的普遍青睐。

在内蒙古自治区巴彦淖尔市五原县，立足特色优势资源禀赋，积极搭建网络营销平台，发展县域电子商务。自 2015 年该县被列为“国家级电子商务进农村综合示范县”后，五原县委、县政府更是将发展县域电子商务作为拉动经济发展、解决农产品销售、助力乡村振兴的重要抓手，总投资 5 亿元建立了河套电子商务产业园。

近年来，五原县河套电子商务产业园深入贯彻落实上级各部门关于支持县域返乡入乡创业工作的决策部署，积极推动“政策扶持、健全服务、典型带动”三大工程，全方位助力县域返乡入乡创业工作走上“快车道”，成为助推脱贫攻坚、乡村振兴、创业创新的重要力量。截至目前，共引导和扶持各类返乡入乡创业人员 300 余人，创办电商企业和实体企业 120 余家，吸纳和带动其他就业人员 2 000 余人。

政府“定向指航”，搭建返乡创业发展大平台

在河套电子商务产业园，共包括展示中心、众创中心、孵化中心、实训中心、服务中心、云仓中心、仓储中心、快递中心 8 大功能区，吸引了 230 户电商企业入驻，其中包括 89 个创业团队和 32 家第三方服务机构。五原县河套电子商务产业园被评为全国农村创业创新园区、全国青年电商创业孵化基地、自治区“双创”示范基地和自治区众创空间等多项荣誉。

在这些荣誉背后，离不开当地政府的全力支持。五原县高度重视县域电商发展，将其作为返乡入乡创业人员重要的发展平台，精心部署、高位推动。在强化组织保障方面，成立了由县委书记任组长、政府县长任副组长的电商发展领导小组，先后

制定出台《农村电商“十三五”规划》《农村电子商务进农村实施方案》《县域电子商务培训方案》等系列政策性文件，为县域电商发展“定向指航”。在配齐机构人员方面，组建了五原县电子商务服务中心，选派数名优秀年轻干部，具体负责产业园筹建、农村电商站点建设，以及网商入驻、创业项目孵化、人员培训、品牌开发、物流整合、园区管理等工作，实现了专门机构、专职人员、专项推进。在建设电商园区方面，投资 1.5 亿元建成 2 万平方米的河套电子商务产业园，投资 3.5 亿元建成人才公寓楼、快递物流园、仓储物流中心、配送服务网络等配套设施，补齐了县域电商发展短板，构建起设施完备、管理有序、服务到位、运行顺畅的，覆盖全县域并涵盖各领域的电商发展体系，搭建起了返乡入乡创业人员发展的广阔平台。

健全服务保障，构筑返乡创业大舞台

河套电子商务产业园建成运行后，依托这一平台，形成了信息、人才、资金集聚洼地，带动一批返乡入乡人员入驻园区，构筑起“大众创业、万众创新”的广阔舞台。

大学生是创业创新的生力军，五原县有关部门制定出台了支持返乡大学生创业就业扶持政策，根据创业者特长和意愿免费开展电商培训 350 多批次，针对电商从业人员开展启蒙、技能、提升、外派输出 4 个层次培训班，提高了创业指导的针对性和精准性。不仅如此，当地还制定了人才培养计划，建立返乡创业人才孵化培训服务中心，聘请淘宝大学、万堂书院等专业培训机构讲师 16 名，累计培训本土电商从业人员与返乡入乡创业人员近 3 万人次，直接带动当地及返乡入乡人员创业 3 000 余人。

对于创业者而言，资金始终是企业赖以生存并发展壮大的决定性因素。在河套电子商务产业园，园区积极整合创业就业项目资金，向返乡入乡创业人员提供贴息贷款 100 万元。并且与金融机构合作，为电商企业提供低息贷款 240 万元，有效保证了返乡入乡创业人员有钱办事、有项目支持、有资金创业。此外，为了减轻创业企业资金压力，园区还不断完善配套服务。根据返乡入乡创业者实际需求，政府三年内免费提供办公、公寓、产品包装、品牌运营、仓储管理等配套服务，彻底解除了返乡入乡创业人员的后顾之忧。除此之外，园区还整合全县物流快递公司，开展多轮竞价谈判，推进物流提效降费，降低创业运营成本。

通过一系列密集举措，五原县河套电子商务产业园形成了技术有指导、资金有支撑、服务有团队的良好创业环境。

加强“农创客”培育，树立返乡创业新典范

“农创客”培育工作作为吸引返乡创业人员的重要举措，2019 年共培育“农创客”102 名，流转土地 800 亩。目前已在“农创客”聚集地区胜丰、新公中、塔尔湖建设成立了农创客园区，首批“农创客”主要以返乡创业青年、新型职业农民和返乡大学生为主。“农创客”种植品种有草莓柿子、钙果、红心番石榴、方西瓜等 78 个品种，其中，文冠果、长线椒、黑土豆、养心菜等 27 个品种为首次种植。贝贝南瓜、蜜瓜种植取得了很好的经济效益，亩均增收 900 元。

园区充分利用“农创客”引入的先进种植经验和科学的管理方式，重点提升灯笼红香瓜、白梨脆、蜜瓜等优势经济类作物产业高质量发展。“农创客”通过尝试“三膜”种植技术，实现了白梨脆香瓜提早上市 20 天，使得当地白梨脆产业取得了较好的经济效益，亩均产值由原来的 1.5 万元增加到最高 2 万元。

下一步，园区将重点扶持在“农创客”培育中取得良好示范效应和经济效益的创客，选树典型、重点支持，以此来扩大“农创客”的影响力，带动返乡创业人员种植积极性，推动“农创客”工作持续前进。

案例 72

网智信息：“平台+电商”将创业网商“领进门”并促“快提升”

火车跑得快，全靠车头带。作为浙江省龙泉市龙头企业的龙泉市网智信息技术有限公司，集美工摄影、网店运营、打包发货、快递收发、政策服务等相关服务为一体，首创电商集聚模式，以龙泉电子商务集聚发展政策为指导，以电商创业人才和快递运营人才为主力，以电子商务为主抓手，坚持“政府主导、企业投资、市场化运作”原则，以“网聚电商精英、智汇创业梦想”为引领，为网商打造创业一站式优化服务。

近年来，农村电子商务兴起。龙泉市自 2015 年被列入首批国家级农民工等人员返乡创业试点县以来，涌现出一批返乡入乡创业的优秀个人和团体，网智电商园、龙谷青创园、青瓷创客园等一批电商集聚平台迅速壮大发展，已成为龙泉市电子商务领域的中坚力量。网智信息技术有限公司积极发挥政治功能和服务功能，当好入驻网商的后勤员和保障员，助推龙泉市电子商务集聚和全面发展。

加强党建引领示范作用，服务带动青年网商创新创业

龙泉市网智信息技术有限公司作为龙泉市龙头企业之一，成立于2013年4月，承建了丽水市首家电子商务创业集聚大楼。在龙泉市委组织部、开发区党工委的领导下，同年6月成立了龙泉电子商务创业集聚大楼党支部，2017年更名为网智信息电商园工作党支部。公司运营着网智信息电商园及龙泉市电子商务公共服务中心两大平台。

陈亦杰获得浙江好项目2018中小微企业创新创业大赛总决赛优胜奖、“奇思妙想创赢龙泉”2018年龙泉市创新创业大赛三等奖；于志强获得丽水市首届“绿谷工匠”技能大赛农村电商师项目竞赛三等奖……在网智信息电商园，浓厚的党建氛围推动着青年电商创业不断取得新成绩，谋求新发展。党支部积极组织网商青年参加各类创新创业大赛，同时积极承办资源对接会、电商周（金牌系列比赛）等活动，接待淘宝游学，组织学生体验电子商务等，支部党员充分发挥引领示范作用，化身青年志愿者，服务带动青年网商创新创业。

2019年数据显示，园区内网商实现销售额1.8亿元，增长超过20%。如今龙泉市返乡青年网商高涨的创业热情，得益于网智信息电商园党支部不断完善组织建设，深化服务功能，努力增强党组织的影响力、凝聚力。公司以党建示范点创建为契机，以提升服务为重点，逐步开拓开店咨询、店铺问诊、代理拍照、政策对接、人员招聘、新员工培训、安全教育、金融知识宣讲等服务业务，不断完善助推电商发展的综合服务体系。充分发挥网智信息电商园的示范带动和服务助推作用，积极研读国家、省、市关于电商发展的相关政策，加强与有关部门的对接，为园区内网商争取各级政府关于电子商务集聚发展的扶持政策，争取资金用于园区装修、培训以及网商房租补贴，在较好解决了青年网商创业资金等要素需求的同时，也推动了电子商务创业园区的提升壮大。

牢牢把握“服务”核心要务，让电商发展“有后劲”

俗话说，“师傅领进门，修行在个人”。网智信息技术有限公司持续深化平台的阵地作用，不断将“平台+电商”模式引向纵深，对于初创型网商，注重“领进门”，加强入门培训，帮助其找准创业方向，尽快创业成功；对于成长型网商，注重“快提升”，帮助其与专业人士对接，破解创业中遇到的瓶颈。截至目前，公司累计举办电子商务类培训50余期，电子商务类沙龙40余期，店铺建设、美工拍照等服务300余次，提供相关咨询服务1 000余次，培训电商创业人才4 000余人。

对于企业而言，品牌就是名片。为了突出品牌运营，网智信息技术有限公司注重引导规模型网商树立品牌经营意识，将网店做大做强，实现抱团发展，打造集聚品牌。目前，园区已培育了“四季焦点”“空山新雨”“九工匠”等具有竞争力的品牌店铺。值得注意的是，在品牌的背后，离不开诚信的支撑。为了突出诚信经营理念，公司组织园区内网商开展诚信、守法经营等宣传活动，通过经常性的学习教育和思想引领，确保其诚信经营、依法经营，加强行业自律，营造电商创业规范化的良好氛围。

下一步，网智信息技术有限公司将牢牢把握“服务”这一核心任务，将工作着力点和落脚点放在支持和服务电商发展上来，不断完善园区内场地、仓库等硬件设施，优化咨询、代理、培训等服务板块，同时积极争取政府政策扶持的可持续性，最大程度地调动园区网商的创业创新意愿和热情，凝聚发展电商的最大合力，让电商发展“有后劲”。

案例73

众城互联：大学生电商创业，“指间同城”让“生活从未如此简单”

大学生、游戏、电商、外卖、回乡……看到这些关键词，你能产生怎样的联想？

其实，故事是这样的：一群毕业的大学生及来自全国一线游戏公司和电商团队的年轻人，为了促进家乡电子商务的发展，决定回乡创业，对网上订餐的外卖平台进行运营。这群年轻人来自贵州省众城互联网络科技有限责任公司。

坚持

众城互联是一家专注于互联网电子商务 O2O 领域的公司，总部位于贵州省凯里市，于 2014 年 9 月成立。目前，核心创意团队 20 余人，均来自全国一线游戏公司和电商团队，涉及专业技术包括游戏软件开发设计、计算机程序设计、2D3D 设计、网络编程、互联网产品运营等。公司创建初期，全体创业人员全力以赴，通过为期 3 个多月的自主研发，凝结了整个创业团队心血与希望的“指间同城”网上订餐平台及手机客户端于 2015 年 1 月正式上线。上线后的“指间同城”获得了国家软件著作权，彼时，整个黔东南州获得软件著作权的公司仅有两家，因此这一成绩对公司而言意义重大。

“指间同城”上线后，公司团队选择对平台进行自主运营，在这过程中，最大的困难即为资金。众城互联创业团队均为刚刚毕业或是毕业几年的大学生，在没有投资人的情况下，团队成员省吃俭用，咬牙坚持着自己的创业梦想。终于在运营半年多后，2015 年 8 月，公司获得了来自贵州省科技厅的第一笔资金支持，同时，还获得了贵州省科技厅颁发的“大学生创新创业企业”称号、“成长型种子企业与小巨人”称号。

成长

众城互联创业团队通过悉心运营，接连不断地获得了大企业的信任并收获了与之合作的机会。2016 年 1 月，公司获得了与阿里巴巴旗下上海拉扎斯信息科技有限公司的战略性合作与融资，并被授权负责旗下品牌 App——“饿了么”黔东南地区的运营。自从负责运营该外卖平台至今，平台订单量稳居凯里市同类行业首位。在“饿了么”外卖平台的云、贵、广战区，订单量及交易额在同等级别的城市中排名第一。2016 年 5 月，基于对“饿了么”外卖平台的良好运营，众城互联与阿里巴巴旗下淘宝网和“口碑外卖”取得战略合作，并被授权负责旗下品牌 App——“淘宝外卖”“口碑外卖”黔东南地区的运营。2016 年 7 月，众城互联与阿里巴巴旗下支付宝取得合作，并被授权负责旗下 App——“口碑”“支付宝支付”黔东南地区的运营。2016 年 8 月，众城互联与猪八戒网取得合作，并被授权负责旗下品牌 App——“手机猪八戒”“猪八戒服务站”“知识产权猪八戒”黔东南地区的运营。

给予

在不断努力和成长下，众城互联创业团队不断壮大，同时，公司带动就业效果及为相关方创造效益的能力也均逐渐显现。团队从成立之初的 3 人，到如今的由研发团队以及蜂鸟众包团队组成，除创始人及研发团队外，公司解决了 80 余人的就业问题，并保证了所有蜂鸟众包团队成员月平均工资在 3 600 元以上。此外，经过几年的发展，公司运营的所有平台营业额，从成立之初的每月 2 000 元，增加到如今的 200 万元，盈利成效一目了然。

事实上，众城互联的目标不仅限于为人们网上订餐提供技术支撑。众城互联旗下网站“指间同城”的座右铭是“生活从未如此简单！（Life’s never been so easy!）”，使客户能在同城网站上找到并挖掘其任何希望在线购买的商品，并努力实现为客户提供最优的品质、最低的价格，以及最完善的售后服务。不仅如此，公司还可为各行业提供相关电子商务解决方案，以及 App 个性化定制、网站开发、UI 设计等服务。

目前，众城互联处于快速发展阶段，在未来一年内，公司的目标是将服务扩展到黔东南州所有县市。到 2020 年底的一个小目标是，开发黎平县及镇远县的“饿了么”外卖市场及“口碑”市场。未来众城互联的业务发展，将会带动家乡更多人就业，在保证收入的同时，实现更多人的创业梦想，就像公司的口号那样——“和你一起拼！”

案例 74

阿祖电商：电商创业让远方不再远，回得去的依旧是故乡

祖力皮卡尔，新疆人，是个名副其实的“学霸”。在山东财经大学就读期间，几乎年年都得奖学金。校级优秀学生、优秀班干部、校园积极分子……被诸多荣誉环抱的他，还曾是新闻联播中的“风云人物”。毕业时，校方曾向他抛出了“橄榄枝”，但因个人职业规划原因，他选择了前往上海打拼。进入一家知名化妆品贸易

公司后，从事着体面的工作，收获着丰厚的收入。不过，他的人生轨迹却因一次回乡探亲而发生转变。如今，祖力皮卡尔自己当上了老板，成立了一家电商公司，取名“阿祖电商”。

从内地返回边疆，电商创客为青少年提供有益参考

一次偶然的机会，回乡探亲的祖力皮卡尔参加了由和田地区经贸委及和田市商经委举办的电商培训，这次小小的培训却彻底改变了他的命运。他由此萌生了一个想法，希望自己通过电商创业，借助电商平台，为当地的农副产品开辟一条新的销售通道，让地方有特色、高品质的好产品走向全国各地。

说干就干，2018 年阿祖电商成立了，公司的主要工作是承担淘宝网等权威电商平台的网店运营、平台运营、农村电商服务点运营、特色农作物线上线下销售及推广等。阿祖经常说：“我是好政策的受益者，向农村的青少年介绍国家的发展、内地大学的优势，以及以我个人的经历，鼓励青少年紧跟国家发展变化、积极接受新鲜事物是我的责任，影响他们从小就以感恩之心好好学习成为国家的栋梁更是我的义务。”在阿祖看来，作为返乡创业大学生，有责任为当地农村的青少年带来更多正能量，为他们的成长规划做一些有益参考。

让边疆与内地人面对面，促使合作提质扩容

一些地方因受地理位置、自然条件等因素影响，当地有特色的好产品匿于深山无人能识。为此，阿祖电商丰富电商发展业态，以线上销售、线下体验的营销模式直接与农户对接，带动特色农产品的加工升级。本村乌敦农副产品加工厂依托阿祖电商，加工玫瑰花酱、蜂蜜、葡萄干、核桃麻糖、核桃切糕等十余种农副产品，在带动企业发展的同时，还通过电商平台实现 6 人就业，其中 4 人为贫困户，可保障每月平均工资在 1 500 元以上。

不仅如此，阿祖电商还实现了村里家禽的线上销售。本村农民养殖合作社托养了 1.2 万只珍珠黑鸡，为扩宽销售渠道，稳定托养群众的增收，同时也让城市居民吃上放心的黑鸡和土鸡蛋，畜禽养殖合作社与阿祖农村电商合作，将合作社养殖的黑鸡和鸡蛋进行线上销售，销售情况喜人。

新疆对于大多数国人而言是遥远而神秘的，为了使更多人了解和田，阿祖电商利用自身知名度和线上流量，与内地核桃经销商进行线上互动，向其详细介绍和田的基本情况，并邀请内地经销商赴和田考察核桃品质及价格，积极探讨发展“互联网+生态农业”。通过双方的近距离接触，核桃销售情况有了明显改善。2018 年，实现核桃线下销售近 50 吨。2019 年，在村党支部的支持下，经过与村民协商，将全村的核桃进行流转，依托电商打造核桃原产地品牌。由阿祖电商与传媒设计公司制作核桃生长、采摘小视频，以直播的形式上传于线上，依托新媒体宣传力量，通过核桃加工卫星工厂，对核桃进行统一清洗、筛选、分级、包装来提高核桃品质，吸引消费者购买原生态核桃，从而撬动价格使生产者更有利可图。

拉近边疆与内地人的心，实现农民利益最大化

阿祖电商的努力收获了一份不错的“成绩单”。2018 年，阿祖电商线上销量达 70 余万元，2019 年销售额已增加到 110 万元，预计 2020 年有望达到 150 万元，保持了每年约 40% 的增长。这其中，玫瑰花的线上销售量稳居新疆地区首位。随着玫瑰花系列产品销量的稳步提升，村党支部计划改变种植结构，在赛克散村种植玫瑰花 300 亩，间接带动 150 户贫困户增收，使当地群众切实感受到了电商带来的变化。

阿祖电商的成立，不仅解决了农产品信息落后、网络化程度较低、信息交流与共享不及时导致农产品交易难的现状，还创新了农产品流通方式。通过电商平台，减少了农产品销售中间环节，实现了农民利益的最大化。不仅如此，通过发展电商，拉近了和田这个祖国边疆城市与内地省市的距离，让远在内地的人们，在家中就可以购买到和田的农副产品，也让和田优质农产品的品牌更加深入人心。

未来，阿祖电商还将与当地农民一起，打造有机玫瑰基地，实现自主生产。通过提升玫瑰品质、开发玫瑰产地游项目，带动增加农村人口就业。同时，还将扩大经营范围，建立下单、打包、发货为一体的仓库，与内地高校联合创办实训基地，打造专业的新兴媒体宣传场地。此外，还将开展电商培训，提升服务质量，带动更多年轻人创业。

案例 75

中云数据：电商为“沙漠”创造一片“绿洲”，带动地方产业由粗放型向集约型转变

大专毕业、参军、再深造、创业、返乡创业。这，是土生土长于甘肃省张掖市临泽县的“70 后”贾其煜的部分人生轨迹。

1995 年，高中毕业的他由于家庭拮据，忍痛放弃了大学梦想报名参军。三年军旅生活期间他忙碌而充实，学习钻研计算机相关知识，1998 年复员后考取了湖北黄冈师范学院计算机专业，主攻计算机硬件工程和程序开发。2005 年，凭借着灵活的头脑和果断的决策力，贾其煜创立了重庆吾爱科技发展有限公司，从事数字三维城市软件平台的设计和开发，在短短几年间取得了亮眼的业绩，并又创立了北京先域点睛科技发展有限公司，且先后在上海、北京等地成立了多家分公司。

然而，就在贾其煜创业的上升期，他却于 2009 年做出了一个令家人和亲朋好友感到突然的决定——返乡创业，反哺家乡。于是，2015 年初，贾其煜利用自己专业特长，成立了中云数据有限公司，构建以大数据汇集、大数据分析研判、大数据商业转化、本土综合产品网络营销、个人电子商务创业孵化、区域内产品线下体验、网络经济产业投资、电商平台人才培训为主要功能的电商孵化平台。

实现精准营销，在“沙漠”创造一片“绿洲”

说起让贾其煜不顾一切放下大城市的创业积累，在家乡小县城成立中云数据有限公司，就要从 2009 年说起。那一年，贾其煜借助家乡集体林权制度改革的东风，拿出自己开发计算机软件掘得的“第一桶金”，竞得 1 980 亩黄家堡村林场和3 840 亩西柳村林场，为实现自己的创业梦，他列出了“十年计划”，包括“沙漠变绿计划”“旅游综合开发”“推广生态治沙”“建立绿色基金”等。从此，贾其煜开始在家乡继续追梦，打造属于这片土地和自己的“沙漠绿洲”。

2015 年中云数据有限公司成立后，以数据处理体系和网络销售体系建设为基础，集大数据信息共享平台、电子商务创业孵化平台、中小企业公共服务平

台、智慧城市以及金融便民中心为一体，力求在县域内营造一种鼓励创新创业的环境，在推动大数据科技成果产业化的同时，最终实现临泽特色农产品销售的网络化、全球化。公司先后被甘肃省科技厅、团省委认定为“临泽电子商务众创空间”“甘肃省临泽县青年创业园区”；被甘肃省科学院认定为“甘肃省科学院临泽站”；被甘肃省人社厅、工信委认定为省级创业就业孵化基地；被中共张掖市委、市政府认定为“金张掖创新先锋”；被临泽县政府、商务局评为“临泽县电子商务示范企业”；被临泽县第一届电子商务协会选举为“临泽县电子商务协会会长单位”。

贾其煜这个沙窝窝里淘宝的“弄潮儿”，凭借着计算机专业知识与经营胆识，使公司做出的成绩获得了社会的认可。为了实现临泽优质农特产品的网络销售，公司建立了“淘宝・临泽馆”“京东・临泽馆”“苏宁・临泽馆”，以及阿里巴巴等地方特产馆和肉苁蓉系列、红枣产品系列等特色产品线下体验馆，以临泽小枣、果蔬肉类、红提葡萄等优质农特产品为销售突破口，帮助全县30余户专业合作社、个体商户开设网店，并联合西域公司、祁连红枣业等农产品加工企业开展临泽小枣线上促销，在大数据信息分析基础上，临泽县优质农特产品借助互联网实现了精准营销。贾其煜本人也先后荣获“张掖市创业带头人”“返乡学子创业之星”等荣誉称号，并当选临泽县电子商务协会第一届会长。

持续深挖地方发展潜力，电商助力传统企业转型升级

对于中云数据有限公司对家乡发展带来的社会价值，在贾其煜看来，首先还是要完善电子商务公共服务体系。他计划打造集本地电子商务行业服务资源和政府公共服务资源的电子商务公共服务中心、镇村服务站点，为当地电子商务发展提供“一站式”服务。按照“全程覆盖、按需服务”的理念，致力于服务平台打造和服务方式创新，坚持促进产业发展和服务企业发展相结合，充分利用和整合多方资源，打造临泽县公共服务中心，集政务服务、咨询服务、技术服务、人才服务为一体，创新公共服务模式，发挥电子商务产业集聚融合效应，进一步增强电子商务服务企业的品牌效应与协同优势。打造临泽电商服务品牌，助推临泽电商企业产业集聚，促进电子商务企业快速发展。

为农特产品打开销路只是电商企业服务于地方的一个切口，事实上，地处河套地区的临泽县除了农特产品，还有十分丰富的旅游资源可以挖掘。贾其煜希望公司通过相关业务，促进文旅产业融合发展。“以‘大旅游’理念整合交通出行、餐饮、住宿、购物、休闲娱乐等各类旅游信息资源，依托临泽七彩丹霞景区创建5A景区契机，建立临泽大数据旅游综合信息服务体系，丰富旅游信息服务渠道，进一步完善临泽旅游目的地营销系统，为游客提供全程、一体化、个性化的旅游信息服务。”贾其煜表示，推广“城市即旅游”理念，体现临泽“处处可看可玩”的大景区形象，打造城市旅游品牌，是公司拓展业务的一个主攻方向。开展“智慧旅游”试点示范，推动旅游信息多种发布平台建设，促进旅游信息和服务业信息交换，以旅游电子商务带动相关服务业发展。

作为一家电商企业，贾其煜认为，公司还有很多功能可以助力创业就业，其中一个重要功能即为完善电子商务投融资体系。通过成立临泽电商创业基金，专用于电商企业创业贷款扶持和电子商务企业发展短期贷款扶持；通过组建“创业风险资金池”，多方面协助企业开拓融资渠道，帮助企业进行风险预测、项目分析；鼓励县内银行积极开展基于电商交易支付记录的免担保、免抵押贷款业务，支持小微电商企业创业；积极推动各大银行与临泽县电商协会签署贷款授信，为协会内电商企业提供差异化、个性化的金融产品和服务。

对于中云数据有限公司而言，推进传统企业转型升级是一个大目标。贾其煜希望，公司可以助力临泽制造业实现从“临泽制造”向“临泽创造”的转变。企业通过专业的电子商务运营服务，在优化自身供应链、降低营销渠道成本的同时，更加关注设计、服务和品牌，大大提高产品的附加值，提高产品的议价能力，帮助制造企业实现个性、精准的营销，定制化的生产、柔性化管理。电子商务将成为临泽传统产业升级的重要推动力，促进其改进生产技术和生产方式，完成从粗放型向集约型的转变，有效提升盈利能力。

编 后

如今，“电商”这个名词已经完全被人们熟识，并深度应用于我们的工作和生活中，有的甚至已发生更新迭代。但在其问世初期，由于对“新朋友”缺乏了解，相处起来难免有些陌生，它的出现曾对传统行业带来冲击，曾使其经营者迷茫过担忧过。不过在今天，电商不仅成为各行各业不可或缺的“好朋友”，更成了助力传统行业转型升级直上青云的“风口”。

在其“助攻”下，城市工业品进入农村，农村特色产品走进城市，大山深处的优质农产品卖出了好价钱，都市里的消费者买到了生态绿色的好产品，电商就像一条商品流通的“大动脉”，打通广大农村市场的“毛细血管”，为乡村振兴输入了新鲜血液。电商与乡村振兴之间，电商与返乡入乡创业之间，似乎天生有着割不断的联系。电商在使农村群众享受信息化红利的同时，也使农村青年等人员返乡入乡创业有了新的载体，从而使创业就业增收有了新的门道。

第十章

二轮驱动："龙头企业+合作社"驱动返乡经济

编者按

在分析返乡经济时，会发现两个因素至关重要——一个是整合土地、劳动力等农业农村资源的专业合作社；另一个是引进新品种，推广新技术，用合同连接农民和市场，用品牌包装推销经过深加工的农产品，并不断对产业链进行拓展和延伸的龙头企业。它们是驱动返乡经济重要的"两个轮子"，助力返乡入乡创业的梦想驶入快车道。

案例 76

湘都农业："龙头企业+合作社"，多业态融合实现村企共赢

"我土生土长于农村，曾当过村干部，那里是我最初的成长之地。时隔多年，农村这片土地、农村的人和物依然牵动着我的心。三农工作是我的起点，也一直是我没有完成的梦想。我决定回到农村、回到家乡，投身到家乡建设、服务三农的事业中去。"这是湖南湘都生态农业发展有限公司董事长刘跃华，在 2016 年向原供职单位提交的辞职报告中的肺腑之言。

村团支书、党支书，乡计生干部、农办主任和副乡长，县政府驻京办副主任、县信访局副局长……就是这样一个人，毅然放弃公职，加入返乡创业大潮中。从普通公民到公务员，再到科级干部，刘跃华丰富的工作经历决定了，由他创立的湘都生态农业发展有限公司在带动"三农"发展上，注定要走一条不寻常的路。

湖南湘都生态农业发展有限公司于 2013 年成立，经营项目包括生态种养、产品加工、物流集配、直销餐饮、观光休闲、旅游接待、学农实践、会务度假、科普教育等，为实现当地由地下煤矿资源向地面生态农业的转型发展，公司在湖南省长沙市宁乡大成桥镇永盛村打造了业态丰富的湖南湘都生态农业园。规划面积 2 600 余亩，预计总投资 6 亿元，已完成投入 2.6 亿元。园区以绿色庄园、生态产业、健康生活为发展理念，以农业为根本、农村为基础、农民为主体、公司为载体，实行土地租赁和产权托管，充分利用农村闲置资源，探索农村一二三产业融合发展，打造现代农业农、旅、购相结合的田园综合体。

多业态复合，推进农村一二三产业融合发展

作为当地的龙头企业，湘都生态农业发展有限公司的发展模式中最突出的特点即为多业态复合，本着"基在农业、利在农民、惠在农村"的基本思路，通过农业"接二连三"和前延后伸，推进农村一二三产业融合发展，从而实现农业多业态复

合发展。

通过几年的运营发展和逾亿元的资金投入，公司形成了三大业务板块。一是种植养殖业和农产品加工业，生产和销售蔬菜瓜果以及宁乡花猪、桂花虫草鸡、生态鱼等鲜农产品和坛子菜、腊菜等加工产品，并完善物流、配送与网络实体销售的完整农业生产经营产业链条。二是餐饮服务业，在多年餐饮经验的基础上保障食材供应，坚持品质，提升品位，凸显品牌。目前，在宁乡、长沙、北京、广州、深圳、上海等地开辟了餐饮品牌连锁店。三是乡村旅游、休闲拓展、功能山庄的园区服务业，开发了针对幼儿园、中小学生的大自然体验和教育的小花猪乐园，开发了针对成人运动的拓展项目，开发了以大自然为主题的婚庆项目和农村民俗文化体验项目。

湘都农业园的建设发展始终坚持生态路线，打造放心品牌，形成“秀美山水养眼福，农副产品饱口福，文化体验享幸福”的美丽园区，成为农民增收致富的重要平台。成立“湘品出湘”电子商务平台，拓展产品销售渠道与市场，并以农业、农村为基础开发乡村旅游。在项目实施过程中坚持农民主体定位，充分尊重农户意愿，由农民自己做主，不搞行政命令，以土地资源、房屋资源、劳动力资源为基础，积极探索农村发展新模式，实现农庄和农户共赢。

公司通过多年的探索，打造出以“产业、安全、价值”为核心的三大链条。一是完善产业链。从种菜、制菜、运菜、贩菜、炒菜五个环节，阐释生态食材由田间到餐桌的全过程。二是强化安全链。园区以良地、良水、良肥、良法、良制五个要素，打造产品质量安全体系。三是提升价值链。以农地增值、农房创收、农村旅游、农业高效、农民致富五个关键，使产品、产业价值全面彰显。

如今，公司已成功实现一、二、三产业的融合发展，打造了持续创新的盈利模式，从而实现三大业务板块的盈利。在农产品产业链板块，2019 年实现销售收入 1 499万元；在餐饮服务业板块，实现收入 2 670 万元；在乡村旅游板块，实现销售收入1 013万元。三大板块 2019 年共计销售收入 5 182. 75 万元，利润 568 万元。

不把农民当负担，企业与农户共享共赢

如何处理与当地农民的关系，是困扰很多农庄的一个关键问题。对此，湘都的回答是，“不把农民当负担，而把农民当财富”。公司以农村闲置土地、房屋、自然景观、人文景观、农耕文化、传统农业文明及农村富余的劳动力等资源为依托，以农业产业为基础，以农业功能拓展为重点，实现了园区与新村共融、共建，企业与农户共享、共赢。

具体来看，公司对闲置民房、闲置学校、废弃矿区进行了改造。共计投资1 000余万元对当地30户改建民房，由公司统一经营管理。投资近1 500万元将闲置学校改建成农产品加工基地，新增腊制品、坛子菜生产线和全套检测、包装、冷链设备设施；将原有山塘改扩成蓄水区，解决了园区内蔬菜、水果基地的灌溉和泄洪问题。企业园区与村民融合共建，不但美化了环境，同时村民素质也得到了提升，为企业的可持续发展注入活力，为农民增收致富提供了稳定的平台，园区呈现出一片新农村的崭新风貌。

在湘都看来，农地增值是规模流转土地，因地制宜，合理布局，加强利用，规模经营，系统管理；农房创收是充分利用闲置学校、民居、废弃矿区，进行整体改造，实现高效创收；农村旅游是开发农事体验、水上娱乐、科普教育、会务培训、亲子养老等系列乡村旅游项目；农业高效是调整现代农业发展方式，建立管理、质控、溯源体系，实现标准化生产、产业化经营、品牌化营销；农民致富是改善农民生活生产环境，在带动农民增收方面以土地租金、房屋入股、经营提成、一家一品、工资薪酬、零散务工等多种形式，让农户拥有多种收入来源，致富一方百姓。

通过充分利用农村闲置资源打造大平台，湘都规模流转土地1 000余亩。在对农民闲置民房进行民宿改造的同时，公司聘用农户管理房屋，采取“公司+合作社+农户”的合作模式，成立6家合作社，带动周边4个乡镇的基地和农户经营发展，指导小农户生产，对农企、农户组织定向技能培训，引导外出务工人员回乡创业。

此外，园区种养加工、物流配送和乡村旅游项目，直接吸收和接纳当地各类劳动力500余人，间接带动当地就业近1 100人，并使当地农户每户年平均增收在2.8万元以上，间接带动就业人均年增收5 000～8 000元。6年来，公司支出土地房屋租金、人员工资、社保、税收、利息、管理运营费用9 600余万元。

案例 77

领尚农业：从田间到餐桌的全产业链探索

“在全省推广‘领尚模式’。”2019 年 5 月，湖北省蔬菜工作现场推进会上，湖北省农业厅副厅长陈志勇在讲话中要求道。“领尚”是谁？“领尚模式”又是啥？

2015 年，湖北领尚生态农业有限公司由“80 后”的退伍军人方辉创建，注册资金 1 000 万元。方辉专注现代农业产业创新运营 8 年，坚持“聚资源、建平台、做服务”发展战略，恪守“绿色+特色”“线上+线下”核心理念，专注农产品研发种植、品牌孵化、整合营销。拥有天门市农业产业孵化中心、天门市蔬菜产业化联合体、领尚生态农业星创天地、领尚生态农业合作社联社、五福农产品种植专业合作社、领尚养殖扶贫产业基地和领尚梦享农场等自建平台和实体。负责运营“天珍”农产品公用品牌，注册商标“天尚福”“领尚田园公社”“虾田香谷”“多宝”深受消费者青睐。聚焦养生休闲，拓展“天耕梦旅”“银发引流”日趋旺盛。成功摸索出“小站点服务，大联合支撑，多平台营运”发展模式，致力于从田间到餐桌的全产业链生活保障服务。

对于领尚的探索，2019 年 4 月，湖北省省长王晓东在天门市调研乡村振兴时，对该发展模式予以充分肯定，遂湖北省开始推广“领尚模式”。

小站点服务：完善产业链对接服务插口

为了把农业产业服务做深做实，让农民种地一路有人帮、有人教、有人带，种出好产品，卖出好价钱，近年来，领尚农业在天门全市建立了独具服务特色的领尚服务小站，领尚小站分区域和产业确定，每个小站服务面积为 5 000 ~ 10 000 亩。

领尚小站的职责主要包括：拓展用户、统计需求、发放农资、回收产品、全程服务。其中，全程服务具体为“六托管”“六统一”服务，推进“八化”工程，全面打通农业产业链服务体系。领尚小站本着厂家直供降成本、专家指导保品质、一站服务增效益的服务宗旨，主推项目分为：优质大米工程——推广国标优质稻，主推“兆优5431”“桃优香占”“鄂中5号”三个品种；高品质稻虾产业——推广“虾稻”“鳅稻”“富硒稻”等绿色优质种植模式；绿色放心蔬菜工程。

大联合支撑：形成产业服务强大后台

领尚小站虽小，但服务面广、量大，还承担着不可预知的自然风险和市场风险。要保持小站稳定运行和可持续发展，必须为小站建立强大的后台支撑。

为此，领尚构建了富硒产业联盟。由领尚生态农业牵头，组建了天门市富硒产业联盟。联盟内部资源共享、信息互动、标准互认，建立立足天门、辐射江汉平原的科技项目合作机制和科技成果转化平台、富硒产业信息化交流平台。

另外，领尚还拓展了新型合作平台，与湖北省农科院达成合作，实现全省“农事无忧”平台与天门市三农大数据中心的链接，这是湖北省农业大数据平台首次与企业链接试点。与湖北长江垄上传媒集团“乡村振兴·全媒体服务平台”达成合作并成立长江云-垄上农学院天门分院，聚集湖北省内外一批顶尖的农业专家、教授，形成培训新型职业农民专业平台。

除此之外，领尚打造了产业化联合体。2018年，联合湖北省内外14个集团公司和2个合作社联社，组建天门市领尚生态农业产业化联合体。2020年4月，组建天门市蔬菜产业化联合体。同时，聘请中国科学院水生生物研究所、湖北省农业科学院、华中农业大学等10家科研院所，桂建芳院士、王忠卫研究员、封安轩博士等15名专家学者组成了国内顶尖的科研团队，对领尚小站给予科技支撑。

多平台营运，打通农产品整合营销服务终端

2020年新冠肺炎疫情的突然来袭，不仅让湖北人民经受了莫大的考验，同时也在现实中验证了“领尚模式”的可行性。抗疫期间，领尚生态农业有限公司第一时间捐赠口罩2万个，向襄阳市社会福利院捐赠价值共计38万元的富硒大米5吨、新鲜蔬菜5吨。1月26日开始，公司召集全体员工并招募了一批符合条件的工作人员30人，利用电商综合服务平台和青商联合会平台，为市民提供有关服务。线上5人24小时接单，线下组织8台车21名员工为居民配送货物，共含十多个种类五十多个品种，从基地直达市民手中。公司还陆续为市民配送1 000吨以上的物品。同时，响应政府号召，积极开展“主城区平价蔬菜配送”活动，贴资为7个社区居民配送“10元15斤”蔬菜1.5万份。

疫情期间能有如此作为，得益于领尚多年的积累及多平台运营的模式。一方面，在天门市委市政府、市农业局、市商务局的关怀指导下，领尚农业投资 3 500 万元，完成了“三个中心”建设：天门市富硒农产品展示营销中心、天门市三农信息大数据中心、天门市电子商务服务中心。目前“三个中心”三位一体，成为全部平台营运的基石。另一方面，领尚与湖北长江垄上传媒集团打造梦享农场综合性新型农业产业链孵化平台，聚焦“养生+休闲”，推动三产融合。采取“媒体+农业联合社+农产品加工厂+社区专营店+农业生态旅游”的模式运作。

不仅如此，领尚还构建了线上线下运营平台。线上互联网交易平台包括华中富硒农产品交易网和梦享农场电商平台及湖北垄上行直播平台，淘宝、京东、拼多多等 20 余家第三方运营平台；线下交易平台包括梦享农场专营店 93 家、领尚田园公司专营店 15 家。公司已孵化品牌 260 种，注册商标有“天尚福”“领尚田园公社”“虾田香谷”“多宝”等。在天门市政府和市直相关部门的大力支持下，由领尚生态农业负责管理营运的“天珍”农产品公用品牌，已被写入 2019 年天门市政府 1 号文件，作为全市农业产业的品牌特色工程进入全面实施阶段。由领尚农业着力打造的“天耕梦旅”农旅公共品牌，蕴含了“天门特色农耕文化品梦之旅、与时俱进农耕文化追梦之旅、天人合一农耕文化圆梦之旅”的内涵与特色，目前已推出三条农耕文化休闲体验线路，月接待游客达 5 000 人次。

值得一提的是，在上级相关部门大力支持下，领尚成功完成了领尚生态农业星创天地的构建。领尚生态农业星创天地建立办公场地 7 200 平方米，建立导师团队 9 人，合作电商平台 21 个，建立线下服务平台 108 个，聚集创客和创业企业 46 家，培育新型农业经营主体 11 个。其中，领尚生养殖扶贫基地项目积极助力脱贫攻坚，成为天门市产业扶贫精品项目。领尚生态农业星创天地于 2018 年获得国家、省级和市级的三重授牌。

案例 78

鑫源农副产品开发：以培训促创新，带领更多人走上科技致富路

在当地就业部门的支持和帮助下，公司组织专业技术培训 2 000 人次，尤其是对困难群众的引导培训效果明显。其中，带动贫困户脱贫 98 户，公司为保护农户利益，以保护价收购菇农产品，为其解决了销售难问题，解除了菇农的后顾之忧。

这就是一家省级农业产业化重点扶贫龙头企业的作为，它就是坐落于辽宁朝阳县大庙镇的朝阳鑫源农副产品开发有限公司，是一家集科研、生产、基地开发、产品回收加工、销售、新技术引试种、推广农民专业合作组织为一体，采用“龙头企业+合作社+基地+农户”发展模式的企业。与之合作的合作社是市、省级示范社，2012 年被评为国家级 600 强示范社，2015 年被国家供销总社评定为国家级示范社。目前拥有职工 80 人，专业技术人员 8 人，基地农户 2 000 余户，年产鲜菇 3 万余吨。

“龙头企业+合作社”：规范主导产业发展

食用菌产业发展必须从源头抓起，菌种是产业发展关键环节。近几年菌种市场混乱，市场管理不规范，菌种纯度低、抗污染能力差、栽培种不纯，给从事食用菌生产的农户带来了巨大损失。为解决菌种混乱难题，公司以龙头企业的担当，建立了食用菌育苗中心。年生产能力为 500 万袋，可供应 5 万户食用菌生产农户用上优质高产、高效的菌种。

为了使公司与农户“捆绑”在一起共进退，公司与农户建立了利益联合体，以合作社为依托，在朝阳百万亩设施农业中发挥食用菌的主导产业作用。目前，食用菌生产基地发展成为黄河以北最大的食用菌生产基地。同时，公司也成为辽西北标准化最高的菌种生产企业，原母种制作储藏，一级母种、二级种转繁、三级栽培种生产，对成熟的技术和先进的设备设施严格把关，基本形成了密闭无菌的操作生产流程，确保菌种质量。

中心菌种生产方式采取固体、液体、固体和液体结合枝条种制作三种生产方式。中心购买了先进的设备设施，设有研发实验室，先进的菌种生产线、灭菌室、冷却室、接种室、培养室、菌种储藏室，以及高压灭菌锅、高压灭菌柜、高压锅炉、常压锅炉、原母种储藏柜、万分级超净工作台、显微镜、磁力搅拌器、液体菌种培养摇床、空气净化器、恒温箱、接种机、接种箱、装袋机、输送机、液体菌种培养灌、制冷机组等各种相关设备。几年来，从专业科研院所引进 5 大类共 318 个品种，经过筛选、试种、培育，适应当地栽培环境的优良品种共计 38 个。公司生产的优良菌种抗逆性强、口感好、产量高、耐运输、色型正，深受广大菇农好评。

在这种合作模式下，公司研发的“菇农乐”系列食用菌专用增效剂和防污染剂，填补了国内食用菌技术空白，获得国家级发明专利。2014 年，申报双孢菇液汰菌种制作使用技术及国家级发明专利。通过使用新技术、新产品，产量提高 10%、污染率降低 8%、附加值提高 20%，生产出的产品为无污染纯绿色食品。技术突破使得每棚每户增收 8 000 元。业务扩展到朝阳市各县市区及辽西、内蒙古等地区十几个城市。鲜品、干品礼盒销往国内各大中城市的批发市场和超市；腌渍品经保鲜加工，销往国内国际市场。

“龙头企业+合作社”：推进科研创新加强技术指导

公司拥有东北三省最大的平菇生产基地。以朝阳富民食用菌专业合作社为依托，辽宁省人民政府授予大庙镇“食用菌之乡”称号。食用菌高新技术的推广使用被科技部立项为科技型中小企业技术创新企业。2017 年被认定为高新技术企业，并被国家标准委评定为国家级绿色食用菌标准化生产提升项目。

能获得如此多的荣誉，得益于公司对科研的大力投入，目前已累计投入科研经费 100 余万元。在科研团队中，从事食用菌专业技术研究人员 8 人，其中，获高级职称 2 人、中级职称 6 人。同时，公司是辽宁省微生物科学研究院专家特派团单位，科研部门与公司全体员工共同努力，在食用菌产业提质增效方面投入了大量工作。

另外，在市、县科协的指导和帮助下，公司成立科普惠农服务站。在技术指导方面，公司采取产前集中培训、产中现场指导的方式，通过几年的发展，为菇农提供技术集中培训 10 000 人次，借读科技图书 6 000 多人次。视频服务站则长期为广大菇农提供技术服务，一些技术上的小问题可通过视频指导进行解决。科普惠农服务站成立以来，通过长期的视频技术指导，既方便了菇农又提高了工作效率。科普惠农视频开通以来，累计为菇农进行视频技术指导 8 000 余人次。专业知识的提升促使食用菌产业稳步健康发展，为农民增收致富奠定了坚实的基础。

除此之外，公司还提供优质菌种，在技术上全程跟踪指导。例如，通过对含有专利技术生产原料的有效使用，以保护价收购农户产品，使食用菌产业形成高产、提质、增效的良好局面，从而以每棚栽培 1 万袋计算，可获得纯收入 4 万余元。目前，菇农的生产积极性明显高涨。

未来，公司还将扩大规模生产并延伸产业链条，通过对产品进行精深加工，提高产品附加值，将菌酱、菌酱油、调味品、保健品等系列产品逐渐推向市场，实现通过科学技术改善家乡经济面貌的梦想。通过食用菌产业的发展，带领更多人走上科技致富之路。

案例 79

劳务农民专业合作社："众人拾柴火焰高"，专业合作社促农村闲置劳动力就业增收

"现在的日子是越过越红火了！" 现年 49 岁的云南大理巍山县永建镇打竹村彝族村民左家富，是巍山县打竹村祥安农民劳务专业合作社发起人之一，全家 3 口劳力在下关打工，每年可获得 10 万余元的经济收入。合作社成立后，左家富带领周边 20 多名工人外出，家里买了车，盖了楼，还在下关泰业买了商铺，每年仅租金收入就有 3 万余元。

左家富的例子是巍山县通过就业扶贫增加农民收入的一个缩影。为贯彻落实就业扶贫政策，发展扶贫产业，为群众搭建就业创业平台，增加农民收入，助力脱贫攻坚，在大理州人社局、巍山县委、县政府、人社局的指导和帮助下，巍山县永建镇结合产业发展和劳动力转移就业情况，组建了两个劳务农民专业合作社。

劳务农民专业合作社将农村劳动力组织起来共同从事农业劳作、产品销售、就业扶持、劳务输出、绿化保洁等劳务服务活动，实现了劳务专业合作社与务工群众帮扶带动、互惠共赢。标志着巍山县农村劳动力转移就业工作又迈上了一个新台阶，告别了过去打工散兵游勇的单打独斗状态，将分散劳动力团结起来拧成一股绳，互

帮互助着力打造属于巍山的务工品牌，开辟出一条务工致富的新路径，为巍山劳动力转移就业、经济社会发展和脱贫攻坚做出新的更大贡献。

外出务工社会问题凸显，农民劳务合作社恰逢其时

巍山县二三产业发展滞后，地区经济环境复杂严峻、投资拉动后劲不足、消费增速整体缓慢，岗位需求少，外出务工成为一条风险最小、见效最快、成本最低的致富路子。

近年来，劳务收入虽然已成为巍山县农民增收的主渠道之一，但是存在劳动力技能水平不高、组织化程度较低、劳动维权意识不强等问题，随着外出务工人员逐年增加，土地闲置、婚姻家庭矛盾、留守儿童和空巢老人心理健康等问题也日益凸显，加之县内劳务市场发育不全、农村劳动力整体素质偏低等原因，无法离乡、无力离乡人员就近就地转移难度大。针对这些问题和矛盾，巍山县积极探索，走出一条既能促进本地农民增收又能解决社会问题的新路子——农民劳务合作社。

巍山县通过对就业扶贫政策落地情况进行实地调研，在永建镇永安打竹村建立了大理州第一个劳务农民专业合作社——祥安农村劳务农民专业合作社，探索出“帮扶带动、互惠共赢”的劳务合作模式，取得了初步经验。在此基础上，为进一步深化拓展劳务农民专业合作社功能，构建“劳务+产业+创业+培训”模式，提升劳务转移输出的组织化程度，巍山县在永建镇永利村组建了第二个劳务农民专业合作社——振兴劳务农民专业合作社。

将能人组织起来，专业合作社让“人人有技术，全民在务工”

2010 年 2 月，新“关巍”公路开通，打竹村距离州城仅有 1 小时车程，一部分村民从封闭的大山里走出来，到大理市、下关市务工，左青山、左家富、左情珍就是其中三位。随着人们生活水平的提高，在大理市、下关海东一带，家家户户开始盖新房，左青山见此紧抓机遇，开始了民房建筑浇灌、封顶等工作。通过不断学习建筑技术，他接的活儿越来越多，做得也越来越好，没多久便当上了包工头，随后，他将村里的闲散劳动力动员起来做建筑工，凭着吃苦耐劳的精神和过硬的技术，在当地打出了名气。在左青山的带动下，村里的左家富和左情珍也相继当起了包工头，形成了良好的致富带头人效应。针对这种状况，巍山县人社局在州人社局的指导下，决定探索一种新的劳务模式，建立农民劳务专业合作社，将一批能人组织起来，“众人拾柴火焰高”，带动更多的人脱贫致富。

在2019年2月成立的祥安农村劳务农民专业合作社由5户社员发起，40多户社员参与，目前已带动150多名农村返乡劳动力实现就业，该合作社的成立标志着巍山县在劳动力返乡创业组织化有序管理方面取得了新的突破。目前，打竹村祥安农民劳务专业合作社组建了建筑、核桃加工、彝族刺绣三支队伍，每支队伍都开展了技能培训，并取得相关技能证书，全村呈现出“人人有技术，全民在务工”的景象，返乡人员及村民的收入不断提高，生活水平也随之上升。这个过去经济落后、基础薄弱、群众生产生活困难的小村庄，如今已变成了经济发展、民族团结、生态宜居的美丽彝村。

44岁的彝族妇女左家秀是一名残疾人，也是巍山县打竹村祥安农民劳务专业合作社社员之一，农闲时，她可以通过绣服装创收，所绣服装最远的已销往韩国、日本。就凭这一项，她一年即可获得5万余元收入。靠着自己的巧手，左家秀不仅增加了收入，加入合作社后，还将刺绣手艺教予身边的姐妹，带动村里无法外出务工姐妹们就地就业，同时，也传承和发展了彝族绚丽多彩的民族服饰艺术。

不过，巍山县打竹村祥安农民劳务专业合作社的社员主要在县内和州内县外务工，省外务工人员少，服务对象单一，且由于合作社成立于一个自然村，覆盖面较窄，合作社的作用无法达到预期效果。对此，巍山县决定在永建镇永利村委会成立第二个劳务农民专业合作社——巍山县永利振兴劳务农民专业合作社。

搭起劳务用工平台，促进农村闲置劳动力就业增收

对于打工者而言，“一技在手，吃穿不愁”。劳务合作社采取“技能培训+劳务输出+产品外销”的“一条龙服务”模式，自合作社成立以来，共组织培训2期4班213人次，其中建档立卡贫困户18人次，手工红茶生茶制作108人次、家禽养殖105人次，通过培训进一步提高了社员及附近村民的技能水平，提升了就业能力。

另外，劳务合作社通过微信、淘宝、邮乐网、优帮帮等网络营销平台，将7家企业的咸菜、核桃、茶叶、木瓜丝、姜片、蜜饯、刺绣等32个农副产品推广到全国各地。同时加大产品的宣传力度，提升影响力，增加产品的销售量。目前，已将盟源公司、阿米咸菜、同意村红河源茶叶产销合作社等企业的农副产品通过电商平台远销至上海等地，营业额达20余万元。

劳务合作社将周边企业和务工人员集中起来，为其搭建了劳务用工平台，以合作社名义对外承接各项业务，对接省州县各地用工企业，提供劳务服务，维护社员的劳动权益，促进本地农村闲置劳动力就业增收。目前，共介绍用工450余人次，其中与大理市的大理柏景农林发展有限公司签订了用工协议，并向该公司转移输出劳动力200余人次。

劳务合作社每年春节组织召开1次返乡创业座谈会，每年至少动员1名务工返乡人员创业。2020年春节前夕，当地组织53名返乡农民工召开了永建镇永利村2020年迎新春返乡农民工座谈会，共同交流就业创业经验，向返乡农民工积极宣传就业创业政策，鼓励返乡农民工增强信心，树立正确的观念意识，抓住机遇，发挥特长，积极回乡就业创业，为家乡经济社会发展、乡村振兴发展贡献力量。

案例80

云波鹅业：龙头合作社的养鹅之道

俗话说，“虾有虾道，蟹有蟹道”。在河南原阳县，鹅也有鹅的致富之道。20多年前，河南原阳县路寨乡指挥寨村还是全县的贫困村，当地农民仅靠自己的一亩三分地为生，人均年收入不足千元。如今，通过原阳县路寨乡云波鹅业农民专业合作社，村里围绕“养鹅”做文章，以鹅苗孵化、养殖以及商品鹅深加工为主要方向发展产业。

目前，合作社流转土地1 200余亩，已辐射98个孵化场和屠宰场，并带动周边党寨村、柳园村等十多个行政村500余人就业。2019年，全村有恒温运输车辆150余辆，鹅苗远销新疆、海南、江西、黑龙江，甚至台湾等地，带动劳务、运输、兽药、餐饮、劳务输出等行业的发展。仅此一项纯收入就达5 000余万元，产值3.5亿元，成为全省鹅苗孵化产业的龙头，被中国鹅业发展大会、中国鹅业经济实体联合会、全国鹅业技术产品推广会、中国鹅网（简称“国鹅三会一网”）誉为“国鹅孵化产业第一村”。探索走出了一条现代农业产业化发展之路，实现农民的共同富裕，成为乡村振兴发展特色农业的先行者。

鹅：为什么是我？

鹅的全身都是宝：鹅翅、鹅掌、鹅肝、鹅胆、鹅肠均是宴席上的美味佳肴，鹅肉、鹅肝、鹅胆、鹅油、鹅毛还是食品工业、医药工业、化工工业、饲料工业的重要原料。鹅绒是宝贵的轻工原料，加工制成羽绒被、羽绒服、羽绒垫是市场上的高档畅销物品，1 吨含量 70% 的羽绒出口高达 6 万美元。

日本在“一杯牛奶强壮一个民族”的膳食行为中大为受益，绿色食品是人们对高质量健康生活提出的一种新要求，也是新时期新消费的迫切需要。从现实情况来看，鸡、鸭的饲养很难不添加化学成分。而鹅是食草家禽，且拥有特殊的消化系统，通过以草养鹅可达到绿色食品标准。

原阳县位于河南省北部的黄河滩区，面积大、植被丰富，利于养殖业的发展。原阳县委、县政府对养殖业的发展十分重视，确定了原阳县畜牧业发展的指导思想，以市场为导向，以提高收益增长、增加农民收入为目标，以提高质量优化结构发展、规模深加工为重点，依靠科技自主创新实现品牌战略，大力发展规模经营加快畜牧业产业化进程，努力把畜牧业发展成为支柱产业。

原阳县发展特色养殖业的需要也是河南省“十四五”期间发展畜牧强省的需要。从河南省农业结构调整来看，无论是养殖业规模、畜产品加工、畜产品外调方面，都位居全国前列，但还不能称为畜牧强省。在“十四五”期间，畜牧业“强”的标准不再是养殖规模，而是涉及畜牧产品质量、产业链条、社会服务功能。发展以鹅产业为代表的畜牧业对大力发展县域经济、壮大区域经济、解决畜牧业发展问题和全面建成小康社会发挥着重要的推动作用。

事实上，原阳县在发展鹅产业的同时，也为当地贫困人口找到了很好的脱贫致富门路。指挥寨村贫困户朱学凤因缺技术、少资金，对致富缺乏信心。路寨乡云波鹅业农民专业合作社出资 80 000 元建起了小型孵化场，并从技术上对像朱学凤这样的贫困户进行指导。鹅苗孵化出壳后，利用合作社的网站帮助其进行销售，通过合作社的帮扶，已有 3 家贫困户建起了鹅苗孵化场，党寨、路寨等村 17 户贫困户 22 人入社经营，并最终实现了脱贫致富，使他们树立了对美好生活向往的信心和希望。

养殖户：鹅要怎么养？

为了推动原阳县鹅产业发展加快步伐，云波鹅业农民专业合作社实行双赢管理模式，为了确保养殖户的效益，扩大养殖规模，合作社对养殖户实行统一供苗、统一供料、统一用药、统一管理和技术服务以及统一回收的“五统一”运营模式，确保养殖户的养殖效益最大化。

在统一供苗方面，合作社向养殖户提供优质商品化鹅苗；在统一供料方面，合作社提供统一饲料，采取最先进的饲料配方，并且生产全过程由动物营养学专家提供技术支持及质量监控，确保饲料质量，保证肉鹅在生长过程中的营养需求从而保证养殖效益；在统一用药方面，合作社集中采购疗效好、价格低的药品向养殖户提供，保证药品疗效，控制价格，降低成本；在统一管理和技术服务方面，养鹅户应要求进行养殖，方便合作社的管理及管控，由合作社向养殖户提供技术服务，并有专家及时答疑解惑；在统一回收方面，合作社与养鹅户签订定价回收协议，以规定的时间对养鹅户的商品鹅进行回收，为了确保养鹅户的效益，合作社以每只商品鹅高于市场价 12 元的价格进行回收。

不仅如此，合作社还增设了种蛋基地。众所周知，鹅的产蛋季节性很强，产蛋周期在每年的 2～6 月份，过了周期则不再产蛋。同时，由于我国地域辽阔，不同地域适合不同品种鹅的生长。根据合作社的长期调查研究发现，四川白鹅、皖西白鹅、霍尔多巴吉、莱莹鹅、郎佳鹅、白罗曼等品种优良，适应性强、产蛋率高。为了满足广大养殖户的不同需求，合作社分别在四川、重庆、黑龙江等地设立 6 个种蛋基地，为了长期孵化鹅苗，还投资 700 万元修建冷藏基地，确保孵化场一年四季都有种蛋供应，可常年根据养殖农户的具体条件和要求提供相应的种苗，为实现千万农民的就业致富和乡村振兴作出应有贡献。

除此之外，还需做好黄河滩区绿色养殖。随着生活水平的提高，人们对无病、无药残、无激素的“绿色”鹅肉需求巨大。目前，无公害鹅肉生产仍处于起步阶段，市场供应量远远无法满足巨大的市场需求。合作社将以草养鹅作为抓手，鼓励养殖户以草养鹅。原阳县黄河滩区地域辽阔，涉及蒋庄、大宾、陡门等 5 个乡（镇）82 个行政村，面积约 350 平方公里，水草丰富，是种草养鹅的首选地。据市场调查显示，喝黄河水、吃黄河水浇灌的草养殖出的鹅生长周期短、无病害、肉质高，比普通的养殖效益更高，在市场上每公斤价格高 12 元，远销重庆、上海等地。

合作社：产业如何做大做强？

指挥寨村依托传统优势，努力把鹅产业做大做强，更好地为广大社员服务。

一方面，创建指挥寨村农民工创业园。指挥寨村现有鹅苗孵化场 56 个，商品鹅屠宰场 2 个，为进一步提升形象，对全村鹅苗的孵化、销售进行科学规划。首先是依据全县的规划，对全村孵化场进行规划，统一规划建设占地面积300亩的产业园区，不在产业园区的孵化场要限时搬迁进入产业园，并对水电、消毒、销售、运输等环节进行统一管理。在村两委的领导下，成立产业园区管理办公室，制定《指挥寨村孵化场管理制度》，由产业园区管理办公室工作人员对全村56个孵化场进行指导和服务，统一进行防疫、销售等工作。其次是形成品牌经济，依托“一村一品”优势，进行商标注册，形成自己的品牌，向品牌要效益，向品牌要成果。

另一方面，实施乡村振兴战略。“产业兴旺、生态宜居、乡风文明、治理有效、生活富裕”是党的十九大报告中提出的实施乡村振兴战略的总要求，在实际工作中，实现乡村“产业兴旺”，是乡村振兴的核心，也是我国经济建设的核心。唯有乡村产业兴旺，才能从根本上解决农村的社会问题，走上可持续发展道路。合作社将依据传统优势，把鹅产业做大做强。向高端要效益，向品牌要效益，走自主创新之路。

此外，推进鹅产品深加工工作，进一步与新疆天山牧歌集团进行合作，响应祖国西部大开发号召，依据新疆“民族大团结建设新家园”的优惠政策，依托新疆地域辽阔、牧草丰富、污染较小的独特优势，合作社计划在新疆建设占地5 000亩的养鹅基地，引进国内先进的禽类屠宰分割及加工设备。项目建成后，可吸纳200人就业，年屠宰畜禽将达3 000万只，加工鹅羽工艺品30万件，生产熟食3万吨，成为大型畜禽生产加工基地。

案例81

宁田农机：坚持绿色发展路，合作社实现从种植到收割的农业机械化一条龙

一把镰刀、一顶草帽、一个简易行囊，“麦客”就可以出发了。每逢麦熟季节，农民开始外出走乡串户，到广大农村田间地头帮助当地农户收割麦子，这一现象曾经流行于我国陕甘宁一带，以这种外出作业方式务工的农民被称为“麦客”。不过，随着经济社会高速发展，农业机械化水平不断提高，这种靠体力谋生的“麦客”群

体已逐渐淡出人们的视野，取而代之的是现代化农机装备，不仅大大提高了麦收效率，还解放了农村劳动力。

宁夏回族自治区石嘴山市平罗县宁田农机服务有限公司，就是一家以农业全程机械化作业为主的农业合作社。不过不同的是，该公司的另一个主要业务是种植优质富硒水稻，实现了从种植到收割的农业机械化一条龙服务。宁田农机服务有限公司是由平罗县返乡创业大学生叶甜创办的，公司地处平罗县姚伏镇小店子村，东邻惠农渠，西邻 109 国道，与小店子村签订了流转土地 1 030 亩。

近年来，公司积极响应政府号召，引进优质水稻品种“小粒香——吉红 6 号”，采用机械插秧的种植技术，创建 215 亩以渔制碱稻渔空间综合种养示范园区，用农家肥代替化肥，在优质绿色的土壤环境中种植出更天然有机的优质宁田大米。目前，公司已完成自有品牌“宁田”大米的商标注册。

宁夏盛产大米，清朝曾居“贡米”之列，“天下黄河富宁夏”，得益于独特的地理优势和灌溉优势，宁夏土壤富硒含量位于全国之首，优质的土壤环境和科学绿色的种植方式，产出了色泽饱满、口感软糯香甜、富硒含量高的“宁田”稻花香米。“宁田”稻花香米选择线上线下结合的销售模式，线上与阿里巴巴绿色助农电商平台签订了合作协议。稻渔综合种养模式实现了生态效益和环境效益的双赢，稻田种养结合示范推广颠覆了传统耕作模式，促进了现代农业发展，带动周边农户就业，提高了农业综合生产能力。在现有稻田渔业生态养殖的基础上实现了稻、鱼双增目标，为大面积推广提供了科学依据。科学的种植技术结合农业全程机械化，再叠加多年的种植经验和绿色高质高效的种植理念，使得公司基地水稻亩产量已达 1 200斤。

值得注意的是，伴随着水稻种植面积的增加，水稻秸秆利用率较低，周边农户主要采取焚烧的方式进行处理，经济效益低且污染环境。为此，公司积极响应政府号召，承担社会责任，发展生态农业。计划并创建了秸秆禁烧利用示范园区，购进大型秸秆打捆机械，自主研发捆草机械，根据秸秆饲草购买方的需求，将秸秆打捆方捆和散装秸秆，实现了变废为宝，既保护了环境，又增加了经济和社会效益，带动周边农户禁烧秸秆，保护环境，增加农民收入。

此外，公司成立至今，培养农机化作业人员 15 名，田间操作技术人员 5 名；拥有大型拖拉机 5 台，收割机 3 台，打捆机 3 台，自主研发捆草机 3 台，搂草机 2 台，装载机 1 台，水稻插秧机 3 台，无人机植保飞防 1 台，精量穴播机 2 台，各类配套农机具 15 套，建立了水稻全程机械化优秀示范性园区。目前，公司农业全程机械化水平已高达90%，从种植到收割，实现了农业机械化一条龙，提高了现代农业效率，解放了更多农村劳动力，实现了农村劳动形式多元化。

案例82

铭鸿达："一花独放不是春"，龙头带动"创业平台"变"带富高地"

"环山多石，耸峙如城"，江西省赣州市石城县由此得名，不难想象，在如此的地理环境下，该县曾是典型的"省边市角"贫困农业县。不过，谁能想到，就是在这样一个地方，却素有"三地""五乡"之称，即：客家民系重要发祥地、千里赣江发源地、中央红军长征重要出发地，以及中国白莲之乡、中国烟叶之乡、中国灯彩之乡、中国民间文化艺术之乡、中国温泉之乡。在这样一个让人不禁会联想到"老少边穷"字眼的地方，却蕴藏着丰富的生态资源及旅游资源。

正是看到了这些"宝藏"，返乡创业人员黄小勇与朋友合伙，在石城县投资开办了江西铭鸿达生态农业开发有限公司。他们同时注册了石城县普丰果蔬专业合作社，流转了本村和周边相连村庄6 000余亩农田和山林。依托资源优势，公司开始打造麒麟山现代农业产业示范园项目，在大力发展油茶、烟叶、白莲等传统产业基础上，有序融入"食、宿、行、游、购、娱"等旅游功能，扩大产业覆盖面，走出了一条"互联网+现代农业+旅游+精准扶贫"的产业发展之路。

近年来，公司实现年接待游客100余万人次，项目通过引导山权、林权入股，以及吸纳务工等方式帮带贫困户500余人，提供就业劳动岗位150余个，带动周边2 000余农民增收。在乡村旅游辐射就业、关联产业的功能推动下，有效助力150户贫困户实现稳定脱贫。

"一花独放不是春，百花齐放春满园。"一个人的力量是非常有限的，在黄小勇的心里酝酿着一个更大的构想——以麒麟山农业示范园为平台，通过帮扶青年创业，辐射带动更多人致富增收，让"创业平台"变成"带富高地"。于是，他致力于将园区建成创业致富带头人的培育基地，提供一个学习交流、实践操作和跟踪指导的创业教学平台，已先后7批次承接县创业致富带头人培训观摩，与700余名学员分享创业经历，通过经验座谈、现场交流，与有创业意向、遭遇创业困境的学员交流思想、答疑解惑，引导其走上创业成功之路，辐射带动更多贫困群众脱贫致富。

屏山镇长江村贫困户张金亮是“80后”，由于缺技术缺资金，务工收入低，而家庭人口多支出大，生活十分拮据。2017年，在黄小勇的支持下，张金亮进入麒麟山庄血橙园务工。为了帮助张金亮实质性脱贫致富，黄小勇一方面鼓励他向自己看齐，克服困难，树立信心，大胆创业；另一方面聘请种植专家全程指导张金亮学习脐橙种植技术。在“一对一”帮扶带动下，张金亮逐渐成长起来，成为又一名创业致富带头人。2018年，他回到长江村，承包了40亩山地种植脐橙，成立了石城县明辉专业种养合作社，帮带10名农户（其中4名是贫困户）增收，户均增收1.2万元。如今，在石城县，像张金亮这样的创业者还有很多。通过几年努力，公司先后直接孵化创业致富带头人4名，辐射就业农户28名，其中贫困户14名，户均增收近5 000元。

在这些成绩的激励下，黄小勇继续大刀阔斧推动发展乡村旅游，麒麟山现代农业观光园成为集生态治理、科普宣传、乡村旅游、观光采摘、农耕体验等功能于一体的综合性水土保持生态示范园，被评为省级4A乡村旅游点、全国水土保持生态示范园。一到采摘旺季，园区就迎来络绎不绝的游客，周边的村民也借机开起了农家乐，养起了葡萄鸡、葡萄鸭，麒麟山周边的产业开始呈现出百花齐放的良好局面。

珠坑乡依托麒麟山现代农业观光园，制定了“一带两区五园”农旅融合发展思路，建成寿光蔬菜、蓝海草皮、丰岛菊花等14个类别20多个产业基地，产品业态丰富，富民增收效益提升，乡村旅游搞得红红火火，成为乡村振兴的新动力。

案例 83

东方锄禾：咬定青山不松口，认准模式带领农民变身农场工人

公司管理成员由最初的 2 人发展到如今的 42 人，平均年龄 25 岁，“80 后”“90 后”超过 90%。这样一支年轻的大学生创业队伍，投入到返乡创业大潮中将会激起怎样的浪花？

在重庆璧山这片土地上，承载着几名毕业大学生扎根农业的创业梦想，东方锄禾合作社由此诞生，从此，这些年轻的创业者有了自己的“根据地”。如今，东方锄禾合作社主要从事农产品生产与销售、农业基地项目开发、电子商务、创业孵化等有关工作。公司旗下已拥有东方锄禾农业园、云雾山樱桃谷基地和福禄基地三个基地共 1 300 余亩地。短短几年时间收获如此成绩，这家企业究竟是如何做到的？

千里之行始于“陋室”，诚心诚意打牢群众基础

事实上，东方锄禾在成立之初也并非一帆风顺。创始人吴书柱和几个公司成员起初的办公场所仅为一间 30 平方米的小屋子，为了了解当地农民的种植类别及分布情况，他们每天凌晨 5 点起床，用矿泉水瓶灌满凉开水，带上破烂的文件包，揣点路费就上路了。午餐有时是方便面，有时是面包，偶尔也“打牙祭”，就是乡镇上最便宜最实惠的 3 ~ 4. 5 元的套餐——豆花饭。就凭着这股拼劲，短短 3 个月时间，东方锄禾就发展了新堰、河边、狮子、大兴等 15 个地方群众加入合作社，社员也发展到近 600 名种植户，种植面积达 6 000 余亩。合作社与社员达成协议，合作社免费向社员提供科技帮助和化肥，社员种植的农产品如销路不畅，合作社可帮忙联系买家。

建立起群众基础后，公司最大的任务即为解决社员种植农产品的销路问题。而就在此时，公司遇到了一个棘手问题。

2010 年 11 月，时值大量莴笋和白菜上市的季节，而璧山菜农跟风种植，出现

严重滞销，约有5 000吨蔬菜在地里无人问津。于是，社员们焦急地来找合作社帮忙。对于这一猝不及防的考验，吴书柱带领团队成员分头联系商贩及单位食堂，但需求量仍然有限，未能解决根本问题。吴书柱灵机一动，想到求助媒体，遂联系各大媒体帮忙宣传呼吁。这一举动引来了大量商贩、单位前来购买蔬菜，不仅解决了菜农的燃眉之急，同时还与5所高校食堂、4家超市签订了长期供应合同。没想到，一个突然而至的考验竟提前一步解决了合作社农产品的销售渠道问题。2011年4月，公司在大学城建立了蔬菜配送中心，合作社开始真正盈利，也为今后创立品牌积累了资金。

找准模式促农民增收，顺势而变创农产品品牌

市场竞争激烈，通过六年多的发展总结，东方锄禾合作社摸索出“5+”和“4转化”的经营模式。“5+”即“公司+合作社+互联网+专业大户+农民工人”；“4转化”即公司转化为农民的产品销售和经济顾问、合作社转化为监管服务组织、专业大户或返乡农民工转化为农场主、留守农民或普通农户转化为农场工人。

在实际经营中，公司将农村、农民、农业资源和生产关系重新整合，让职能专业化、经营精细化，组织带动农民发展现代农业，有效地将农民与合作社直接关联，实现了“农民收入稳，市民菜价稳”。将有技术、有资金、有经验、有见识、有诚信的返乡农民工和农业专业大户动员起来，将普通农户的土地和资源进行整合，做到规模化、专业化经营。

这一模式的成效实实在在地体现在农民增收提效的效果上。合作社的中心工作即为做好服务，看似简单的四个字，却包括整合、培训、管理、监督、加工等一系列工作。公司运用互联网技术对质量进行监督控制，确保农产品的品质安全。督促农场主与农场工人按照协议履行职责，严格按照规范生产流程进行生产。合作社对协议合作的农场产品进行定价、订单式收购，同时对其产品予以相关的初、深加工处理。再次经过转化的农产品，附加值得以提升，使得产品更能满足个性化需求。

公司还加强对农户的培训，加大农产品品牌树立和推广，保证农产品销售优势，确保收入的可持续。经过合作社专业培训、体检、筛选、投保等流程，农户成为职业农场工人而非农民。通过公司的培养和带动，有近100位返乡农民工及大中专生开始创业，同时带动农场周边80余位农民增收，年人均增收5 000元以上，最多的农场工人每年增收12 000～18 000元。值得一提的是，合作社取得的收益，还将对诚信合作的专业大户进行二次分红，对优秀的农场工人进行年终奖励。

通过几年的探索和努力，2014 年合作社更名为“重庆蜀都农产品股份合作社”。从成立之初的 2 人到如今的 42 人，从 30 平方米的“陋室”到入驻璧山区党校 5 楼，这家主要由农村户口的青年大学生组成的企业，2016 年创造的营业额达 495 万元，毛利润达 109.4 万元，其间，用于成员的二次返利占 15.5 万元。在公司发展的同时，以公司命名的“东方锄禾”正宗生鲜农产品品牌也应运而生。

案例 84

泉之道：三产融合之道

在高山梯田上，山泉直灌、铁犁牛耕、绿肥施田、人工播收……你能想象，在机械化时代，如此的田园农耕景象依然存在吗？

答案是肯定的。在安徽省安庆市太湖县的大别山区，由于红米稻只适宜在海拔 200～500 米的高山梯田生长，梯田地貌使得山泉水直灌稻田，因此也使得最原始的耕种方式最大限度地保证了农产品原生态品质与大自然青山绿水的和谐发展。正因如此，太湖县泉之道农业有限公司看准了这一资源，依托大别山南麓海拔 200～500 米的深山梯田，发展以地方传统品种红米稻的种植、加工、销售为主，休闲体验农业为辅的山区农业经济，实现一二三产业融合发展的经营模式，打造以大别山红米为基础的特色红米全产业链。同时，将大别山优质的农业资源通过农庄这个窗口与北京、上海等大城市进行有效嫁接，让都市生活与生态农业形成深度、循环、可持续的互动关系。

以地帮农，种植新模式帮助农民稳定增收

公司主要通过两种方式进行红米稻的耕种。首先，成立专业合作社，将农民的土地根据不同情况按 300～500 元/亩的价格向合作社租赁，再由合作社与公司合作种植和管理；其次，返聘当地农民工根据公司要求进行耕种，这样可保证种植过程的生态有机标准，农民则可通过劳力、耕牛、参与管理等方式获得增收。

具体而言，山区梯田在公司介入前，由于大面积撂荒而完全没有收入。公司介入后，复垦撂荒使得梯田变成良田，农民得到的田租金及做工、耕牛和管理等方面综合收入每亩可达 1 800 ~2 100 元，每年可为当地农民增收近 400 万元，片区人均增收 2 000 元。依照贫困户优先的原则，公司在出工、耕牛和参与管理上给予其更多的机会和支持，使得片区内贫困户的年增收高达 10 000 ~20 000 元不等，目前已帮助 50 余户农民脱贫。

根据梯田的特殊生产管理经验，公司摸索出一套“公司+专业合作社+农庄+农户”的发展模式，既保证了公司的发展，又确保了农民稳定增收。

产业融合，精准对标消费人群的同时打响品牌

有了稳定的耕种生产，公司开始探索产业融合发展。为解决大城市写字楼上班族早餐的方便快捷和营养问题，公司与中国农业大学合作，共同研发了以红米为主要原料的“红米源”营养早餐系列，共计两大类八个产品，目前作为公司的主力产品，主要在北京、上海等地区市场销售，深得消费者的认可和喜爱。在推广产品的同时，公司不忘启动品牌规划建设，对红米的历史文化进行了深度挖掘，全面梳理和策划设计“红米源”的品牌建设路线，使得“红米源”这一红米产业的品牌逐步被消费者认知。

公司在现有基础上不断创新，在中国农业大学的帮助下，在北京成立研发中心，目前已研发储备了三大类近四十个红米深加工产品。2020 年，集红米仓储、深加工、物流于一体的红米产业园也即将动工建设，公司一二三产产业融合发展的雏形已基本形成。

休闲农业，从消费者变会员的三产生态圈正在形成

泉之道从特色农业做起，发展到产品深加工，再到渠道拓展市场营销，全过程一气呵成，红米产业链已具雏形。

在营销过程中，公司从客户服务数据起步，采取将消费者变成会员的管理模式，系统地组织会员到大别山基地参观考察、体验旅游，延伸三产链条，完成一二三产“产业生态圈”的良性循环。

2020 年，公司在太湖县晋熙镇九龙村打造的“九龙农耕文化研学基地”“九龙休闲农业园”“九龙红米产业体验园”，占地面积约 1 500 亩的“红米田园”即将建成营业，一个完整的一二三产“产业生态圈”将随之呈现。

案例 85

信源米业：注重品牌意识，合作社使主打产品享誉国内外

夏季，玉米成为深受人们喜爱的休闲食品，尤其是甜玉米，凭借香甜美味的口感，更是受到“吃货”的青睐。而你口中的那穗甜玉米，很有可能来自这家合作社。

吉林省通化市集安市信源米业专业合作社位于集安市凉水乡凉水村一族，成立于2008年，是集安市第一家从事优质甜玉米、特种水稻等农作物种植、加工、储存、销售于一体的农民专业合作社组织。目前，合作社占地面积6 600平方米，办公室设施齐全，合作社成员已达160户，工作人员39名，管理人员4名，生产技术员2名，财务人员2名。

集安市凉水朝鲜族乡气候温度适宜，土壤结构合理，内含氮、磷、钾等多种有机物质，是种植甜玉米的理想之地。合作社成立后，年加工速冻甜玉米760万穗，特种水稻2 000吨，承包、签单甜玉米种植基地3 000余亩，特种水稻基地1 500亩，充分利用当地土地和气候条件，加工精致水稻和速冻甜玉米反季节产品，在为合作社与入社成员利益最大化创造商机的同时，也为当地农户增加就业、带动农民增收致富创造了良好条件。

合作社在运营甜玉米等农作物产销链条时，不忘强调品牌意识，将主营产品统一注册为“凉水滩”品牌。凭借着健康、绿色、有机、安全的优势，一经上市，就得到了消费者的青睐，产品销往深圳、上海、西安、石家庄等地，并出口韩国和日本。

合作社对品牌发展意识的注重，逐渐看到了成效。在严格要求合作社社员发展绿色有机玉米、水稻种植的同时，为合作社冻甜玉米、有机甜玉米、特种水稻、有机大米统一注册为“凉水滩”品牌，产品顺利通过了国家有机食品认证和SC质量认证，达到国家进出口质量检验标准，并在东北亚农博会上被评为“名优产品”。

2009 年，合作社被评为“AAA 级中国诚信企业”；2010 年，被评为全省“3 · 15 诚信单位”；2012 年，被评为通化市“食品安全诚信单位”。

目前，合作社总资产达 2 230 万元，入驻企业（农户）39 户，直接带动当地农民就业 400 余户。随着合作社不断发展壮大，累计实现营业收入 6 000 余万元。农民收入不断提高，每户年均增收 5 000 余元。2010 年 9 月，依托合作社为主体成立了“吉林凉水滩农牧业有限公司”，专业从事甜玉米深加工，主要生产玉米原浆和玉米须保健功能产品，年生产能力达 15 000 吨，平均年销售收入达到 3 000 万元。

未来，企业将创新产业模式，拓宽产业纵深，以主打优势产品增强辐射带动能力，提高农产品附加值和竞争力，不断拓宽农民增收新渠道，带领更多农民实现就业。

案例 86

聚丰合作社：鼓励“带地入社”，加快农业产业化进程

邵亮亮、邵明明、李玲三名大学生，毕业后，为响应国家号召，发展及壮大农村集体经济，在吉林省四平市梨树县各级政府的支持引领和帮助下，决定返乡创业。他们结合自身所学专业技能，义无反顾地投身合作社发展，成立了梨树县聚丰种植农民专业合作社。在其带领下，如今合作社成员已发展到 53 人。

2019 年，合作社已流转土地 4 000 余亩，种植结构调整已达 2 000 亩以上。其中，高粱 1 500 亩、甜玉米 500 亩、西兰花 1 050 亩、甜豆和荷兰豆 20 亩、2019 年高粱粗加工 30 亩、西兰花采取分割初加工 650 亩，这样不但提高了农产品的附加值，还增加了农民的收益。承包农村土地涉及合作社附近 6 个村及多个自然屯，解决了北夏家村及周边地区农村剩余劳动力就业问题。2017 年，合作社用工人数达到 6 000 余人次；2018 年，用工达到 15 000 余人次；2019 年，总用工量达到 20 000 人次。这一模式有效缓解了农民“就业难”的现状。

2020 年，合作社计划流转土地 5 000 亩，确定产业化方向，增加长远户 300 户。

带动周边农户在扩大村屯种植面积、改良品种的同时，引进设施农业项目，并建设一处绿色无公害蔬菜基地、两栋暖棚、一个农产品初加工车间、一处沤粪池（堆肥场地），以及30眼灌溉井发展循环农业。按照“政策+科研院校+企业+合作社+生产基地+示范户”运作模式，加快合作社发展步伐。注册至少一个绿色农产品生产标识，初步完善合作社电商服务平台，使合作社成为北夏家村老百姓乃至周边群众增收致富的支点。

合作社将以土地流转为载体，逐步增加带地入社，加快农业产业化进程。实践证明，农业专业合作组织是农户抵御市场风险、实现产业化经营、承接惠农项目的最好抓手。今后一段时期，合作社将发挥自身独特优势，在流转土地试行保底收入代经营的基础上，重点抓好种植结构调整和订单农业，以及进出口农业贸易工作。

为适应发展需要，合作社将进一步发展和完善电商平台，目前正与开犁网建立合作关系，同时通过淘宝及微信平台宣传销售合作社产品。下一步，合作社计划将农产品向商品转化，提高产品附加值，在增产的同时实现增收。合作社还将加强品牌建设，目前正在筹划设计具有地标性特色的产品商标，打造合作社自己的品牌。与此同时，绿色、有机产品认证同步进行，并发展特色种植、养殖，以及现代农业、生态农业、旅游观光农业。在加快一二三产业发展进程的同时，让农户最大限度尝到加入合作社的甜头，确保群众受益，与农户真正形成利益连接体共同致富。

案例87

顺民心合作社：“五位一体”营销模式顺应民心

在吉林省长春市农安县小城子乡西王家村，党支部书记王在新牵头成立了农安县顺民心农牧专业合作社联合社，带动创业户45户，带动就业人数202人。

合作社占地面积3 000平方米，农机库面积1 200平方米，现有农机具80余台（套），可以完成从春种到秋收的全部机械化作业。合作社下设办公室、技术部、财务部，有效保障了合作社各项工作的顺利开展，现有技能型人才20余人。合作社主要组织成员提供水稻种植、畜禽养殖及相关的技术指导服务，同时开展适度的营销活动。通过“政府+合作社+基地+企业+农户”五位一体的营销模式，合作社实现了产销结合、利益联动、技术支撑、保障有力。

不断创新发展模式，实现土地集中经营

2017 年，合作社以建设高标准农田和创建全国绿色食品水稻基地为契机，重点研究一二三产业融合发展，并成立了农业产业化服务部，主要从事社员的农业技术培训、生产资料集中采购、全程机械化服务、订单生产、农产品销售，以及农业贷款等服务，引领小城子乡发展现代化农业，并对农业产业化发展发挥了示范带动作用。以合作社为载体，以集约经营为方向，以循环农业为依托，通过整合资源、渠道，提升产品质量和内涵，增强市场核心竞争力。与此同时，通过与企业和农户的对接，让闲散的农民进入企业工作，实现农民增收。

合作社在组织生产的同时，不忘自我升级，不断完善相关服务，成立工会，提升务工人员的主动性和积极性。2016 年，合作社与农安一品网合作成立一品网农村服务站，并与村淘、长农电商合作，利用网络推介合作社农家乐旅游和优质农产品。

合作社不断创新改革发展模式，升级后的合作社实行集约化经营、机械化耕种、网络化销售、公司化管理，主要对资金、生产资料、农机农资实行公司化管理。2019 年，合作社与农户签订粮豆轮作项目，并签订土地托管协议，让利于民，合同期为三年，每年以农技服务或生产资料的形式直接补贴农户 2 250 元。借此项目，合作社实现了土地集中经营，以便大型农机具的使用，从而加快实现农机的现代化和土地规模经营速度，成立专门的水田种植合作社及现代化绿色农产品经营股份公司。2018 年，申请年产 1 万吨的胚芽米加工项目尚在建设中，从水稻育种到田间管理加工，全程按照绿色食品标准进行生产，并建立起农产品可追溯系统和可视化农业，对全村部分水田进行集中耕种和经营。

不断拓宽发展路径，培养农民一技之长

此外，合作社还不断拓宽发展路径，与农安杰出人才厦门泉州轻工职业学院董事长王树生达成初步意向，同意在其学校教学中使用合作社生产的大米，同时在当地开办了一家东北特产销售公司，将合作社定位为该校农产品生产基地。此外，合作社还与长春农产品交易平台合作，将绿色有机稻花香大米进行统一包装、统一销售，打造国家级名牌产品和农产品的地理标识，并按照质量要求与农户形成订单生产。除此之外，合作社还与中粮集团进行了农业产业化合作，试点实行粮食银行等新型购销模式，实现了粮食订单化生产。

只有拥有过硬的技术，农民才会不愁没活儿干。合作社与县农业局农广校合作，开展新型职业农民培训，每年约培训300余人，使农民拥有了一技之长，从而提升了其在就业市场的竞争力。与此同时，合作社还加大了资金保障，与北银村镇银行等多家金融机构合作，由合作社担保，为社员购买农机、生产资料以及为创业培训提供全额贴息贷款等，解决创业农民“融资难”问题。

在今后的发展中，农安县顺民心农牧专业合作社联合社将以“民富”为目的，进一步解放思想、抢抓机遇、创新发展，抓产品、抓市场、抓就业渠道，通过整合资源，实现农业产业化，让农村经济在创新中活跃起来。

案例88

锐嘉食品：龙头企业“联股”“联心”“联利”，带动农民共同致富

四川省巴中市通江县锐嘉食品工业有限公司，是一家由广州锐嘉工业股份有限公司投资控股成立的返乡创业企业，是集农林产品检测、电子商务公共服务、回乡创业电商工作为一体的林果、林蔬等林业产业龙头企业。公司投资1.2亿余元，采取“基地+公司+农户”的模式，流转土地、林地10万余亩，建成万亩示范基地4个，覆盖4个乡镇25个村，种植核桃1.8万余亩、菌类合作基地16个，蔬菜基地1万余亩，辐射带动5 000余户农户增收致富。

“联股”盘活农村资源

公司紧紧抓住农村改革机遇，大胆探索股份制经营模式，有效盘活山区闲置土地、林地、劳务等农村资源。

一是联股抓改造，盘活林地资源。鉴于边远山区低产低效林较多，分布零散等现状，企业与农户分别将自有林相差、林分质量低的商品林，按活立蓄积量作价入

股，适地适树进行改造，集中培育核桃产业 8 000 余亩。

二是联股建基地，盘活土地资源。企业以流转的 7 000 余亩灌丛地、荒山，村社以 2 000 余亩的农户撂荒地，联股共同建设产业基地 9 000 余亩，整村推进山区林业产业集约化、规模化发展。

三是联股兴设施，盘活劳务资源。企业筹措资金 1 500 余万元购置机械设备、材料等，农户投工投劳达 1 万余个，建设产业道路 150 公里、蓄水池 180 口，有效解决了农村剩余劳动力就业，盘活了农村劳务资源，极大改善了农村生产生活条件。

“联心”做大产业规模

为了做大产业，公司所有工作从“心”出发，切实了解农户实际需求。

一是联心赢支持。主动深入农户交心谈心，了解农户真实意愿，积极配合村两委召开村民小组党员、干部、代表座谈会，宣讲公司发展林业产业给农户带来的好处，并组织干部、农户代表到绵阳、广元等地参观学习，现场感受产权换股权、产权换产业的益处。公司用真情换得了群众的真心，赢得了群众的支持，为产业发展奠定了坚实基础。

二是联心编规划。聘请四川省林科院、成都中医药大学专家教授深入实地调研，广泛听取农户意见，因地制宜，科学编制了核桃、中药材等产业发展规划。计划 5 年内投资 3 亿元，建成以龙凤场、广纳、回林、澌波等乡镇为核心的 10 万亩现代林业产业示范带，发展核桃 5 万亩，解决 3 万人的就业问题。

三是联心育产业。积极与四川农业大学、西华大学、四川食品研究院、成都中医药大学等高等院校和科研院所建立“科技联姻”关系，提供科技支撑。与伊藤洋华堂、成都山海蓝图超市管理有限公司等数个商超精诚合作，为通江产品走出巴中，共同分享通江县绿色食品提供了基础保障。近三年来，带动 18 名回乡创业青年成立电商科技公司，并为其提供电商工作场所、标准化生产产品及供应链建设，孵化上百名电商适用人才，创造产值 3 000 余万元。

“联利”促进共同致富

为了促进共同致富，公司采用“产权流转型、参股合作型、雇佣劳务型”等利益联结机制，使企业、农户之间建立分工合作、利益共享、风险共担的关系，从而促进企业盈利农民增收。

一是产权流转联利，增加农民财产性收入。针对边远山区宜林荒山荒地较多、山林土地交错分布等特点，公司按照依法、自愿、有偿流转的原则，对集体山林、农户代管山林，实行有偿流转 8 万亩，增加农民财产性收入 1 000 余万元，同时，企业通过林权、特色物业所有权抵押贷款2 000万元，有效缓解了“融资难”问题。

二是产权参股联利，增加农民经营性收入。农户将土地按亩量化折股计算，将承包地交予公司统一经营，实行二八分成，每年按税后利润的 20% 获得经营性收入，在为企业减轻投资压力的同时，激发了农民的积极性，形成了利益共同体。目前，1 300 户农户产权参股发展核桃种植 0. 9 万余亩，套种中药材 0. 6 万亩。中药材上市户均年分红 0. 6 万元以上；核桃进入盛产期后，户均年分红将超 1 万元。

三是雇佣劳务联利，增加农民工资性收入。企业与农户签订劳务协议，常年固定用工 200 余人，季节性用工 8. 5 万人次，就地解决 2 000 余人就业问题，同时解决了企业“用工荒”问题。最早建设的龙凤场乡环山村产业基地，累计发放农民工工资达 600 余万元，每个劳动力月平均务工收入超过 2 000 元，户均年收入达 4 万余元，最高达到 6. 6 万元，农民年收入与公司入驻前相比增长 10 倍以上。

案例 89

蓝蜻蜓实业：“一帘幽梦”上飞出的“蓝蜻蜓”

你的“一帘幽梦”，是德兴人的遮阳产业之梦。在江西省德兴市，有着“中国遮阳产业之都”的美誉。从 20 世纪 90 年代初第一个德兴人前往福建厦门一家窗帘厂打工，到后来一户带一村、一村带一乡、一乡带一批，在外创业的德兴人凭借着吃苦耐劳、敢为人先、不断进取的精神，将德兴发展成为在遮阳产业领域占全国市场份额的 80% 。

“十三五”期间，德兴市人民政府将农民工返乡创业相关服务载体纳入《德兴市国民经济和社会发展第十三个五年规划纲要》，明确今后一个时期，德兴市将紧紧围绕遮阳（窗帘）产业的产品研发、设计、品牌、加工制作、交易和售后服务做文章，重点打造香屯片区的遮阳产业生产基地和新营片区的现代服务业集聚区。

近年来，德兴市依托被列入全国农民工返乡创业试点这一有利契机，通过配套好政策、营造好环境、添加好动能，为返乡创业提供“一站式”服务，吸引从事窗帘行业的务工人员回乡创业发展。目前，全市已初步形成“三个二”的发展规模，即德兴从事窗帘及相关产业的从业人员有20 000人，带动创立大小企业2 000家，实现年销售收入200亿元。如今，德兴市遮阳产业已从最初的成品加工批发，发展到现在的竹织帘、木百叶、电动遮阳篷和铝合金窗帘轨道生产及布艺连锁经营等，研发的遮阳产品多达100余种，形成独具特色的遮阳产业发展链。

坐落于香屯生态工业园区的江西蓝蜻蜓实业有限公司，是一家专业生产木百叶、竹百叶、卷帘、布帘、实木百叶窗的厂商。2011年，在德兴市委市政府的鼓励和号召下，蓝蜻蜓实业积极响应号召，投身于家乡建设，在德兴市香屯工业园区建设60亩厂房。2014年4月开始投产，年销售收入2亿元，实现税收1 000万元，解决了400余人的就业问题。曾多次代表中国赴德国法兰克福、斯图加特等地参加门窗及遮阳技术专业博览会，分享创新产品与创新技术，增进中国参展企业与国际同行业大公司的交流，这也使得公司的产品在国际国内拥有较高的知名度。目前，该公司已与欧洲、北美、东南亚、南美、中东等地区的知名企业建立了长期稳定的合作关系。

蓝蜻蜓实业能够取得如此优异的成绩，始终坚信的是“路漫漫其修远兮，吾将上下而求索”的格言，努力开拓进取。现在江西蓝蜻蜓实业有限公司窗帘的销售量居全国前三名，是当地政府纳税的前十强，共计2 500余万元。2018年，公司被海关总署评为中国外贸出口先导指数样本企业。2019年，公司的年销售额达到2 000万美元，是江西省出口创汇的民营企业大户。同年，公司直接和间接带动就业达到300余人。与此同时，蓝蜻蜓实业还积极参与精准扶贫，帮扶困难户共190户。

江西蓝蜻蜓实业有限公司在创造骄人成绩的同时，也在积极探索新的发展思路。为了增强国际竞争力，公司着手提高自身软实力，在短短一年时间内，获得了ISO 9001—2015、FSC、BSCI、CE等有关国际证书，同时申报了国内有关专利共计30项，并获得国家高新技术产业等荣誉称号。

国际时局风云变幻，逆水行舟不进则退。为了扩大公司品牌的国际效应，以及积极响应国家“一带一路”倡议，江西蓝蜻蜓实业有限公司迈出了开拓东南亚市场的脚步，前往马来西亚吉隆坡兴业设厂，为“中国制造”打开一片天地。公司期望在不久的将来在全球各地设立子公司与分厂，打造一流的遮阳产品。

2020年新冠肺炎疫情的暴发，对公司业务产生较大冲击。不过，公司在全力以赴推进复工复产的同时，业务部门也在第一时间与国外合作伙伴进行积极沟通，从而实现了第一季度逆势而上，出口总金额达到近 200 万美元的成绩，用工数达 230 余人。“乘风破浪会有时，直挂云帆济沧海”，蓝蜻蜓必将团结一致，为中国制造、中国创造添砖加瓦。

案例 90

正强农业：合作社手把手教种“仙草”，一道走上脱贫致富路

传说中，铁皮石斛、天山雪莲、三两重人参、一百二十年何首乌、花甲茯苓、苁蓉、深海珍珠、深山灵芝和冬虫夏草被称为“九大仙草”，其中，铁皮石斛排名首位。所谓“仙草”，铁皮石斛是石斛中的优质品种，含有石斛多糖、石斛碱、总氨基酸等成分，具有消炎去热、养阴生津、补益脾胃、促消化、降低血糖、治疗心血管病、明目、护肝利胆等功效。但受其特殊的生长环境、自身繁殖困难以及人们过度采挖等因素影响，目前，铁皮石斛的野生资源已日趋减少，被列为国家二级保护植物。

而在田正强的家乡——贵州黔南布依族苗族自治州荔波县，因为在大山深处的一次偶然游玩，他发现了长在石头上的这种“野草”具有极高的药用价值，遂经过考察学习后，创建了“月亮山生态石斛示范种植基地”，接着又挂牌成立了“正强生态农业有限责任公司”，开始尝试人工种植培育铁皮石斛，由此也带动了当地年轻人及贫困人口就业。目前，在公司稳定就业有 22 人，其中大学生 3 人，建档立卡贫困户 19 人。

发现脱贫致富“新大陆”

荔波县佳荣镇甲料村是十万大山延脉月亮山脚下的一个深度贫困山村，全村有 11 个村民小组 296 户 1 245 人，其中贫困户 230 户 975 人，贫困人口占全村人数比率高达 42. 3%。全村森林覆盖率达 70% 以上，是一个山清水秀的人间仙境。1988

年5月的一天，田正强就在这个村子一个贫寒的家庭里悄悄降临了。由于家境贫寒，上学时在县、镇、村等好心人的大力帮助下，才得以顺利完成学业。

2011年大学毕业后，田正强就职于贵阳市一家广告公司从事室内艺术设计工作，通过努力，他很快得到了老板的赏识与重用。但其实在他内心，一直有一个两难选择——继续守住这份好工作，还是回家照顾年迈的父母。最终，他选择了后者，于2014年初辞职回到了父母身边。最初，他在家乡一直未找到合适工作，心里有些许焦虑。在一个炎热夏天的午后，他独自深入大山游逛，忽然发现有些树上和石头上生长着一些奇怪的“野草”，出于好奇，就采了些回家，后被村民们告知，这是很珍贵的中药材野生铁皮石斛。这下，他立即有了想法：既然野外环境这么恶劣都能生长，那么人工种植应该也可以成功。经过调查研究他发现，野生铁皮石斛的市场价格每斤在900~1 200元，他高兴地感叹：“家里有火，哪还用到外面去点灯?”

田正强的家乡森林资源丰富，气候昼夜温差大，在此环境下种植出来的铁皮石斛药用价值高，同时又能更好地保护森林资源。原来，在他身边就守着一个优质的天然产业。为了把这个产业做起来，2015年底，田正强前往浙江、福建、安徽、广西等地学习铁皮石斛育苗技术、温室大棚种植技术、林下生态种植技术、石斛产品加工技术等。2016年6月，带着学成的技术，田正强回乡创建了“月亮山生态石斛示范种植基地”。接着，又挂牌成立了“正强生态农业有限责任公司”。目前，公司已吸引稳定就业22人，其中，大学生3人、建档立卡贫困户19人。

开辟就业扶贫新路径

认识到铁皮石斛的价值和市场后，田正强决定通过做大产业带动家乡村民一起脱贫致富。他号召更多群众到基地学习铁皮石斛的种植、加工等技术。2017年5月，他组织甲料、大土、水维3个村26个村民小组群众代表72人来到基地学习铁皮石斛林下生态种植及管理，并向前来学习的群众代表免费发放5 000余份种植技术资料，同时还给前来学习的学员带回试种苗，让其尽快掌握基本种植技术和了解石斛的生长习性。这为带动更多群众参与种植打下了坚实的基础。

为了扩大规模，目前基地已投入资金450万元，成立农民专业合作社——荔波县月亮山生态农业专业合作社，通过“公司+合作社+农户”的形式，对农户开展统一提供种苗、统一培训种植技术、统一高标准质量订单回收的工作，鼓励和带动农户种植铁皮石斛，从而带动周边铁皮石斛种植朝着标准化高效农业发展。目前，已加入合作社的建档立卡贫困农户已达40余人，在公司全程免费提供技术指导下，山区群众开始发展自己的铁皮石斛产业，其中，个别群众种植面积已高达10余亩。现在，该项目已覆盖佳荣镇甲料、大土两个村，覆盖建档立卡贫困户135户599人。如今，临近的岜鲜、坤地等村也先后不断有农户加入铁皮石斛产业种植行列中来，开辟了贫困山区创业的新浪潮。

田正强在发展壮大产业的同时，不忘改善家乡父老的生活娱乐条件。2017年4月，他个人出资3 000元帮助贫困山区甲料村更折组修建了大型娱乐活动场地，为贫困山区孩子创造了一个完整健全的锻炼场地。同时，他还出资2万元为甲料村更折组以村小组实施的形式，推动甲料村更折组集体种植铁皮石斛，为佳荣镇月亮山地区加快脱贫攻坚步伐闯出路子。2018年7月，他又出资9 000元，帮扶玉屏街道办事处水丰村集体经营蔬菜种植。

2019年，正强生态农业有限责任公司计划在佳荣镇修建荔波农特产品精品包装厂，占地面积约2 000平方米，前期工作已全部就绪。农特产品精品包装厂的产品主要包括：铁皮石斛粉、铁皮石斛枫斗、铁皮石斛花茶、铁皮石斛叶茶、黑木耳、香菇、竹笋、蕨菜、七彩谷稻花干鱼、佳荣牛肉、佳荣生态猪肉等。由此一来，在解决当地产品销售后顾之忧的同时，也能帮助当地群众实现就近就地就业，让广大家乡群众在2020年与全国人民一道走上脱贫致富路。

编　后

在龙头企业与合作社应如何更好发挥作用方面，重庆市璧山区“5+”“4转化”的模式值得借鉴。通过这一模式，将农村、农民、农业资源进行整合，从而使职能专业化、经营精细化，进而实现了农业现代化。通过这一模式，将农民、合作社与龙头企业，农村与城市，生产者与消费者进行有机结合，实现了“农民收入稳，市民菜价稳”。通过这一模式，有技术、有资金、有经验、有见识、有诚信的返乡入乡创业者与农业专业大户被有效动员起来，将普通农户的土地劳力等资源高度整合，实现了优势互补、合理配置。

第十一章

三类技术：核心、领先、创新技术是返乡创业企业成长的生命线和竞争力

编者按

一家企业，如想执市场之“牛耳”，立于不败之地，必须有自己的“绝活”。企业需要特别关注三类技术，即核心技术、领先技术和创新技术。从各地返乡入乡创业的成功案例来看，这三类技术往往是企业在市场竞争中占据主动的制胜法宝，亦是企业立于市场不败之地的生命之源。

案例 91

江西合力泰：返乡创业“领头雁”企业执领先技术，跻身国内外行业第一梯队

中国电子信息百强企业、外挂式触摸屏模组全球第一、摄像头模组全球第四、显示模组全球第五国内第三……拥有这些骄人成绩的，是一家县城里的返乡创业企业——江西合力泰科技有限公司，该公司由江西省吉安市泰和县返乡创业人士文开福创办。

2004 年，文开福拒绝高薪诱惑，放弃高管身份，迈出了人生创业的第一步，与志同道合的伙伴创立了合力泰微电子（深圳）有限公司，开启了他执着追梦的新征程。公司在深圳刚刚成立，本应是扎稳脚跟、谋取做大的关键时期。但文开福以其前瞻的眼光和敏锐的嗅觉，察觉到内陆地区广阔的发展空间。同年 8 月，在泰和县委、县政府的热忱邀请下，他回到家乡，投资 3 亿元成立了江西合力泰科技有限公司，成为第一批返乡创业的企业家，以自己的实际行动支持家乡经济发展。2019 年，江西合力泰科技有限公司实现主营业务收入 195 亿元，实现税收 2.01 亿元，带动就业人员 1.2 万余人。

在市、县各级政府的大力支持下，合力泰迅速做大做强。2006 年，江西省内首条全自动液晶显示生产线在合力泰正式投产，填补了江西省在这一领域的空白。2007 年，公司自主研发的彩色液晶显示器两项生产技术处于国内领先地位，斩获江西省科技成果进步奖。合力泰先后在泰和县完成四期投资建设，并在周边的万安、吉州、井开区等地投资建厂，成为吉安市返乡创业的“领头雁”。目前江西合力泰已成长为注册资本 12.166 亿元，集开发、设计、生产、销售为一体的智能终端核心部件的制造商和方案提供商，短短十几年，公司已跻身中国电子信息百强企业。

能交出如此亮眼的成绩单，一个重要前提是要拥有与人能敌的领先技术。凭借着这些领先技术，合力泰多个手机配套产品处于国际国内领先水平——外挂式触摸屏模组全球第一、摄像头模组全球第四、显示模组全球第五国内第三、FPC 柔性线

路板公司布局55万平方米/月产能位居全球前五位、高阶FPC工艺能力国内前三位。尤其是，5G材料EMI对标全球龙头美国3M公司，是国内唯一一家为美国知名公司提供材料的企业，同时也是未来5G应用材料的重点发展方向。此外，公司无线充电材料也对标全球龙头美国3M公司。

凭借领先的技术和过硬的产品，合力泰发展成为在全国及全球拥有50余家分、子公司，在德国、美国、韩国、印度均设有办事处或全资子公司，并配有齐全售后团队的“巨无霸”企业。这也为行业的发展提供了示范带头作用，同时也成为返乡创业企业的学习典范。

2014年，公司获得“江西省信息化和工业化深度融合示范企业”称号；2016年，获批江西省智能制造试点示范企业；2017年，荣获工业和信息化部智能制造试点示范企业、工业和信息化部中国服务型制造企业（触摸屏盖板玻璃的供应链管理系统项目）、中国个性化定制联盟副理事长单位、工业和信息化部制造业“双创”平台试点示范企业、工业和信息化部制造业与互联网融合发展试点示范企业、国家知识产权优势企业、国家知识产权示范企业、国家技术创新示范企业等荣誉；2018年，被国家发展改革委、科技部认定为国家企业技术中心；2019年，取得中国电子信息百强企业第34位，被全国工商联评为中国民营企业制造业500强第376位，被江西省工商联评为江西民营企业100强第9位。

案例92

和龙双昊：以产品创新为龙头，打破关键技术“卡脖子”局面

拥有“创新”的初心和创新技术，走到哪里都可以撑起一片天。吉林省延边朝鲜族自治州和龙双昊高新技术有限公司成立于2008年，是和龙市委、市政府重点招商引资项目，是专门以汽车空调关键部件贮液干燥器和过冷器的研发、制造、营销为一体的高新技术企业。公司致力于技术创新，凭借自主研发的贮液干燥器和过冷器等多项独家核心技术，现已发展为一家国际领先的创新技术型企业，贮液干燥器

在国内汽车空调行业中使用占比约30%。

和龙双昊公司自成立以来的12年中，企业发展的每一步无不是以“技术创新”作为初心和使命，无不是让“技术创新”成为企业发展的核心竞争力。凭借强劲的创新力，公司2016年被认定为吉林省高新技术企业，2017年被认定为吉林省科技小巨人企业和吉林省科技企业，目前拥有30余项专利，均已转化为科技成果服务于产品。

新业再出发 实现“从0到1”的突破

原本，从西南交通大学毕业的和龙双昊公司总经理徐敏武，有着令人羡慕的好工作，在铁道部天津物资贸易总公司负责物资调配和采购供应有关工作。但为了心中念念不忘的创业梦，他放下“铁饭碗”，创办了自己的商贸公司。在此期间，徐敏武对国际国内多个领域和多种市场进行了认真仔细的调查研究，最终发现汽车空调行业正处在起步阶段，整机依靠进口组装，尤其是汽车空调关键部件贮液干燥器全部依赖进口。受产品专利影响，进口价格十分昂贵。由此，徐敏武萌发了创办经济实体的念头，立志实现贮液干燥器国产化，实现经济效益最大化。

2003年5月，位于天津中关村可信产业园的天津双昊车用空调有限公司建成投产，并在短短几年间实现增产扩产，职工队伍扩大到320余人，其中研发人员120人。设备增加到1 200余台套，生产能力提高到年产贮液干燥器和过冷器300余万个，成为中国北方最大的汽车空调用铝质贮液干燥器及汽车空调相关部件的专业制造企业。

作为和龙福洞、延边二中走出的一名工矿子弟，回乡创业、为家乡尽一点绵薄之力始终是萦绕在徐敏武心头的美丽梦想。这一梦想恰在2007年与地方发展规划碰撞出火花。在和龙市委、市政府及有关部门主要领导的真诚相邀、鼎力支持及和龙市属多项优惠政策叠加的吸引下，徐敏武积极响应当地的招商引资政策，回到家乡投资办厂，在和龙市工业集中区创建和龙双昊高新技术有限公司，于2008年底正式投入生产，并将天津企业重点生产项目转至和龙。

经过多年拼搏，公司发展取得了良好业绩，排名国内同行业前三名。2018年，公司销售收入达1.17亿元，利润约930万元，缴纳税金达750万元，产品贮液干燥器的年产量达到700万套。公司拥有独立的成型、精加工、注塑、组装车间，以及原材料、成品库和实验室，对就业岗位的需求量大。目前员工总数为200人，其中，研发人员29人、管理人员10人，全部为大专以上学历；生产、技术工人及销售人员 160 人。

返乡逐梦的十多年来，企业以持续创新、永不停歇的步伐实现了新业再出发“从 0 到 1”的突破。

外部环境挑战促创新 技术打通产业链

自落户家乡以来，和龙双昊受到了和龙政府及相关部门的大力支持和帮助。但值得注意的是，外部环境的任何一个细微变化，都将可能关乎企业的生死存亡。企业在成长过程中始终面临机遇与挑战并存的考验，在和龙双昊看来，返乡创业中遇到最大的困难即为资源的匹配度低，而作为一家精细加工的制造业企业，生产经营过程中需要一些社会资源的高度匹配。由于和龙地域的特殊性，个别资源点成为企业难以逾越的瓶颈。在政府和企业的共同努力下，徐敏武调整了企业的创新思路，既然外部资源无法满足需求，那就想尽办法实现所有技术流程的自力更生，这在社会分工越来越精细、主张服务外包的当下，属于非主流经营方式，却使和龙双昊走出了一条具有自身特色和巨大发展潜力的自主技术创新之路。

经过十多年的技术积累和创新，和龙双昊掌握了行业领域内大量的基础性生产技术工艺，几乎涉及所有加工方式，甚至超过部分一线央企汽车品牌的工艺方法，这种氛围也成为全公司推动技术创新的源泉和动力，同时也成为企业核心竞争力的真正内核所在。在此过程中，企业在技术方向的把握上形成了丰富研发创新多重路径。

传统的企业技术创新方式主张走产学研结合的路子，虽然有利于形成合力推进技术革新，但需要企业先期投入大量资金予以支撑。和龙双昊在多年实践中摸索出了与独立研发团队合作研发、技术入股的合作模式，既节省了前期资金投入，也大大提高了执行力和研发效率。在和龙双昊看来，对于制造业企业而言，技术创新并非单指原创性创新，更多情况下是跨行业技术平移运用上的创新。

在变化莫测的外部环境面前，考验的是企业家审时度势、谋划战略的判断力，是不怕困难、抗击压力的意志力，还有与时俱进、变革创新的驱动力。目前，在徐敏武的带领下，公司已拥有 30 余项发明和实用新型专利技术，涉及 A、B、C、L、G 五大系列 150 多个品种，全部进入批量生产阶段。不仅如此，公司还在制度化、规范化和科学发展方面花真功夫、下大力气，以产品创新为龙头，在原材料采购供应、岗位定额编制、质量管理体系升级、产品销售服务、企业技术中心建设、员工技能培训、职工生活福利、外协厂家摸底调查确认、企业形象培树等具体细节入手，投入资金，落实责任，加强管理，确保企业向着既定目标稳步迈进。

不断打造新品牌 占领市场制高点

和龙双昊公司经营多年来，始终坚持以创新和质量取胜，坚持打造自有品牌，认真实施品牌战略，努力占领市场制高点。企业的品牌建设在和龙双昊看来即为企业以品牌的营造、使用和维护为核心，在分析研究自身条件和外部环境的基础上，所制定的企业总体行动计划。公司摒弃重销量轻质量、品牌缺乏核心价值和持久生命力等错误认识，积极打造品牌的高知名度、高信誉度、较大市场份额和经济效益。公司全部工装模具自主研发、自主制造，每天都在搞新品研发试制，随时可以对新产品进行改进、完善和再创新，依靠品牌提升推动公司走上良性经营轨道。

巩固人才队伍是保障创新之本，企业要想提高自身竞争力，实现可持续发展，还需依靠人才。面对延边人才匮乏的现实问题，公司努力提高“留人”效率，保证人才少流失、不流失。因此，公司将技术创新人才的培养融入企业实践中。目前，和龙双昊公司的研发团队均始于普通员工，已成为企业发展的中坚力量。

保持创新发展的状态使和龙双昊公司在汽车空调贮液干燥器行业一直处于领先地位，这与公司多年的专注度和服务至上的宗旨是分不开的。中国汽车市场一直拥有巨大的发展潜力，且在增“量”的同时也会追求“质”的提升。各汽车制造厂不断更新换代产品，追求完美，新技术应用车型的推出要想抢占市场拼的是速度，和龙双昊公司多年来一直以市场反应迅速赢得用户好评。

未来引领发展还需加大创新投入，和龙双昊公司认真贯彻落实国家“大众创业、万众创新”及“中国制造 2025”的方针政策，对新产品的研发方向瞄准“绿色、环保、方便、快捷”等特点，通过加大创新投入，实现产品国产化。近年来，国家大力支持新能源汽车发展，与此同时，汽车行业倡导的新理念为轻量化、减重降成本的国产化。双昊公司现已立项新能源汽车空调液气分离器项目，立志打破关键部件进口垄断的局面，打造国产化民族自主品牌。经过一年多的努力和技术攻关，公司成功研发制造出新能源汽车用液气分离器，拥有液气分离器专利 2 项。这一产品全世界仅有三家企业具备技术和生产能力，和龙双昊公司即为其中之一。

案例93

三赢兴科技：创新技术引领助“三赢兴速度”不断攀高

将公司生产基地内迁到家乡，是湖北通城三赢兴电子科技有限公司创始人刘传禄作出的决定。2012年，为积极响应湖北省咸宁市通城县委县政府返乡创业号召，刘传禄将公司生产基地从深圳内迁到家乡湖北省咸宁市通城县。在短短7年时间里，凭借着创新技术，三赢兴科技从一家小模组厂发展成为一家现代化电子信息高新技术企业，实现了企业运行各项指标良好和产品营收、利税大幅增长的较好业绩，公司的主打产品手机摄像模组进入了全国同行业的第一方阵。三赢兴科技公司成为湖北省通城县返乡创业示范企业。

创新驱动，工匠引领

在高科技时代，我们的生活中到处充斥着高科技产品，手机、电脑、无人机、自动驾驶、扫地机器人等智能家居……三赢兴即为一家为高科技产品生产提供零部件的科技型企业，主营CMOS图像采集产品、高清摄像模组、指纹识别模组、智能影像模组四大类产品的研发、制造和销售，产品可广泛应用于手机、笔记本电脑、汽车、智能家居、无人机、360、AR、VR等领域。集团下辖深圳市三赢兴电子科技有限公司、湖北三赢兴智能光电科技有限公司、舜赢电子科技（香港）有限公司、印度诺依达电子共四家全资子公司，在首尔、上海、香港和台湾设有分公司或办事处。公司现有员工2 300余人，共建有26 000平方米的恒温恒湿无尘净化车间和3个行业一流的光学影像实验室，拥有高端和专业技术人才580余人。

创新，是公司发展壮大的源动力。近三年来，公司以创新驱动为载体，以市场需求为导向，以创新管理为抓手，深化高端品牌打造，公司共申报专利发明168件。2018年，被省上市办入选为湖北省“金种子”企业，获批为“湖北省博士后创新实践基地”，被评为“湖北省智能制造示范单位”“咸宁市科技创新型民营企业十强”。11月，被省经信委评定为湖北省智能制造示范单位、湖北省知识产权和科技创新示范企业，是全国手机优质配套商和光电摄像模组数字化车间的国家标准制定企业。2019 年，完成了手机摄像模组车间向光电摄像模组数字化车间的升级改造，被确定为全国同行业内的两个光电摄像模组数字化车间国家标准推广示范企业之一。同年 10 月，三赢兴科技的产品光学实验室被湖北省发展改革委认定为省级企业技术中心，主导产品手机摄像模组研发实力居行业领先水平，指纹识别模组技术领先，是国内最早的五家量产制造商之一。在 PDAF 相位对焦、OIS 影像防抖、超高像素模组制程技术及生物指纹、虹膜识别模组的研发和应用上，处于国内领先地位。

收获如此丰厚的成绩和荣誉，离不开技术研发的创新。“工匠精神”一直是公司倡导主基调，先后涌现出以吴双成、何秀娟为代表的一批“三赢兴工匠”。尤其是，工艺部女工何秀娟参加工作仅不到两年时间，她研究的低成本判断摄像头分辨率水平的方法，被国家知识产权局成功授权为发明专利，弥补了行业空白，指纹识别模组获第三届“楚天杯”工艺设计大赛优胜奖。公司的“工匠精神建设年”带动了研发和技术创新，为提高企业科技创新能力转化、为企业核心知识产权打下了坚实基础。

三方共赢，抢占制高点

“企业与员工、客户与供应商、国家与社会三方互利共赢”始终是三赢兴科技公司秉承的“三赢”文化理念。自公司内迁湖北以来，在带动就业、助学济困、吸纳贫困户劳动力就业方面在全县发挥了很好的示范带动作用，员工工资平均每年保持 18% 的稳定增长。同时，公司积极响应县委县政府各项中心工作，积极参与地方赈灾和慈善事业，在精准扶贫慈善募捐活动中捐款 10 万元，每年还主动请缨承担两个贫困村的扶贫任务，得到了社会广泛好评。

三赢兴科技始终坚持“品质第一，客户至上”的产品经营策略，公司先后通过 ISO 9001 国际质量管理体系、ISO 14001 环境管理体系、ISO 45001 职业健康安全管理体系等六大体系认证，获第三届“咸宁市政府质量奖”。2018 年以来，三赢兴科技以“工匠精神建设年”为契机，销售收入首次突破 10 亿元大关，实现利税 6 800 万元。公司推行卓越绩效管理，对生产过程、品质管控和工艺技术等方面，实行最大限度的精细化绩效管理，规范了品质、技术和成本各个环节的精准控制，同比节约生产成本 12. 6%，产品合格率、上线 DPPM 指标以及严谨专业的优质服务，得到了中兴、天珑、传音、中诺等主要客户的充分肯定和高度评价，为企业未来的经营发展创造了更大的生存空间。

为抢占产业发展制高点，三赢兴科技加大“智造”投入，投资3 200万元建成车载、无人机及智能家居摄像模组生产线，全年非手机智能影像产品完成产值 2.3 亿元。2018 年 3 月，公司完成了手机摄像模组车间向光电摄像模组数字化车间的升级改造，使三赢兴科技被确定为全国同行业内的两个光电摄像模组数字化车间国家标准推广示范企业之一；2019 年 2 月，被 VIVI 确定为摄像模组一级供应商，顺利通过了韩国三星的供应商资格审核；2019 年 5 月，获批为华为五大手机摄像模组供应商，已成为华硕电脑在国内的唯一指定合作伙伴，被评为湖北省优秀民营企业，成为国内智能科技产业优秀配套企业。

2019 年，公司实现产能 120KK，年产值从 2012 年的 0.7 亿元增长到 16.2 亿元，完成税收 0.6 亿元，产品销量为全国专注生产影像模组行业排名第一，各项主要指标增长水平实现了跨越式发展，创下了被称为行业奇迹的“三赢兴速度”。

值得一提的是，在突然来袭的新冠肺炎疫情面前，三赢兴科技体现了企业的责任担当，于 2020 年 2 月 17 日开始正式复工，4 月中旬实现了稳岗就业、产品订单、日产出水平三项指标的不降反升，员工待遇稳步增长、全面复工复产。

三赢兴科技公司在国家及地方政府的引领支持下、在全体员工的努力下，正以昂扬的斗志、矫健的步伐，向着产能规模居全国同行业前三、数码影像创行业世界品牌的宏伟目标大踏步迈进。

案例 94

江西爱科道：集聚人才创新引领，共谋环保大计

环境保护如今已成为保障经济社会可持续发展的关键一环。为响应国家提出的鼓励科研人员离岗创业的号召，曾毕业于南开大学微生物学专业并进入天津市环保局环境保护科学研究院工作，期间主持承担多项国家级及省部级科研课题，主持完成国家 863 课题，主持完成多项“十一五”和“十二五”水专项课题，并申请发明多项专利的江西省抚州市南城县建昌镇天一山人郑先强，带着丰富的经验，于 2015 年底积极投身到创建新型高技术型环保企业的工作中，先后参与创建了天津天一爱

拓科技有限公司、天津市科碳环保工程有限公司、浙江中环兴环保科技有限公司、北京航天国环技术有限公司、美国 Enviconn 科技有限公司等多家公司，初步形成了服务于工矿企业三废治理的企业链。

天津天一爱拓科技有限公司一直专注于膜产品的研发与制造，具有多项自主研发的专利技术，可生产多种材质和形式的膜产品，在膜生物反应器、连续超/微滤、浸没式超滤等膜处理成套设备的设计、安装、调试、运行等方面具有丰富的经验。2018 年，由天津天一爱拓科技有限公司投资，郑先强成立了高端环保装备制造基地企业——江西爱科道环境科技发展有限公司。

高新技术环保企业集聚人才造福社会

依托于天津天一爱拓科技有限公司，江西爱科道环境科技发展有限公司拥有成熟的膜产品研发、制造以及相关工艺的设计和应用能力，大型工业窑炉的设计及制造，可为客户提供从工艺试验到设计、实施、运行的一体化解决方案。为进一步优化产业结构，2019 年，郑先强又先后在南城县成立了江西天一爱拓节能环保工程技术有限公司、江西天一爱拓膜科技有限公司，前者主要用于环保工程的建设，后者则被打造为专业的膜生产及销售公司。自 2018 年公司成立至今已上缴各类税收 400 余万元。

江西爱科道环境科技发展有限公司规划分三期建设，其中一期建设总投资约 1. 9 亿元，项目主要包括膜制造车间、环保用窑炉制造车间、非标设备制造车间以及第三方检测实验室的建设。这些项目预计在 2020 年底筹建完成，此后第一年可实现 30% 生产量，销售额预计可达 2. 31 亿元；第二年可实现 60% 的生产量，销售额预计可达 4. 62 亿元；满产后销售额预计可达 7. 7 亿元，年利税总额约 8 000 万元。

作为高新技术型环保企业，江西爱科道可吸引大量高端人才，解决当地 300 余人就业问题（目前已有本地员工 80 余名，其中研究生学历 2 名、本科学历 10 名、专科学历 18 名），且有利于政府对产业结构的调整。

坚持创新争做行业“领头羊”

江西爱科道从事的环境保护用工业窑炉的生产和制造及工程化应用工作，在危废处理多膛炉领域处于世界领先地位。在染料、医药中间体、橡胶促进剂等高难度环境治理领域具有不可替代的作用。尤其在新冠肺炎疫情暴发后，受宋庆龄基金会委托，公司与北京航天环境工程技术有限公司一起，为湖北疫区紧急制造多套新型撬装医疗废物处置设备。然而，突发疫情产生的医疗废物量大杂乱，且废物具有传染性，处置条件要求高，设备制造难度大。郑先强带领技术团队大胆创新，奋战十几个昼夜，从设计到设备制造完成仅用了15天，设备在武汉雷神山医院、湖北宜昌市第一人民医院等多个新冠肺炎定点医院使用，有效缓解了疫区传染性医疗垃圾的处置难题。

当今时代是一个创新的时代，通过公司上下全体员工的奋斗和创新，江西爱科道已逐步发展成为国内危险废物处置资源化领域的技术装备领头羊，公司已参与投资建设了国内第一家大型化工危险废盐资源化利用企业（安徽淮南弘盛环保科技有限公司），以及参与投资建设了国内第一家综合性活性炭再生企业（盐城鑫港环保科技有限公司）。

南城县是赣地名府、抚郡望县，地理环境优越，交通运输业发达，投资环境好，当地人民勤劳能干且好融入，是企业发展的一个好去处。江西爱科道立足于南城县河东工业园区，拟在自身发展环保产业的同时，吸收江苏宜兴、山东、河北等地优质环保企业入驻工业园，结合自身优势，力图打造成江西省乃至全国的高端环保产业基地。随着南城县各投资企业的陆续建成后，公司将在科技创新、吸引就业、带动相关投资、上缴税收方面为家乡做出更大贡献。

案例95

四川川力：创新领先技术助力企业向“智能制造”迈进

“创新”“升级”已成为近年来我国制造业出现的高频词，传统制造企业向“智能制造”转型已经在路上。四川成都川力智能流体设备股份有限公司作为一家以“智能制造”为指导思想，致力于“智能水务”“智能燃气”等新产品研发的企业，通过多年的坚持和创新探索，公司已逐步发展成为集流体控制设备的研发、生产、贸易、投资运营为一体的国家高新技术企业，个别技术始终处于行业领先地位。

质量是生存之本

公司成立之初，条件艰苦，缺乏自己的产品、品牌，销售渠道狭窄，产品价格低廉，利润单薄。在这种极端困难情况下，军人出身的来自四川成都邛崃市的创始人闵汝贤却始终未曾动摇过，充分发挥退役军人不畏艰难、勇于担当的精神，坚持创新发展、文化引领。如今已发展成为年产能规模达30亿元以上的高新技术企业，公司现有员工500余人，其中退役军人50余人，高级工程技术人员和管理人员占20%以上。历经发展，公司不断完善市场营销和技术服务网络，在全国27个大中城市设有分公司（办事处），服务客户多达2 000余家。

在多年努力下，川力已发展成为中国西部地区最大的智能流体装备生产基地，拥有多条国内外先进阀门、燃气、直饮水系统的全自动生产线，以及自动加工中心、自动装配线、自动检测线。拥有这样的优势是公司凝聚匠心、精益求精的结果。为了最大限度保证产品质量，公司建立了流体设备检测中心、水质检测中心，检测手段完备。本着质量是生命、品牌是资源的信念，公司对原材料进场到成品出库的每个环节进行严格检测。通过水质检测、对有色金属及黑色金属的化学成分进行分析，对铸件的机械性能和金相组织进行检测，对铸件及焊接件进行无损探伤，对阀门的流阻性能、模拟阀门（设备）运行状况（动态）检测及对阀门使用寿命进行测试，对长度计量设备进行校准等专业项目，全方位确保产品质量。

在先进的检测设备、完善的检测手段、专业的检测人员保障下，公司能够完全按照国家和行业标准对每一台产品进行全面的质量检验和试验，每一台产品均有唯一的身份编码，确保产品质量的可追溯性及出厂时产品性能达到并优于国家和行业标准。

创新是发展之源

抓创新就是抓发展，谋创新就是谋未来。公司围绕“智能水务”“智能燃气”等新产品的研发，建立了省级企业技术中心及院士（专家）创新工作站，与同济大学、重庆大学、西南交大等高等院校建立了产学研战略联盟，不断进行技术升级改造与创新。在产品的研发和创新中，人是关键因素，公司目前已集聚了经验丰富的专业技术人员58人、专业研发人员35人、高级工程师12人、工程师22人。这些专业技术团队每年皆有创新成果面世。截至2017年，川力已获得100余项国家专利、7项发明专利。其中，“永磁加密阀”被国家科学技术委员会、四川省科学技术厅鉴定为国内先进水平。

川力是“表前阀”概念的提出者和践行者，是“加密阀门”的创始人，从概念提出至今一直处于行业领先地位。公司以市场为导向、以客户为中心，是解决饮水健康的先行者和倡导者，亦是行业标准的制定者。公司智能牌高品质饮水系统被中国质量检验协会认定为中国首批饮用水设备进校园推荐试点单位。

这一切的努力和成绩，始终源于川力坚持“敬畏客户、进化员工、尽责社会”的核心价值观，以及“靠质量生存，靠创新发展，靠服务取胜”的经营理念。公司通过对流体控制设备应用整体解决方案的持续专注，提高流体装备智能化水平助推节能环保。未来，川力还要继续做精做强制造业，从传统制造业向先进制造业升级，在智能制造、服务化制造两个重要环节下功夫，增强企业软硬实力，提升企业在国内的品牌知名度。另外，以小区、公共机构、校园饮用水升级为突破口，做新做大服务业，实现从流体设备制造商到高品质供水运营服务商的转型。此外，公司还将通过坚持创新引领促发展，坚持优化机制自运行。

案例 96

广西玥玛：手握核心技术，小小锁具锁定更广阔市场

锁具由最初的绳结、木锁、金属锁，发展至如今的密码锁、指纹锁，已实现了从传统锁具向智能锁具的演变。有着“中国锁王”之称的李善德在 2014 年创建广西玥玛防盗科技有限公司，公司坚持走品牌路线，旗下“玥玛”品牌获得了中国驰名商标、中国十大锁王等荣誉称号，多系列产品被全国多个省市公安机关推荐为安全防范首选产品。

“玥玛”主要生产销售智能门锁、保险柜、家居门锁、车辆用锁、五金配件及卫浴五金等，公司坚持自主研发，重视产品质量，以款式新颖、质量可靠和使用方便等优点赢得了广大消费者信赖，产品销量逐年稳步上升。2017 年产值 1 150 万元，实现利税 42 万元；2018 年产值 6 150 万元，实现利税 116 万元；2019 年产值 4 210 万元，实现利税 82 万元。公司积极助力靖西扶贫工作，设立 8 个扶贫车间，共新增就业岗位 200 余个。2018 年，公司通过了高新技术企业认证。

加强研发，将核心技术落在实处

企业在市场上与人比拼的底气，首先来源于过硬的质量。为了保证“玥玛”的

产品质量，公司在品质管控方面下大力气，建立了专业检测中心，内配十余套专业品质检测设备，并培养了一批业务精、素质高的品质检测人员。从原材料的进厂控制、生产过程控制到成品出货的控制，各环节都设有专人负责。公司对每一批来料的外观、尺寸、硬度、主要成分含量、加工状态、热处理后硬度、抗剪、防锯等项目，采用高于国家标准的行业标准和企业标准进行检测，检测频率提高到 15 分钟。具体到制作过程中，每个工序要求员工每隔 15 分钟用自制检具对重点项目进行一次自检，品检员每半小时巡检一次。产品组装后，有专人负责对每一件产品进行全检，以确保不出现任何质量问题。

过硬的产品质量还需有技术做支撑，“玥玛”组建了研发中心，主要负责产品技术研发与专利技术转化工作，团队 20 余人均为大专以上学历，专业覆盖机械设计、产品设计等相关专业，中心的研发带头人便是李善德。从锁具加工，到锁芯设计等方面，他样样在行，系玥玛锁、空转锁芯发明人，人称“中国锁王”。其研发的锁具技术获得了多项发明专利，其中，二次锁定防盗技术的应用，获得了全国创新创业大赛广东省赛区优胜奖，中山市科技进步奖三等奖。

为了提升研发中心的综合素质和技术水平，公司还聘任了大学讲师、资深锁匠等行业专业人士作为技术顾问，开展深入技术交流、项目攻关等工作。目前，中心已实现包括“防暴智能锁”“二次锁定防盗锁芯”等专利技术的转化实施，对公司生产经营发挥了显著的推动作用，提升了公司的市场竞争能力。

打响品牌，拓展更广市场带动更多就业

“玥玛”自注册以来，就深知品牌对企业发展的重要性，始终坚持“自主研发+独立品牌”两条腿走路。在全国多个城市举办“百万巨奖擂台赛”，让市场见证“玥玛”的技术实力和品牌魅力。同时，公司将营销服务覆盖全国，玥玛品牌专卖店、特约经销商等服务网络的建立，更好地展示了“玥玛”的品牌形象，可以更快捷有效地服务市场和消费者。

怀揣着对“玥玛”产品的自信，公司在做好国内市场服务的同时，积极进军海外市场，通过广交会等行业展会，以及阿里巴巴、全球资源网等平台，逐步将产品推向国际市场，增强了“玥玛”品牌在国际市场的曝光率。目前，有关产品已销至南美洲、欧洲、澳洲、中东、东南亚等地。未来几年，公司将继续向国际市场挺进，增加产品类别，以适应不同国家客户的需求。同时，进一步提高产品质量标准，在深入了解认识国外市场的同时，力争将“玥玛”打造成为国际知名品牌。

更大的市场意味着需要投入更多精力钻研技术研发，“玥玛”不断加大新产品研发的资金投入，研发投入每年按不低于销售收入3%的比例提取，设立单独账户结算，保证了技术创新的经费来源。研发中心全年统筹使用技术开发费用，逐步加大技术开发投入，每年保持5%以上的递增比例，促进技术进步。近几年，公司科研成果转化率已达70%以上，新产品占企业新增产值62%以上，并取得具有二次锁定结构的锁芯、空转防锯防剪摩托车锁、防暴智能锁等系列新产品科技成果。

目前，公司正在开展锁具智能化生产线技术项目，原计划2020年完工运营，总投资2 650万元，其中固定资产投资1 900万元、铺底流动资金750万元。项目建成运行后，预计年产锁具500万件，实现产值6 500万元，利税900万元。将新增就业岗位170个，为返乡农民工及当地建档立卡贫困户提供更多就业岗位，带动当地经济发展，促进社会和谐稳定。

案例97

昌都润美瑞：立足技术创新产品创新，雪域高原上冉冉升起返乡创业明日之星

在西藏这片圣洁而令人向往的雪域高原，蕴藏着丰富的自然资源，药材即为其中之一。藏医药学是我国传统医药学宝库中的瑰宝，有文字记载的历史已有1 300余年。在西藏昌都，拥有丰富的藏医药资源，可入药的植物、动物、矿物多达1 800余种，聚集于此的藏医专业人员占全西藏的2/3以上。

正是瞅准了藏医药这个市场，“80后”的昌都藏族人丁增尼玛大学毕业后决定回乡创业。说起他回乡创业的过程，还要从他在外地的工作经历说起。大学期间就读于天津大学商务管理专业的他，毕业后在天津开始找工作，曾上过天津卫视的求职节目“非你莫属”进行应聘，后又从事过销售工作，主要致力于将西藏地区的特产和药材资源引入天津，为西藏和天津的经济发展出一份绵薄之力。在此过程中，一个偶然的机会，丁增尼玛结识了天津科技大学教授胡祥正，随后，双方开始对西藏地区的天然产物资源进行开发，并进行生产销售。

正因有了这段经历，2017 年 11 月，丁增尼玛在昌都经济开发区注册创立了昌都市润美瑞生物科技有限公司，这是一家集藏药材有效成分提取技术的研发与相关产品的生产销售于一体的现代化高新技术企业。同年，公司入驻昌都市闽昌众创空间。该公司以技术创新、产品创新为立足点，围绕大健康领域，致力于藏医药相关产品的开发。目前，公司的主打产品有红景天苷、三七皂苷、松萝酸、黄连素、藁本内脂等中药提取物，以及以此为基础开发生产的具有特定功能的保健产品。

人才是地方经济发展的关键，如何引回来、留得住是关键。丁增尼玛入驻的昌都市闽昌众创空间根据创业者的具体需求，为大学生创业者提供了实实在在的帮助。丁增尼玛表示："在西藏，大学生创新创业可享受到许多优惠政策，不仅为我们免费提供 3 年厂房、专家公寓，还让我们免费入驻闽昌众创空间，并提供办公设备，而且还可享受到免费培训学习财税、企业管理等相关创业知识的福利。"

不仅如此，资金支持也十分给力。2019 年，闽昌众创空间帮助丁增尼玛申请到 400 万元扶贫资金，用于厂房建设及公司推广。同年 7 月，闽昌众创空间向西藏自治区科学技术厅推荐并协助丁增尼玛获批科技型初创企业。2020 年，继续帮助企业申报"中药材有效成分高效提取与示范"项目，申请获得西藏自治区科学技术厅创新券 5 万元，以及申请到扶贫项目资金 500 万元。

在多方帮助下，经过几年研发，公司已逐渐步入正轨。丁增尼玛表示，目前公司的藏药材基地发展良好，生产线调试完成投产后，将招聘 6 名工人及 1 名助理，公司总人数将达到 25 人。

编　后

技术，始终是企业赖以生存和发展的不竭动力。从本章案例可以看出，技术型企业与那些站上"风口"的企业不同，其最大优势在于技术的唯一性、领先性和创新性。只要能将核心技术、领先技术和创新技术牢牢把握在手并不断实现自我突破，就可使企业在市场竞争中始终处于主动甚至主导地位。而对于那些跟风的企业，一旦"风口"过去，多数将会销声匿迹。遗憾的是，在众多案例中，技术型企业目前仍属于"少数派"，尤其是长期领先百年不倒的技术型企业更是凤毛麟角，这也是我们与德国及日本等发达国家的差距所在。

第十二章

四种路径：规模化、特色化、本土化、生态化是返乡创业企业成功四大领域

编者按

在分析返乡入乡创业企业成功案例时，本章这些企业的发展路径十分清晰：一是占领国内大部分市场并对同行形成碾压效果的规模优势；二是与同类产品形成巨大差异化的特色优势；三是充分挖掘利用当地资源的本土优势；四是符合环境保护要求和人们健康需求的生态优势。

案例 98

月星创业示范园：依托特色化优势，提供服务无死角

就业创业始终是政府关心、社会关注、青年关切的社会热点问题。这里既是商业中心，又是创业孵化基地。这里既有城镇居民，也有退伍军人、返乡农民工、下岗再就业人员。这里，就是由山西晨康投资置业有限公司与上海月星国际家居联手引进并成立的月星商业广场。

该项目位于山西省晋城市红星东街与 207 国道交汇处，是山西省和晋城市的重点招商引资项目。五年多来，月星商业广场以“大家居、全业态、城市休闲购物中心”为经营定位，形成了以家居、建材、潮流百货为主业态，苏宁电器、儿童乐园区、美食餐饮、茶文化广场、主题酒店、商务会所、人文设计、休闲办公、仓储物流等生活业态完善商业配套，发展成为晋城最大的商业综合体。

在市、县两级政府的帮扶下，公司在保持良好发展态势的同时，深刻体会到“取之于民，用之于民”的企业责任感，为了更好地服务社会，充分发挥自身的特色化优势，公司在政府指导下，积极响应“大众创业、万众创新”号召，于 2017 年被晋城市泽州县创建创业型城市领导组认定为县级创业孵化基地。2019 年，该基地成功申报并成为山西省创业示范园区，由公司独立运营。目前，园区已进驻实体经营商家近 1 000 户，带动就业 3 000 余人。其中包括 8 户退伍军人创业者，23 户返乡农民工创业者。

引进来

月星创业示范园区总体布局设置包括购物区、休闲区、娱乐区、办公区、仓储区等，在功能设置上，集创业孵化、产品销售、批零结合、仓储物流、休闲娱乐五大功能于一体，有利于创业者创业和举行各种展示、推广、促销活动。近年来，创业示范区始终坚持“以培训促创业、以创业促就业”的宗旨，以扶持高校毕业生、

农村失地人员、返乡农民工、下岗失业及零就业家庭等各类人员的创业就业为核心目标，以便利的物流环境、合理的经营布局、规范的经营设置及先进的管理模式，为在晋城创业的有志人士搭建贴心、高效的创业平台，发挥创业就业倍增效应，促进创业成果转化，形成高素质创业人才汇聚地，为当地市、县创业者的成功孵化和泽州经济的发展发挥了重要的助推作用。

创业示范园区基于自身商业综合体的特点，有着不可比拟的特色化优势。对于大多数初创者而言，资金紧张、场地和技术缺乏等难题普遍存在，而创业示范园区提供的可供租用的标准化场地，可解决创业者的燃眉之急。同时，这些标准化场地也是吸引外来投资的承接平台。创业示范园区所具备的成本低、收益快，可快速吸引投资，提高招商引资成功率的优势，为催生新项目、新投入，培植新税源，促进新发展提供了有利条件。

扶一程

为创业者提供创业场所等创业便利条件只是创业示范区提供的基础服务，如何使这些创业主体能留得住、活得好是示范区需要持续思考的问题。为此，示范园区建立了专业的商业管理团队，坚持日间巡场制度，持续解决卖场中的软硬件问题，不断改善商家经营环境，实行进店检查并进行有关指导，了解创业商户实际经营情况，并对商家的装修、上样、店面陈设、销售技巧、渠道建设等有关问题提出合理化建议，推动其销售业绩的提升。

另外，创业示范区还可为创业商家的经营需要提供一切便利服务，简化商家办事流程和手续，在服务中体现管理，在管理中提升服务。不仅如此，为了提升创业者的相关经营素养，示范区坚持开展周期性的培训咨询工作，聘请公司内部讲师与外聘老师对商家进行商务礼仪、消防安全、行业趋势、销售流程等方面的培训和互动，大大提升了商家的综合素质。

面对复杂的市场环境及部分商户和行业下行竞争压力，示范区每年举办 70～80 场大型异业交流活动以及大约五场大型促销活动，持续为创业商家以及促成商家订单成交提供各种优惠条件，全年为创业商家提供 80 万元以上的促销活动及广告推广补贴。

带着走

未来，月星创业示范园区将继续重点关注对退伍军人、返乡农民工、下岗再就业人员的创业扶持工作。公司已决定对上述创业人员办理相关业务时简化办事流程，从筹备到开业实时给予关注，协助办理相关证件、入场手续、装修验收、入驻园区手续、培训报名跟进、融资渠道对接及市场营销宣传等工作。特别是在商户开业时，利用公司宣传资源对其开业活动及店面形象进行内部员工及商户的全员覆盖宣传，以保证商户的开业效果。

在招商和布局调整上，示范区将更加清晰明确地对品类集中区域进行集约化管理和导引，并引入高中低档不同受众的商家和产品。与此同时，示范区将建设学习型管理团队，确保为商家提供高质量的咨询管理服务，切实解决商家经营过程中的问题和疑惑。在营销方面，示范区将坚持“高举高打”的营销策略，打造提升示范园区的知名度和美誉度，并积极借势响应国家政策号召，紧跟发展潮流，通过微信推广、移动端营销、网红直播等新媒体手段，提升商家曝光率，丰富商家销售渠道。

案例 99

蓝翎环科：凭规模化优势，由劳务输出向技术输出转型

全县 100 万人口中 25 万人从事防水行业工作是一种怎样的气势？这说的就是河南省驻马店市平舆县。建筑防水产业起步于 20 世纪 70 年代，平舆县被称为“中国建设工程防水之乡”，全县 100 万人口中有 25 万人在全国各地从事防水行业方面有关工作。经过几十年发展，“防水之乡”已成为河南省发展对外建设劳务的主要品牌之一，近 25 万防水大军遍布全国各地，年实现直接劳务收入 200 亿元以上。很显然，平舆县在防水材料生产、施工方面有着独一无二的规模化优势。

平舆县政府将建筑防水产业确定为当地的主导产业，为了吸引“防水工匠”大军返乡创业，政府制定了一系列的推进措施和产业发展优惠政策，着力打造全国建筑防水科技创新基地、材料生产基地、施工总部基地和技能培训基地，规划建设 3.5 平方公里的防水产业园区。河南蓝翎环科防水材料有限公司即为由在外打拼多年的蓝翎环科董事长李宏伟回乡创建的，他怀揣建设家乡、引领防水行业发展的美

好愿望，积极响应当地政府号召，在平舆投资建厂，致力于服务25万平舆“防水人”，推动平舆由建筑防水防护劳务输出大县向技术输出大县转型。

积淀

“70后”的李宏伟是清华大学EMBA管理专业的高才生。1996年，他毅然放下驻马店市第一工业局的“铁饭碗”，怀着一颗艰苦创业、立志改变家乡贫困面貌的雄心壮志离别家乡。

李宏伟带领本乡一众农民工远走他乡，千里迢迢来到北京一家防水防潮有限公司从事防水防潮工程的施工工作。后为将防水防潮事业做大做强，他在北京承揽了韩国一家企业的防水防潮工程，通过自主创业、自主经营、自我发展的新途径，他们很快在北京占领了市场高地，开始组织起更加庞大的防水防潮大军从事防水防潮施工工作。

在整个团队的共同努力下，李宏伟所创办的防水防潮事业由小到大、由弱到强，并逐步发展到天津、内蒙古、四川、深圳、武汉、南京、郑州、洛阳等地，李宏伟也成为防水防潮从业大军中的“领跑者”。

回归

正当李宏伟事业有成的时候，他并没有忘记家乡的父老乡亲，多年来，他一直怀揣着两个梦想：一是打造零渗漏防水工程，实现与建筑物同寿命的防水目标；二是回报家乡和社会。只因这两个梦想，李宏伟于2017年1月正式与平舆县政府签约回乡创业，创建了河南蓝翎环科防水材料有限公司，并于2019年3月建成投产。公司占地面积226亩，建筑面积18万平方米，总投资6亿元，设计创造产能36亿元。目前，公司已拥有8条国际国内高端智能建筑材料生产线，配备美国、意大利、韩国、日本等世界先进生产技术和配套设施。蓝翎环科在全国所有建筑防水材料生产企业中，无论生产能力、科技创新，还是技术设备，就单个生产基地相比最大最强。

李宏伟带领他的团队，树立“科技引领、智能制造、绿色发展”理念，为搭建科技创新平台，他与我国建筑防水领域的首席专家和科技领军者王复明院士合作共建了“防水防护院士工作站”。蓝翎环科目前已取得发明专利16项、实用新型28项、计算机软著15项。其非固化产品连续两次获得中国建筑防水行业技术进步一等奖，是住建部“建设行业科技成果”推广项目和“第三批北京市建设领域科技创新成果”推广项目。2019年，蓝翎环科上榜中国建筑防水科技创新企业十强。公司先后获批国家高新技术企业、河南省新型建筑防水材料工程技术中心、河南省建筑防水防护工程研究中心，以及河南省建筑防水防护产业技术创新战略联盟。

回馈

为了提高建筑防水行业从业者的专业技能，蓝翎环科联合平舆县人社局劳动就业服务中心、县职业中专，在北京、上海、天津等全国100多个城市先后开展了防水职业技能提升培训班，累计受训人员3.6万人。同时还开设短期防水培训班，受训人员5 200人次，由平舆县人社局职业技能鉴定中心为其发放防水等级资格证书，提升了“防水人”的劳动技能和就业水平。不仅如此，蓝翎环科还在全国各地的200多个防水工程项目中吸纳约2 000名农民工就业。积极承办了2019年全国建筑防水行业防水工职业技能大赛平舆赛区初赛暨平舆县第四届（蓝翎杯）建筑防水职业技能竞赛。

吸引平舆籍高素质人才回乡创业一直是蓝翎环科重点关注的问题之一，目前引进的人才中有5名研发人员获得各级劳动模范荣誉称号，6名一线员工获得各级“防水工匠”荣誉称号。这些农民工通过自己的汗水，缔造了一座又一座零渗漏的防水工程，为打造平舆知名防水品牌作出了应有贡献。

蓝翎环科还积极响应党的号召，坚定承担起社会责任。两年来，依托防水产业，“一对一”帮扶贫困户699户，发放帮扶资金100余万元，户均增收2 000余元。企业吸纳2 000余名贫困劳动力从事防水材料生产和防水施工，人均收入3 000元以上。同时，公司还设立了蓝翎环科“光彩助学”基金，对贫困家庭的大学生进行每人每年5 000元的资助。2020年，公司又捐资37.5万元资助75名大学生。三年来，蓝翎环科投入“光彩助学”基金近百万元，有100余名贫困大学生受到资助。

除此之外，蓝翎环科还积极投入基础设施建设，为家乡建设捐资100余万元。2020年春节，新冠肺炎疫情牵动着全国人的心，蓝翎环科积极响应各级党委、政府的号召，主动承担社会责任。2020年2月3日，公司通过红十字会向防疫指挥部、医院、交警等单位捐赠价值46万余元首批抗疫物资。整个防疫期间，公司通过多方资源采购多批抗疫物资，为疫情防控尽一份力。

案例 100

荆州启达：践行“两山”理论发展热能朝阳产业，让家乡变为“热气腾腾”的美丽乡村

“绿水青山就是金山银山”这一科学论断自提出至今已走过 15 个年头，祖国大地践行“两山”理论已呈遍地开花之势。在生机勃发的湖北荆州松滋市城东工业园，又入驻了一家新兴企业——荆州启达新能源科技有限公司。每天车轮滚滚，马达低鸣，不闻喧嚣之乱耳，不见障目之扬尘，一派欣欣向荣的景象。

公司经营范围主要包括生物质成型燃料生产、销售；生物质能源、资源综合利用产品技术开发和技术服务；生物质能源生产设备、生物质能源使用装置的生产和批零兼营、租赁；稻壳、农业废弃物、秸秆、木屑、树皮林业剩余物的收购和加工等。

这一返乡创业企业的成立，源于三位松滋老乡对朝阳产业的热情，他们多年在外拼搏闯荡，积累了一定的资金、技术和资源，对于助力家乡实现更好的生态化发展，志同道合的他们一拍即合，毅然回到家乡，力图通过发展热能事业，让古老而又年轻的松滋大地变得热气腾腾。

“结义”三兄弟返乡创业

从中国人民解放军空军某地勤部队卸甲从商的裴志刚是荆州启达的股东之一，也是公司的业务主管。他退役后做过副食批发、夜市等小生意，2009 年加入安能集团宜城分公司任燃料采购部经理。在职场交往中，裴志刚结识了两位松滋老乡——张启明，武汉化工学院本科学历，在全省新能源领域声名显赫；杨兵，年富力强，是业内的风云人物。独行快，众行远，三人因业务相识，从谈业务，到谈理想、谈情怀，伴随着松滋近年来开放开发、招商引资、吸贤纳士及经济社会发展步伐加快，作为松滋的儿子，三人决定趁势而上，回松滋创业去！

在当地有关部门的帮助配合下，依托武汉合佳，荆州启达新能源科技有限公司的筹建十分顺畅。武汉合佳是一家专注于生物质可再生能源产业链的高科技公司，

拥有丰富的生物质能源运行管理经验。有武汉合佳的加盟，荆州启达的准备工作高效务实——投资协议签署了，《松滋生物质成型燃料生产及配套成型燃料供热锅炉建设项目建议书》出台了，湖北省固定资产投资项目备案证办理了，坐落于松滋市城东工业园振兴东路9号的场地也敲定了。这里地理位置优越，交通便利，便于秸秆等生物质资源收集转运。同时，资源丰富供应可靠，价格相对稳定。城东工业园企业用热以天然气为主，受用气成本不断上涨及限气影响，当地有着庞大的生物质锅炉潜在用户群。

2019年4月15日，春和景明，惠风和畅，荆州启达新能源科技有限公司在万众瞩目中揭开红盖头，生物质固体成型燃料（颗粒）加工厂推闸投产。该项目占地5 000平方米，拥有4条生物质成型燃料生产线，年产能可达3万吨，上缴税收100余万元。产品除服务松滋市丽源科技、鸿浩洗涤等大型企业外，还远销宜昌、当阳、远安等地。

公司不断加强收储网络建设和培育，按照每年生产加工规模，每天收购量约70吨，全网络需利用的零散劳动力不低于50人，运输车辆不低于10台。在零散用工方面，公司尤其向精准扶贫对象倾斜，将更多的创收机会留给他们。

拥抱“朝阳”方兴未艾

荆州启达所从事的项目是名副其实的朝阳产业，这与国家发展循环经济，可再生能源、资源综合利用（三废利用）的趋势相吻合。在国家及地方政策扶持下，公司新能源项目不仅可创造巨大的经济效益，还可充分利用农业及木材生产、加工剩余的边角废料，如锯末刨花及林区林木采伐和抚育后的残枝杂灌等，实现农林业废弃物变废为宝和资源的循环利用。公司还探索延长农业产业链，生物质成型燃料的生产可以利用稻壳、农作物秸秆和林业三剩物，将弃之不用或是直接焚烧的废弃物进行资源化利用，从而增加农民收入。

我们可以算一笔账，一座年产2万吨的成型燃料厂，每年消耗生物质原料2.2万吨，按照每吨310元计算，可使农民增收约682万元。与此同时，还可节约不可再生能源，增加物质财富。如此一来，公司一年所产生的生物质产品相当于节约1万余吨标准煤。在节省大量林木的同时，也保护了森林资源，维护了生态系统的平衡。

目前荆州启达提供就业岗位80余个，带动了松滋物流、电商等行业的发展，在兼具社会效益的同时，还收获了青山绿水、蓝天白云的环境效益。公司通过消化大量农作物秸秆等生物质废弃物，可减少焚烧秸秆造成的大气污染及烧煤造成的二氧化碳、二氧化硫、烟气排放、粉尘等污染，实现了二氧化碳的少排放、零排放。通过计算，每利用1吨生物质原料，可减排温室气体2吨。通过公司有关项目，每年可减排温室气体4万余吨，不仅可有效改善环境，而且乱堆乱放的秸秆、草垛、煤堆被消除后，还可改善庭院、街道和乡村环境卫生，从而推动生态农业建设和生态家园建设向纵深发展，真正落实了“美丽乡村”的源头治理。

荆州启达项目总体规划为三期，总建设周期为三年。第一期投资800万元，建设年产2万吨生物质成型燃料的基地已开始产生效益，产值1 000万元以上。第二期根据松滋及其周边供热市场需求，集中或分散建设年产10万~20万吨蒸汽的生物质成型燃料锅炉。总投资增加不低于1 000万元，产值将增加2 000万元以上。第三期增加成型燃料品种，扩大生物成型燃料生产规模到4万吨，完全满足当地及周边市场需求。总投资增加不低于1 000万元，产值预计增加1 000万元以上。

荆州启达使裴志刚三兄弟创建打造“热能帝国”的梦想正在一步步走向现实，通过全体人员的共同努力，不仅公司的发展会“热气腾腾”，也将带动当地行业发展“热气腾腾”，从而使松滋大地的经济社会发展变得“热气腾腾”……

案例101

田园食品厂：找准特色，“小饭店”也可有“大作为”

说起酸汤鱼，大家一定都口水四溢。这是贵州的一道特色菜，同时也是苗侗族的一道传统佳肴，而这道菜中的灵魂则是酸汤。黔东南地处山区，由于受交通条件和对外交流不便等因素影响，严重制约了商品的贸易交换。生活用品的短缺，尤其是食盐的匮乏，促使人们通过摸索与创造，“以酸代盐”的饮食调味方法在一定程度上缓解了食盐短缺的困扰，从而也酿构了黔东南自成一体的酸系列饮食文化。

在贵州凯里，“田园食品厂”就是一家专门从事酸汤加工的厂子，而在它成立前，厂长杨再先也曾经历过一些波折。

1996 年高中毕业后，杨再先与寨子中同龄人一样，在家务农或外出凯里周边靠打零工补贴家用。随着改革开放的不断深入，看着外出务工回家的男女青年生活水平逐年提高，杨再先也在亲戚朋友的带领下，先后前往北京、山东等黔东南家乡人开设的饭店打工。在这期间他发现，大城市的人也喜欢吃酸汤，但打工的饭店虽由家乡人开，酸汤却并不正宗。杨再先心想，做酸汤自己从小就会，于是他放弃原来的工作，孤身一人前往郑州等地进行考察。在大城市开店谈何容易，开店之初一方面需要寻找适合的门面，另一方需要大量的资金投入，在亲朋好友的帮助支持下，2002 年，杨再先东拼西凑投入 6 000 元在郑州开设了自己的“凯里酸汤鱼”餐饮店。经过自己的辛勤付出，小店的生意日益红火，却遭到了当地同行餐饮店的不断排挤。2004 年，万般无奈下的杨再先只能转战广州另谋新店。

2005 年，为了照顾年迈的父母及教育子女，杨再先最终选择回乡创业，将自己的酸汤鱼餐饮店开回到凯里，在自己的用心经营下，酸汤鱼店人气渐旺。有食客说：“你家的白酸汤那么正宗，怎么不开厂啊！”说者无意听者有心，这激发了他开办白酸汤生产加工厂的想法。起初，杨再先通过与超市合作，购置大容量坛子放置超市内，盛装家庭小作坊生产的白酸汤进行零售，逐渐得到消费者的认可。为扩大生产规模，2012 年，他投入 5 万余元在凯里三棵树开办酸汤加工厂，取名为“田园食品厂”，并注册“苗厨”商标，寓意为“苗家人的厨房、苗家人的厨艺”。

正因找准了自己的擅长及地方特色，杨再先的田园食品厂先后开发“苗厨”牌酸汤产品 13 个，主打红酸、白酸两个系列，通过商超、电商、餐饮等渠道，销往全国各地，受到消费者的青睐和好评。2018 年，产值实现 500 余万元。田园食品厂及杨再先个人先后获得“黔东南苗族侗族自治州农业产业化经营重点龙头企业”“黔东南苗族侗族自治州科技技术进步三等奖”“贵州省第二届返乡农民工创业之星”等荣誉称号。为了扩大生产规模及响应凯里市发展酸汤产业的号召，2019 年，田园食品厂搬迁入驻凯里酸汤产业园，新厂区占地 1 万平方米，有标准厂房 5 栋、生产线 4 条。

随着生产规模的不断扩大及生产经营经验的不断积累，厂子不断升级优化产品及相关配套服务。田园食品厂的酸汤虽然味道纯正，但塑料包装与市场上同类调味品的外包装有着较大区别，易使顾客产生低端、简陋的第一眼印象，从而抑制了购买欲望，如何改变包装及品质成为厂子迫切需要解决的问题。经过多方调研及向专业科研院所进行咨询，田园食品厂终于解决了白酸汤在 39 度高温下仍然保持味道纯正的包装难题。目前，田园食品厂的纸袋装、易拉罐装、玻璃瓶装等新包装产品陆续研发完毕，并顺利通过权威机构检测，目前正处于引进及改造生产线阶段，拟于

2020 年下半年上市。随着新产品、新包装的上市，将为田园食品厂的“苗厨”品牌系列注入新的活力，打开更广阔的市场空间。

酸汤与苗家人的生活和饮食紧密相联，几乎顿顿有酸汤。只要找准地方特色，“小事业”不愁做成“大产业”。

案例 102

永盛蔬菜：立足本土，将特色产品做精做大带动农民就业增收

“翠花，上酸菜!”一句《东北人都是活雷锋》中的歌词，让全国人民加深了对东北人爱吃酸菜的认知。酸菜，是物资匮乏年代东北人为了解决冬天吃菜问题而摸索出的智慧结晶。如今，酸菜俨然成为东北人的饮食标识。

俗话说，“东北一大怪，不吃鲜菜吃酸菜”。瞅准了这一本土化特色，2007 年，地处吉林省辽源市龙山区寿山镇三合村 2 组的“周家酸菜”正式创立，主打产品为“周家笨酸菜”。如今，企业拥有员工 40 余人，管理人员 5 人，总占地面积 4 000 平方米，生产加工腌制车间 2 400 平方米，年腌菜酸菜量可达 3 500 吨，年产值约 1 800万元，成为辽源地区最大的酸菜加工销售企业。2011 年，“周家酸菜”荣获第十届长春农业食品博览会金奖；2012 年，获得辽源市农业产业化市级重点龙头企业称号；同年，白菜基地获批为“吉林省农业标准化示范区”；企业获得吉林省“守合同重信用”AAA 级企业、吉林省人民满意金牌形象单位称号；2013 年，企业通过ISO 9001质量管理体系认证；2014 年，产品被评为“吉林省名牌产品”。

“周家酸菜”就是本着传承东北特色文化、打造周家百年品牌的宗旨，选取优质无公害白菜为原料，深层岩石地下窖池，深山泉水腌制，自然发酵 150 天，最大限度地保留了原有蔬菜的营养成分。“周家酸菜”近几年通过互联网平台线上线下同步销售，如今，产品已销往全国，有保障的质量和完善的服务使其赢得了广大消费者的认可，“周家酸菜”的品牌也更深入人心，连年实现零库存的局面，公司产品成为辽源当地的特色产品，“周家酸菜”由传统的手工作坊转向规模化、工业化发展。

公司通过“企业+基地+农户”的模式，由企业牵头，以订单的形式与农户签署种植收购合同，以保护价诚信收购，切实保障农民利益，每亩地种植白菜的收益是常规种植效益的 3～4 倍，大大增加了农民的收入。在寿山镇，白菜种植面积达 1 000余亩，种植的高收益促使三合村、录山村、六间村、寿山村、三湾村五个自然村的种植户成立了合作联社。为了解决农户种植过程中存在的问题，由专业人员定期为农民进行种植指导，通过增加科技含量的方式提高产量，从而实现规范化、规模化种植。1 000 亩白菜种植地的规模化种植，可带动辐射 5 个自然村 1 500 人就业，从而解决龙山区寿山镇农村剩余劳动力的就业问题，对维护社会稳定、增加农民收入发挥了有力的推动作用。

“周家酸菜”自创建以来，始终视产品质量为生命，并始终将农民利益放在首位。2017 年，寿山镇白菜种植基地扩大到 1 000 余亩。公司的发展得到各级政府的政策及资金等支持，同时为企业进行积极宣传，在为企业扩大知名度的同时也打响了“周家酸菜”的品牌。

“周家酸菜”以其丰厚的资源基础，利用品牌效应，不断开拓市场，扎实发展。依托政府的扶持，依靠广大农户，公司正在逐步壮大。如今的“周家酸菜”已发展成为具有规模化生产、科学化管理的现代化企业，亦是东北知名的酸菜加工企业，并成为辽源特色产品。今后，“周家酸菜”将继续带动地方经济发展，创造更多就业岗位，为辽源的农业发展作出贡献。

案例 103

滇龙生态：小小“云栗”的“大生态”梦想

“彩云之南的好礼物、云端之上的好板栗”，这是云南省昭通市镇雄县滇龙生态科技有限公司创立的品牌“云栗”的定位。七彩云南不仅有色彩斑斓的好风景，更蕴藏着丰富的农产品资源。然而，由于镇雄县位于云南省东北部，境内山峦起伏、沟壑纵横，全县多为半山区、山区和高寒山区。这样的自然条件使得传统耕种受到很大限制，同时，年轻劳动力的流失也加剧了乡村的凋敝。

正是看到了家乡丰富的生态农产品资源及当地发展的实际困难，在外打拼多年的当地“80后”小伙儿高云，怀揣着回报家乡、造福桑梓的初心，回到家乡镇雄开始再次创业。2014年，高云创建了镇雄滇龙生态科技有限公司，公司始终秉承“科技兴农、与民共富”的使命，致力“做一家受人尊敬的企业”，努力实现“既要金山银山，又要绿水青山”，实现经济效益、生态效益、社会效益的有机统一。

把住生态红线，创新模式带领农民就业增收

在省、市、县等有关部门的帮助支持下，公司以产业发展带动农民创收，尤其是在助力镇雄脱贫攻坚方面，体现了一个企业应有的作为。2014年，公司将农户撂荒山地建设成连片种植的板栗基地，通过采用土地流转的方式增加农民收入，户均收益约1 200元。同时，始终以加快生态文明建设、建设美丽宜居环境为目标，尊重自然、顺应自然、保护自然，让荒芜的群山变成绿水青山。

公司结合农业5.0的发展模式，积极拓展新的产业发展模式，通过人为干预，探索立体种植，合理发展林间种养殖，充分利用土地的平面面积和立体空间，构建动态平衡的生态产业链。并形成成熟的管理技术，免费向地方推广，带动农户一起助推产业发展，促进致富增收。

公司成立以来，目前主要从事“云栗”系列产品的生产和销售。通过“公司+基地+农户+食品研发+深加工+品牌运营”的全产业链经营模式，公司计划打造全球单体最大的板栗种植基地及产品精深加工基地，打造安全、环保、无污染的有机生态农产品，借助现代科学技术实现所有产品生产过程的可溯源性及种植加工过程的可控性，坚持创新、不断丰富板栗全产业链产品。

在高云的带领下，近年来，公司已建设完成标准化板栗种植基地11 000余亩，覆盖2个镇5个行政村，建成年产1 800吨的全自动智能化速食板栗仁生产线和5 000立方米的冷库。公司就近吸纳当地贫困户在基地就业，目前，种植基地已解决固定就业人员267名，其中107名为建档立卡贫困户，年均收入2万元以上；在栽种、修枝整形、疏花疏果、果实采收等繁忙季节，则提供大量临时就业岗位，目前，已解决临时就业8 000人次，人均收入3 000元以上；在生产制造中心，公司解决了固定就业人员55名，其中19名为建档立卡贫困户。通过自己的劳动付出使自身价值得以体现，这一举措提升了当地农民的尊严和幸福感，也有利于促进整个镇雄县脱贫攻坚工作的顺利开展。

注重提升技能，不断储备人才拓宽合作渠道

在“授之以鱼”的同时，更重要的是“授之以渔”。在镇雄团县委、县人社局的组织下，高云指导开办种植技术现场培训 39 场次，共涉及 15 个乡镇 6 796 人次，这一举措大幅提升了当地农民的相关种植技术，为更好地发展创收打下了坚实基础。与此同时，公司还在西南林业大学设立奖助学金，对于成绩优异但家庭贫困的学生给予奖助学金支持以完成学业。此外，公司每年都有接收优秀大学生实习的计划，为志趣相投的大学生提供一个广阔的实践平台，在储备人才的同时也有助于树立良好的企业形象。

高云从创业之初就以一个上市公司的标准要求公司员工，不断制定和修改完善公司制度，注重对自身知识产权的保护，不断加大科技、智力投入，现已注册商标 49 项，申请核心专利 22 项。与苏州大学、湘潭大学、西南林业大学进行产学研一体化合作，尤其注重在人才培养及科技成果转化等方面的全面合作。在高云带领的团队共同努力下，公司主打品牌“云栗”上市以来，现已进入云南的家乐福超市、大尔多卖场、喜玛特超市、日新达连锁超市等主流卖场，公司与中石化易捷便利店、中国石油昆仑好客便利店、云南交投集团等合作，产品覆盖云南省内 90% 以上的加油站及高速公路服务区。

2019 年以来，“云栗”开始进行全国布局，目前已进入山西、内蒙古、吉林、青海等省份中石化易捷便利店系统。镇雄滇龙生态科技有限公司在高云的管理下，近年来荣获镇雄县优秀民营企业、昭通市农业产业化龙头企业、云南省林业产业化龙头企业、云南省科技型企业、国家高新技术企业等称号，目前已是全国首批 CAQS-GAP 试点单位。就是这样一位热血青年，风雨兼程、自主创业、立志带领家乡父老脱贫致富，始终致力于把镇雄生态板栗做成云南“云系列”产品，并成为镇雄生态农产品的一张闪亮名片。

案例 104

巧巧工艺品：扎根本土，纤纤柳条织就山沟沟里巧工匠的创业梦

一根根纤细的柳条，能编织出怎样的梦想？在山西省临汾市蒲县，这些柳条织就了非物质文化遗产，织就了人们脱贫致富的小康梦。

在 2020 年蒲县妇联主席的一场直播带货首秀上，蒲县巧巧工艺品发展有限公司编织的洗衣篓、宠物窝、手提篮、水果盘、收纳筐等手工制品就引起了网友的关注。近年来，蒲县将发展柳编产业作为经济发展的新亮点，大力扶持这一具有地方特色的柳编技艺品牌，并给予相应支持。蒲县巧巧工艺品发展有限公司即为产业发展的“领头羊”，现已初步摸索出具有本土化特色的“公司+基地+农户”的产业格局，制定了柳编产业“公司大块头，基地大规模，编工大队伍，效益大增加，和谐大发展”的发展思路，推广柳编技术，传承柳编技艺，带动贫困人口脱贫致富，为推动柳编产业的良性发展发挥了积极的引领作用。

做好自己，改革创新闯出大市场

事实上，蒲县巧巧工艺品发展有限公司创始人赵丽萍在进入柳编行业之前，一直在经营鲜花店，在此过程中她发现，客户买花的同时，对鲜花花篮的需求量较大。在她印象中，小时候村里有些老人都会柳编，不少家用品都为自己编织。如今，会这门手艺的人已经寥寥无几，不少相关技艺未得到传承。因此，在看准了市场需求和本土化优势后，赵丽萍在 2015 年创立了巧巧工艺品发展有限公司，主要生产销售白杞柳工艺品。

公司不断深入进行产品研发，通过与山西师范大学美术学院的合作，截至目前，已研发出的产品分为工艺家具类、果盘类、装饰休闲类、洗衣筐类、宠物筐类，共计 5 大类 100 余种产品。公司生产的柳编产品继承和沉淀了地方匠人精神，融入民族特色、地方特色，在编法和样式上进行大胆创新，新开发产品具有低碳环保、实用美观、设计新颖等特点，受到国内外市场的欢迎。在短短几年间，公司已拥有产

品外观专利4项，被临汾市人民政府和蒲县人民政府列入非物质文化遗产。相继获得2010年蒲县妇联妇女创业带头奖、2011年产品获山西省农博会金奖、2012年产品获北京农博会铜奖、2019年荣获山西省星火项目二等奖等众多荣誉。

在这些荣誉背后，承载的是精益求精和改革创新的坚持。对于企业而言，产品质量就是企业的生命，市场就是企业的父母。通过公司日复一日持之以恒严把质量关，产品100%的合格率受到了市场的青睐。这主要得益于对以下四方面的坚持：

一是严把质量关。在生产工艺中，把好从原材料到产成品生产过程的“全面质量管理”关；提升和增强全员的质量意识，人人严把质量关；做好产品设计和开发，提高设计质量；做到动态检验，建立持续动态的质量监督制度，使每一件产品都合格出厂。

二是提升品牌知名度。公司全力实施品牌推广战略，以产品差异化为目标，进行品牌定位；以市场化导向为目标，不断挖掘消费者需求；通过产品的开发和创新，提升企业竞争力；打造产品特色，立足“专精特”，提升产品内涵。

三是提升企业服务理念。公司制定企业服务理念并纳入企业的战略规划，确定发展目标和方向；培育企业服务文化，接轨大市场；加强对企业员工的培训，培养企业的全员服务意识；建立企业一整套的服务质量体系，做好企业售后服务和延伸服务；利用传播渠道树立企业服务形象。

四是拓宽销售渠道。接轨大市场，实现大营销，在公司的积极努力下，通过实体店销售带动产品销量提升；通过对外贸易出口，带动柳编产业发展；利用互联网平台，用最短时间打造TOP店铺和精品店铺，通过接轨市场进行营销，使柳编产品走出全省，走向全国。

回报乡梓，提高技能扩大品牌效应

蒲县地处吕梁山南端西麓，拥有农业人口8.5万人，属省级贫困县。2019年，山西省政府宣布蒲县脱贫摘帽，与此同时，脱贫成果依然需要巩固。而在此之前，蒲县巧巧工艺品发展有限公司已成为当地贫困人口值得依靠的“大树”。

为了带领乡亲们脱贫致富，公司首先立足村情进行经营发展，主要以招收当地失地妇女、农村剩余劳动力及就业困难人员为主。一方面鼓励妇女种植柳条，目前已种植柳条500余亩，为其带来可观收益；另一方面进行柳编编织技能免费培训，经培训人员可熟练掌握柳编编织技能，妇女在公司领用柳编所需原材料后，可在厂里或是家中进行编织，实现了生产生活两不误的生产方式。随后公司定期回收成品，按件支付劳动报酬。通过这样的生产模式，农民在增收的同时，公司也产生了良好效益，真正做到了农企共赢。公司将通过壮大柳编产业的发展，带动农民就业增收，提升企业品牌知名度，实现经济效益、社会效益、生态效益的“三赢”。

另外，公司还将继续加大技能培训力度，提升员工素质。目前，已培训妇女300人，其中180余名妇女已熟练掌握柳编技术，并已实现创收，月均收入1 500元，实现了居家就业。对于在一小部分人群中存在的“小钱看不上，大钱挣不下”的思想问题，公司还将通过培训教育的方式，让柳编技能培训进家户，将妇女带动起来，使其有活干、能顾家，以点带面引导广大妇女加入进来，让更多的妇女发扬勤劳致富的美德。

除此之外，公司还将发挥辐射带动作用，产生更大的品牌效应。公司号召返乡妇女共富裕，在实现生产模式新突破后，品牌影响得到了新跨越，这将吸引更多的妇女留下来甚至返乡跟着企业一起干，由此进一步扩充公司生产能力，同时做好相应的工作规划，为员工提供有力保障。

通过公司上下的共同努力，蒲县巧巧工艺品的名声早已在外，目前产品除已在国内的太原、浙江、北京、西安等不少大中城市扎稳市场外，还开拓出北美、中东、西欧和东南亚等18个国家和地区的广阔市场。

案例105

马盘山生态农业观光园：深挖本土优势，三产融合促就业稳增收

说起茶叶，大家第一反应可能会联想到西湖、太湖、武夷山、普洱等山清水秀的地方。事实上，在关中地区——陕西省安康市平利县也是中国名茶之乡，早在唐代就被列为全国八大茶区之一，清乾隆年间平利茶被列为贡茶，是全省三个茶叶基地县之一。

如今的平利，当地龙头企业利用茶叶等农村本土化资源发展乡村旅游，带动三产融合。平利县马盘山生态农业观光园有限公司位于平利县城关镇陈家坝村，是集

生态农业旅游观光、森林康养度假、农耕文化传承体验于一体的省级重点龙头企业。陈刚在成立这家公司之前，曾在广东先后成立4家公司，主要从事木工机械配件及五金配件的加工、销售工作。2014年开始回乡创业，依托本土资源发展乡村旅游产业，把昔日的荒山变成了3A级乡村旅游景区，走出了一条三产融合发展之路，有效带动当地群众增收致富。2019年，园区年接待顾客达0.8万人次，经营收入达500万元。先后荣获安康市助力脱贫攻坚优秀企业、陕西省就业扶贫基地、全省百家创新生态农业基地体验式科普教育试点园，以及十大自驾游目的地企业等荣誉称号。

园区变景区，让乡村更加美丽

利用好本土化资源，马盘山生态农业观光园坚持走绿色、循环、低碳发展的道路，努力打造集现代农业休闲、度假、餐饮、娱乐于一体的具有陕南特色的多功能生态农业观光园。依托丰富的自然资源，针对近年来人们休闲旅游的新消费需求，观光园积极打造休闲娱乐区。突出“森林度假”“特色美食”“赛事体验”等重点项目，景区内的山顶酒店、房车木屋、帐篷营地、山地自行车骑行赛道、古茶树下的漫步长廊、蒙古包里的特色美食和悠扬的马头琴演奏，无不为马盘山的自然景色增添迷人风采，也为平利县“最美乡村”打造精品景点。截至目前，观光园已建成骑士俱乐部15 000平方米，跑马道600米，蒙古包10处，森林酒店3 000平方米，形成了多功能的3A级休闲旅游度假风景区。

利用当地植物群落丰富多彩的植被优势，园区还建设了山林休闲度假区。在保持山地生态系统完整性的基础上，结合幽静的环境和大面积的山林，园区在林中建设木屋及房车休闲区、蒙古包、百花园景点。木屋内以欧式家庭装修陈设，营造异域居家氛围，提供多种休闲娱乐设施和良好的休息条件。另外，公司还对空闲土地进行整理，开发“领种菜园”“开心农场”等农耕体验项目，游客闲暇时可带着老人、孩子在农场参与田间劳作，种植自己喜欢的蔬菜水果，感受回归大自然的幸福，收获自己的劳动果实，体验生活乐趣。

公司还不断完善园区配套基础设施。马盘山在开发前基础设施落后，为改变现状，公司在保护生态环境、保持乡土特色、节约土地的前提下，争取县政府整合项目资金3 000余万元，修通砂石路、柏油路、石板路、景观汀步路、自行车专用道等不同功能、不同规格道路数十公里。对30条2 000余米的田埂进行加固或硬化美化，新建9个公厕，同时还修建了1 000平方米的园区综合管理服务中心。这些基础设施的兴建极大地美化净化了园区环境，提升了园区服务能力，全面营造了宾至如归的良好氛围，以优美的风光和优质的服务让游客“非来不可、流连忘返”。

茶园变游园，让产业更有活力

在马盘山，至今还拥有20世纪70年代末的野生茶园，是平利县规模最大、品质最优的野生古茶资源，对开发研制平利县野生古茶文化、发展茶旅融合产业园具有重要价值。看准了这一宝贵资源，园区开始大力修复生态茶园，加大对野生古茶园的保护，在不破坏现有茶园原生态基础上，对野生古茶园进行砍灌、除草、修枝、开带、翻地、追肥等技术修复改造，修建野生古茶园旅游观光千步梯，并配套产业路、亮灯绿化工程、古茶园保护警示牌等设施，打造1 000亩生态观光茶园。

在修复保护好野生古茶园的基础上，园区开始生产有机古茶。一方面加大对古茶新产品的研发力度，开发马盘山系列古茶旅游产品；另一方面投资新建茶叶加工厂房2 000平方米，购置绿茶、红茶生产线加工设备，春季平均日产成品茶100余斤，实现了茶园的规模化、标准化、有机化生产，满足了游客对绿色有机古茶的需求。

随着人们对古茶及生态观光茶园兴趣的逐渐浓厚，园区也不断加大对系列化品牌的经营。积极申报马盘山古茶地理标志产品、绿色和有机产品认证，着力培育具有研发能力、拥有自主品牌及核心竞争力强的旅游产品，从而增强消费者对古茶产品的市场认可度，把园区建成陕南生态型、特色型、效益型旅游农产品供应基地。2019年，公司注册的马盘山野生古茶率先在安康市取得野生古茶基地欧盟认证和有机认证。

资源变资本，让农民更加富裕

发展乡村旅游，必须与群众意愿有机结合、与农民切实增收相结合，充分调动群众的积极性、主动性和创造性，形成齐心协力、共同推进的良好局面。为此，公司依托园区大力发展民俗文化。马盘山景区内大多数农户已完成易地搬迁，目前，公司正在推进搬迁户土坯房改造，在保护当地自然环境、尊重当地人文脉络及农民意愿的前提下，根据各自特色，针对每户村民居住特点，分别设计个性鲜明、新颖别致、风格迥异的原生态民俗住房。改造后的布局和空间走向与山川地形相附会，村落建筑与自然生态相和谐，最大限度地保留乡土元素，挖掘文化内涵，展现地方特色，体现乡村风情。同时，鼓励村民开办特色农家乐、茶社、手工坊、客栈等增加收入，实现公司与群众的双赢。

园区还通过增加劳务用工的方式促进当地农民增收，公司通过适度规模的产业化经营，延伸产业链条，吸纳农村劳动力从事茶叶管理、采摘、加工、包装、运销等工作，使农民特别是贫困人口就地变为产业工人，使其在增加稳固收益的同时还兼顾了家庭。2019 年，公司吸纳固定劳务用工 58 人，其中，贫困劳动力 42 人；季节性用工 300 余人，贫困劳动力约占 75% 以上。常年支付劳务费用 300 余万元。

此外，为了助力脱贫攻坚，公司还采取了订单经营的模式。公司充分发挥市场、技术、管理等方面优势，积极支持具有产业发展能力的贫困户自主发展茶产业，按照“五统一”（统一品种、统一技术、统一加工、统一包装、统一销售）的要求，先后与贫困户签订订单合同，并向其预赊茶苗、肥料等生产物资，帮扶贫困户自主建设产业园，为其免费提供技术指导、机械化配套服务，使贫困户茶叶经营效益由原来的每亩 6 000 元增加到现在的 7 000 元以上，有效增加了贫困户产业收入。

案例 106

高原回坊火锅店：“小饭店”也有“大担当”，带动就业致富忙

在一家拥有 120 名员工的火锅店用餐会是一种怎样的感受？在青海省西宁市城东区的一家清真高原回坊品质火锅店就拥有这样的气派场面。

火锅店老板马玉山是化隆县巴燕镇藏滩村人，只有初中文化的他 20 多岁就外出打工，曾在餐厅洗过碗，端过盘子，做过拉面匠。西北人爱吃拉面全国有名，会吃的人做起饭来也一定不差。2007 年，通过亲朋好友的帮助，马玉山在广东珠海开了一家只有四张桌子的小拉面店，因服务热情、干净卫生、价格公道，生意一天天红火起来。在自己的拉面生意越做越大的同时，马玉山看到化隆县许多劳动力和贫困人口仍然存在找不到就业门路的实际困难，于是他萌发了“亲帮亲、邻帮邻”带动家乡群众共同脱贫致富的新想法。此后，他陆续帮助家乡的亲朋好友在珠海、广州等地开办了各自的拉面店。

2017年，深感“个人致富不算富，亲朋好友、乡亲邻里共同致富才算富”的马玉山回到家乡，经过多方考察，投资800万元在西宁市城东区开了一家清真高原回坊品质火锅店。在马玉山的大胆开拓和带领下，由他和其团队经过近一年的筹备、选址、装修、人员招聘、培训等工作，清真高原回坊品质火锅店正式营业，以崭新的面貌、高雅的环境、优质的服务迎接八方来客。

店内营业面积2 000平方米，可同时容纳400人就餐，主营清真品质火锅、地方特色菜、烧烤、甜品等。如此大规模的火锅店，对周边地区村民的就业带动成效显著，目前，火锅店在职员工120人，其中贫困人口25人。

马玉山是回族人，当地也以回民居多，火锅店的牛羊肉消耗量自然很大。为了在帮助家乡父老脱贫致富的路上尽其所能，马玉山火锅店所使用的牛羊肉全部来自化隆县当地的牛羊养殖户，通过与精准扶贫养殖户签订销售订单，解决了养殖户销售渠道单一的问题。通过马玉山在餐饮业方面的帮扶，当地牛羊肉销量明显增加，农民收入水平也有很大提高，同时辐射带动37户农牧民从事草食畜养殖产业生产，有效促进了农牧民增收致富。

编　后

找准地方发展的比较优势，是关乎返乡入乡创业企业是否能成功、是否可持续的重要因素。从本章的案例来看，这个“比较优势”可以是规模上的、特色上的，也可以是本土资源和生态上的。在河南平舆，一个小小的县城就拥有25万人的防水行业大军，这是一种无人能与争锋的规模优势；而对于贵州凯里和吉林辽源的两家企业而言，无论是“酸汤”还是“酸菜”，顾名思义便知是具备了特色化同样也是本土化的优势，让“就好这一口”的群体成为拉动企业发展的忠实“粉丝”；柳编和野生茶园让山西蒲县和陕西平利县的两家企业拥有了本土优势；在“两山理论”背景下，拥有优质生态环境的地方即天生具备了推动当地经济发展的优势……

市场上的产品和服务千千万，只要找准了自己的比较优势，也就找到了适合自己的发展路径。当然，这一优势只是在创业之路的起跑点上具备了先发优势，谁能笑到最后，还有赖于企业自身的成长和突破。

第十三章

理想目标：创业企业借助品牌走向更大市场

编者按

品牌犹如一个人的“名片”，有了它，才便于被人们更高效和直观地认识和关注。品牌又像是一张“通行证”，其级别越高，可通行的范围就越广。本章的这些企业，就是靠着品牌效应使名声不断扩大，同时也凭借着由此产生的知名度，不断拓展并走向更为广阔的市场蓝海。

案例 107

涟源承全培训学校："承全"千家万户，"湘中月嫂"引领家政扶贫迈入快车道

2020 年春节，从云南、江西、长沙等地回乡过年的湖南娄底涟源籍月嫂们，一起回到了当初为其免费提供技术培训的"娘家"——涟源市承全家政服务有限公司道谢报喜、分享快乐。她们中有不少曾是贫困户，如今，通过自己的努力已获得稳定收入，顺利脱贫。

将零经验、无技能的农村贫困妇女变成有战斗力的劳务大军，让她们稳得住、干得好，这是涟源脱贫攻坚中的一个重要战略。2017 年，涟源大力推进"百城万村"家政扶贫试点工作，依托"家政业+贫困户"的模式，闯出了一条脱贫致富的新路子。承全职业培训学校作为政府定点职业培训机构，积极作为，独立承担了全市"百城万村"家政扶贫试点工作，将家政扶贫作为脱贫攻坚的重要抓手，通过强化"月嫂"等家政服务职业培训、就业对接、劳务输出，"培训一人、就业一人、脱贫一户"，加快贫困群众脱贫致富步伐，促进现代服务业发展。计划到 2021 年底，在全市共开展 1 万人次的家政服务类培训，其中建档立卡贫困人员占 30% 以上，经培训合格有就业需求的人员实现 90% 以上就业率。

强强联合，打造"湘中月嫂"品牌

为了更好地打响月嫂服务品牌，承全职业培训学校与全国家政行业领导品牌湖南金领玮业现代家庭服务产业联盟管理有限公司共同成立娄底市家政扶贫职业培训基地，将优质教育资源引进来，把先进经验结合当地实际进行实践优化，以打造"湘中月嫂"全国家政服务品牌为重点，大力开展就业技能培训。

为了方便广大农村转移劳动力和建档立卡贫困劳动力参加培训，学校创新培训方式，以乡镇为基本单位，送培训下乡入村，将培训班开设到各乡镇和行政村，让广大农村劳动者在家门口享受便捷的培训服务。学校还不断优化培训流程，提高技

能培训质量。每期开班前均进行申报审批，开班期间人社部门派专人不定期进行现场检查、督导。培训期间全程视频监控，确保培训课时到位，防止培训走过场和偷工减料。同时，按照理论占 40%、实操占 60% 的比例匹配课时，理论与实操相融合，切实提高培训效果。

“湘中月嫂”涨薪显著，队伍不断壮大

自项目启动以来，学校引进省级优质教育资源，与全国 48 家家政龙头企业对接劳务输出。在积极助力脱贫攻坚方面，为了切实加强对家政服务员、育婴师、茶艺师、月嫂等人员的培训，学校强化投入，加强引导，引进省级优质教育资源，将承全职业培训学校打造成娄底市家政服务员、育婴师、茶艺师、养老护理员、保育员培训定点基地，并形成“招募→培训→输送→督导服务→再培训晋升”的一体化办学格局，助力“湘中月嫂”家政劳务品牌的打造。截至 2019 年，学校共举办培训班 41 期，培训农村劳动力共计 5 000 余人，其中建档立卡贫困户占 60% 以上，解决就业 4 000 余人，意向就业率高达 90%，实现年收入 4 万 ~10 万元不等。

在这一模式的推动下，当地劳动力的转移与输出成果显著。成功举办就业对接会 27 场，将职业培训、职业介绍、就业安置有效地进行资源整合，本地、外地对口企业吸纳安置家政人员 3 000 余人，其中，建档立卡贫困人员 1 300 余人，多名优秀学员在上海、苏州、北京等地实现了高薪就业。

周立是杨市镇湖坪村人，参加培训后由学校推荐前往上海就业，月工资 8 000 元，后又前往美国的月子会所上班，工资增加到 15 000 元；涟源蓝田镇的胡秀兰，2019 年参加家政培训后成为一名育婴师，目前在涟源就职，家庭与事业兼顾，日子越过越有盼头；家住涟源斗笠山的学员肖玉平是建档立卡贫困户，目前是湘潭市妇幼保健院产科的一名育婴师……

让每位有意愿就业的学员都能找到心仪的工作，目前已有越来越多的妇女同胞加入“湘中月嫂”的大军中，闯出了一条脱贫致富的新路子，开启了新征程。

夯实“湘中月嫂”品牌效应，加快“准员工制”转型

2020 年是娄底全面建成小康社会关键之年，学校将继续打磨“湘中月嫂”娄底品牌，更大范围地解决农村劳动力、留守妇女、困难职工的就业问题。进一步加大“月嫂”、养老护理员等培训力度，结合涟源市“百城万村”家政扶贫和“一户一产业工人”培养工程项目，计划 2020—2022 年在全市开展 6 000 人次的家政服务类技能培训，经培训后确保有就业意愿的学员实现就业率达90%以上。

另外，学校通过网格化布局，助力乡村振兴。计划在所培训的学员中选择优秀代表，分别前往全市各乡镇设立家政服务与培训网点，让更多农民工在家门口实现就业、创业，为乡村振兴贡献力量。通过推广“社区邦”服务平台，加快信息网络平台建设，计划在一年时间内加大推广力度，使互联网生活服务平台“社区邦”影响全市城区80%的服务市场，让其享受到“互联网+家政”模式带来的便捷生活服务。同时，推动家政诚信平台建设，计划引入1万名家政服务人员，推动家政诚信透明化、公开化。

除此之外，面对医院产科的旺盛服务需求，学校将重点开展进驻医院产科陪护项目，填补市场上医院产科陪护服务缺口。此外，学校还将落实“准员工制”，打造“百分百”管理。通过试点完成企业员工管理从“中介制”到“准职工制”的转型，企业提供的所有居家服务人员均做到100%签订合同，100%购买养老、工伤、意外、雇主责任险等保险，100%进行上岗培训并持有健康证。通过对服务客户的100%满意度回访，建立居家服务人员赏罚体系，通过企业制度化管理提升居家服务人员的企业黏性，打造公司、居家服务人员、客户“铁三角”。

案例108

邵古同食品：“小粽子”也有“大情怀”，让“邵古同粽子”全国飘香

一粽浓情，一粽乡愁。软糯美味的粽子是许多人都喜爱吃的传统食品。在河南省商丘市虞城县界沟镇，粽子是当地的特色食品，历史悠久，人们都习惯说“邵古同村是粽子村”。粽子给村民们带来了温饱，带来了美誉，但人们却并没有因此走向富裕。虽然邵古同村家家都在包粽子，但全村还都是家庭作坊，自己包，自己骑着三轮车吆喝叫卖，始终未能形成品牌。邵古同村粽子虽好却难以走出家门，更卖不上价钱。一方面，家庭作坊模式无法保证粽子的质量安全；另一方面，随着人们消费意识和消费水平的提高，消费者的品牌意识也越来越强。邵古同村的粽子如果

再不改变，那么“邵古同村是粽子村”的美誉将在不久的将来不复存在。

看到这种现状，在中国农业大学资源与环境学院植物营养学专业研究生毕业的“80后”女孩徐侠影看来，既然熬好的八宝粥可以打成包装卖响全国，那粽子有何不可。其实，她还在读书时就早已意识到这一问题，并注册了“恋乡”和“邵古同”两个商标，一个表达她求学期间的思乡之情，一个是直接以自己的村子命名，她立志要将邵古同粽子这种传统的中式美食发扬光大，让家乡的好产品出现在各大超市的货架上，让更多的人认识邵古同。

怀着这样的心情，2014年研究生毕业的徐侠影，在看到《致虞城籍在外人才》的一封信后，就毅然决然地放弃出国留学或是在北京高薪就业的机会，返回家乡创办了徐氏粽业食品作坊，坚持传统的纯手工制作工艺，精心选择优质原材料，做出的粽子干净卫生，味道纯正，很快就受到消费者的青睐，产品供不应求。初步的成功更加坚定了她坚持创业的信心，2015年，作坊扩大生产成立了河南省邵古同食品有限公司，目前公司占地规模约1 600平方米，固定员工60余人，其中95%以上为女工。公司秉承“良心塑造美食，诚信赢得尊重”的经营理念，得到广大消费者的不断好评，与3家全国十强餐饮企业合作，年产粽子300余吨，远销十多个省市，年销售额达400余万元。

公司在逐渐壮大的同时，也有了更强的实力履行社会责任，开始积极助力脱贫攻坚，招收10名贫困户老年人负责包装贴标等轻活，并与村精准扶贫合作社进行强强联合，动员88户贫困户入股分红，贫困户年收入1 200元以上，很好地带动了周边群众就业，并间接带动周边460余户群众脱贫，让他们更快更好地奔向小康。

为了让更多人知道“邵古同粽子”，也为了能让更多人买到“邵古同粽子”，公司从2018年开始便着手电商平台的营销，在线上推广“邵古同粽子”。如今，“邵古同粽子”的线上销量与日递增，打破了常规渠道销售粽子的季节性局限，让这一带有节日季节性色彩的产品可以打破常规，粽子每天都有订单、全年都有销量、淡旺季之分不再明显，大力促进了公司的发展和知名度。品牌打响后，徐侠影也被陆续评为“河南省农民工返乡创业之星”等诸多荣誉称号，并在2019年8月河南省第三届“豫创天下”创业创新大赛商丘分赛区决赛暨商丘市第四届创业创新大赛中，荣获创业组二等奖。

返乡创业路虽艰辛，但社会意义重大。公司规模的不断扩大为村民增加了就业岗位，有家的地方也有工作，有效地减少了空巢老人和留守儿童的数量，提高了村民的幸福感，也为乡村振兴作出了积极贡献。

“小粽子”也有“大情怀”，2020 年在举国上下全力抗击新冠肺炎疫情的形势下，公司也积极参与到抗疫的各项工作中，无偿为抗疫一线的工作人员送去温暖，免费为界沟乡政府食堂、邢营村卡点、界沟派出所、界沟供电所等单位和机构提供粽子、水饺、汤圆、玉米棒等食品和捐款。

对公司今后的发展，徐侠影充满信心，并作了三年规划：围绕供给侧结构性改革加快转型升级，延伸生态产业链，加强与全国十强食品企业和上市企业合作，建立自己的大米、绿豆、粽叶等原材料种植基地。新年再开建一个绿豆粉皮生产车间，逐步发展养猪场等项目，加快废液回收利用，带动更多村民走上现代化生态致富之路。

案例 109

斑兰农业：让南洋文化与海南本土文化碰撞出斑斓的火花

“辣椒是红色的。”“不，辣椒还有黄色的。”在海南，与通常的红色辣椒不同，黄色灯笼椒成为当地一种有名的特色农产品，外地的朋友到海南旅游，十有八九都会带些灯笼椒辣椒酱作为礼品赠予亲朋好友。

正是看到了这个市场，“80 后”的大学生梁文彬毕业后，在当地返乡创业和惠农政策鼓舞下，立足农村实际，靠自己一双勤劳的双手，不断挖掘创业项目，不断开拓新的致富门路，在创新增收致富的道路上越走越远，并带领着村民们一起创业致富，成为中原镇远近闻名的农村致富带头人。

通过多年的奋斗，梁文彬创立了“海南么彬灯笼辣椒酱”这一海南特色农产品品牌，产品获得了新加坡 SGS 国际权威认证，成功打入了新加坡及东南亚市场，产品每年创汇 300 万元。在此基础上，梁文彬在 2016 年又一手创立了“琼海中原斑兰”地理标志品牌，在“2018 海南省农产品品牌创建大赛”中荣获优秀奖，为琼海农业品牌注入了新的产业元素。

在梁文彬一次前往新加坡考察辣椒酱市场的偶然机会，他意外发现了南洋香料斑兰叶这一更大的市场。斑兰叶原本为东南亚一带广泛种植的香料作物，早年间被华侨引入我国种植，是“南洋文化”与本地特色“土文化”的完美结合。看准了这一市场，梁文彬创立了琼海斑兰农业开发有限公司，“琼海中原斑兰”的斑兰品牌正是以斑兰为主体，通过阐释侨乡文化与本地传统文化的传播，使斑兰具有地域特色，成为“一村一品”区域特色明显、附加值高的主导产品和产业。通过企业带动，推动斑兰种植地域文化，从而通过专业市场带动地方发展，按照“一村一品”的专业村发展形成“斑兰村”及斑兰系列产品。斑兰叶作为具有浓郁南洋文化色彩的热带作物，可以全力配合琼海侨乡文化与产业融合发展，赋予博鳌小镇特有的文化内涵。

公司实行“党建+公司+带头人+华侨”的发展模式，带动农户种植与创收。在精准扶贫方面，帮助建档立卡贫困户开展斑兰种植。贫困户以土地流转、用工等形式入股参与项目建设，从而实现增收。通过项目的示范带动作用，使广大贫困户在增加收入的同时看到了种植斑兰的美好前景，在掌握斑兰种植的实用技术后，增强了贫困户脱贫致富的信心，也为其提供了脱贫致富的新门路，提升了贫困户通过自身努力增加收入实现脱贫的“造血”功能，从而实现精准扶贫。

为了更好地响应“大众创业、万众创新”号召，推进农业供给侧结构性改革、活跃农村经济，公司积极转变传统经营模式，从生产环节入手，增加产品的品类和款式，以更多更新的产品去撬动市场，从而促进当地经济的发展。通过打造海南岛高科技休闲农业品牌，为海南国际旅游岛再打造一张休闲农业名片。

发展斑兰产业，除了种植、加工生产、销售等版块外，公司更加致力于推动休闲观光农业和乡村旅游，以及华侨民族风情旅游的发展，创建斑兰文化产业园区，传播及传承传统手工艺、发展品牌文化创意、倡导绿色健康养生理念、推动斑兰系列食品中央厨房制作管理及参观演示、增加体验项目等生活性服务业，以及其他新产业新业态新模式。

为了寻找创造更广阔的发展，梁文彬还积极搭建青年企业沟通和联络平台，2018 年 10 月，在其努力和推动下，新加坡琼海同乡会与琼海市政府签署“博鳌世创中心框架协议”，并成功举办了世界琼海创业峰会，鼓励世界各地的琼海青年企业家以及各界精英到海南创业发展，为海南省自由贸易区（港）的建设注入新鲜血液。

案例110

飞龙食品："来懿品"发挥品牌优势，"扶贫车间"助力精准扶贫

2020年是直播带货的火热之年，无论是政府、企业、名人网红，又或是普通个体，都纷纷走进直播间，开启了"面对面"的全民网购通道，让更多优质产品进入人们的视野。其中，食品类产品更是受到网民的青睐。山东飞龙食品有限公司就乘着这股直播东风，通过直播带货模式让更多网民认识了解了公司品牌"来懿品"精品果干系列产品。

从2004年成立至今，飞龙食品有限公司已发展成为山东省最大的集果脯、果糕、果汁的研发、生产、销售于一体的"国家级林业龙头企业"、"省级农业产业化重点龙头企业"、"省科技型中小企业"，以及"食安山东"食品生产示范企业等，年产值由70万元跃升至2019年的1.1亿元，企业员工达335人。公司年综合加工各种水果10 000吨，拥有标准化农产品生产线8条，产品包括果脯、果糕、糖果、果品酵素及饮品等五大系列五十余个品种，先后进入上海来伊份股份有限公司、苏果超市、沃尔玛超市、乐购、利群、家乐福、济南大润发、淄博商厦等。

公司注册商标"来懿品"被山东省工商行政管理局认定为"山东省著名商标""淄博市农产品著名品牌"，先后获得"第十一届中国林产品交易金奖""山东森林食品推荐品牌""淄博市消费者喜爱品牌"等荣誉称号。

公司立足当地果品资源优势，与果品生产基地合作社、农民建立了紧密合作关系，为当地农村经济发展和农民增收作出了贡献。尤其是，企业积极主动履行应负的社会责任，创设了"林业龙头企业+科技+基地+扶贫车间+贫困户+大健康产业"的精准扶贫发展模式，通过建立"扶贫车间"，与贫困村和贫困户签订水果种植、收购合同，实施保护价收购，通过积极捐款捐物等措施积极投入到脱贫攻坚工作中，促进了1万余贫困群众摆脱贫困，被山东省扶贫办等8部门联合认定为"山东省扶

贫龙头企业”。

近年来，公司立足新旧动能转换，加大技术改造力度，深化产学研合作，抓好核心技术产业化、先进装备更新、信息技术应用、品质提升、工业设计等主要环节，实现了企业的转型升级。公司拥有国内最先进的果品酵素生产车间和技术研发中心，配备国内一流的菌种扩培、低温浓缩等先进研发和生产设备，建立了综合实验室和酵素试验制备室等。并与江南大学长期开展产学研合作，建立了“江南大学技术转移中心沂源分中心分站”；先后组建了淄博市山楂深加工工程技术研究中心、淄博市企业技术中心、淄博市工程中心、淄博市“一企一技术”研发中心。研发中心现拥有固定人员26人，设有技术开发部、工艺研究部、检测中心、综合管理部等7个部门，研发中心新产品、新技术开发能力始终保持在同行业领先地位。特别是生物发酵技术成果在公司的成功产业化，标志着公司由农产品深加工企业向生物企业的成功跨越，成为全国第一家自主研发植物纯种发酵技术并实现产业化的企业，公司自主研发的酵素系列饮品及酵素生产技术工艺已获得国家发明专利授权。

下一步，企业将继续围绕当地农产品精深加工，加大生物酵素产业发展，进一步深化产学研合作，与江南大学、山东理工大学、山东中医药大学等加强合作，积极引进高端人才，培养本土技术人才，积极打造科技创新平台，在加强传统产品稳固提升的基础上，积极为酵素市场提供集高品质、时尚和方便于一体的新颖酵素产品，促进企业创新发展，力争销售收入进入全国行业内前三名，同时进一步履行企业社会责任，积极投入到决战决胜脱贫攻坚战和推进乡村全面振兴中去。

编 后

2017年国务院发文，自2017年起，将我国每年的5月10日设立为“中国品牌日”。中国正处在由经济大国向经济强国转变的重要阶段，中国作为制造业大国，一些行业产能过剩，同时对性价比高的品牌需求又很旺盛，导致一部分消费需求向国外品牌溢出。因此，抓紧强化中国设计、中国创造，凝聚中国力量，发展自主知识产权的品牌，开启自主品牌发展的新时代刻不容缓。“中国品牌日”的设立具有里程碑意义。

品牌营销是产品和服务销售的高级阶段，其可在短时间内帮助消费者认知销售对象并建立信任，是重要且有效的销售手段。从本章案例中我们欣喜地发现，返乡入乡创业企业中，已有一部分拥有自主知名品牌的企业脱颖而出，并以之号召市场，收获信任，这一现象令人鼓舞。但遗憾的是，返乡入乡创业企业中，打响品牌的企业仍属少数，还需要企业及社会各界继续努力。

第四篇

返乡创业者成功秘籍

第十四章

身怀“利器”心系故土
——返乡创业者的创业原动力

编者按

在外打拼的农民工等群体，凡是敢于返乡入乡创业的，都是有些底气的。他们通过多年在外的摸爬滚打，已经集齐了一身本事：有的积累了一定的资金，有的掌握了一定的技术，有的则是手里攥着项目，还有的揽住了忠实的客户，又或是具有对市场的独到见解……这些既是他们返乡入乡创业的原动力，亦是他们回乡创业有别于常人的比较优势，更是坚定他们创业信心和决心的“底气”所在。

案例 111

杨玉飞：用 VR 技术赋能建筑设计

“未来的互联网营销趋势，必然是可视化效果更强的 VR 全景营销，将给建筑市场呈现出一个全新的展示。”杨玉飞说。

2006 年毕业于辽宁省丹东市辽东学院环境艺术设计专业的杨玉飞，在毕业后入职丹东市建筑设计有限公司，并在该公司建筑方案组连续供职11 年。因其在公司供职期间工作努力，表现优秀，并且在丹东市内设计有多个省优、市优建筑作品，从而得到了公司各部门领导的认可。现在拿出当年杨玉飞的设计代表作品，还是响当当的：丹东市检验检疫局、丹东市边防检查站、丹东市财会中心、五龙背检察院及纪检委等行政建筑；国门湾新世纪家园 A 区、本钢新城、五龙背温泉小镇、祥丽苑等住宅小区住宅建筑；九年一贯制小学、丹东二中、四中、职业技术学院等学校建筑。

由于一直从事与建筑相关的工作，杨玉飞对建筑业情有独钟。然而，在实践中，他发现，在建筑表现方面目前还留有比较传统的设计理念，久而久之会被不断刷新的设计所淘汰。为此，他开始琢磨建筑的 VR 呈现。2018 年，他毅然辞去待遇优厚的工作，回到了自己的家乡辽宁省朝阳市龙城区，并于 2019 年 1 月正式注册成立了自己的 VR 制作公司——朝阳市昊尊科技有限公司。

该公司是一家专注于 VR 虚拟现实、VR 拍摄全景显示以及电子沙盘制作的科技公司，主要业务包括企业、房产、旅游、餐饮、酒店、景区等多个领域。

作为领头人，杨玉飞带领他的团队立足 VR 行业，开拓创新，勇于挑战。目前他们已完成北京工体范电子沙盘、朝阳思迈国际健身会所等全景展示与推广等项目。正在洽谈的项目有亚琦 · 朝阳贸易中心、万国酒店、喀左大成酒店、金泰 · 中央公园、金山小镇等。

他说：“在传统的建筑表现基础上加上 VR 全景展示，不光是给建筑带来新的展示方式，还包括景观、室内设计、办公楼、景区、学校、工厂等的展示。通过三维建模技术，把未建成、未实施的项目提前展示在众人面前，进行招商、销售、推广，把真正意义上的公司规模、形象、产品、服务、活动、支付等方方面面1∶1呈现给客户，就像有导游把客户带到门店、企业里参观考察，让客户身临其境，体验式了解门店、企业的全貌。做出来的效果可以通过微信、小程序、公众号、H5等呈现，并最终提高公司效益！”

目前，杨玉飞的公司已有内部员工10名，外部业务联络若干人。他表示，为了公司健康有利的发展，公司内部还会不断培训新的员工。在培养人才的同时也将所学到的技术推向社会，为社会作贡献，解决城乡劳动力特别是离校未就业高校毕业生的就业问题。

案例112

李金刚：经历磨难树斗志 返乡创业展宏途

李金刚是吉林省抚松县万良镇万良村一名普通的“80后”农民子弟。初中毕业后，为了减轻家中的负担，也为了自己梦中的理想，他卷起铺盖，踏上了出外务工的艰辛历程。

当时，初中毕业的他对外面的世界不甚了解，加之学识不高，更缺乏社会经验，先后在福建、广东的建筑工地和码头做过搬运工、建筑工，在工厂里当过一线工人。由于缺少技能，他只能靠出卖劳动力，用最艰辛的劳动换取最微薄的薪水。

一次偶然的机会，经他人介绍，李金刚走进了广东省东莞市一家木业有限公司，成为一名搬运工，并且一干就是几年。凭借着一种不服输的劲头，李金刚在工作之余便偷拜师傅学起了木家设计。他把攒下的钱大部分用来买专业的书籍，有空了就钻研学习。他老实厚道，肯学习、肯钻研的精神感动了师傅们，于是，他们把所掌握的木家设计技术、加工技术、绘图技术、做小样技术倾囊相授。

2005年9月，李金刚在这家公司从一名普通搬运工升到了车间主任，3个月后又被提升为部门经理。就这样，他一步一个脚印，凭着一股韧劲，在饱尝了一名打工者的艰辛后尝到了初步成功的喜悦。

就在步步走高的时候，他没有满足于所取得的成绩而沾沾自喜，反而心里有了一种强烈的创业愿望。他细心地发现，公司生产的礼品盒倍受客户欢迎，被广泛用于高档礼品的包装。“如果把这种礼品盒设计成家乡人参制品和土特产品包装盒，前景和收益一定会很丰厚。”李金刚在心里琢磨着。这也给他创业带来了灵感。

2006 年春节前，他带着打工赚来的 3 万块钱，辞去了工作，毅然返回了阔别已久的家乡。2007 年，恰逢政府出台了一系列鼓励创业带动就业的措施，加大对返乡农民工创业的扶持和帮助力度。这让他敏锐地感觉到千载难逢的创业机遇来了。

当时，万良人参市场被商务部纳入了国家“双百市场工程”建设项目，万良长白山人参市场正准备异地扩建。天时地利人和，难得的机遇不可放弃，李金刚创业的时机成熟了。

在政府和相关部门的关怀和支持下，2008 年 8 月 28 日，万良镇龙盛参茸有限公司正式挂牌成立了。就这样，靠着在外面学习的技术和积累的经验，凭借着对市场规律及市场营销的了解，李金刚的企业很快走上了正轨。

成立当年，他又申请了小额贷款，作为生产经营的流动资金。后来的 3 年，李金刚一步一个脚印，从无到有，从弱到强，干出了一番事业。目前，他的龙盛参茸有限公司占地 1 000 平方米，总投资达 200 万元。

企业强大了，自己致富了，李金刚没有忘记参乡的兄弟姐妹。万良镇龙盛参茸有限公司截至目前共招收了 80 多名返乡农民工就业，吸纳和安置下岗失业人员及农村富余劳动力 30 余人，安置了 2 名残疾人，并为全体员工缴纳了社会保险（包括养老保险、失业保险、医疗保险、工伤保险）。2019 年，企业员工平均月工资达到了 3 500元，企业年产值达到了 5 000 多万元，利税达 50 万元。公司业务从最初的参茸包装扩展到长白山人参系列、山参系列、东北特产和各种散货等多个品种，多项业务已经遍布全国 20 多个省份，并逐渐向纵深发展。

“无论遇到什么挫折与不顺都要学会坚强。”这句话是李金刚的座右铭，也是他一直信奉的人生信条。正是凭借着这份执着与坚强，他才从一名普通外出打工者逐渐成长为一名小有名气的“小老板”。作为返乡先行的创业者，他不断锐意进取，采取“人无我有、人有我新、人新我精”的模式，不断做大做强参茸产品及包装产品，近年来先后获得“万良镇创业明星企业”“白山市创业促就业明星”等荣誉称号。2015 年 12 月，李金刚还被国务院农民工作领导小组评为“全国优秀农民工”。

案例 113

昌云军：葡萄飘香有梦想，现代农民谱新章

1966 年出生的昌云军是山东省鲜食葡萄研究所的所长，他还有一个绰号——“葡萄大王”。

“在天和地之间，在青山和绿水之间，一颗匠心，满怀沉静，将一种古老的水果，变幻出百般甜美。你是一位田园耕耘者，更是一位文化传播者，桑梓情深，造福乡里，扎根大泽，甜润中国。你是当代农民的典范，葡萄大王实至名归。”这是 2019 年 1 月昌云军被评选为“感动平度”十佳人物的颁奖词。作为中国最甜葡萄“金手指”的培育者，昌云军实至名归。

他还曾被评为山东省农村创业致富带头人、山东省十大科技能人、山东省第二届乡村之星等，并任山东省第十一届、第十二届人大代表，还被聘为中国国情研究会研究员、山东省农村干部远程教育首席专家。2013 年 11 月，中央电视台国际频道“我的中国梦系列”专门播出“昌云军——葡萄架下的梦想”专题。

从“种葡萄的”到“葡萄科研人员”

位于山东省平度、莱州、莱西交界处的大泽山拥有悠久的葡萄种植历史。昌云军是土生土长的大泽山人，1984 年，高中毕业后的他怀着高考落榜的遗憾和满腔抱负，回到了生他养他的小山村——北昌村，利用自家承包的二亩责任田，白手起家创办起自己的农科园艺场。从此，他便与葡萄结下了不解之缘。

“刚开始种植葡萄的时候，关于葡萄的生长规律、病虫害防治什么的根本不懂，眼睁睁地看着葡萄一点点烂掉，那种心情简直没法形容。”昌云军说。种植葡萄的第一次尝试是以失败告终，但他没有气馁。源于对葡萄的热爱，他痴心钻研，经过两年的努力，终于掌握了葡萄种植规律，他的园艺场实现了盈利。

几年之后，一次偶然的机会让昌云军的园艺场成为中国农科院试验基地。通过这个平台，昌云军开始接触很多正规的葡萄种植户，参加全国的关于种植葡萄的会

议、讲座。对他来说，这个促进是飞快的。两年的时间，昌云军就培育成功两个葡萄品种。在不经意之间，他从一个“种葡萄的”转变成了“葡萄科研人员”。

为梦想插上科技的翅膀

“让我们的葡萄走向世界，让我们的百姓更加富裕。”这是昌云军一直以来的梦想。为了实现这个梦想，他一直在不懈努力。

作为一名高级农技师，昌云军深知科技在驱动乡村发展中的重要地位。“我每年都要从经营收入中拿出十多万元投入科研，走一条‘经营扶持科研、科研促进经营’的育、繁、推一体化之路。”昌云军说，“除此之外，我还和国内外十几个科研单位和育种单位密切合作，及时捕捉新品种信息，想方设法引进国内外先进的葡萄新品种，并通过试验示范筛选出栽培性状优良、抗逆性强、符合市场需求、发展前景广阔的新品种进行重点繁育。”

2001 年 7 月 5 号，昌云军通过十余年努力选育的 3 个极早熟葡萄新品种——农科一号、农科二号和农科三号通过专家鉴定，得到了专家的认可。为提高葡萄品质，他还研究推广了葡萄硬枝嫁接快速育苗技术、葡萄“V”型架栽培新技术等，并获得国家专利。

多年来，他主持完成了多个科研项目，获省、市科技进步奖和丰收奖等 6 个奖项；与山东农科院合作审定了红玫香、金龙珠两个葡萄新品种；培育出花青素含量最高的葡萄品种“卓越黑香蜜”，并获得 2019 年大世界吉尼斯之最……

作为一名高级农技师，昌云军深知科技在驱动乡村发展中的重要地位。他每年都要发表各类论文 100 余篇，还出版了《美国红提葡萄栽培图册》《葡萄新品种新技术》《中国大泽山葡萄》《葡萄大王昌云军》等 8 本专著，还参与编写了《果树新优品种推介》《葡萄现代栽培关键技术》等书。他写的书对果农来说通俗易懂、实用性强、容易掌握，被列为全国星火计划培训用书。

无私反哺让乡里同富

在不断做大葡萄事业的同时，昌云军开始考虑反哺引路。2007 年，他注册成立了山东省鲜食葡萄研究所，充分发挥研究所龙头作用，采取“研究所+农户”的方式和果农联合育苗，无偿拿出资金和种条，让农民在自己承包的土地上育苗，育成的苗木全部保价回收，为其育苗的农户每年仅育苗收入就超过 1 万元。他引进并在大泽山镇果农中推广曾在第六届中国优质葡萄擂台赛中获得中国最甜葡萄状元奖的

“金手指”葡萄，现每斤价格保持在20元左右，约高出普通品种3倍，有效带动了当地果农增收。

研究所旗下的葡萄大观园也是平度市重点打造的扶贫农创体。自2014年起，作为大泽山精准扶贫基地之一，昌云军在园内设立庄户学院、田间学校，为贫困户提供免费葡萄苗木和实践基地，改变了以往送物送钱的“输血式”扶贫方式，大力开展产业“造血式”扶贫。对有意向发展葡萄种植的贫困户，在示范园向专家一对一学习种植技术和管理方法，并在试验田实践葡萄种植方法和管理方法；对缺乏资金无法启动种植业的贫困户，园区免费提供苗木，并免费培训种植技术；对有劳动能力的贫困户，园区提供就业岗位，赚取劳动报酬。目前，已帮助周边村庄76户185人成功脱贫。

昌云军近年来还精心组织农技培训会等600多场次，邀请当地种植农户参加，还受邀到全国各地讲课50余场次，致力于新品种培育、技术培训，向周边农户推广市场价格潜力高的新品种，并免费提供技术服务，力求走出一条创新、高效、绿色、融合的新农业发展模式，带动周边农民创新创业、增收致富。目前，已引进葡萄新品种100多个，每年销售葡萄苗木200多万株，培育的20多项新技术、新品种已在500多户农户中投入使用，并已帮助农户直接增收400万元，是平度实施“农创+”推动乡村振兴的生动实践。

发掘文化，开辟发展新源流

“传统农业要想焕发新活力，就必须不断发掘增加其附加值。面对已经有数千年种植历史的葡萄产业，我看到了其中蕴含的巨大文化价值，主动肩负起了大泽山葡萄文化传播的责任。”昌云军说。

葡萄大观园就是2007年昌云军通过土地流转获得了大泽山镇芝莱山北侧160多亩地的使用权，并投资1 000多万元建成的。之后，昌云军又在园内兴建了历史葡萄长廊、葡萄品种苑、拜月亭、葡萄文化博物馆等数个承载文化记忆的大观园功能区，于2016年成功获评3A级景区。

其中，对于葡萄文化博物馆，昌云军有着特殊的情怀：“咱们这座投资2 000余万元、占地700余平方米的博物馆是山东省首家葡萄文化博物馆，分为动态部分、实物部分、摄影书画、葡萄酒文化等几大板块。其实，在葡萄大观园成立之初，就配套建设了一座小型葡萄博物馆，随着时间推移和发展需要，原先的小博物馆已经承载不了日益丰富的大泽山葡萄文化，于是就对博物馆进行了改建，把它当作一个公益课堂，对群众进行葡萄文化的科普教育，面向全社会免费开放。”

如今，集生产科研、科普宣传、文化展示、休闲娱乐等功能于一体的葡萄大观园，已成为大泽山镇观光农业中的一张“烫金名片”，年接待游客可达几十万人。在其带动下，大泽山镇观光农业发展迅猛，大大小小的葡萄观光园先后涌现出 50 多个，年经济效益可达 1 亿多元。

“在农民备受关注的新时代，我将不遗余力地发挥自身带头作用，以带动农民致富增收为己任，传播葡萄种植技术，助力农民增产增收。”昌云军说，“同时，在大泽山镇全面推动乡村振兴、产业深度融合的强劲步伐中，我将带领鲜食葡萄研究所和葡萄大观园积极融入文化、休闲农业和养生的旅游大格局中，为大泽山镇葡萄产业发展贡献力量。”

案例 114

杜万龙：致富不忘乡邻，养殖造福群众

47 岁的河南省宜阳县民乐种植农业专业合作社理事长杜万龙是宜阳县韩城镇官东村人。高中毕业后，杜万龙从苏州到深圳，兢兢业业干了 20 年。开阔了眼界、学习了知识、增长了经验的他，在 2012 年春节返乡时，看到邻里乡亲出外打工赚钱不易，同时村中外出人多导致土地荒芜，就萌生了返乡创业，带动村里群众一起创业致富的念头。

然而，创业的征程是艰难的。他深知，必须要有坚定的信念和不怕千难万险的毅力，还要有为大家服务和带领群众致富的思想和决心，才能成功。在认真考察市场后，结合官东村的实际情况，他决定将发展养殖业作为突破口。2012 年 3 月，杜万龙和自家兄弟着手筹建养猪场，同时带动本村 20 多户农户一起发展养猪事业，当年即收到成效。创业的初步成功使杜万龙受到极大鼓舞，同时也取得了村民们对他的认可。在村委换届选举时，杜万龙被选举为村委主任。

这下，他深知，自己肩上的担子更重了。因此，杜万龙暗下决心，要真正扑下

身子、撸起袖子，脚踏实地为群众谋利益、为村民带好头，带领全村群众脱贫致富。经过仔细思考和谋划，杜万龙发现，官东村土地面积广阔，土壤肥沃，他决定大力发展蔬菜种植。2012 年，他带领村干部和村骨干人员先后两次到山东寿光考察蔬菜种植，回来后，克服重重困难，做通群众思想工作，成功集中了 1 200 余亩土地筹建大棚 20 余座、阳光棚 80 余座，并重金聘请寿光的专业技术人员作技术指导。功夫不负有心人，大棚蔬菜种植带动了全村 80 多户村民脱贫致富。周边群众看在眼里，羡慕在心里，就这样，示范加带动使周边村的大棚蔬菜种植基地也顺利建成。官东村成了县乡先进单位，杜万龙也得到了群众的更大信任，2015—2017 年连续三年被县委、县政府评为“双十佳”支部书记。

2014 年，在合作社的积极带领下，按照土地流转政策，流转周边土地 876 亩集中发展果蔬种植业，先后种植水蜜桃 286 亩、樱桃 60 亩、水果柿子 50 亩、韭菜 480 余亩。每年 3 月 24 日，他们还举办农民桃花节。2017 年桃花节，客流量有 15 000 余人；而到 2018 年桃花节，开幕当天就有 2 万余人参加。省、市、县有十余家媒体、媒协、作协集中跟踪并争相报道。在桃花节上，河南省农科院供给的水蜜桃、油桃、冬桃等五个新品种得到了各方游客的好评。2018 年，实现水蜜桃产量 45 万斤、收入 135 万元，其中安排采摘季节工 150 名，发放工资 30 余万元；韭菜 246 亩，收入 85 余万元，安排农民工就业 30 余人，发放工资 25 万元。

致富不忘乡邻。2012 年至今，杜万龙先后投资 200 余万元，修建了户户通水泥路，改善了村民的出行条件。

一个人富了不算富，全村富了才算富，随着前期养猪业、种植业的大发展，杜万龙共带动村里 250 余户村民顺利脱贫。为了进一步改进村里的面貌，把全村建成小康村，他认为必须做好招商引资工作。2014 年，经过县乡领导的大力支持和多方工作，杜万龙又引进了肉牛养殖企业在该村落户；2015 年，又成立了九五鹿源养殖有限公司，投资 1 亿多元，占地 380 亩，采取“公司+合作社”模式，吸收 48 户农户入股。2016 年以来，实现户均年分红 12 000 元。养殖企业的发展，不仅带动了群众脱贫致富、带动了村养殖业的发展，还将秸秆作为饲料，彻底解决了秸秆充分利用问题，既保护了青山绿水，又执行了“禁烧”政策。随着鹿群的引进繁殖，前来参观的人越来越多，给官东村开发农业观光旅游业又带来了生机希望。

作为一个外出务工返乡的创业者，杜万龙有个坚定的信念——做好群众脱贫致富的带头人。目前，他们正在积极探索“公司+基地+合作社+农户”的发展模式，以种植、养殖业为抓手，向休闲旅游观光农业延伸发展，希望通过自主创业、共同发展和招商引资，使该村的各项事业再次迈向更高台阶，把官东村建成“生产发展、生活富裕、村风文明、村容整洁、管理民主”的社会主义新农村，为宜阳县生态农业建设作出示范，为全民建成小康社会作出更大贡献。

案例 115

于锡陶：自带流量，“网红”支书返乡创业记

提起于锡陶，在黑龙江省穆棱市马桥河镇各村几乎无人不晓。大家都赞许地说：他是百姓脱贫致富的带头人。

1973 年出生的于锡陶，现任马桥河镇新站村党支部副书记，同时也是超群蛋糕加工厂厂长以及新站村淘宝网络公司负责人。2003 年，于锡陶携妻儿到大连发展创业，主要经营食品加工，经过多年不懈努力，事业得到了迅速发展，积累了人生的第一桶金。

正当他想在大连大干一场的时候，发现家里老人年事已高，需要照顾，而乡亲百姓脱贫致富更需要带领。于是，2014 年他带着对老人的孝心和为家乡父老做点事情的情怀，带着人生的第一桶金回到了马桥河新站村老家。

村民都知道，于锡陶是一个很有能力且能带领全村人致富的人，于是，纷纷选举他当村主任，后来又成了村支书。当上支书的他，一刻都没有闲着，天天想着怎么才能带动全村人致富。

经过一个多月的逐户了解，他想到了利用在大连做食品生意的网上粉丝资源，可以做农村电商，这样既可以把农民手里农产品卖出去，同时也让农民可以方便地购买全国甚至全球的商品，也可以让农村居民享受和城市居民一样便利的生活。

当他说出了自己的这个想法，却受到了大家的质疑，包括他的父母都不理解，背后议论的村民也特别多。父母觉得他放弃大连那么好的事业回到了农村，实在不值得。而村民觉得他这个想法根本就是无稽之谈。

虽然得不到认同，但于锡陶并没有放弃做农村电商的想法。他先是尝试在网上

卖提拉米苏，没想到第一个月就卖爆了，最多的一天接过 7 600 单，连邮局都得上门包装。甚至一天的时间把快递小哥全年的任务都完成了。随着粉丝和收入的增长，电商在小山村成了一大新闻。村民们一有时间就来他的店里围观直播，这也让大家开了眼界。

于锡陶帮助农民们打开了思路。许多人主动找到他帮助销售自己家的经济作物。于是，他请来瓦匠，改造了两个摊煎饼的灶，开了一个专门的淘宝店铺——“新站村手工煎饼”，现场直播大煎饼制作过程。开播以来，不仅赢得了上万“铁粉”的围观，煎饼还卖上了好价钱。最多的时候，每天都能卖出七八十斤，有时候还供不应求。

仅仅是提拉米苏的销售，5 个月就达到了 150 多万元，煎饼每个月的销售额为 2 万元左右。于锡陶为村集体带来的直接收益每月达到了 8 000 元，带动村民年人均增收 1 000 元。他不仅带动了乡邻脱贫致富，还把优秀的人才留在了农村，让大家可以通过互联网，依靠家乡的资源和特色进行创业，带来服务业衍生发展机会。

现在，于锡陶的家人和乡亲都理解了他的想法和做法，他也成为大家的骄傲。背后的质疑声变成了赞美声，其他村子也投来了羡慕的目光，纷纷到新站村参观学习。

“让更多的农民认识、了解、应用农村电子商务，让电子商务在农村扎根发芽、开花结果，并长期发挥作用才是我的最终目标。”于锡陶说。

案例 116

张安民：从放牛娃到“养牛大王”

湖北房县大木厂镇东河村村民张安民是一名“80 后”。上小学时，张安民的母亲因病去世，张安民在父亲和奶奶的抚养下长大成人。小学毕业后，懂事的张安民为了减轻父亲的负担，开始给村里的一家养牛户放牛，放了一年牛，又回到当时的生产队做了一年农活。这时候，张安民看到大木厂镇上一批批外出打工的人都挣了大钱回来，他也决定出去闯闯。那年他才 15 岁。

说起南下广东的经历，令张安民终生难忘："在东莞找工作时，住过桥洞，睡过马路，渴了喝自来水，饿了就买最便宜的馒头吃，后来走遍了东莞几十个镇，才在一家台湾商人开设的线带厂找到了工作。"

好在，聪明好学能吃苦的张安民很快赢得了台湾老板的信任。于是，张安民从学徒工干到机修工，一步步升到了小组长、科长、车间主任、主管生产的副总经理。通过在实践中摸爬滚打，张安民成长为线带厂中全面的技术人才。在这工作期间，他认识了妻子陈静。

经过十年打拼，张安民看准了市场，决定自己开办工厂。他和妻子陈静商量，脱离厂家，自己创业。于是，张安民辞去了年薪十几万元的副总经理职位，和妻子拿出几十万元的积蓄重新开办了一家线带公司，并在家乡招工60多人。因为这个行业产品销路好、成本低、市场需求大，经过3年多的苦心经营，他们就赚回了2 000万元。

有了本金，张安民又把眼光瞄准了国外市场。2011年，张安民在越南胡志明市又开办了一家线带工厂。

2012年2月，张安民回家过年的时候，大木厂镇干部登门做工作，请张安明回乡投资创业，带动家乡父老乡亲共同富裕。

从小在大木厂镇长大的张安民对这片土地有着深厚的感情。经过全面考察和市场调研，他决心回乡创业，用实际行动为家乡和父老乡亲们办实事。

不过，张安民知道，线带厂是不适合在山区里开办的。于是，他在考察后决定，利用家乡丰富的物资和优惠政策，开办一个肉牛养殖场。

2014年2月，张安民带着2 000多万元资金，在全县首届回归创业大会上与家乡大木厂镇政府签订了"牵亿肉牛养殖专业合作社"投资协议，当年从山东、河南一次性购回"西门塔尔"和"利木赞"母牛75头，并购回相应的技术、饲料加工机械。第二年，肉牛数量增加了一倍，张安民又从四川南充聘请了大学生陈余担任他的饲养技术人员和兽医，并任命陈余为"牵亿肉牛养殖专业合作社"里的场长，处理一切事务。

陈余在养牛车间安装监控、音响，为牛放音乐，在养殖技术上实行饮料统一、防疫统一和管理统一的"三统一"养殖模式，并辐射到大木厂镇的各个村。对于庄稼的秸秆、青草、饲料实行"公司+基地+农户"的管理方法，解决特困人员就业20多名，分别从事收购饲料、加工饲料、粪肥处理、肉牛接生、人工授精等工作。

"我们在这里打工，每月工资能赚到3 500元，比出门打工挣的还多。"今年43岁的东河村村民马明成说。

由于肉牛养殖的饲料需求量大，于是，公司与周边的土城镇、化龙堰镇、红塔镇，以及郧阳区的一些乡镇签订了秸秆回收合同。到了庄稼收割季节，张安民派出车直接到农民地头收购秸秆和干草，不仅有效解决了农村中“庄稼收上岸，秸秆一大片”的现状，还增加了农民收入。实行了秸秆回收后，农民高兴地总结出来一段顺口溜：“庄稼收上岸，秆草一起骟（割），捆起过秤称，又卖一道钱。”

不仅是本村，张安民还带领周边村民一起养牛致富。东河村贫困户刘吉军和刘继坤也养起了肉牛，张安民以优惠的价格提供牛崽、技术服务、饲料来源，并且和养牛户签订回收合同。现在这两家养牛户已经尝到了甜头，牛的数量每年成倍增长，越来越多的村民想参与进来。

目前，张安民自家的工厂中有 486 头大大小小的肉牛，需要大量的牧草，他又与周边乡镇签订了流转土地种植牧草的合同，成了名副其实的“养牛大王”。

在谈到将来发展时，张安民说：“等肉牛年出栏达到一定数量时，计划再开办一个屠宰加工厂。”

这个从深山中走出来的放牛娃，运用自己的生活经验和社会经历，为山区的精准扶贫工作闯出了一条新路子。2014 年，张安民被大木厂镇授予“企业之星”荣誉称号。2020 年 5 月 1 日，房县县委、县政府又授予张安民“返乡创业，致富乡邻”先进个人称号。

案例 117

谷友利：细致入微嗅商机，带动乡里造传奇

谷友利，湘潭县排头乡狮龙村土生土长的农村娃，初中毕业后就选择外出闯荡。在此后的十多年里，谷友利从学习汽车修理开始，先后开过汽修厂、饭店，当过司机、开过挖机，承包过土方工程。十多年下来，头脑灵活的谷友利挣得了第一桶金。

由于从事餐饮行业的时间比较长，谷友利发现城里人酷爱吃原汁原味的乡里土菜，从中看到了农村土特产的市场，于是萌生了回乡创业的念头。

2013 年，谷友利选择回乡创业，注册成立了湖南湘之坊生态农业公司（后更名为湖南湘之坊生态农业有限公司），初步确定“将农村土特产带到城市去”的发展思路。

2014 年是公司发展壮大至关重要的一年。一是公司注册了“乌石情”腊味商标，并建起了一个年生产能力达 20 万公斤的腊制品生产车间。二是谷友利将老家的房子改造成湘之坊生态农庄，并将自家的自留山及流转的山地共 30 多亩用围墙围起来种上果树。三是大力推进精准扶贫工作，通过就业带动、农副产品供需、技术等一条龙服务，在保障质量的同时带动当地贫困户实现增收，确保精准扶贫落到实处。

2015 年，湘之坊生态农庄正式开门迎客，“乌石情”系列腊制品也正式面市。由于经营思路独特、服务优质、产品品质优良，湘之坊生态农庄和“乌石情”系列腊制品一炮而红，开业当天，就吸引了 300 多位客人，并创下了腊制品单日销售 28 万元的纪录。

2016 年，公同由当初十几人增加到近 40 人（其中贫困劳动力 12 人），年营业额达 800 多万元，带动当地群众增收 600 万元以上，从此公司走上了多方位高速发展的道路。同时，公司在精准扶贫、就业帮扶、产业带动等方面投入的人力物力财力越来越多，效果也越来越好。

2017 年，当地由输血式扶贫向以产业带动的造血式扶贫转变。紧跟这一形式，公司也开始将扶贫的重点由最初的就业扶贫、消费（农产品收购）扶贫向产业带动就业的扶贫方式转变，深度介入扶贫工作。这一年，公司垫资购买了 50 多头仔猪、1 000 多公斤鱼苗和上千羽鸡苗免费送给狮龙村和众兴村的贫困户饲养，并负责以高于市场价的价格收购。公司用这种方式帮扶的贫困户有 20 多户，大部分在当年就实现了摘帽脱贫。

2018 年，县委、县政府和排头乡、乌石镇政府均明确湖南湘之坊生态农业有限公司为产业扶贫实施主体。公司以此为契机，将业务拓展到排头乡狮龙村和乌石镇众兴村，与他们签订了长期合作协议和产业扶贫协议，带动当地农户尤其是扶贫对象通过种养殖增收。公司的业务覆盖 2 个村 200 余户，其中贫困户百余户，创业带动就业以及扶贫效果非常明显。

2019 年，公司业务范围又增加了排头乡的团结村（省定贫困村）和乌石镇的乌石村，覆盖贫困户 200 余户，其中仅众兴村就有上百户。为帮助众兴村早日摘掉省定贫困村的帽子，让更多贫困户脱贫致富，在 2018 年，公司就与众兴村合作成立了“乌石情”专业种养合作社，开启了“公司+合作社+农户”的产业带动就业扶贫模式。到2019年底，众兴村142户贫困户382人中有138户378人（其余4户4人为财政兜底户）摘帽脱贫。

湖南湘之坊生态农业有限公司带动当地就业和农副产品销售增收效果非常显著。经过努力，公司所在地狮龙村农民人均纯收入由2014年的12 183元增加到了2019年的21 886元，5年涨幅80%。众兴村贫困人口人均纯收入也由2014年的2 761元增加到2019年的4 689元，5年涨幅达70%。

经过几年的发展，目前，湖南湘之坊生态农业有限公司已发展成一家集有机农产品种养、加工和销售于一体，涉及餐饮、商贸、旅游、文化等行业的一二三产业融合发展的现代企业。公司旗下拥有彭德怀纪念馆求是楼酒店、湘之坊生态农庄、“乌石情”腊味加工厂、湖南省乌石情文化传媒有限公司、湘潭县乌石情种养专业合作社等全资子公司。公司现有员工140余人（其中贫困劳动力30多人），带动周边农户近800户（其中贫困户200余户）发展生产、居家就业增收、脱贫致富。2019年，公司营收近2 500万元，支付农产品收购款1 600余万元（其中支付给贫困户的收购款占比50%左右），发放员工工资近400万元（其中支付贫困劳动力工资近100万元）。

案例118

罗洪：成功企业家情系桑梓回报家乡

1998年，四川省广元市苍溪县黄猫乡君寨村人罗洪怀揣创业梦想，只身一人到成都打拼。凭着果敢坚毅和一往无前的勇气，罗洪成立了四川春蕾石材有限公司，并终经努力在石材行业闯出了名声。罗洪的公司包揽了成都所有洲际酒店石材装修供给，并且声名鹊起，一跃成为西南片区石材行业的龙头企业。

难得的是，功成名就后的罗洪始终保持着“山里人”本色，在做强做大企业同时，不忘家乡，每年为家乡解决劳务用工上千人，并出资金技术鼓励乡邻自主创业。

虽然做了很多，但他总觉得自己做的还不够。通过长时间到全省各地农业园区考察，他得出依托产业发展观光农业才能带动家乡父老乡亲脱贫致富的结论，最终决定引进四川省农科院最新选育成功的优质高端白肉枇杷和获国家金奖的霞翠脆桃作为发展的主导产业，形成以产业发展为基础、以开发乡村红色旅游为重点的“产业旅游一体化”发展道路。

2014 年，他毅然决定将成都的公司交给儿子打理，自己回家乡投资兴业。

众人拾柴火焰高。为了动员更多乡友回乡创业奔小康，2015 年 2 月，在苍溪县工商联和黄猫乡党委、政府的支持下，他联系黄猫乡在外 100 余位企业家，发起成立了黄猫垭商会，立足家乡红色资源和绿水青山，以帮助父老乡亲脱贫奔小康为主旨，助力家乡发展、加快家乡建设。他带领大家做了几件事：

一是修建道路打基础。他个人出资 700 多万元，带动会员和当地干部群众捐款 100 多万元，历时两年在崇山峻岭新修了一条路基宽 8. 5 米、长 15 公里的快速通道，让原来总长 50 多公里的盘山公路，缩短为 15 公里，硬化后可实现 20 分钟上高速，实现了乡亲们期盼已久的梦想。修建跨村道路及园区道路 20 余公里（土坯路），修建山坪塘 3 口、微水池 13 口、渠系 8 公里。同时，发动会员免费为家乡安装天然气、自来水、路灯，修防旱池等。

二是立足生态建基地。黄猫乡生态好，无任何工业污染，他看中了这个优势，2014 年成立了黄猫垭农业生物科技发展有限公司，流转土地 3 000 多亩，种植高端白肉枇杷 1 080 亩、霞翠脆桃 820 亩、各类观赏桃花 300 亩，采取“公司+土地租金+股金分红”的模式，在 6 个村建立现代农业产业园。产业园劳务用工全部考虑被流转土地农户，2019 年，公司雇用固定工人 26 人，临时用工 9 890 人次，共发放工人工资 200 多万元。2020 年将实现盛果期，可实现销售收入 7 200 万元以上。

三是旅游富民创品牌。商会抓机遇、创品牌，积极配合红色经典旅游发展，积极奔走、联络协调，协助党委政府把“黄猫垭战役遗址”列为全国红色经典旅游名录。罗洪的公司投资 2 000 万元建成星级乡村旅游接待中心，捐建了红豆杉农民公园、映山红广场，建成世外桃源和桃花岛，发展休闲观光农业，打造川北最大桃花观赏基地；打造梅花谷、樱花沟、红枫坡、映山红广场等观赏植物主题景点；打造狮子寨、象鼻山、盘龙寨、双峰山等独特地貌自然景观；打造蹇家大院、李家院等川北民俗文化古村落；打造千年银杏、弹痕松等千年古树景点；打造从梅子滩到穿心店约 10 公里的激情漂流、亲水平台以及十八滩景点；以“走红军路、观农家景、赏桃花源”为主题，引导发展乡村农家乐 13 家。

黄猫垭商会目前已有会员 102 位。作为商会会长，罗洪率先垂范，成功回引李雄国、邓泽浩等12位企业家回乡创业、建设家乡。其中，商会常务副会长邓泽浩计划投资3 000万元按川北民居风貌将龙狮村蹇家大院打造为候鸟式康养基地和千年银杏休闲广场；商会副会长李雄国捐资400余万元为高台村老百姓建园修路，安装自来水、天然气和路灯；商会成员向联辉捐资20万元打造黄猫场填和周边节点景观；商会成员向荣宗捐赠消防车2台、价值80余万元。

同时，罗洪还利用自身人脉资源优势，与四川省产业和金融促进会会长单位四川超宇集团达成初步合作协议，共同开发黄猫垭红色旅游资源，发展现代农业园区。四川超宇集团承诺对口帮扶黄猫乡贫困村黄猫村。除此以外，还与全球500强企业沃尔玛超市集团达成将公司生产的白肉枇杷和霞翠脆桃列为沃尔玛超市优质水果的供应协议；与四川省农科院达成将公司产业园作为科研推广基地的协议；与苍溪县科协达成将公司产业园作为科普教育基地的协议。

2015年，罗洪个人被评为“全国优秀农民工”，2016年被市委市政府评为“年度教育之星”“感动广元十大人物”“广元市最美十大扶贫人物”，其麾下公司也被苍溪县委县政府评为“苍溪县返乡创业明星企业”。

案例119

饶猛：“松柏”精神点燃脱贫攻坚梦想

不畏严寒风雪，毅然傲立、倔强峥嵘，这就是松柏公司创始人饶猛的精神。位于风口悬崖的“迎客松”成为四川省达州市宣汉县毛坝镇天坪村人民和松柏公司的象征。

从小见证天坪村贫穷落后的饶猛，目睹了广大村民守着青山绿水受穷。大学毕业后，放弃工作单位，只身在外打拼创业，在上海、深圳分别创建富柏化工有限公司、松柏实业发展有限公司并担任董事长。他创业成功不忘家乡，用自己创业成果反哺家乡，以“松柏”精神滋润家乡土地，让家乡人民尽快跨上脱贫奔小康的快车道。

致富后的饶猛将自己成功的喜悦与父老乡亲共同分享，始终以自己最大付出支持当地扶贫开发，让家乡景变美、山变绿、人变富。拥有巨额资产的他，崇尚“居丰行俭，在富能贫”的人生格言，常常把家乡父老贫穷落后记挂心上，把建设家乡责任扛在肩上，把脱贫攻坚重任落实在行动中，赢得社会广泛赞誉。

多种渠道为群众增加收入

松柏公司成立了党支部、脱贫攻坚指挥部等组织机构，采取“公司+支部+农民+福利”模式，实现整村推进脱贫与公司发展无缝对接，借助贫困山区旅游资源丰富的优势，坚持以乡村旅游扶贫作为发展引擎，促进乡村旅游业与特色产业结构调整，通过文化、旅游产业带动扶贫工作，实现“农文旅兴镇、农文旅富民”。许多群众都跟着脱贫致富了。

土地流转收入。松柏公司自签订土地流转合同之日起，分档给群众土地流转费，前三年按照熟田熟地每年每亩 300 元、荒山荒地每年每亩 200 元的标准；三年后，公司对所有流转土地统一按照每年每亩 400 元给群众土地流转费。截至目前，公司累计流转三个村土地 5 000 亩，每年为群众增加土地流转收入 200 余万元，其中流转 198 户贫困户土地 1 800 余亩，增加贫困群众土地流转费用 70 余万元，人均年收入增加 700 元以上。

群众务工收入。松柏公司聘请当地村民、贫困群众在流转土地上务工，每天 70~200 元工资。公司与长时间在公司务工村民签订用工合同，将务工群众变成产业工人。同时，每年吸纳临时务工 1 000 余人次，年支付劳动报酬 500 余万元，群众收入得到大幅提升。

托养黑猪收入。松柏公司出资购买黑猪苗，托养到有劳动力的贫困群众家中育肥，出栏后，按高于市场价 50% 的价格回购，解决有劳动力的贫困群众缺少资金的问题。目前，松柏公司与 37 户贫困群众签订生态黑猪托养合同，托养生态黑猪 96 头，每头增收 1 000 元，户均增收 3 000 元以上。

首创购买“三保”。松柏公司为签订用工合同产业工人购买“三保”，解决产业工人后顾之忧（为 45 岁以下购买社保、为 45 岁以上购买农保、为所有产业工人购买意外伤害小额保险）。一是投入 32 万元为 43 名正式员工（贫困群众 20 人）购买社保，预计到龄每月可增收 750 元。二是投入 5.5 万元为 290 名室外产业工人（贫困群众 110 人）购买意外伤害小额保险。

“谋划+科技”助力脱贫攻坚

松柏公司计划总投资3.5亿元（已投资3 000余万元）对天坪村、大堰滩村、冒尖村5 000余亩荒山进行复垦整理。目前种植皇冠李（蜂糖李）2.7万余株、高山青脆李24.7万株，吸纳就业岗位396人，其中本地签订合同务工群众381人。到2020年底，产业规模扩大到4万亩，招聘产业工人1 000人以上。另外，还在持续壮大产业规模，结合高山独特地理气候条件，配套发展观光休闲旅游基础设施，在园区规划八大功能区。在毛坝镇腊梅广场修建一座三星级酒店，在天坪村刘耀坪迎客松修建全玻璃透明悬空餐厅，修建度假小木屋30间、观光亭10个，改造农家小院30家，修缮旧农居25间等。

松柏公司精准谋划，一是分步打造旅游景点。围绕“农文旅”融合发展思路，逐渐拓宽旅游服务类项目，不断为当地农民提供就业服务岗位，投资800万元在办公楼附近打造一座川东北独一无二的阳光森林餐厅和配套休闲、住宿设施；计划投资1 000万元在迎客松处建设一座全透明悬空餐厅，让天坪村贫困户在旅游季节平均月增收3 000元以上。二是挖掘民俗旅游资源。推动天坪、冒尖、大堰滩村旅游沿线民俗旅游业发展，计划投资5 000万元以上，完善姚家祠堂配套设施及白云寺民俗文化提档升级。通过“党支部+公司+基地+农户”发展模式，扶持494户贫困户，创立旅游商贸市场平台，加大对乡土特色商品等特色旅游纪念品开发推介力度，开展制作宣汉土家族手工艺品等各种方式参与旅游。三是引导贫困群众参与服务。组织天坪等村贫困户参与房屋出租、开办小型农家乐、销售旅游商品等增收；组织缺乏生产资料的贫困户以销售公司为平台，规模化销售高山青脆李果品、黑猪以及采集草药、野菜、野果等农产品增收，真正实现“开发一处景点，繁荣一方经济，致富一方群众”的良性互动。

松柏公司重视科技指导，利用冬闲时节编印产业科技培训教材，组织贫困群众开展青脆李种植、黑猪等特色养殖以及旅游商品销售、旅游经营管理、餐饮烹饪服务等实用技术和劳动技能培训。两年来，相继在天坪、冒尖、大堰滩村培训农民3 100余人次，接受培训覆盖面达75%以上。通过系统培训，贫困农民思想认识发生转变、从业技能明显提升、脱贫愿望显著增强，标准化生产、精细化管理、数据化服务等前沿发展理念快速融入“公司+脱贫攻坚”模式。

松柏公司扶贫项目到位，加快实施高山青脆李产业基地、特色产业两大类项目。项目覆盖贫困人口494户1 416人，正在配套建设产业基础设施，全面保障天坪等村 1 500 余亩农田节水灌溉，解决 3 个村多年想解决而未解决的灌溉困难问题，与天坪等村各家各户签订扶贫黑猪饲养管理合同，实现资金扶持与滚动发展双轮驱动的脱贫攻坚新目标。

目前，一个崭新产业正在深山区腾飞，各方奋进筑牢永不蜕变的致富梦想。在不久的将来，天坪等村将成为宣汉县乃至达州市脱贫攻坚璀璨耀眼明星。

案例 120

朱红青：小园区展现大作为

成立于 2012 年的云南祥云泰兴农业科技开发有限责任公司是一户集特色蔬菜种植、包装、销售、生产配套服务、电子商务和庄园经济发展于一体的农业产业化企业。

该公司是由外出务工返乡人员朱红青创立的，现有管理及生产人员 352 人、季节性工人 1 000 多人，建成标准化蔬菜种植示范基地 3 108 亩，发展订单基地 1 万多亩，主要种植黄白、上海青、生菜、松花、西兰花、莜麦菜等 30 多个特色蔬菜品种，年产蔬菜 3 万多吨。不仅如此，公司还建立了直达上海、杭州和武汉的营销网络和销售网点，与 180 多个省内外客户建立了稳定的合作关系。2018 年实现销售收入 7 705 万元，其中电商销售 1 233 万元。

2012 年，朱红青成立祥云泰兴农业科技开发有限责任公司，同年向人社部门申请劳动密集型小企业担保贷款 200 万元贴息支持。目前公司通过产业扶贫、挂钩扶持、订单农业和项目实施直接带动 3 000 多农户增收 5 000 多万元。

2015 年 3 月，朱红青又创建了祥云县泰兴特色农业科技创业园，从培育引导、示范带动、创业扶持和服务管理四方面入手，构建融合专家基层科研工作站、高校毕业生就业见习基地、农业科技示范园、现代农业庄园、创业孵化园“五位一体”的综合园区。通过打造创业创新孵化平台，开展技术和管理创新，带动广大创业者实现创业就业。泰兴特色农业科技创业园是祥云县首家免费为返乡农民工、大学生等创业者提供政策咨询、创业规划、就业指导、技能培训及后续跟踪服务，提供资金扶持、法律援助等综合性服务的开放式园区。2016 年被认定为省级创业园，获得省级补助资金 100 万元、县级补助资金 50 万元。公司先后被人社部门认定为州级见习基地、就业扶贫车间，享受高校毕业生就业见习生活补助、就业扶贫车间奖补资金等政策扶持。朱红青也荣获第三届“大理青年创业州长奖”。

园区大力推行“创业园+合作社+家庭农场+基地+贫困户”模式，帮助贫困村发展产业基地 3 000 多亩，扶持 2 户建档立卡贫困户创业，安置建档立卡贫困户 80 余人就业。在园区创建上，统一流转土地、统一规划布局、统一配套基础设施、统一培训指导；在生产过程中，统一安排生产、统一供种供苗、统一技术服务、统一技术标准；在产后服务方面，统一采收包装、统一按质销售、统一结算效益。目前，创业园入驻企业 77 户，其中 61 户在孵企业、16 户孵出企业，创业者 85 人。2016 年为在孵企业招工 397 人，就业培训 600 多人；2018 年招收返乡农民工、大学生及就地就近转移农村剩余劳动力 480 人，实现劳务收入 1 950 万元。园区聘请 60 名专业创业导师，开展创业培训 50 余次，受训上千人次，深入企业进行创业指导达 100 多次。

园区还创办了以服务“三农”为主的信息服务中心、农资配套服务中心和穴盘育苗中心，为创业者、种植大户、家庭农场、农民专业合作社和农业企业提供及时有效的信息服务、农资配送、优质种苗供应等配套服务。2018 年，公司吸纳和转移农村劳动力 1 425 人，开展新技术示范 6 250 亩，培训农民 1 500 多人（次）。

园区创建以来，以“创业园（运营实体）+示范园（基地）+创业者（企业、项目或个人）”的创新模式，聘请 6 名专业创业导师和 54 名省州县专家指导团队，对创业项目进行“一对一”“一盯一”跟踪服务，指导创业者制定、修改、完善创业计划，协调解决创业过程中的实际困难，实现“开发一个、成熟一个、成功一个”的目标。开展创业培训 50 余次，受训上千人次，深入企业进行创业指导达 100 多次。

园区投入资金 120 多万发展电子商务，配置 10 台高配置电脑、2 台高性能打印机和 2 台传真机，聘请 7 名大学毕业生专门负责电子商务。目前公司已与阿里巴巴、淘宝合作，在其平台上进行线上销售。公司于 2016 年 5 月初开始运行电子商务进行新鲜蔬菜线上销售，电商销售 2016 年 822 万元，2017 年 1 052 万元，2018 年 1 233 万元。

案例 121

艾德飞：“少女”创业的典范

贵州省兴仁市的艾德飞，是少数民族布依族，又是众多返乡创业者中的一位巾帼女性。

中专文化的艾德飞 20 世纪 90 年代曾在潘家庄镇接布厂村小学任教，后到浙江、福建等地务工，从事搪瓷技术及管理工作。她的理想就是要把学到的技术带到家乡发展，带动家乡脱贫致富。

2014 年 5 月，艾德飞回乡创办了贵州省兴仁市荣凯五金搪瓷制品有限公司。2014—2016 年短短的时间里，实现了从公司注册、置地建设厂房、购买设备安装调试，到正式投产运营的过程。难得的是，艾德飞的公司是贵州黔西南地区唯一一家专业从事佛具、炊具产品的研发、生产、销售的民族民营企业。主要产品有祭祀用品、烧纸金桶等 26 款 30 多个产品。公司生产的产品美观大方、耐高温、环保卫生，既传承了中华民族的祭祀文化，又解除了人们在烧纸过程中纸灰污染的烦恼。另外，公司的炊具产品有 30 多款，有炒锅、汤锅、蒸锅、盆、盘等，主要销往全国各地及东南亚国家。2019 年，公司的销售收入达到了 1 900 多万元，税收 20 多万元。

作为一名少数民族女性，艾德飞始终坚持一种大爱的情怀。公司在用工方面优先考虑本地农民，特别是贫困户。公司创建以来，以产业发展助推脱贫攻坚，带动家乡人民共同脱贫致富。直接带动就业 83 人，其中建档立卡户 14 人、低保户 2 人、移民搬迁户 6 人、残疾人 6 人，其中属于扶持建档立卡贫困妇女有十余人，且人均年收入达 4 万余元。而且，间接就业 200 余人，其中女性就有 80 余人。

艾德飞不忘初心，心系乡邻，从公司利润中拿出部分资金资助了 18 户特困户，潘家庄有接布厂村 5 户、真武山街道长耳营居委会 10 户、东湖街道坪上村 2 户及粑铺村 1 户，共资助人民币 2. 5 万元。她还资助建档立卡户贫困户子弟读书。如粑铺村学生文敏。当艾德飞和爱人罗荣凯到她家走访调研时，发现文敏父亲去世，母亲智障生活无法治理，于是艾德飞和爱人到学校找到班主任老师，资助文敏 1 000 元。

在她的努力下，荣凯五金搪瓷制品有限公司2016年被评为州、市两级“重合同守信用单位”；2017年被评定为省级“先进企业”，被授予“贵州省返乡农民工创业之星”；2018年被评定为贵州省、州两级“农民工创业示范点”，州市两级“残疾人创业就业示范点”；2019年获得贵州省“先进扶贫车间”等荣誉称号。艾德飞本人也于2017年当选为黔西南州人大代表。

“未来，我们计划对公司新投入2 600余万元，扩建车间及仓库4 403平方米，连廊117平方米，办公楼及员工住房2 660平方米，以及设备和其他附属设施。到2022年实现全面达产。同时，我们还将进一步完善公司各项管理制度及配套服务体系，促进相关产业发展。我们要立足西南片区，培育市场，不断向全国及东南亚地区拓展，并积极加大公益事业的投入，回报社会，造福乡邻，为兴仁的经济发展继续添砖加瓦。”艾德飞说。

案例122

张福强：把北京鸭带到韩城，把赤子心带回乡里

陕西省韩城市政协第十三届委员张福强，现年45岁，是土生土长的韩城市芝阳镇桥头村张坡组人。1998年，张福强只身前往北京创业，打过烧饼、送过外卖、当过销售、开过饭馆，但不管多苦多累，他始终没有放弃要干一番事业的信念和梦想。

2002年，张福强在北京大兴区创办了北京富强宏图科技发展有限公司，是一家涉足北京鸭养殖、屠宰、营销等环节的商贸企业。经过多年打拼，公司逐渐发展壮大，先后在天津、长春、上海、杭州等多个城市设立销售分公司，并与800余家烤鸭餐饮企业建立了长期的业务往来。

一方水土养一方人，韩城芝阳张坡村养育了他，也影响了他的人生轨迹。张福强家乡情结十分浓郁，在北京创业时，公司雇用了60多个员工，全部是从韩城带去的。2015年，他利用在北京14年创业积累的资金、技术和市场经验，回到了魂牵梦绕的家乡，在芝阳镇芝阳村创办了陕西富强宏图牧业有限公司，发展北京鸭养殖

加工产业，带动更多乡亲创业致富。在市里相关部门、芝阳镇党委政府、芝阳村组干部的大力支持和帮助下，张福强克服了项目建设中遇到的种种困难，确保了项目建设的顺利进行。只用了短短5个月时间，在2015年8月，一个投资8 000万元的现代化养殖加工厂就在芝阳镇芝阳村落地建成。

为了在韩城发展北京鸭养殖产业，让农户通过养殖致富，他首先在芝川镇三甲村建设一个年出栏40万只的标准化北京鸭养殖示范小区，让农户切实看到养鸭的可观收益。通过养殖基地的示范作用，再加上公司采用“54321”的养殖运营创新模式，给农户养殖提供保姆式服务，有力保障了农户的利益。农户养殖北京鸭的积极性空前高涨，半年时间就带动发展了10个养殖专业合作社和30多个养殖专业户，建设养鸭棚160多个，使北京鸭养殖产业在韩城发展初具规模。

公司经过4年的快速运行，现有员工548人，其中农民工达到95%以上，拥有年出栏40万羽标准化北京填鸭养殖示范基地一个，年生产1 000万羽北京填鸭的屠宰加工场一座，年产1 000万份鸭饼生产线一条，养殖产业扶贫基地两个以及种鸭养殖孵化场一座。另外，张福强的公司还拥有一支养殖、加工生产、销售的优秀专业团队。2019年，该公司实现销售收入达16 186万元，实现利润1 228万元。公司产品是北京全聚德、大董、老铺、香港新世纪等全国30多家知名烤鸭店的指定供应商。销售业务已在全国20多个城市设有销售分公司，拥有规模以上的固定客户1 600多家。

致富不忘乡邻。公司在张福强的率领下，对所在的芝阳村、张坡村的贫困农民，逢年过节每年都给予米、面、油、钱等慰问，4年来累计慰问支出20万元；为清真寺管委会捐赠3万元；为新农村建设村组道路植树绿化资助4万元；为乡村修路、铺巷、打井等资助15万元；连续两年为韩城市组织的“国际灯展”捐助资金12万元；为陕西省首届乡村振兴运动会捐助资金10万元；为林源火灾捐赠2万元的救援物资；为“爱心济困协会”捐款1万元。作为一名企业家，他先富带动后富，在自我发展的道路上更不忘让周围的父老乡亲脱贫致富。为此，公司还专门成立了一所农民工夜校，专门为农村剩余劳动力提供就业培训平台，意在让更多的农民工能够有一门技术，能够使家庭脱贫致富，为社会创造价值。

“根据产业目前发展的实际，公司在现有基础上，计划到2025年底前实现养殖、屠宰、加工、销售北京鸭1 000万只，年产值达到4.5亿元；组建冷链物流、饲料、鸭苗等运输配送车队（约需车辆100台），年收入可达5 000多万元；创建销售网络及电子商务服务平台，创建北京鸭养殖技术科技服务网络平台；与中国农业科学院北京畜牧兽医研究所和西北农林科技大学动物科学学院联合成立陕西北京鸭培育研发中心；安排下岗职工和农村剩余劳动力达到 1 600 人。我们还将根据产业链的实际需求，用优惠的政策吸引外来商客来韩城投资建设饲料加工厂、纸箱包装加工厂、肉品加工厂、羽绒加工厂、食品机械加工厂、生物有机肥加工厂等项目，实现年产值15 亿元，真正把北京鸭产业在韩城建成为农业增效、农民增收的特色支柱产业。”张福强的雄心壮志还真不小。

案例 123

胡莉：扶贫车间追逐创业梦想，就近就业守护儿童笑颜

1980 年出生的胡莉，从小的生活可谓艰辛。由于父亲因病早逝，看病治疗又花掉家里所有的积蓄，家境一落千丈，所有的重担压在妈妈的身上。面对生活的压力和家庭的变故，哥哥又在读大学，胡莉选择了辍学回家帮助妈妈，因此高中也没有毕业。在家陪妈妈一段时间后，胡莉踏上了去浙江的路途，开始了她的打工生涯，在电子厂一待就是三年。懂事的胡莉意识到，想要提升自己，让母亲过上更好的生活，光靠打工是办不到的，于是，胡莉萌生出了创业的梦想。

“最开始，我和一位要好的同学共同开了一间服装店，生意不错，收入还行。但由于缺少社会经验，我又太过于相信别人，于是被自己信任的同学欺骗了。当时陷入了经济与精神的双重打击，店也开不下去了。”胡莉说。

好在，胡莉身上有一股韧劲儿，没有就这样被打倒。她坚信，从哪里跌倒要从哪里再爬起来，失败乃是成功之母。2003 年，胡莉又开了一间早餐店，生意不错，也有了比较可观的收入。然而，此时胡莉再次遇到了问题。亲戚朋友们开始劝说到了适婚年龄的胡莉，应该找个合适的人结婚，在家相夫教子。虽然胡莉想干出一点事业再结婚，但是面对亲戚朋友的关心，也为了让同样操心自己婚姻的妈妈安心，胡莉选择了妥协，2004 年底结婚后，胡莉没有再选择出外打工。

2007 年，胡莉被当地的一所民办小学聘为教师，每天用心备课教课，得到了老

师家长的一致认可。在胡莉的精心教导下，学生们的成绩有了很大的提升，胡莉也得到了当地教育部门的认可。

可是，胡莉却从孩子们身上看到了一个重大的问题：很多农村孩子的父母选择外出打工，孩子们成为留守儿童。怎样使这些孩子不成为留守儿童呢？胡莉想到，以前在浙江时有很多小微企业，在自己家里就可以办厂，就地为农民工提供工作岗位。于是，2012 年，胡莉下定了决心，辞去学校的工作，再次踏上南方旅程，寻找她的创业梦。在朋友的介绍下，胡莉接触到棉纱布加工，到朋友那里看了一下厂里设备，学习技术和管理。经过调查了解后，胡莉觉得不错，棉纱布加工投资小，适合在农村做。于是，胡莉联系厂家，签订合同，回到家乡投资创业。

起初，厂地面积不到 200 平方米，机器只有 16 台，总投资 30 万元，2014 年正式投入生产。胡莉在创业中经历了许多辛酸苦辣，初来的几个工人都是新手，需要培养她们怎样去做。刚开始，产品质量不过关，返工量大。面对种种问题，胡莉明白，只有质量保证才能求得生存。两个月下来，经过对质量的层层严格把关，产品再也没有出现质量问题，受到厂家和客户的广泛好评。到了 2015 年，胡莉的工厂收益增加了，工人的工资也提高了，从起初每人每月的 1 500 元左右增加到了后来的 2 500元左右。

2017 年，胡莉成立了濉溪县以琳服装有限公司，先后投资了 500 多万元。由于人员越来越多，当初的场地有限，以琳服装有限公司在政府的支持下进入了就业扶贫车间，主要生产服装、箱包、袜子等产品，就近吸纳就业人员 180 余人。公司岗位类别多，有需要技术含量的和不需要技术含量的，给不同人群带来了不同的岗位需求，目前年产值达到 1 500 万元左右，工人工资也在 3 000 ~ 6 500 元不等。

濉溪县以琳服装有限公司自进入扶贫车间以来，积极响应政府号召，提升自身经济效益的同时带动社会效益，开发适合贫困户就业的岗位，带动当地贫困户就近就业。截至目前，累计带动贫困户就业 50 余人。不仅帮助建档立卡贫困户实现了就业脱贫，还解决了很多留守儿童的问题。

“下一步，我们计划继续扩大生产规模，多开设分厂，辐射周边乡镇地区，为当地的老百姓和贫困户提供更多的就近就业工作岗位，让更多的留守儿童父母可以不用外出远行就能就业。”胡莉说。

案例 124

任建岗：在外学遍天下技艺，回乡弘扬地方美食

在陕西子长市有这样一个餐饮公司——大厨房餐饮有限公司，其总经理任建岗是一位平凡而普通的返乡创业农民工，却做出了不平凡的成绩。

任建岗 1982 年 4 月生于陕西省子长市的一个小村庄，现为第二届中国名厨委员会委员、中国火锅业国家级评委、政协子长县第九届委员会委员，荣获“中国名厨”“中国烹饪大师”等称号。2008 年被推荐为全省创业之星。

1998 年，16 岁的任建岗刚刚初中毕业。为缓解家庭负担，放弃学业离开家乡，走上了学厨之路。他首先拜到凤翔凤凰宾馆总厨、陕西烹饪大赛金奖得主侯根祥门下。2001 年，他又从宝鸡来到兰州和西安，拜到高国强门下，成为其关门弟子。2003 年，他再次拜到“广州四把刀”林买雄的门下学习粤菜。2004 年又遇到了香港名师罗建，得到了他的指点，并在广州学习港式菜肴。多年来，任建岗先后在宝鸡、兰州、西安、广州等地学习多年，厨艺渐长，也积累了较丰富的管理经验。

2005 年底，任建岗返乡回到子长，带领他的厨师团队在子长的餐饮业开始了新的历程。在酒店总经理的信任和同事们共同努力下，他创下了开店以来月收入最高纪录，同时也为自己的酒店管理积累了更扎实的经验。

经过多次调研、比较，任建岗认为子长在饮食文化和饮食品味上还可以再上一个台阶。首先是找准定位，对菜肴品质的定位，初定为主打中高档，在提高菜品上做文章，做出特色，做出档次。其次是找准方位，饭店应当设在交通便利、人口相对集中的中高端人群居住地。

2007 年 5 月，任福一品肥牛火锅在子长诞生了，开设了子长第一个单人单锅的火锅店。独特的火锅味道、一流的服务质量迅速赢得了广大消费者的青睐。

2008 年，资金得到迅速周转后，任建岗又多次考察市场，瞄准了中餐市场。经过艰辛的筹措，在 2009 年元旦，一品私房菜馆开始营业。该菜馆始终坚持一品餐饮“品牌亮、品质好、品味高、品德佳”的经营宗旨，生意一直很好。创业之初，县

劳务办及时给予贴息贷款支持，同时将这个餐馆推荐为全省创业之星。

2010 年 4 月，任建岗对任福一品肥牛火锅进行了扩营，营业面积从 300 多平方米扩大到 800 多平方米。2013 年 9 月，又对任福一品肥牛火锅店面进行了升级装修，同时对火锅形式也进行了升级，先后推出了重庆子母大铜锅、酸菜鱼头锅、三味奔驰锅、三秒涮纹鱼等，激起了一品肥牛火锅的又一次高潮。

2015 年 7 月，子长县大厨房餐饮管理有限公司正式成立，团队运营发展更加规范化。

2018 年 6 月，一品大厨房店在安定东路开业，有三大经营项目：北京烤鸭、子长名小吃、家常菜。由于定位准，出品精，一品大厨房成为外来游客品尝子长美食的代表性企业。

2019 年 7 月，任建岗又开始探索第三方餐饮服务。大厨房餐饮有限公司目前服务秀延中学、红彦中学、齐家湾中学三所学校师生就餐，全方位服务于学校、学生，保证了就餐的安全、卫生、健康。

目前，子长大厨房餐饮有限公司已提供就业岗位 180 余个，其中安排农民工就业 170 余人。“做餐饮就是做良心，宁愿少挣钱，也要用好料。我们在餐饮营业中，做好‘三个坚持’，即坚持在选料和用料上下功夫，坚持在环境和卫生上下功夫，坚持在厨艺和服务上下功夫，确保每一位消费者舌尖上的安全、心理上的享受和身体上的健康。”任建岗说。

回首大厨房餐饮有限公司的历程，成绩喜人，不仅带领一大批农民工就业，还带动了蔬菜、牛肉、调味品、家电、木制品、瓷制品等相关行业的同步发展，助推了地方的经济发展，成为子长餐饮行业的龙头企业。面对社会的发展和人们消费理念的变化，大厨房餐饮有限公司还在不断创新思维，创新服务理念，创新菜品。在总经理任建岗的带领下，大家都是信心满满。

案例 125

陈禄军：从贫穷到富有的“逆袭”人生

陈禄军出生在陕西省紫阳县向阳镇偏远落后的山村。15 岁时，父亲病故，母亲拉扯 6 个年少子女生活，家庭十分贫穷。因交不起学费，陈禄军被迫辍学，靠挖黄姜、卖茶叶换来的 38 元钱当路费到河南安阳龙山煤矿打工，从煤矿勤杂工干起，几经磨砺成长为煤矿“带班”。

“打工永远都缺钱花!”这是陈禄军琢磨出来的道理。陈禄军不甘心一辈子当工人，21 岁组建了自己的工队，当起了“包工头”，一干就是 6 年。6 年间，他坚持与工友们同吃同住同劳动，脏活累活带头干，从不拖欠克扣工人工资。他以为人厚道、吃苦耐劳的品格赢得了大家的信任。通过几年的奋斗努力，陈禄军逐步成长为小有名气的商人，在甘肃、陕西、内蒙古经营多家煤矿。

“为家乡做点事，是我的责任，也是我的事业。”他是这样说的，更是这样做的。2013 年，他卖掉煤矿，回到家乡陕西紫阳，成立了紫阳县紫诚旅游开发有限公司，2014 年投资建设任河漂流旅游综合开发项目。项目上马后，由于沿用矿山管理“经验”，造成工程统筹推进不科学，“背工”“窝活”时有发生，耗时赔钱不少，又影响工程进度。陈禄军听取各方面建议，认真总结经验，改进强化措施，项目建设加快推进。2015 年 7 月，投资 3 000 万元的一期工程投产运营，投产后带动直接就业 150 人，其中贫困户 30 人，年人均工资 1. 8 万元，推动了全县旅游产业的提速发展。项目全部建成后，预计解决就业岗位 240 个。

按照农旅、产旅融合发展的思路，2016 年，陈禄军又组建成立紫阳县金凤凰生态农业开发有限公司、紫阳县秦巴硒农茶业有限公司，实施太阳寨生态农业产业园、太阳寨生态养殖场、富硒茶叶加工项目。陈禄军积极响应脱贫攻坚“百企帮百村”的号召，先后主动承担了向阳镇天生桥村、鸡鸣村，高桥镇权河村等 2 镇 5 村 187 户 720 人脱贫帮扶任务。制定过硬帮扶措施，投资 1 000 万元，流转土地 300 余亩，采取“公司+基地+专业合作社+农户”的方式与农户协作发展，按照“产前投入、产中指导、产后回购”方式，带动群众种植高山蔬菜、甜玉米 2 000 亩园区，解决群众常年用工 35 人，年人均增收 2. 5 万元；投资 1 500 万元，新建年出栏 500 头养牛场，带动 10 人常年就业，年人均增收 3. 6 万元；投资 200 万元，开办年产 10 吨富硒茶加工厂，带动 15 人就业。

通过返乡创业，目前，陈禄军的企业已经直接带动当地 210 人就业，间接带动 500 余户年均增收 3 000 元，带动 187 户贫困家庭脱贫。企业也实现了壮大发展，年营业收入超过 2 000 万元，缴纳税收 70 余万元。同时，创业项目实施有力带动了旅游产业、农业产业的发展，改善了当地基础设施条件，为全面建成小康紫阳贡献了积极力量。

编 后

返乡创业者从外地学到了技能、赚取了资金，回乡建设家乡，这是一份浓浓的赤子之心。当地政府从政策、资金、荣誉方面给予返乡者以切实的鼓励和扶持，这是非常关键的。只有让被亲情召唤归来的游子感受到来自家乡的真情和实实在在的帮助，解决他们的后顾之忧，才能让他们真正扎根下去，而不是因为失望再次离开。所以，当地针对返乡创业者的政策一定要实在、营商环境一定要优良、关切一定要真诚。

第十五章

抢抓机遇 深耕本土
——返乡创业者成功的重要路径

编者按

返乡入乡创业要想成功，有两点值得注意：一是要善于发现机遇，抢抓机遇，看清风向哪里吹，只要找准“风口”，就一定有成功的机会。二是要善于发现本土优势，只要能找到并挖掘好当地的比较优势，就能将其转化为产品优势和市场优势。这是本章创业者们带给我们的启示。

案例 126

常广红：跨境电商时代的乡村振兴新机遇

共产党员常广红是一名返乡农民工，家住晋城市泽州县李寨乡底道街村。2015年之前，常广红一直在外地务工。有了一定积蓄后，面对贫困的家乡群众，他毅然决定返乡创业，以回报家乡、回报社会。

2015 年，常广红回村投资 50 万元，创办了号外商贸有限公司。创业之初，他希望借助当地传统皮匠的精湛技术，结合现代设计工艺，设计出具有国际化审美的高质量手工皮具。但由于工人技能水平较低，产品销路不够畅通，导致经济效益相对较差。

2016 年，泽州县被确定为国家第二批结合新型城镇化支持农民工等人员返乡创业试点县，出台了系列帮扶政策和措施。泽州县人社局在了解到该企业的困难后，专门组织培训机构为其员工开展了手工艺品技能培训，切实提高了工人技能水平。

2016 年底，县人社局又指导号外商贸有限公司对原食用菌合作社一部分场地进行改造，实现了由手工作坊向现代企业的转变。同时，依托蓬勃发展的电商平台，号外商贸有限公司将其手工艺品投放到亚马逊等电商平台，并凭借精美的外观、优良的品质、良好的信誉，深受国内外市场的欢迎，亚马逊平台好评率在 95% 以上。近三年来，每年产量和产值均能增加 60% 左右。

作为一名共产党员，常广红在自己富起来的同时，还不忘传、帮、带。他从身边做起，从点滴小事做起，把带领群众共同致富当作自己的责任，用实际行动履行共产党员的职责。他优先为村里的贫困家庭提供工作岗位，帮助他们逐渐脱贫致富。比如，了解到本村村民陈小软家境贫困，无经济来源，只能依靠几亩薄田糊口后，常广红主动带技术较好的员工上门教技术，待陈小软学会手工艺品制作技能后，安排到公司上班。现在陈小软已近成功摆脱贫困，每年有 1.8 万元收入。

另外，底道街村民常丽英是聋哑人，虽早有外出务工的想法，但因身体条件限制，一直找不到合适的工作。常广红得知后，立即让她到自己公司上班，现在已经成为公司的骨干力量。

2015 年以来，常广红已经招收村里的贫困户、残疾人等就业困难人员 35 人，除此之外，多数村民在农闲时也可以到企业打零工增加几千元的收入。在村两委换届时，他全票当选为村支书。底道街村在他的带动下，经济得到较快发展，村容村貌得到较大改善，2019 年被晋城市委市政府评为"宜居家园庭院美农村人居环境整治先进村"。

在几年的经营过程中，常广红知道，精湛的工艺技术和精心的管理方式是企业发展的首要条件，他不但自己刻苦学习技术，认真钻研业务，还组织村民和员工参加县人社局开展的技能提升培训，进一步提高员工的技术水平。号外商贸有限公司在他的带领下，年产值达到 280 余万元，实现了稳定发展。

他的事迹得到群众的交口称誉，也得到了党组织和上级领导的肯定，先后被市、县政府授予"农村创业带头人""优秀村支书""先进党务工作者"等荣誉称号。

面对未来，常广红的眼光放得更长远了。他不仅希望自己辛苦创办起来的企业做强做大，他更大的愿望是能更好地回报家乡，用自己的行动带来更多的农民工返乡创业，带领父老乡亲走上共同富裕之路。

案例 127

王振雨：为家乡土特产插上电商翅膀

34 岁的王振雨是鹤岗市绥滨县绥滨镇吉福村人。2008 年大学毕业后，被北京香河一品公司聘为设计师，待遇优厚，发展前景不错。

然而，王振雨不满足于给人打工，心里一直有个创业梦。2010 年，他在看准机遇之后，毅然辞去待遇优厚的工作，在北京创办了依品设计淘宝服务工作室，为各类电商提供店面设计装修和营销规划。经过艰辛打拼与磨砺，工作室每年都以 100% 的业务量增长。

2013年底，王振雨了解到省市县正在大力发展绿色有机食品，近几年在互联网平台销售火爆，而且各级政府出台了一系列优惠政策。他意识到销售家乡的农产品是一个难得商机。

做了充分的市场调查后，2014年，他返回家乡，在县城开设了一家网店，在网上销售家乡农特产品，淘宝零售业务每天销售达到1吨左右。他还与北京嘉和一品等餐饮公司签订长期大米供应合同，全年团购达到300余吨。

2015年下半年，他又抓住了黑龙江水产品网络销售空白的有利商机，把经营重心由大米、杂粮，转向了黑龙江野生鱼水产品，半年的时间就销售鲜鱼8吨，每条鱼售价在150~200元之间，纯利润50元左右。从2016开始，水产品成为他的主营项目，全年销售60吨；2018年实现100吨，销售额达1 200余万元。

王振雨的成功，鼓舞了很多绥滨人在淘宝网上开店。特别是2015年，在县里出台鼓励发展电子商务的政策后，他积极帮助有意向的电商创业者进行电商培训。在他的带动下，全县电商已发展到40多家，网上销售总额达到1 100多万元。他共指导电商创业者开设淘宝店及微店8家，协助电商企业开设网店1家，帮助6户农民注册产品商标。

作为一名共产党员，除了热心带动同乡致富外，王振雨始终没忘记自己家乡的部分兄弟还处在贫困线以下。在电子产业还没做大做强的情况下，王振雨就想为扶贫事业尽一份微薄之力。

2018年，王振雨参与了县政府组织的扶贫“小菜园”产品销售活动。通过线上、线下共销售2.8吨鲜品，销售额达29 000元，链接贫困户95户，链接贫困人口135人，户均增收300元左右，其中玉米销售占60%，其余产品主要是庭院豆角、土豆、小毛葱等。

2019年上半年，通过王振雨的联系，又帮助绥滨县金穗子农业科技有限公司销售黏玉米12万棒。这些黏玉米，都是2018年企业收购贫困户种植的，由于没有销量，一直储藏在冷冻室内。通过王振雨的多方联系，解决了黏玉米滞销的问题，也为2019年贫困户黏玉米收储解决了仓储问题。

由于业绩突出，王振雨先后获得“鹤岗市劳动模范”“农民百强创业之星”“绥滨县农村脱贫致富带头人”“鹤岗市人大代表”“县工商联副主席”“县团委副书记”等殊荣。

“我们计划再投资100万元，扩大仓储物流，开展水产品深加工，拓展大客户，开展团购业务，实现品牌化、规模化经营，全力打造水产品销售全省第一店。同时，积极帮助县内同仁一起携手步入电商平台，从事电子销售行业，突破销售瓶颈，努力完善电子商务产业链条，为实现全县农民共同发展、共同富裕的目标而不懈努力。”王振雨说。

案例 128

吴大兴：老房子如何变废为宝？看寻客栈的华丽转身

“原来是一处无人问津的破旧老房子，现在竟然变成了网红民宿和拍照胜地，卖的农产品很抢手，游客入住民宿得提前预订，真想不到！”住在庆元县濛洲街道大济村的村民兰华娟欣喜地说道，“还是要感谢这家民宿，间接带动了我们大济村旅游业的发展，看到我们的村子被越来越多人喜欢，我们很高兴！”

寻客栈成立于2016年，原是大济乡政府的所在地。后由于乡镇街道撤扩并，大济乡政府不复存在，这5幢老房子也成为闲置的、无人问津的处所。在庆元经营一家甜品餐饮店的老板吴大兴，看准了大济村的文化底蕴以及蕴藏的旅游发展商机，决定向濛洲街道以每年2.5万元的租金盘下这几幢老宅子，并邀请台湾辅仁大学的叶秀美教授团队进行重新规划设计。经过一年多时间的装修改造后，于2016年9月开始正式营业，如今，客栈拥有精品客房31间，开业至今平均入住率为65%，2018年营业收入300多万元，成为远近闻名的一家“网红民宿”，先后获评“2017全国最受欢迎客栈民宿”“2017浙江十佳网红民宿”等称号。另外，吴大兴还就近聘请了大济村的村民担任民宿的管家、服务员、帮厨、钟点工等职位，每年发放员工工资50余万元。为解决游客停车的问题，吴大兴还向村民租了空地做停车场用，每年向村民支付租金8 000余元。不仅如此，寻客栈还是全市农产品示范营销网点，除了向游客售卖自家的产品外，也向村民收购一些农产品，制作民宿伴手礼。这些农产品在上海、杭州、温州等地的游客中非常走俏。

泥土墙、青瓦房、青石板路，大济村是一座美丽的历史文化古村落。该村拥有浓郁的历史气息、深厚的文化底蕴和丰富的人文景观，是第五批中国历史文化名村、第二批浙江省历史文化保护利用重点村、浙江省地名文化遗产千年古村落。虽然有这么深厚的文化底蕴，却一直深藏于深山中，知名度并不高。近年来，政府加大了对大济村的投入力度，完善了村内的基础设施建设，吸引了寻客栈等一批精品民宿的入驻，老房子变废为宝，实现了华丽转身，吸引了越来越多的游客前往，大济村的景观和历史文化被越来越多人所知晓。

一是搭建历史文化古村的大平台。充分挖掘大济村的历史文化，包括卢福神庙会、端午走桥习俗、捣黄粿、舞长龙灯、叠罗汉灯、唱灯、春社、清明、八月初二等民俗，木拱廊桥传统营造技艺、大济古村落传统营造技艺等传统技艺。丰富农家乐、民宿的产品内容，以文化和故事支撑一个民宿的生命力，引领民宿常态化发展。寻客栈将大济进士文化进行了深度挖掘，不定时推出“状元房”套餐吸引学子，另外，以创建私塾学堂的方式，吸引家长带领儿童来体验。寻客栈做足了文化的文章，取得了不错的成效。

二是丰富农旅融合产品内容。推进农家乐民宿和农业产业的融合，充分利用庆元乡村中蕴藏的丰富农业资源，创新求变，不断开发农旅融合的产品，使农产品和民宿游成为一种互促互长的方式。将村民家中收购来的农产品包装成精美的民宿伴手礼，如社粿片、土豆片、笋干、茄子干等普通的家常农产品，经过精美包装，也成为深受游客欢迎的民宿伴手礼。与天宸农业进行合作，在寻客栈的营销网点展示天宸农业的生态有机农产品。

三是招商引资增强接待力。通过招商引资，继续引进工商资本入驻大济村投资创办民宿、休闲吧，丰富大济村的业态。2018 年，通过对老房子进行重新装修改造，迎旨门别院作为另一家精品民宿入驻大济村。2019 年，廊桥故里的业主林海被大济村的文化所吸引，在大济村投资创建休闲茶吧，成为廊桥故里民宿在大济村的另外一个体验点。老房子的价值被重新盘活起来，精品民宿的开办不仅让村子更加有韵味，而且还增加了村民的收入，村民们都很支持，并且跃跃欲试想要自己开办农家乐民宿。

目前，老房子的租金每年在 7 000 ~ 30 000 元之间，不起眼的破旧老房子也能成为发展旅游的好资源，既可以让闲置资源得到充分有效利用，也让村民拥有了一条增收致富的道路，同时对于美丽乡村建设、乡村旅游和推动高质量绿色发展有很大的促进意义。实践证明，将历史文化与民宿产业相结合，能够赋予老房子新的生命力，在大济这样的传统古村落，文化是它的“魂”，文化的传承很重要，在老房子二次利用的过程中，只有在保护的基础上不断赋予文化新的生命力，才能帮助乡村振兴，农民增收才能取得长足发展。

案例 129

汪国志：与互联网一起奔跑的创业达人

1994 年，年仅 17 岁的汪国志到合肥打工，成为安徽印刷集团旗下一家印刷厂的生产一线工人。由于他的吃苦耐劳与刻苦钻研精神，几年时间就从基层一线工人成为技术骨干，并最终干到了生产副厂长的位置，管理工厂几百人，成为印刷集团高级管理人员。

但汪国志并不满足。他一直有个梦想，就是以创业展现自身的价值，获取社会财富，让生活更精彩。于是，2000 年初，他毅然辞去了合肥的高管工作，回到家乡庐江，开始组建团队自己创业。

作为“75 后”创业典型、安徽互联网联盟的发起人之一，2006 年，汪国志建立起了自己的第一个网站——魅力庐江网，旗下开始运营庐江房产网、庐江美食网、庐江人才网和庐江视窗（视频直播）等生活服务类信息网站。

在披荆斩棘、乘风破浪的同时，他所带领的在团队在成长、企业发展等方面均得到了全面提升。到 2020 年 4 月，整个团队平均年龄在 29 岁，网站年营业额逐年上升，为庐江的互联网发展及应用起到了积极的推动和引领作用，在安徽网络界迅速崛起，并取得卓越的成绩，同时也在互联网产业创业中引领了青年实践互助创新。

2009 年，魅力庐江网被阿里巴巴集团评选为“中国最具成长性地方站点”；2014 年又被合肥市人民政府评定为“合肥市第三方企业信息化公共服务平台”。汪国志的团队 2015—2018 年连续几年被县委宣传部授予“庐江县思想文化宣传先进集体”，2016—2018 年先后被授予县级、市级和省级“青年文明号”。

在已有成绩的基础上，汪国志没有停止思考。2015 年，汪国志敏锐地发现身边有个巨大的商机——“农产品触网大有作为”。同年，经过紧张筹备，集电商服务平台、创业孵化、人才培训等于一体的新型综合所有制企业——庐江县优农电子商务有限公司正式成立。同时筹建的庐江电子商务产业园项目于 2015 年 5 月 1 日开园并正式获合肥市政府命名。产业园运营取得了明显成效，先后被认定为“民营孵化基地”“安徽省首批市级众创空间”“安徽省青年创业园创建单位”等。汪国志的企业大力实施庐江农特产品“卖全国”战略，与县内知名农副产品品牌“白云春毫”“巴根草土鸡蛋”“紫圩坊葡萄酒”等合作，通过网站自建电商平台“惠庐江”和阿里巴巴、京东等渠道，帮助企业将农特产品推向省内乃至全国，取得了显著成效。

2019 年底，庐江县网络界人士联谊会成立，全县百名网络界人士参加会议，汪国志当选为县网联会第一届理事会会长。协会成立 4 个月以来，他发动组织网络界人士积极推进电商扶贫工作，先后开展了“滞销秋月梨”、“阳光玫瑰”葡萄网络销售和电商扶贫座谈会等系列活动。

作为“75 后”创业型企业家的典范，汪国志和他的团队不断探索发展模式，也不断履行着互联网领军人物所肩负的社会责任和使命，在关注社会公益、弱势群体、扶贫济困等方面，他积极率先实践，一直以来持续关注和参与。据统计，近几年，网站牵头组织发起的爱心公益活动有 300 多起，累计捐款金额 500 多万元。

特别是在 2015 年 10 月，在庐江县政府及团县委的重视和关心指导下，组织成立了庐江县青年企业家协会，汪国志当选为第一任协会会长。他将服务青年企业家的成长和发展作为协会宗旨，引导青年企业家承担社会责任，为促进庐江发展、构建和谐社会贡献力量。通过开展和打造“青年创客分享会”“青年企业家户外团队拓展”“走进优秀企业”等主题品牌活动，共开展了 200 多场以交流、分享、培训和研讨为主题的活动，让青年企业家建言献策、开阔眼界、提升素质、交流合作，受到了青协会员们的热烈欢迎，有效增进了会员单位之间的沟通，提升了协会的凝聚力，促进青年企业家的成长进步和企业的不断壮大、发展，为庐江大众创业万众创新锦上添花。

由于成绩突出，汪国志也先后荣获第八届“庐江县十大杰出青年”、合肥市“第六届优秀中国特色社会主义事业建设者”和“第三届合肥市十大创新人物提名奖”等荣誉称号。

案例 130

张洪：把绿色生态产品搬出大山

1983 年出生的张洪，从西安西京学院毕业后，就一直在西安打工。2009 年，他返回家乡贵州兴义，在中国电信顶效分公司工作任总经理助理。三年后的 2012 年，张洪创办了贵州中森信息网络有限公司，开始了他的创业之路。

回忆公司成立之初，注册资金只有 10 万元，因此，公司得到了“3 个 15 万元”微型企业政策扶持。在十足的创业劲头下，再加上这笔扶持，张洪的公司逐步发展壮大，由原来 5 人增到 26 人，注册资本也由 10 万元发展到今天的 1 000 万元，固定资产由当初成立时的 5 万元猛增到现在的 1 000 万元。

目前，中森公司已陆续创办电商体验馆，实现企业销售总金额 1 200 万元，纳税总额 40 多万元。还解决了省内外 26 名青年的就业问题，其中博士 1 人（州外引进人才）、大学学历 15 人。中森公司由最初的单个业务延伸到电商业务，农特产实现年销售 1 200 万元，协助销售农特产品达 6 000 万元。

中森公司还以电商形式帮助贫困户销售农特产品，协助全州 1 000 余贫困农户及企业销售 300 余种黔西南农特产品，为每户贫困户年增收 6 000 余元。2015 年，“布 e 族”农特产品牌商标正式启用，线上线下电商平台相继开通，开始产品贴牌，帮助小弱散企业提高产品品牌信誉，拓展销路。2016 年，“青年之家”正式落户中森公司，构筑青年交流、青年创业孵化基地，带动青年参与脱贫攻坚。2017 年，中森公司加入黔西南州农产品销售“泉涌”工程指挥部、兴义市农产品销售“泉涌”工程指挥部，全力开拓兴义市内外农特产品销售市场，促进产销对接，帮扶乡镇销售滞销产品，助力脱贫攻坚。

中森公司旗下的“黔货帮”网上商城服务平台，整合了供销传统优势资源，构建集农特产交易、绿色食材、物流配送于一体的电商平台，主要服务贫困户、种植大户、农贸食品企业，旨在把贵州大山的绿色、生态食品、食材搬出大山，让产品卖得更好。

2017年，“黔货帮”线上线下电商扶贫平台正式启用，推广本地土特产品，助力脱贫攻坚，以“一心百站千店”为总的战略部署，打造“实体+网络”创业服务平台，为更多企业及农户做好技术支撑服务，为各企事业单位提供网络发展平台，开启了黔西南州电商领域发展的新局面。他们同时还加大了实体店的布局，并陆续在东风路、万峰林下建立销售扶贫点，帮助农户扩大销路，致力于发展和解决农特产销售，积极参与活动，服务黔西南州企业，助力脱贫攻坚，努力为全州农户或生产企业服务。他们加大力度与北京、上海、广州、宁波等地建立合作销售关系，扩大销售渠道，助推黔货出山。

2019年5月，中森公司成功与兴义市万福村开展合作，以实施产业转型升级行动乡村振兴，坚持质量兴农、绿色兴农，以农业旅游为主线，构建现代农业。采用多种合作方式，积极打造农产品销售公共服务平台，支持供销、邮政及各类企业把服务网点延伸到张家弯，做好农村电子商务发展的基础设施建设，并深入实施电子商务进农村工作，加快推进农村流通现代化。

同时，中森公司还建立了贫困户帮扶的有效机制。立足兴义市万峰林张家弯村得天独厚的自然生态条件，建设精准扶贫摊30个，帮助贫困户50余人，带动村集体的发展，让500多人获得了收益，切实将资源优势转化为经济优势，推进特色绿色农产品“黔货出山”。

中森公司不仅积极解决农产品的销售，同时还为农民和涉农企业搭建就业供需平台，协助兴义市人社局举办兴义市“大型春风招聘会”等多场招聘会，协助解决就业岗位20 000个。公司还积极参与各种爱心活动，整合商协会资源，参与“爱回归”活动，帮扶留守儿童100余名，孤寡老人50多名，共计捐款达50多万元。

由于成绩突出，张洪在2016年7月获黔西南州委宣传部、团州委授予的“黔西南州脱贫攻坚青年创业军十大领军人物”，同年被聘为团州委兼职副书记，2017年被兴义市委评为“2016—2017年优秀共产党员”荣誉称号，2017年12月荣获第三届“贵州省农村青年致富带头人”称号。

关于未来要做的事，张洪有着不一样的打算：“我要打造一个创业信息共享交换平台，着力解决返乡农民工创业就业信息不对称的问题，给返乡农民工提供一个创业就业经验交流的平台，帮助更多的农民工解决创业、就业难的问题。另外，我还要建立兴义市新的社会阶层人士创业服务中心，扎实有序带领广大青年创业，为创业青年们解决不同阶段遇到的问题，更好地服务创业青年。”

案例 131

李明远：科技成就梦想，赤子回报乡情

1992 年，年仅 21 岁的李明远只身来到北京。与其他普通的年轻人一样，李明远怀着梦想与对大城市的渴望，希望在北京寻求更大的机遇。

初来北京，李明远从最基层的打工者做起，脚踏实地，努力上进，后开始自主创业，一步步稳扎稳打，却又敢想敢做。他深知学习的重要性，在工作的同时也不忘学习，自我提升，1993—1995 年通过两年的学习获得了制冷工程师的职称，1997—1998 年又参加了清华机电工程系电子应用技术成人教育脱产班的学习。

创业初期，李明远建立了北京诚信远达科技有限公司，主营空调销售及售后服务。万事开头难，企业创办之初，李明远常常为了接一个单子而四处奔波。他凭借着能吃苦、遇事不退缩、不气馁、迎难而上的坚毅品质执着地追寻着自己的梦想，真诚服务好每一位客户。不久后，凭借高品质的产品、技术以及优秀的售后服务，公司不仅成为海信品牌北京总经销及代理商，同时在北京市房山、燕山等地区形成了一定的知名度，为日后企业的发展奠定了基础。

一个偶然的机会，他结识了从事航空餐具生产销售的企业负责人，通过交流，李明远对航空餐具行业产生了极大的兴趣。经过几番深思熟虑和深入调研，2002 年，公司正式更名为北京明信诚远科技有限公司，同时业务转为致力于航空餐具的生产及销售。为了确保产品符合客户需要，他不仅常常自己亲自与模具厂沟通，同时对每个生产环节的技术要领都烂熟于心。

陌生的领域阻挡不住他探索前进的步伐，2002—2017 年，他带领公司生产研发团队，不断改进生产工艺，提高产品质量，不但将产品推广到了全国的各个城市，也将公司业务拓展到了国际市场，与美国、法国、东南亚一些国家和地区都建立了良好的合作关系。

饮水不忘思源。近年来，不断有亲朋好友向李明远介绍家乡山东郓城的巨大变化。每次回郓城，都会激起李明远扎根故土创业的赤子之心。浓浓的亲情、良好的投资发展平台以及广阔的市场前景最终让李明远下定决心在家乡办厂。

2017 年 4 月，在家乡政府的大力支持下，李明远在郓城县返乡创业园正式注册成立了山东好朋友生物科技有限公司，坐落于山东省郓城经济开发区工业 5 路路西，继续致力于航空餐具的生产及销售。公司规划用地面积 100 亩，总建筑面积 57 000 平方米，计划总投资 3 亿元。项目一期工程总建筑面积 30 000 平方米，总投资额超过 2 亿元，目前年产值达 3 000 万美元以上，吸纳各类就业人员 200 余人。

李明远的公司引入了国际先进生产设备，主要产品是具有专利技术的可降解一次性航空、快餐餐具。公司自主研发使用的 BSR 原材料是当前最先进的环保、可降解次性原料，符合美国和欧盟环保指标，产品出口到美国、欧盟等多个国家和地区，深受客户好评。

为加快科技转型，推进可持续发展，公司引进了先进的制杯、吸塑、注塑等一系列现代化生产设备，凭借多年积累的先进科技手段、经验丰富的工程师、设计人员以及生产人员，在原来的 PP、PS 、HIPS、ABS 、EPS、OPS 、PET 等材质产品的基础上向一次性可降解生物材料转型升级。

由李明远带领的山东好朋友生物科技致力于发展行业内科技含量高的新型产品。2020 年，公司与山东齐鲁工业大学签订了研发合作协议，双方进行了产学研的签约揭牌仪式，投资研发以海藻为主要原材料的新型环保可降解带海藻原色的各种产品，促进产学研合作与高新产业发展，推动公司产业转型升级，同时为家乡的绿色环保事业增添一分力量。

2020 年，公司投资兴建了二期工程，总建筑面积 22 000 平方米，总投资金额达 1. 5 亿元，同时还新购进了高速机等多款新型设备，新制作了多付模具，进一步提升生产的自动化程度，丰富产品种类，提高产能，促进企业的转型升级。

谈到公司今后的发展，李明远充满信心：未来公司将会继续与专业科研机构进行交流合作，科技创新，同时促进科研成果的转化，进一步深化产学研一体化，推动更多新产品的生产及运用，努力成为本行业的领头企业，引领行业潮流向更高质量更高水平的发展迈进，为家乡的经济和社会发展添砖加瓦。

案例 132

周志炎：用创新和坚持独占水钻市场鳌头

“我们中国人用不到 20 年的时间打败了国外有 100 多年发展史的埃及、捷克等水钻生产厂家，而这一切都是源于创新的驱动。”周志炎说。

1992 年，大学毕业后的周志炎被分配到湖北黄梅农行工作，先后担任分理处主管会计、副主任、主任等职。然而，这份被许多人羡慕的稳定的银行工作并不是周志炎的理想。他的心中一直有个创业梦。为了更好实现自我价值，2004 年 5 月，周志炎放弃了稳定的工作，选择了自主创业、下海经商。

创业的道路终究不会是一帆风顺的。在开始的一年时间，周志炎先后选择了建材行业、纺织行业，都没有取得理想的成绩。然而，他并没气馁，在经过一番考察后，于 2006 年初接触了水钻行业，做中东埃及“883”品牌水钻的经销。

一个世纪以来，水钻生产一直被捷克、奥地利、埃及等国家所垄断，而国内水钻都从国外进口，价格高、生产利润空间大。在利润的驱使下，2004 年国内已有厂家在摸索生产，2006 年浙江、广东等地陆续出现了许多较小的厂家生产水钻。就是看好了这片市场空白，周志炎瞄准机会扎了进去。

2007 年，通过和国内生产厂家的频繁接触，周志炎开始了解水钻生产的流程和生产设备，并认识了水钻生产技术人员，为后期水钻生产打下了基础。2009 年，在积累了一定的资本和经验后，周志炎和浙江朋友合作创立了九江赛利得水晶有限公司。经过 3 年的发展，公司产值过亿元，员工超过 1 000 人。

2011 年，抱着再创业的激情，周志炎回到家乡湖北省黄梅县创办了现在的公司——湖北宇星水钻饰品有限公司。公司占地 148 亩，现有厂房、宿舍、办公楼 5 万余平方米。公司于 2013 年投产，当年实现产值 4 000 万元，到 2014 年产值 8 000万元，2015 年产值 1.2 亿元，2016 年产值过 2 亿元。目前，宇星的产品 60% 以上销往印度、巴基斯坦、土耳其、韩国等市场，公司市场份额在彩色水钻行业中占有率达到 60% 以上，成为行业标准的制定者。

周志炎深知技术升级创新的重要性，并对此坚持不懈。2009年之前，国内生产水钻设备都是捷克进口而来的。周志炎的公司当时就引入了温州人依照捷克机改造的五人操作的机器，简称“五人机”；2011年，为提高生产效率，又淘汰了“五人机”，引入了“一人机”；2013年，黄梅公司投产时引进了一人操作五台的自动机一代；2014年，又淘汰了自动一代机，引进了自动二代机。目前公司已有自己的设备研发团队，对现在的设备不断升级改造。

“这些年来，我公司累计投入1亿元以上进行设备升级和创新。正是因为这些设备升级和创新，大大地提高了生产效率，降低了成本和能耗，提高了产品的品质和竞争力，我们公司也从残酷的市场竞争中生存下来并逐步发展壮大。”周志炎高兴地发现，水钻价格从当初进口时的100元1包降到现在1元多1包，国内水钻市场已从几年前的依赖进口到现在的出口垄断。“从这几年水钻的发展历程来看，我不得由衷地感叹中国人的勤劳和中国人的聪明。我们中国人用不到20年的时间打败了国外有100多年发展史的埃及、捷克等水钻生产厂家，而这一切都是源于创新的驱动。水钻行业如此，我相信很多行业都一样。只有在不断地升级和创新中，我们的企业才会在恶劣的市场环境下独占鳌头。”周志炎感慨地说。

公司在创业之初做店面销售时，招聘的都是朋友、亲戚，所谓的管理都是人情化管理，这也是大部分公司初期管理的雏形。随着周志炎成都、义乌、广州店面开张，这种人情化管理就制约了公司的发展。带着如何进行公司化运作的问题，他通过边找管理咨询公司边去浙江大学攻读EMBA的方式，慢慢地建立了销售公司的组织架构，明确每个岗位的岗位职责，建立了销售公司流程，基本实现了制度管人、流程管事，这些店面公司化管理为日后工厂管理夯实了基础。

都说三流的企业管理靠人，二流的企业管理靠制度，一流的企业管理靠文化。通过浙大EMBA的学习，周志炎明白了，公司要发展壮大必须在管理模式上进一步创新，做一流的企业，建立符合企业发展现状的经营理念和文化。周志炎深知，公司是一个平台，如何让每个员工发挥自己最大的潜能需要做到两点：一是建立多劳多得的绩效机制，也就是每个人的收入不是按岗位来分配的，而是按创造价值多少来分配；二是营造出能者上、庸者下的公平公正用人竞聘机制。“通过这两个理念的建立，我们大大提高了员工的积极性和创造性，更好地挖掘了人才。”周志炎说。

案例 133

陈胜华："小裁缝"变成"老班长"

江西省兴国县江背镇寨联村是省定"十三五"贫困村。一直以来，由于地处偏远，寨联村群众生活水平一直不高。

陈胜华是土生土长的寨联村人，中学毕业后就远赴广东、福建等地务工，20 年来，一直从事制衣工作，从裁线工一直做到了车间主管，薪资水平也一直在提高。

由于家里老人年事已高，2012 年，陈胜华毅然辞去了在福建制衣厂的工作，回到家乡，并被吸纳成为一名实习村干部。

江背镇特殊的气候和土质条件非常适宜席草的生长，因而江背席草长而不倒伏，颜色青翠而经久不褪色，制出的草席自然清香、吸汗爽身、色泽清纯、编织紧密，因而享誉全国。

由于种植席草收入比水稻高许多，江背镇种植席草的农户比较普遍。但是兴国县却鲜有席草加工厂，基本上席草收割晒干之后就等着外地商人来收购，年成好的时候可以卖个好价钱，年成不好的时候甚至还不如种水稻。

回到家乡的陈胜华看到这种情况，觉得很可惜。于是，陈胜华自购草席编织机 3 部，2015 年开始自己编织草席。3 台机器一家人还是可以忙得过来，但是编织的草席非常有限。"我自己只能收购一小部分席草，而还有许多农户的席草等着外地商人来收。"陈胜华看到这种情况，下定决心一定要把江背席草这个产业做大做强，让这个产业惠及更多的农户。

2017 年，陈胜华牵头兴国县联心席草制品有限公司成立了兴国县江背镇永发种植专业合作社，购置了编织机 27 台、烘干机 5 台（烘草 4 台、烘席 1 台）、绣花机 2 台、抹席机 1 台、绕线机 1 台、包边机 5 台，采取"公司+合作社+基地+农户"的经营模式，形成了席草种植、收购、加工、销售的产业链条。公司现有厂房面积 4 000余平方米，基地自种席草面积 100 余亩，统购统销农户席草 310 余亩，每年可加工生产 10 余万件草席成品，纯利润达 40 余万元。

自脱贫攻坚工作开展以来，陈胜华一直把带动贫困户增收致富放在首要位置，积极响应县、镇精准扶贫工作部署，通过三种方式带动贫困户增收致富。一是“入股分红”。合作社吸纳贫困户入股，提供入股本金年息15%的固定分红。如寨联村建档立卡贫困户陈某，家庭人口6人，仅1个劳动力，还有2个小孩在读书，经常入不敷出。2016年，陈某利用产业扶贫信贷资金5万元入股合作社，当年就获得7 500元的分红收入，3年来共获得22 500元的分红收入，极大地扭转了入不敷出的家庭经济状况。

二是“务工就业”，安排贫困户进入联心草席厂就业。基地常年吸收农户务工人员50余人，其中贫困户劳动力10个。如江背村贫困户赖某，家庭人口7人。由于老人年龄较大、小孩要读书，赖某妻子陈某只好在家务工。但是老家的工作机会不多，陈某只能在村里打零工，收入不稳定。席草厂开办后，陈某开始在席草厂上班，月均工资达到了2 500元以上，足够赖某一家的日常生活支出。

三是“技术指导统购统销”。合作社为席草种植户提供技术指导，到期后以不低于市场价的价格，统一收购农户种植的席草，增加贫困户收入，仅2019年联结贫困户就达50余户。果源村56岁的李某高兴地说：“我每年都会种植两亩以上的席草。以前，等席草晒干之后还得等外地席草贩子来收购。而现在，只管把席草种好、晒好，直接卖到陈胜华的席草厂就行。再也不用为销售发愁了。”

经过几年的积淀，陈胜华成为江背镇返乡创业致富能手，深受群众拥护。在2018年初寨联村两委换届选举中，陈胜华被选为村支部书记、村委会主任。被选为“班长”后的陈胜华感觉肩上的担子更重了、责任更大了，带领寨联村全村村民脱贫致富成了陈胜华的首要工作和任务。昔日闽粤工厂里的“小裁缝”变成了带领群众致富的村两委“老班长”。

案例 134

宁配东：种下七彩花，富裕老百姓

宁配东是“90 后”，又是硕士研究生，可谓家乡沂南县飞出的一只“金凤凰”。就是这只“金凤凰”，飞出去又飞了回来，为家乡做出了卓越的贡献。

2014 年 7 月，研究生毕业后，宁配东应聘到山东沂蒙水力发电有限公司工作，短短一年半的时间就升到了部门经理。然而，“人是家乡好，月是故乡明。”随着时间的推移，经历了劳碌奔波后，宁配东对家乡的眷念与牵挂越来越浓，乡土情结也越来越难以割舍。

一次偶然回家探亲的时候，宁配东被老家的贫困状况触动，萌生了一个出人意料的想法：辞职，回家乡创业，为当地百姓、村里的发展干些实事。“长期在外面发展，我很少回家，那次顺道回老家，看到我们涝子峪村的土地撂荒严重，青壮年劳力外出务工，村里只有老人和孩子，几乎是荒无人烟。家乡的父老依然贫穷，想到这里，我感到很痛心。作为本村人，这次回家对我触动很大。”宁配东回忆道。

俗话说，万事开头难。为了实现村贫困人口脱贫，引导有劳动能力的贫困户发展产业致富，靠劳动力增收脱贫，宁配东结合自己村的生产生活现状，积极向村两委干部、镇领导、县人社部门取经，参加各种各样的创业培训，走遍省内的多个地市，考察适合的创业项目。直到 2016 年，经过反复论证、精心甄选创业项目，他决定利用当地自然资源优势，建立七彩花卉种植园，并选定发展非洲菊花卉种植产业项目。

项目确定后，宁配东通过村委会把发展非洲菊花卉种植产业项目上报到镇党委政府和县人社部门。很快，产业项目得到了镇党委政府、县人社局的高度关注，结合大学生创业引领计划，积极从资金支持、土地流转、技术指导等方面给予大力扶持。县人社局还将该项目纳入省级大学生创业引领专项计划重点扶持对象，给予专项资金 2 万元扶持宁配东创业，并多次组织专业人员到现场提供技术指导。镇政府帮助协调流转土地 60 亩，架设供电线路 3 公里，拨付扶贫专项资金 55 万元建设温室大棚 11 个。在上级部门的帮扶下，七彩花卉种植合作社发展了起来。

为使非洲菊花卉种植产生最大的产业效益，合作社采取“合作社+基地+农户”的经营模式，以温室栽培非洲菊、销售鲜切花为主营。非洲菊与月季、唐菖蒲、香石竹列为世界最畅销的“四大切花”，市场广阔，生产供不应求，价格稳定易于管理。目前项目已投资400万元，建有高标准日光温室大棚28个，每亩种植非洲菊4 000株，年亩均效益达到30 000元以上。

非洲菊扶贫生产基地设施完备，便于生产管理，所以基地用工少，人工成本低，一个成年劳力可以管理3个大棚，劳动强度不大，适合中老年人操作。可年产鲜切花600多万支，主要销往北京、天津、太原、青岛等大中城市，年销售额120万元以上，创造就业岗位60余个。

目前，七彩花卉种植产业项目每年可为当地村集体增收3万多元，全部作为扶贫公益金分配给涝子峪村贫困户，有力带动了村里的贫困人口增收。“穷则独善其身，达则兼济天下。”宁配东干的事业虽然没有诗句描述的那么宏伟，但他把对家乡这片土地的喜爱，化作不断前进的动力，不求功名，不图回报，只为踏实做事，争取为村民增加更多收入，早日让他们富裕起来。

“下一步，我们计划种植蝴蝶兰、君子兰、百合等产值更高的中高端花卉，同时在现有温室鲜花种植的基础上，大面积发展露天鲜花种植，使种植园逐步形成花卉品种多样、经营模式多样、在当地具有影响力和辐射带动作用的主导产业，带动周边更多农户加入花卉种植产业当中，吸纳更多贫困人口实现就地就近就业，为当地经济发展贡献力量。”宁配东说。

案例135

陈纪元：返乡创业惠乡邻，现代农业助脱贫

“风吹沙子走，抬脚不见踪”，宁夏回族自治区吴忠市盐池县青山乡的村民们说起往昔，仍是心有余悸。盐池县地处毛乌素沙漠边缘，早年间全县有75%的人口和耕地处在沙地，土壤肥力差。一年下来，种地的收成还喂不饱一家人的肚子。漫天遍野的黄沙让青山乡村民倍感凄凉。进入20世纪，当地政府重视生态发展，经过多

年的封山禁牧、植树造林，盐池县实现了人进沙退的历史性逆转，生态明显好转。

如今的青山乡树影婆娑。生态环境的改善吸引了不少人返乡创业。盐池县青山乡猫头梁村的陈纪元便是其中之一。陈纪元说，党中央、国务院提出了“实施乡村振兴战略”的新发展理念以及“产业兴旺·生态宜居·乡风文明·治理有效·生活富裕”的乡村振兴战略要求，给他提供了实现梦想的机会。对于他来说，梦想就是用家乡的农业资源带动乡亲们共同致富，真正实现猫头梁的乡村振兴，并且让猫头梁的纯绿色农产品走向全国。

2014 年，陈纪元返乡创业，在政府扶持下，建立了返乡创业示范基地，发展现代农业。2015 年，陈纪元流转当地 30 多户农户土地（其中建档立卡贫困户 12 户）近 1 070余亩，在盐池县委县政府的关心支持下，以及相关部门的帮助下，注册成立了盐池县绿林旅游开发有限公司（现在的盐池县绿林农业科技有限公司）。该公司位于青山乡猫头梁村二道湖自然村，是一个集生态旅游度假、休闲、采摘于一体的观光园。

在公司的带动和引领下，通过培育新型农业生产经营主体和农业生产致富带动人，构建新型农业产业体系、经营体系及生产体系。2016 年，公司带动周边以建档立卡户为主的农户 20 余户种植黄花 300 余亩，大田经果林 300 亩。还和陕西杨凌农科所签订洋葱育种合同 300 亩，实验种植 10 亩。每产 1 公斤葱籽，杨凌农科所以每公斤 100 元的收购价收购。还养殖林下滩鸡 5 000 余只，每只出售价 150 元左右，收入可达 20 余万元。另外，种植甜瓜 30 亩，每斤售价 6～8 元，总收入 22 余万元。这些收入，公司和农户按照 6：4 的比例分成，户均有 4 000 多元的分成。加上打工收入，20 户建档立卡贫困户当年就摘了帽。

陈纪元的创业经是不断学习先进的科学技术，运用现代化的管理理念，创新发展模式，依托这里的生态，以绿生金，带动更多的群众脱贫致富。2016 年 12 月，在县委、县政府领导和宁夏银行的支持下，公司贷款 100 万元，和陕西杨凌农科所建立技术指导关系，建立学院拓展学生实习基地、公司带动的大型试验基地，积极探索发展农业大棚种植技术。新建温室大棚 12 座、日光大棚 20 座，种植葡萄（含香美人蕉）、蟠桃（贵妃红）、冬枣、瓜果蔬菜等优质农产品。公司与建档立卡户签订管护协议，鼓励他们学习先进的生产技术，引导他们在学习技术的同时学会大棚管理，同时扩大生产规模，带动当地群众以园区为核心，带动农户产业发展，提高企业知名度，加快建档立卡户脱贫致富的步伐。为了更快带动周边的建档立卡户脱贫致富，公司还决定把 300 余亩现有的黄花地让农户认领，由公司出资，农户出工及管护，收入按六四分成。农户们平常闲余时间还可以干农活，增加了建档立卡贫困户的收入和积极性。

为促进高效、优质、绿色、环保安全的有机食品种植，增加农民的收入，拓宽农业生产渠道，振兴农村经济的发展，发展贫困地区群体经济，提升农业现代化生产水平，2019 年，公司经过一年多的学习与考察，引进了蓝莓、芦笋、晚熟葡萄 3 个新品种。公司还与广西南宁市威宁市场发展责任有限公司达成产销合作，由威宁公司全面负责营销和销售辣椒，每亩辣椒的收入达到 1 000 元左右。在公司的带动下，猫头梁村现在已经有 33 户村民跟着公司种植辣椒和在公司种植园区务工，每户每年收入达到 2 万 ~3 万元。甚至有些外出打工的青年也纷纷返村跟着公司一起干。

2020 年 5 月，绿林休闲农业的葡萄（含香美人蕉）上市，迎来了一批批周边的采摘客人。大家对绿林的葡萄赞不绝口。7 月的黄花菜更是得到了广西南宁客人的包销（1 斤卖到 150 元的好价格），周边农户的总收入达到了 40 多万元。

公司鼓励建档立卡贫困户进入园区实行产业脱贫，积极探索以棚为单位的承包种植。公司无偿提供技术指导和苗木种植，农户进行田间管理和经营，实行公司和农户利润均分的模式，最终通过公司的示范带动和结对帮扶，每年保证全村 80 户贫困户每户纯收入达到 1.5 万元，确保如期脱贫。

乡村振兴带来的不仅是归乡的期盼，更是农民致富的契机。如今，盐池县绿林农业科技有限公司信心百倍，在县委、县政府及相关部门的大力支持下，正在把该村变成一个高新农业技术示范区、农产品品牌试验区、农业休闲与乡村旅游示范景区。

案例 136

依马穆江·台外库力：让家乡的果香飘向全国

当年为了维持生计走出家乡的依马穆江·台外库力，归来时已是 46 岁的中年人。如今，他在家乡建起能容纳 3 000 吨以上农产品的冷库和 2 000 平方米的车间，成为全乡最大的农副产品加工地。这，恐怕是他当年从来没有想到的事情。

7 岁时，依马穆江·台外库力的父母不幸过世，他的家里有 5 个兄弟姐妹，从小，依马穆江·台外库力就成长在的贫穷环境中。读完中学后，依马穆江便因没有经济来源而去了外地打工。保洁员、饭馆服务员、工地工人……各式各样的工作他都从事过。后来，人到中年的依马穆江回乡创业，成立了喀什市阿瓦提“桃子之乡”农副产品保鲜农民专业合作社。合作社在他的带领下发展得越来越好，已经成为帮助当地农民脱贫致富的主要力量。该合作社还获得了“喀什地区级龙头企业”“喀什地区级优秀合作社”“国家级合作社”等荣誉，依马穆江也当选为“全国十佳农民”荣誉称号。

以特色林果和牲畜为主导产业的喀什市阿瓦提乡是当地有名的果品之乡，林果业是乡镇村民的主要收入来源。在阿瓦提种植的各类林果中，又尤其以红油桃、红枣、红石榴、黄金杏最为出名，每到收获的季节，当地乡间便会飘散着“一黄三红”的甜蜜芬芳。目前，阿瓦提乡石榴生产基地有 7 528 亩，红油桃生产基地 6 237 亩，红枣生产基地 33 017 亩，杏生产基地 2 318 亩，林果种植规模达近 5 万亩，产量达 2 万多吨。

合作社主要从事红枣、酸梅、西梅、杏子、苹果、香梨、伽师瓜、蔬菜等农产品的加工、包装、冷藏保鲜及销售。自成立以来，合作社始终坚持“民办、民管、民受益”的原则，做到“六个统一”，即统一组织、统一收购、统一储藏、统一价格、统一运输、统一销售，积极引导社员走正规化经营、标准化生产、商品化销售的产业化之路。

如何拓宽销售渠道，将农民的好产品卖出去并卖个好价钱一直是合作社最关切的事。合作社为此不断探索，通过线上线下相结合的方式，建立了 300 多平方米的电商中心，利用微信公众平台、合作社微商城、淘宝等电商销售网站不仅将加工、保鲜产品销到乌鲁木齐、库尔勒等疆内地区，还销往北京、浙江、上海、深圳、山西、昆明等 19 个省市、25 个大中城市，并建立长期农副品购销合作关系。通过有效的销售，合作社的产品销路彻底打开，社员的人均纯收入达 1.5 万元，农民的好产品终于卖上了“好价钱”。

在合作社的发展过程中，当地政府也通过一些优惠政策对合作社的发展大力支持。随着近几年的发展，合作社的占地面积已发展到 5 000 平方米，建筑面积 3 300 平方米，建有交易展示厅、冷链物流配送、物流信息区、电子商务区、停车场、商务配套区等，合作社的固定资产达 600 多万元。

一直以来，合作社始终坚持为农民做好服务，带动周边农民一起致富。合作社保鲜贫困户的农副产品只收取市场价的 20% ~30%，保鲜一般户的农副产品只收取市场价的50%。合作社的发展壮大也增加了当地农民的就业岗位，在合作社工作的员工均为当地农民。合作社还帮助农民销售农副产品，拓宽了农民的脱贫致富渠道。

合作社通过示范带动作用，至今已经发展社员165户，提供152人的直接就业和465人的间接就业，辐射周边2个乡20个村，有效促进农民增收致富，为自然资源转化为经济资源和商品资源创造了环境和条件，取得了较好的经济效益和社会效益。以2017年为例，生产加工经营收入总额821.5万元，比上年增长18.4%；实现盈余124.37万元，增长21.2%；成员的人均盈余也比上年增加1 520元，增长25.3%。

对于未来的发展，依马穆江满怀信心："合作社计划到2020年持续投入500万元建立红枣加工厂，扩大合作社经营范围，创建一个品牌。有效利用现有保鲜库，增加各类林果产品的保鲜期，错峰反季节销售，延长销售周期，增加农产品附加值，不断提升合作社效益及农民收益，给社员更多分红。同时让家乡这些优质的水果真正成为大家的'致富果'。"

编　后

具有创业大志的人，都是善于发现风口的"有心人"。他们对家乡的文化非常了解，对物资资源特点也了然于心。对于这样的返乡创业者，他们的目标清晰、行动有据。当地政府应当相信他们，并努力为他们的行动计划提供尽可能的支持。在帮助他们创业成功的同时，其实对于当地特色文化的发掘、品牌的打造都具有很强的意义。如果能借助这些龙头企业的发展，带动一批周边产业，调整当地产业结构，大力发展区域经济，那造福的将是一方群众。

第十六章

敢于冒险 永不服输
——返乡创业者性格的基本特征

编者按

创业之路，从来不是一帆风顺。返乡入乡创业要想成功，丰富自身积累，了解脚下这片土地，善于捕捉市场的每一个机会均是必备要素。然而，仅有这些还远远不够，在创业之路上，更多的还需要创业者拥有强大的内心。“强大”不仅表现在基于对自己和市场了解基础上的冒险精神，更重要的是体现在遇到挫折后，不服输和愈挫愈勇的顽强斗志。在本章这些企业成功的背后，充满着辛勤付出的汗水和奋力拼搏的泪水。

案例 137

彭春如：创新创业造福桑梓

彭春如，土生土长的新干人，父母都是大洋洲镇的普通农民，家里有兄弟姐妹7人，他排行老五。由于人口多，年少时，彭春如的家里条件非常艰苦。

为了尽早摆脱困境，1988年，彭春如走出生活了24年的农村，来到新干县城，和5个朋友合伙承包了县福利厂的锯板车间，开始走上了自己的创业之路。但是，尽管付出了不少艰辛和努力，4年之后，彭春如的创业却以失败告终。但彭春如没有气馁退缩，坚信“世上无难事，只怕有心人”。1992年8月，他又孤身一人到南昌学习了皮箱制作技术，回到新干办起了皮箱生产作坊，苦心经营5年，但最后还是无果而终。

创业的再次失败没有浇灭彭春如对成功的渴望。1997年，带着借来的一万元钱和剩余的一些皮箱，彭春如来到湖南长沙从事箱包皮具生产销售。凭着“诚信即市场，创新即利润”的销售理念，经过多年的不断开拓、创新和艰苦打拼，到2003年，彭春如的箱包年销售额达到1 600万元，成了当时湖南省最大的箱包皮具销售商。

虽然在长沙取得了一定的成功，彭春如却一直关注着家乡的发展变化。2005年，得知家乡新干把箱包皮具产业作为一大主要工业产业来发展，并正在大力实施“返乡创业”工程的消息之后，彭春如毅然回到家乡，开始了自己的又一次创业。

2006年1月，彭春如在城南工业园创办了江西凯威箱包有限公司，首期投资400万元，当年就生产箱包40万只，实现产值2 000万元，解决农民工就业100多人。

经过十多年的发展壮大，公司目前占地7 000多平方米，固定资产3 000多万元，年产值1亿以上，解决就业300多人，生产的“摩迪纳”系列箱包被认定为江西省著名商标。2013年9月，公司新上PC、ABS系列拉杆箱包生产线，使产品逐步实现多样化、中高档化。

虽然读书不多，但多年的创业经历让彭春如懂得一个道理：独木难成林，只有抱团发展，才能把新干的箱包皮具产业做大做强。2016 年，彭春如倡导成立了新干箱包行业协会，并两次被大家推选为会长。担任会长后，彭春如更加明白了“一人好不是真的好，大家好才是真的好”这句话的内涵。于是，彭春如积极争取县委、县政府对箱包皮具产业的大力扶持，乘借新干县列为全国农民工返乡创业试点这一东风，带领会员企业学习借鉴外地成功经验，并充分发挥自己在全国箱包皮具行业的人脉资源，积极协助县委、县政府引进一批国内知名箱包企业和品牌入驻新干，以此带动全县箱包皮具产业集群发展，带领更多的乡亲依靠箱包皮具产业走上富裕之路。近年来，彭春先后介绍并招引了鸿一、傲群、威豪等一批国内知名箱包企业和国际知名箱包品牌落户新干。

作为新干箱包皮具产业发展的“先行者”，彭春如带领新干箱包人携手推动新干箱包产业集群发展。在他的影响和带领下，新干县箱包皮具产业逐步做大做强，实现了五个方面的“华丽转身”，成为新干名副其实的富民产业。第一，在企业和产品数量上，2006 年，只有 2 家小作坊式的箱包生产企业，从业人员不到 100 人，年生产箱包 20 万只左右，年产值不到 1 000 万元，而目前，已经有箱包及相关配套企业 360 多家，从业人员 2 万多人，年产各类箱包 3 000 万只以上，年产值 50 多亿元；第二，在产品质量和种类上，由最初的以中低档拉杆布箱包为主逐步发展到以中高档拉杆箱包为主，并涵盖 PC、ABS、PP 等整个拉杆箱包系列；第三，在产业链建设上，从原来的大部分原辅材料需要向外采购，到如今形成了从原辅材料加工到箱包皮具制造、产品展销交易以及仓储配送、产品检测、人才交流等公共服务平台的完备产业链，现在除了面料外所有原辅材料都能自我配套；第四，在销售方式上，逐步实现了从最为原始的零售模式到“零售批发+经销代理”再到“实体销售+网络营销”的“三级跳”，从周边省市为主到畅销全国各地乃至还有一部分出口，建立了遍布全国各地的营销网点 3 000 余家以及各大电商平台网店 1 000 多家；第五，在品牌建设上，从帮人代工到拥有各类商标、品牌 100 多个，还有“璐璐凯帝”“摩迪纳”“俊仕”“凌峰”“腾耀”等十多个省级全国知名箱包品牌，新干箱包也从名不见经传到“中国箱包皮具产业基地”、首个“江西省特色产业（箱包）电子商务示范基地”，初步形成了“相约新干，包容天下”的新干箱包区域品牌，并拥有定价权。

彭春如在极力推动新干箱包产业集群发展，以自己的实际行动带领乡亲致富的同时，不忘积极回报社会。他个人先后为汶川大地震捐款8万元，为家乡新农村建设捐款6万元，为家乡村委会办公大楼建设捐款4万元，每年都为家乡中小学的贫困学生捐款2万元，得到社会各界的一致认可和好评。2008年，彭春如光荣地加入了中国共产党；2009年4月，彭春如作为吉安市的唯一代表，参加了“全省返乡农民工创业报告团”巡回宣讲活动；2011年，彭春如被评为江西省非公有制经济组织“优秀党务工作者”、江西省吉安市“十佳创新创业人才”；2013年，彭春如获得“全国轻工行业劳动模范”称号；2018年，被评为吉安市“返乡创业创新杰出人才”。

案例138

李晓梅：渭水源头最美的妇女

位于甘肃省中部的定西，自古苦甲天下，是甘肃省扶贫攻坚的主战场之一。李晓梅是定西市渭源县一个极为普通的农家女。然而，她怀揣着“誓为农民铺富路”的坚定信念，创业路上勇往直前，让自己的坎坷人生绽放异彩。凭着柔弱身躯和自强不息的精神，创出了一片新天地，成为当地扶贫攻坚征程中一只“领头雁”。

初尝创业的甜蜜果实

李晓梅1995年毕业于临洮卫生学校。带着儿时的憧憬和梦想，她毕业后回到了这片养她育她的土地——渭源县杨庄乡。她先到杨庄卫生院做了一名临时医护人员，后来又在会川镇租房开了一家诊所。5年的门诊当中，她救治了很多患者，成功地迈出了人生创业的第一步。

李晓梅总在寻找更适合自己创业的路，也总在思量怎样帮助更多的农民走上致富之路。2000年，她筹集15万元买来会川镇10亩闲置了多年的土地，建起了三座塑料大棚，开始试验性地种植天麻药材，拉开了她创业的大幕。以此地为中心，她在会川镇的8个村200多户农民家建设起当归、党参和黄芪、红芪以及天麻等中药材种植基地300亩，并成立了天麻研究会，发展会员120人。在她的带动下，会川镇的群众纷纷种植中药材，药材种植面积由原来的4 000亩发展到15 000亩。仅药材一项给农民一年带来的经济效益就达到1亿多元。

药材种植成功后，李晓梅又成了农民最知心的“经纪人”，上河西、下广东……一笔笔饱含深情的订单源源不断地把农民的药材销往全国各地，为农民插上了致富的翅膀。2005年3月，李晓梅又通过贷款办起了药材加工厂，把当地中药材加工成礼盒，受到了广大客户的欢迎。2008年8月，公司投入620多万元建成药品GMP生产车间，常年生产经营“晓梅”牌系列中药材饮片，还与云南白药、昆明制药厂等国内多家制药企业签订了供货协议。公司坚持走“公司+基地+农户”的规范化、专业化、标准化发展路子，辐射带动周边乡镇农户2 000多户，使项目区农户年亩均增收1 000多元。

面对挫折永不退缩

然而，天有不测风云，人有旦夕祸福。正当事业蒸蒸日上的时候，2008年10月，李晓梅自己开车到广州跑市场的路途中发生车祸，伤了她的双腿。当灾难突然降临时，她曾经痛苦过，甚至绝望过，然而，她敢于面对残缺的人生。经过这一次劫难，她的毅力更加坚强。正是由于这种坚忍不拔的精神和笑对挫折的勇气，她重新站了起来。

2009年，李晓梅又在马铃薯上开始做文章。她筹资200余万元，注册了渭源县田源泽马铃薯良种合作社，建成优质马铃薯原种繁育基地2 000亩，并修建了年储藏能力4 000吨的马铃薯储藏窖。她带领农民培育种植最新的马铃薯新品种，年产马铃薯良种2 000吨，成为渭源县储藏和外销马铃薯良种的最大客户。2010年，公司投资800余万元建成马铃薯日光温室20座、脱毒快繁中心综合楼1栋、马铃薯贮藏窖1座、PC中空板组培温室1座。2011年，她建成马铃薯日光温室100座、1 500平方米综合办公平房1栋、1 500吨的马铃薯贮藏窖2座、1 000平方米的气调库1座，扩建马铃薯PC中空板组培温室2 600平方米。2012年，她又投资2 700万元建成了23 000平方米的智能连栋温室1座，并且每年在附近乡镇建成优质马铃薯原种繁育基地2 500亩，良种繁育生产基地5 000亩，辐射带动周边乡镇贫困户1 000余户，户均每年增收1 000余元，解决当地剩余劳动力3 000余人次，为贫困地区群众致富奔小康发挥了重要作用。

2013年2月3日，习近平总书记亲临公司视察，对公司“龙头企业+合作社+农户”的产业扶贫模式给予了充分肯定。

国际合作更上层楼

2015 年 7 月，国际马铃薯中心亚太中心渭源工作站在公司挂牌，开启了渭源马铃薯种薯与国际合作交流、探索发展工作的新篇章。公司按照“龙头企业+合作社+农户+基地”的扶贫带动模式，采用“统一供种、统一管理、统一收购、统一贮藏、统一销售”的“五统一”管理办法，依托基地农户实施订单农业，采取“公司带会员，会员带贫困户”的模式，充分发挥龙头企业带动辐射作用，不断提高马铃薯脱毒种薯的推广覆盖范围，年带动贫困户 2 000 多户。

2016 年 3 月，在国际马铃薯中心亚太分中心的合作指导下，李晓梅又成功引进马铃薯微型薯（原种）“雾培法”生产技术。目前，2 000 平方米雾培生产线已投入生产，这项技术在甘肃省属于首创，对提高马铃薯产业发展水平，促进当地群众增收致富具有十分重要的意义。

2016 年 5 月，公司在县工业园区投资 4.85 亿元建设马铃薯文化博览园项目，目前一期累计完成投资 2.79 亿元。走进马铃薯文化博览园，已经投产的富硒马铃薯食品生产线、气派大方的马铃薯文化主题生态园和拔地而起的马铃薯信息大厦，在朝曦下熠熠生辉，见证了李晓梅奋斗创业的轨迹又上了一个新的台阶，见证了她引领企业依托当地特色优势产业、带领群众增收致富“领头雁”的奋斗历程，也见证了李晓梅“誓为农民铺富路”的铿锵足音……

2017 年 2 月，李晓梅又在渭源首推“草膜三覆盖”一年两季粮蔬滴灌高产高效栽培新技术，可使马铃薯 6 月中旬早上市、蔬菜 11 月下旬上市，实现了粮蔬轮作，提高了土地的利用率和产出率，能够促进农民增产增收，有效推进精准扶贫精准脱贫进程。

2017 年 3 月，富硒马铃薯食品生产线全面进入试生产阶段，共计解决当地就业 130 人。富硒马铃薯食品生产线是贯彻落实习总书记“努力做好甘肃的马铃薯产业，要做精做深，做大做强”重要指示精神的体现，同时也是公司紧抓国家“一带一路”倡议和国家马铃薯主食化战略黄金机遇的重大举措。

2017 年 6 月，自主产品“来点土豆”系列方便食品新品发布会顺利召开，公司朝着创造一个服务西北、面向全国、放眼世界的新型企业为目标奋斗，为支持甘肃省农业产业结构调整、农村增效、农民增收作出应有的贡献。

“2018 年 9 月份，我受尼泊尔等国家的邀请，参加了南亚 27 个国家的女企业家峰会。现在，我在不断地想办法、拿措施，争取把我们的优质马铃薯，包括马铃薯主食化的一些产品，能够有效地推广到‘一带一路’的这些国家，让他们一同分享这份成果。”李晓梅说这些话时注视着远方的目光明亮而坚定。

热心公益回馈乡里

她还是一个心系弱势群体的人。在汶川大地震、玉树地震、舟曲泥石流等自然灾害中捐款 14 411 元，并为渭源县清源镇蛟龙村捐赠水泥 40 吨，免费投放马铃薯良种 15 吨；每年为 5 名未就业大学生提供就业岗位；为祁家庙乡农户免费投放马铃薯良种 40 吨；为田家河乡汤尕沟村提供帮扶资金 1 万元，为发展渭源县旅游产业捐款 20 万元。特别是“7・22”岷县漳县交界 6.6 级地震发生后，李晓梅先后筹资 29.8 万元购买物资给地震灾区。

李晓梅本人先后荣获全国城乡妇女岗位建功先进个人、全国自强模范、全国社会扶贫先进个人、全国三八红旗手、甘肃省扶贫先进个人、甘肃省三八红旗手、定西市十大青年创业功勋人物、定西市十大杰出女性人物、定西市优秀共产党员等荣誉称号，被授予“2015 中国消除贫困奖感动（提名）奖”，荣获“农业产业化十大领军人物”称号，荣幸登上了“甘肃脱贫攻坚 2016 年度人物”评选的领奖台，成为感动甘肃陇人骄子候选人，获得 2019 年全国脱贫攻坚奖——奉献奖。

她的公司也先后被评为“甘肃省农业产业化重点龙头企业”“甘肃省扶贫龙头企业”“甘肃省残疾人扶贫就业培训基地”“甘肃省引进国外智力成果示范推广基地”。

截至目前，李晓梅已带领公司向马铃薯种薯生产、马铃薯食品加工、马铃薯文化主题餐饮服务全产业链一体化经营方向迈开发展大步伐。她在带领企业迈着坚实的步伐，一步步发展壮大的同时，积极为当地农民就业创造机会，并帮助当地群众增收致富……

李晓梅说：“我的每份辛劳其实就是为自己好好活着。我只求把每件事做好，让自己的人生过得充实!”她用柔弱的肩膀担负着带领农民奔小康重担的实践，得到了当地群众的一致好评，被当地群众亲切地称为“渭水源头最美的妇女”。

案例 139

张智杰：摇着轮椅实现创业梦

地处中国西部地区的乌兰察布市有 8 个深度贫困县，有数以百万计的外出务工庞大群体，1986 年出生的张智杰就曾是其中一个。张智杰 14 岁的时候开始外出学艺，两年后开了属于自己的店。在经营的过程中，张智杰深刻体验到了知识的缺乏，常抽出时间去听一些经营、管理类的讲座。经过知识的熏陶，21 岁时，张智杰便有了傲人的成绩，经营着一家规模不小的酒店，还拥有漂亮的妻子和乖巧的女儿。幸福美满的家庭让周围的人羡慕不已。

可灾难向他露出了可怕的獠牙。2008 年，一场突如其来的车祸使他高位截瘫。当他从昏迷中醒过来时已是两个多月以后了。为了能凑够巨额的手术费，酒店盘出去了，房子也卖掉了，妻子不堪重负，带着女儿也走了。

痛苦中，他想了很多很多……“我不想这样躺一辈子！我不想成为一个残废！人生假如没有奇迹，我就创造一个奇迹！”凭着这个信念，他挑战着自己的极限，天天强力锻炼着，挣扎着，终于在 2011 年，依靠着轮椅实现了自理。他可以在家里通过 QQ 上卖一些电子产品，可他最大的梦想是走出家门到外面晒晒太阳！但短短的四五级台阶成了他最大的“敌人”，想走出去的渴望迫使他萌生出造台机器的想法。

通过收集大量资料和不断学习，2012 年，张智杰终于做出来一台能让他上下楼的升降平台。在社区领导的特殊照顾下，他找到了伤残后的第一份工作——在小区里看管自行车。渐渐地，他认识了许多好心人，在大家的帮助下，他先后开办了老年棋牌室、“爱心联谊会”，到了晚上还要去摆地摊。那段日子里他把自己的时间安排得满满的，一步步努力打拼着。

后来，在集宁区就业局的关心和鼓励下，张智杰走进了成人大学，并以优异的成绩获得了奖学金。2016 年，他开了一家以电子产品批发、零售为主的数码店，招收了七八名残疾朋友。他要像当初帮助过自己的人一样去帮助这些残疾朋友，让他们感到大家庭的温暖。在所有人的共同努力下，张智杰的生意一天比一天好，又外聘了 3 名技术人才，创建了技术团队。他还经常组织残疾员工培训，并开始承揽小型工程，生意越做越红火。张智杰的小店还荣获了“自治区级创业示范店”称号。

尽管小有成绩，张智杰却丝毫没有松懈，仍然挤出时间学习电子及机械制造类的专业知识，提升自己的能力，不断改进着自己造的升降平台。经过一次次实验与论证，楼道无障碍升降平台四代机诞生了。2017 年，他怀揣着自己的创业梦，注册成立了内蒙古创奇智能电子科技有限公司。因市场需求，公司不断壮大，2018 年，公司扩建 3 亩场地，招收了 23 名残疾员工和 8 名技术人才，并与深圳利业成科技有限公司签订长期代加工合同，焊接组装 PCB 电子线路板，解决了更多残疾人的就业问题。第四代无障碍升降平台各项指标均符合国家标准。山西、河北、内蒙古部分坐轮椅的残疾人在安装了无障碍升降平台后，得以走出家门，融入社会，找到适合的工作，开始新的生活。

张智杰的努力得到了所有人的认可。他参加了集宁区残疾人联合会第七次代表大会和全国第二十七次助残日主题演讲，还参加了第十一个国际社工日“第一届社工文化艺术节”，并参加庆祝自治区成立七十周年励志演讲。此外，张智杰还获党工委“放飞梦想，不忘初心”演讲比赛三等奖。集宁街道党工委聘请张智杰为“雁过拔毛”式腐败问题及查处不正之风专项治理工作监督员。

张智杰的公司生产的残疾人无障碍移动平台获 2018 年“中国创翼”创业创新大赛“优秀奖”，成为 2018 年内蒙古创业创新成果展“成果展示产品”。2019 年，张智杰被自治区评为“自治区自强模范”。

这些光环并没有让他停止前行，他还在不断努力着。他用自己的励志故事讲给身边正在创业的和即将创业的很多人。张智杰说：“创业是一条充满艰辛的路，也是一条超越自我、实现自我价值的路。创业就是让自己的人生充满了无限的可能，让你知道比你优秀的人比你更努力。虽然我们身有残疾，但只要我们奋发向上、自强不息，我们同样有资格去追求梦想，去活出精彩！”

案例 140

缪宏：回乡创业是最骄傲的人生选择

“北京公司发展好好的，怎么回来搞农业?”“搞农业不比工业，靠天吃饭，不靠谱!”七年前，关掉在北京的公司，结束北漂生活回到家乡湖南省平江县的缪宏面对的都是不信任的目光和这样的质疑。

当村民们听说缪宏要建设特色水果基地时，几乎没人相信他能把水果种成。在不少村民看来，他多半是一个不靠谱的疯子，或者是只想套取国家项目资金而已。他的家人和朋友也劝他好好想想。然而，久居城市，这个山里的伢子越来越怀念家乡的青山秀水。他也深信，未来的都市人必然会把消费的目光转向乡村。绿色的蔬菜和水果、纯净的空气和水，还有慢节奏的田园生活，都会成为人们心中急切的向往。

土地就是村民的命根子，取得信任别无他法，只有耐下性子好好沟通。由于2 000多亩的土地涵盖了几百户人家，一百多个日日夜夜，在村干部的帮助下，缪宏串门走户，磨破了嘴皮子，才把土地流转手续办完。

勇当新型农民，放飞创业梦想

肩负着乡亲们沉甸甸的信任，缪宏也正式从一个公司老板变成了平江一个地地道道的农民。农场刚成立，和许多半路出家搞农业的同仁一样，缪宏低估了农业的复杂性，一上来就头脑发热，大面积、大手笔。一千多亩水果刚种下去，当年夏天就碰上了几十年一遇的旱灾。在2016年秋天，他发现梨树开始提前落叶，心里很担心。结果没过几天气温稍微升高，几百亩的梨树全部开花了。第一年秋天，花都开了，第二年春天就没有了花，没有花就没有果，2017年梨产量锐减一半以上，损失超过80万元。

痛定思痛，缪宏多方奔走，邀请专家和团队一起查找原因，分析对策。在教授专家的帮助下，通过艰苦的探索，终于从多个环节建立了一整套流程化、规范化、数据化的技术标准。标准建立难，让农民按标准作业更是难上加难。通过输灌理念、技术培训、分块管理、分组竞赛、外出考察，各种方法用尽才说服他的员工们完全做到按标准作业。

水果种出来了，怎么卖出去又成了大难题。如果把水果卖给批发市场，那卖出去的收益连成本都保不住，只能想办法将水果直接卖给终端客户。于是缪宏就在种植的基础上发展休闲农业和乡村旅游，吸引客人前来采摘。为了把休闲农业做好，三年时间缪宏几乎跑遍了北上广和江浙，并远赴我国台湾、日本和韩国，考察国内外一流农场建设，升级了自己对现代农业发展的认知。目前，农场已经建成了七彩生态餐厅、亲子童话木屋、星空露营帐篷、自然教育课堂、平江酱干体验馆、大风车成长乐园、水果蝴蝶科学馆等多个项目。创建的原本记忆酱干成为平江酱干的领头雁，中央电视台、湖南卫视等都进行了多次报道。

同时，他和团队加大产品网络营销的力度，在县城开张了社区水果连锁店。通过多种方式的努力，水果以较高的价格销售出去，单株果树的年收入能到达到 200 元以上。村民看得到甜头，算得清收支，掌握得了技术，从不想干、不敢干、不会干变成想干、敢干、会干，从最初的不信任，变成了挑大拇指。

带领乡亲父老，建设美丽家园

吃水不忘挖井人。在创业过程中，缪宏得到了党和政府、社会各界的大力支持。他把感恩之情，化作实际行动参与到扶贫、振兴乡村中，带领大家一起致富。

他的农场组织成立了农业产业联合体，加大了带动力度，和 30 多位村民达成了苹果梨种植协议，并给村民免费提供果苗和技术。待水果成熟，又为村民提供销售支持。2020 年春天，带动村民种植水果面积 200 多亩，丰产后年收入将达 200 万元。

他还帮助杨林街村 6 户农民将自家房屋改造成民宿，成立了“杨林街民宿”品牌，将民宿上线携程、途家等多个平台，免费帮他们运营，并争取了床单被罩、洗漱用品等物资，从商标注册、民宿销售等多方面提供支持。

农场支持和带动周边群众特别是贫困群众的发展，解决了 80 多名农户就业，带动了 2 316 名建档立卡贫困农户持续受益。2018 年，岳阳市产业扶贫现场推进会在欢乐果农场召开，农场还被评为湖南省创新创业带动就业示范典型和重点产业扶贫项目。湖南省委副书记乌兰、财政部多位副部长、数任岳阳市委书记及市长均到欢乐果农场进行调研。缪宏还运用农场的资源，举办了多期针对贫困学生、智障儿童、留守儿童的研学公益活动，深受社会的好评。

7 年来，欢乐果农场种植规模达到 2 130 亩，目前已经形成一个集绿色果品种植、田园休闲度假、研学实践教育于一体的田园综合体，多次被评为国家级、省级示范园。缪宏也先后被评为“岳阳市劳动模范”“乡村振兴带头人”“农村实用人才带头人”“脱贫攻坚优秀工作者”等光荣称号。

经常有人问缪宏，如果再给你一次选择的机会，你还会选择回乡当农民吗？他的回答是：“广阔农村，大有可为，回乡创业是我最骄傲的人生选择！”

案例 141

陈淑香：创业失败气不馁，自强不息拔穷根

家住重庆市黔江区金溪镇金溪社区 8 组的陈淑香，原本勤劳肯干、勇于开拓，可 2014 年却成了建档立卡贫困户。这是怎么回事呢？

原来，婚后，她和丈夫便开启“外出务工”模式，先后在浙江、新疆等地从事渔业养殖。凭借着勤劳朴实、勇于开拓的品格，每年收入尚还可观。但漂泊在异地他乡，常年与家中老小分离，既没有归属感，也疏远了家庭和亲人。

在亲情乡情的感召下，她和丈夫于 2013 年初返乡创业，激情澎湃、信心满满，拿出务工的家底 9 万元开办了养鸡场，当年养殖土鸡 3 000 只。可天有不测风云，半年后因瘟疫、技术差等原因，所养土鸡因病无法医治全部死亡，投资打了水漂，可谓损失惨重，家庭一度陷入窘境。村民有感于他们的胆识，也同情他们的遭遇，恰逢国家精准脱贫政策出台，2014 年把她家列为建档立卡贫困户。

尽管这是大家对她的照顾，可是，她却高兴不起来。她始终坚信“贫困帽子不是遮羞布，更不是挡箭牌”。为脱贫摘帽，也为了证明自己，她下定决心开始第二轮创业。

吃一堑长一智，这次创业汲取了惨痛教训，不敢再盲目自信、赤膊上阵。为此，她四处考察养殖品种及养殖技术，经过多方面对比和专业人员介绍后决定开始养牛。

养牛是一门技术活，打铁还需自身硬。她报名参加了区人社局举办的“创业培训+技能培训”，通过系统专业的培训，她不仅掌握了养殖技术、销售技巧，而且结识了一群致力于壮大产业、精心于谋篇布局的致富带头人。在与他们的交往中，她

深刻感受到他们勇于创新、坚持创业、善抓机遇、脚踏实干的优秀品质，也激励着她要脚踏实地、勤学苦练、充实自她、力争上游，促使她在产业发展方面不断对标先进、查缺补漏。

在当地政府、银行和亲朋好友帮助下，她多方筹资，成立家庭农场，开始了循环种养殖立体农业模式，投入 15 万元建养牛大棚 3 000 平方米规模养殖 35 头牛，投入 2 万余元建 15 亩鱼塘（5 口）养殖鱼苗 300 万尾，还投入 3 万元发展了经果林，走出了一条“牛→沼→果→草”循环种养模式。农场发展持续稳定，全年实现总产值 65 万元、纯收入 20 万元。

饮水思源，富不忘本。一人富不算富，大家富才是真的富。她流转周边农户土地 150 亩，每年按时给大家足额支付租金，还常年吸纳 200 余人次就地就近就业，其中有贫困人员 10 人、五保户 1 人。同时，她还发动周边农户种植牧草，让农户每年户均增收 3 000 元以上，从根本解决农户的贫困问题。

目前，她的农场越搞越红火，有望 2020 年底存栏大小牛 100 头、出售肉牛 50 头、鲜鱼 2 万斤，全年总产值突破 100 万元。“我始终相信星光不负赶路人、时光不负有心人，我也将一如既往发展壮大产业，不忘初心、肩负使命，致富自己、带富群众！”陈淑香说。

案例 142

马建军：就爱这片土地

走进平罗县渠口乡渠口村 8 队，有一排黄色小二楼，不远处可以听到机器的轰鸣声，走近看原来是在加工中药材。这便是宁夏仁源商贸有限公司。从公司大院里走出来一位面带微笑的年轻人，他就是公司总经理——马建军。

毅然决然回乡创业

35 岁的马建军是回族，原来在天津上大学，学的是经济管理。大学毕业时，原本可以留在天津找到一份好的工作，但马建军始终抱着一颗自主创业的心，忘不了自己的家乡，所以毕业后毅然回到自己的家乡——宁夏平罗县渠口乡，开始了另一番人生路。

创业初期，马建军便面临诸多困难，最主要的还是对中药材行业不够了解。为此，他努力学习行业相关知识，了解各种中药材的功能和各项参数。锲而不舍的努力让他很快掌握了丰富的中药材知识。凭借这份努力，2015 年底，他用自己的积蓄和家里支持共计 600 万元投资建设了现在的宁夏仁源商贸有限公司。为了顺应市场，公司主营中药材加工及销售，尤其是菟丝子的种植、加工，主要依靠渠口乡及周边农户自产自种的中药材为主要资源。马建军用自己研究和创新的机械设备对当地中药材进行合理加工，以高品质、药效高受到全国制药企业的欢迎，销售更是名列全国前列。

公司从最开始的资金短缺、专业技术不过关，成为石嘴山地区屈指可数的集中药材种植、加工、销售为一体的商贸企业。

历经磨难初心不改

天有不测风云，正当企业经营得风生水起的时候，由于公司扩大生产，生产技术和设备投入不足，外面有合作联系的药厂把生产出来的菟丝子全部退回，并传言平罗县的菟丝子质量不好，导致原来的好多业务联系公司也断了来往，公司一片惨淡。

这一重创令马建军感到无助，也曾想过就这样算了，承认自己能力有限，有些东西是强求不来的。虽然很痛苦，他还是用这些话一遍遍安慰自己，给自己找一个合理的放手机会。正当他陷于困境准备放手不干的时候，乡政府和县劳动就业服务局的领导及时出现了。他们静静听他宣泄完心中的不满和痛苦后，认真帮他分析政策和形势，并用县里其他一些创业成功者的经历来勉励他，告诉他在创业路上，最艰难的时刻也就是最接近成功的时刻。

在相关单位和领导的亲切关怀下，马建军慢慢冷静下来。

路是自己选的，选定了就要走下去，而且要昂首挺胸地走下去。这一次，他没有时间发呆，没有时间脆弱，因为公司里的人无条件地信任他，一心一意跟着他干，他不能让员工失望，要让周边的人信服本地可以做出优秀的农业品牌。

重新树立起了信心的马建军开始仔细分析质量不过关的原因。找到原因后，他奔赴各大制药厂解释说明。由于与各大厂家长久以往的交往和信任，带着希望，他回到了家乡，总结了上次失败的教训，重新布局，进行了新的战略调整。

辐射带动福及乡亲

结合领导讲解的政策思路，马建军对中药材产业有了全新的认识和规划。在调整经营思路经营战略后，他重新打造了自己的中药材品牌，从种植开始改善自己的企业经营问题。没过多久，他的努力就赢得了回报。他种植的药材被许多药厂认可，由原来的每年销售 200 吨提高到 1 000 多吨。公司还与天津天士力制药厂、福建同仁堂制药厂、广东众生药业等企业建立了稳定的合作关系。

2019 年，马建军又投资 4 244 万元在渠口乡渠口村 8 队建设占地 15 亩、年加工流通 1.5 万吨的中药材项目，主要建设了 2 300 平方米生产厂房、3 000 平方米晾晒厂及 900 平方米办公楼等。在他的努力和相关单位的大力扶持下，项目进展顺利，主要加工菟丝子、肉苁蓉、锁阳、黄芪、蒲黄粉等产品，年销售额达 5 000 万元，当年创利 800 万元，在农忙期间可提供就业岗位 30 个，临时用工 100 人左右，就近解决富余劳动力及大学生就业，并带动当地及周边农户发展中药材种植，亩均实现增收 1 500 ~ 2 000 元，带动了当地农业产业结构调整。

努力拼搏不懈奋斗

中药材加工厂开始建设，从此，马建军的人生路上又开始了一个新的起点。要建设中药材加工厂，又得懂生产，还得具备管理知识。于是，马建军又重新学习中药材加工的知识，只要一有空，就去图书馆查一些专业方面的知识。工作之余，为了能让自己知识更加全面，他还报名参加了县就业创业局免费开展的企业管理班，学习更多管理知识。

创业难，守业更难。与创办工厂相比，经营一家工厂更觉艰难。方方面面涉及的事情太多，马建军明显感觉到经验上的欠缺。商场如战场，没有实际经验和商业策略，是很难生存和发展的。倔强而又好胜的性格再次鞭策他要全力去打拼。重压之下，反而更加激发出他的潜力和斗志。

“要想工厂立足，就要有源源不断的客户；要想有客户，就必须把自己的产品打出去。因为初次创业，我在业务方面不够老练，每天都是不知疲惫地奔波，每次都是不厌其烦地介绍推广自己的中药材产品，但付出和回报有时并不成正比。有时候连续几天的奔波和推广都会无功而返，很多时候还要遭受白眼。可是想想，那么多创业者，哪一个不是这样从荆棘中杀出一条血路的呢？”马建军说。

经验积累起来，客户也慢慢地增多，工厂的经营逐步有了起色，走上了正轨。经过一年多的辛苦经营，马建军收回了当初的投资成本。如今，宁夏仁源商贸公司已有 30 多名固定员工，其中很大一部分是当地的低保户和建档立卡户。

然而，马建军并不满足，他要把工厂做得更大更强。为了回报家乡，他与县里相关部门积极对接，准备建一座标准化扶贫车间，收购更多农户种植的中药材，回报更多农户，争取让他们有更好的收入。许多贫困户想种植中草药却缺乏资金，了解情况后，马建军表示愿意低价出售种苗，还可以接受无息分期付款。经过多方奔走，他还先后与当地政府取得联系，通过政府补贴为贫困户解决了资金紧缺的问题，受到群众的一致赞扬。

马建军就是这样处处为群众办好事、办实事，为周边群众解决了几十万元的创业资金紧缺的问题，使周边群众在创业致富的道路上又向前迈出了一大步。

不但实现了自己的第一个目标，他也第一次真正将宁夏平罗县的道地药材声誉打了出去，也让自己在中药材行业崭露头角，成为中药材行业的知名人物。2019 年他被评为“平罗县致富带头人”，2020 年初又被评为“自治区级好青年”。

案例 143

次仁卓嘎：用创业的星火点亮高原

2015 年，次仁卓嘎毕业后就回到了他热爱的家乡——西藏加查县，在加查县雅江实业有限公司工作。工作中，细心的他发现，加查县还没有大学生返乡创办的企业，而且，县城的广告公司所经营的项目类型大部分还处于比较基础的低端服务，收费相对偏高，装潢公司则只是实际意义上的施工队，项目策划和装潢设计还必须依赖山南市或者拉萨较大型的公司。于是，次仁卓嘎萌生了自己创业的想法，他想做加查大学生中“第一个吃螃蟹的人”。

2017 年 3 月，次仁卓嘎成立了加查县创拓广告传媒有限责任公司，是加查县当地大学生返乡创办企业，是集广告设计、制作、代理、发布、创意、咨询、策划、调查为一体的专业化媒介公司。

“当我接受电视台《大学生就业创业与你同行》栏目采访时，我的内心充满了兴奋与自豪。但我更有一份责任和信心，就是一定要把我的工作做得更好更强！当时节目主持人问我有何创业感言，我只说了一句话：‘我们的创业团队虽然年轻，但我们的团队充满活力、富有创新并深感责任与使命，我们一定能为大学生就业创业作出重要贡献。’”次仁卓嘎说。

就这样，次仁卓嘎带着激情上路了。可是，创业路上拦路虎并不少。公司刚成立时，由于流动资金短缺，人脉关系少，开业不久就遇到了销售难题，一个月的销售额才一两万元，还不够场地租金和人员工资，更谈不上还借来的钱了。但次仁卓嘎秉承自信、拼搏、吃苦、团结的信念，带领团队不断壮大，慢慢突破了公司的发展困境。公司打造新型市场主体，开展广告业全产业链业务，迅速成为加查县广告业的标杆企业。

公司将创业推动就业和实现共赢作为经营方针，增强广告传媒行业对当地大学生的吸纳力度，解决他们的就业问题。截至 2018 年 10 月，共接收 5 名加查当地大学生在公司从事设计等相关工作，每月工资达到 4 000 ~ 7 000 元。另外在安装岗位上从当地招收了 2 名农户待业青年。

对于下一步的计划，次仁卓嘎说，公司将积极参与山南市人社局、双业办以及加查县人社局、双创办等相关单位协调组织的人才招聘会，重点招收加查县未就业高校毕业生。公司在扩大业务范围的同时计划扩招 10 名加查县籍未就业大学生和 5 名当地贫困户子女，对新招收的员工进行统一培训，内容包括业务技能、行为准则、爱国主义教育等，在完成各项培训后任职设计师、业务员、安装工等岗位，确保各项业务正常有序开展。另外，在未来的经营过程中，公司本着“质量第一、诚信发展”的经营理念，在产品质量上严加把关，用过硬的产品质量来保障消费者最大的利益。

有朋友问次仁卓嘎，创业成功的关键是什么？他回答说：是团队。“我和合作伙伴，真是志同道合、相互信任。这种信任不是说在嘴上，而是发自内心，体现在行动上。而我们性格、专长和知识结构上的互补性，又是这个团队具有竞争力的重要因素。”

梦想和自信点燃了创拓人创业的火把，执着和用心实现了创拓创业之火的加速燎原，创造出创拓公司亮丽的今天！“创拓的发展不仅是公司自身的发展，也是大家共同的发展，更是与整个社会的协调发展，所有创拓人都应为‘互联网+’能改变大众的生活方式的公司发展使命同甘共苦、携手前行。”次仁卓嘎动情地说。

编　后

创业的道路从来都不是一帆风顺的。许多返乡创业者在创业的过程中曾遇到很多的艰难险阻。然而，真正的勇士是敢于直面困难和挫折的。他们中的许多人，在政府和相关部门的帮助下，痛定思痛，勇往直前，最终战胜了困难，实现了成功。其实，很多人的经验表明，创业最艰难的时候往往就是成功的前夕。只有不退缩、不气馁，才能突破障碍，赢得胜利。所以，要对创业者给以更多的关怀和鼓励，必要时以实际的帮助带动他们。今天扶起的可能只是一个企业，明天带动的可能会是一个产业。

第五篇

支撑类企业在返乡创业中的重要作用

第十七章

“互联网+”平台：为返乡创业者提供圆梦舞台

编者按

不少省市县的返乡入乡创业案例均涉及电商等“互联网+”平台。诚然，作为打开并走向市场的一个重要通道，电商平台成为创业者必不可少的“伙伴”，并且发展成为返乡入乡创业企业经营的基本业态。它架起了农村和城市、生产者和消费者间的“桥梁”，让城市的知识、技术和工业品下乡，让农村的农产品、工艺品和服务进城。在各种信息和资源的流动中，电商等“互联网+”平台为广大返乡入乡创业者搭起了创业圆梦的舞台。

案例 144

阿里巴巴：发展农村电商，助力返乡入乡创业

“唯有牡丹真国色，花开时节动京城。”唐代“诗豪”刘禹锡的一首《赏牡丹》，道尽了牡丹之美。如今，在刘禹锡的家乡河南洛阳，当地被称为“牡丹画第一村”的孟津县平乐村，以牡丹画师和村民在阿里巴巴淘宝平台上销售牡丹画为先导，众多小微创业主体形成了牡丹画纸张、画笔、装裱、包装等衍生品产业链，小村庄掀起了创业热潮。

为落实党中央、国务院关于支持农民工等人员返乡入乡创业的决策部署，助推乡村振兴国家战略，打赢脱贫攻坚战役，阿里巴巴集团与国家发展改革委先后签订《结合返乡创业试点发展农村电商合作总体框架协议》《结合返乡创业试点发展农村电商战略合作协议》，依托自身资源，与各地政府一起开展返乡入乡创业试点工作。经过几年的发展与实践，阿里巴巴在促进“农二代”返乡入乡创业、增加在外务工人员回乡就业、完善乡村电商生态等方面取得了阶段性成果。

找特色、建直采、树标杆、强品牌

近年来，阿里巴巴以农村电商为基础，在县域特色产品挖掘、农产品供应链体系建设、典型创业案例立体化宣传、农产品品牌打造等方面开展了一系列有针对性的具体工作。

深入挖掘特色产品，积极助力返乡入乡创业。阿里巴巴根据不同县域产业结构挖掘特色产品，帮助“农二代”返乡入乡创业。河南省孟津县平乐村被誉为“牡丹画第一村”，当地专业牡丹画师超过千人，以当地画师和村民在淘宝销售牡丹画为先导，已形成牡丹画纸张、画笔、装裱、包装等衍生品产业，以当地小微创业主体为基础，实现了线上线下同步交易。该模式重点吸纳平乐镇及周边乡镇大学生、返乡农民工、失业人员等，使当地农村富余劳动力转移到第三产业，有力促进了当地

经济快速发展，取得社会效益和经济效益双赢。2016 年成功创建洛阳第一家淘宝村，全村有牡丹画家 800 多人，发展网店 160 余家，累计线上交易额突破 6 000 万元。

建立原产地直采模式，创造就业助力兴农助农。阿里巴巴帮助地理标志农产品走出村镇，将产品从田间带到消费者餐桌。白芹是江苏省溧阳市地理标志农产品，前些年，白芹市场量不断萎缩，品质大不如前。阿里巴巴旗下盒马鲜生以“基地直供”模式与溧阳白芹进行合作后，联手打造了日日鲜系列的白芹产品。通过该模式，每一份白芹从田间到消费者餐桌的整体链路仅需花费 20 小时，同时提升白芹销售规模近 2 倍，收购价格也由 2018 年的 6.5 元提升到 2020 年的 10 元左右，实现亩产收益翻一番，有力帮助了当地农民创业增收。

树立回乡创业标杆，借培训扩大示范效应。阿里巴巴以点带面，将具有示范效应的创业者案例扩大宣传。山东郓城自 2015 年 7 月落地农村淘宝项目后，当地建成 165 个镇村级服务站。阿里巴巴将全国电商创业优秀案例通过“百万英才”培训项目传递到郓城。当地女大学生熊菲，返乡创办了艾尚羽制品有限公司，开设了 O2O 电商门店，年销售额数千万元，获得当地“巾帼电商创业能手”称号。在当地优秀创业者的带动下，郓城 34 名返乡创业人员创建了绿化苗木电商销售平台，当年销售额 8 亿元，成为全国最大的国槐苗木集散中心。同时，阿里巴巴还完善农村淘宝运营中心、村淘合伙人、农商通网点服务功能和配套设施，为返乡入乡创业人员网店开设和运营提供策划、培训、代购、充值、客服等专业服务；依托电商服务中心，为返乡入乡创业网商提供创业孵化服务。

强化品牌孵化，建立质量标准助力农民增收。针对一些没有形成品牌的潜力产品，阿里巴巴帮助其加速商品化进程。2017 年 7 月，农村淘宝与新疆巴楚县合作，联合打造“巴楚留香瓜”品牌，并从优化种植入手，建立百亩示范基地，合作第一年推出“一藤两瓜”认养计划，销售蜜瓜 500 多吨，覆盖农户逾 500 户，平均增收 3 000 元，“巴楚留香瓜”品牌在全国打响。在巴楚留香瓜整个项目上，农村淘宝严格把控质量，通过数据反哺供应链，助力农村产业扶贫。截至目前，农村淘宝通过自身强大的直供直销体系已经孵化培育出 160 多个区域农业品牌，上线了 300 多个兴农扶贫产品和 23 个淘乡甜种植示范基地。

持续支持返乡入乡创业，壮大农村电商力量

在国家发展改革委的指导下，阿里巴巴助力返乡入乡创业试点工作积极推进。

据不完全统计，2019年全国341个返乡创业试点县市中，阿里巴巴已经对接并落地项目的县市超过200个，其中农村淘宝下行服务县市超过180个，兴农扶贫合作县市59个，淘乡甜项目合作县市23个。试点县中，通过电商创业等方式创造就业机会25.3万个，就业岗位类型涵盖了网店、美工、客服、摄影、物流等；引入送出物流包裹近10亿单，极大地便利了县域百姓的生活生产需求；农产品上行金额达34.8亿元，品类覆盖坚果、茶叶、蔬菜、蛋制品、肉类和米面，越来越多的优质农产品正在通过电商渠道销往全国各地。

下一步，为更好地支持国家返乡入乡创业试点工作，也为更好助力县域经济发展，壮大农村电商力量，阿里巴巴将采取以下措施。

一是加大乡村数字人才培训力度。结合当前大数据时代要求，针对各地差异化知识结构，利用阿里研究院和淘宝大学的培训资源，分别向县乡村干部、各类新型经营主体等传播数字农业农村理念与实践。通过培训，推动乡村企业向网络化、数字化转型，为创业者、小企业提供更多产品选择和创新机会。

二是继续打造“消费品下行和农产品上行”的双通路。持续升级网商能力和服务体系，突破交通限制，打通物流渠道，整合附近农民购物需求，批量团购生活用品、生产物资、家用电器等，让农民享受购物优惠，达到“省时、省钱、省心”的效果。破题“卖难”，跨越时间空间隔阂，加强“订单农业”模式，促进农产品品牌化、农业产业规模化，提升农产品附加值，切实带来“提质、提速、提效”的效果。

三是加大力度升级电商服务。利用本地网商最懂需求且熟悉本地情况的优势，促进本地网商转型服务商。引进专业的服务商，特别是优质的营销、设计、金融、数据等方面的服务商。推广基于互联网的专业服务，即在线化的软件和服务，进一步解决网商难题。

案例 145

京东：多渠道创新支持返乡入乡创业

成为京东家电专卖店的店主，将产品入驻京东扶贫特产馆，使用“数字农贷”“众筹扶贫”等金融支持，定期参与京东的网络营销、电商运营等技能培训……这些都是京东为返乡入乡创业者提供的创业支持。

近年来，党中央、国务院高度重视就业创业工作，大力支持农民工、大学生和退役士兵等人员返乡入乡创业，通过大众创业、万众创新使广袤乡镇百业兴旺。京东集团积极响应党中央、国务院工作部署，通过多渠道推动返乡入乡创业工作，取得了积极成效。

多种模式创新，助力返乡入乡创业

以京东家电专卖店吸引返乡入乡创业者当店主。京东家电专卖店是京东集团在行业内首创的一种创新经营模式。不同于传统店铺，合作店主不需要在备货、物流和安装上进行投入，而是采用代客下单的方式在线上京东商城完成交易，并全部依托京东帮服务店进行配送和安装，以“轻资产、全品类、定制化产品池、一镇一店、金融服务”等五大优势为合作的店主提供全程无忧创业服务。自 2016 年河南第一家门店开业以来，京东家电专卖店已经在全国开出超过 1.2 万家门店，2020 年计划将门店数量扩充到 2 万家。这一过程中，越来越多的乡镇创业者成为京东家电专卖店的店主，并实现了个人社会价值的最大化。同时，京东实行了“京苗计划”，在全国定期分区举办专卖店店主统一培训，通过系统、结算、产品、营销等各个流程的培训活动，全面提升店主的专业素养，提升门店的经营质量，进而提升门店的销售业绩。

以京东扶贫特产馆破解创业农产品营销难题。京东扶贫特产馆由京东集团联手地方政府和当地龙头企业共同打造，构建线上线下融合的区域特色产业链。店铺数量现已达到306家。依托京东的规模经济和品牌网络效益的优势，农村特色产品跳出了线下销售商圈半径的物理限制，可以辐射至全国广大市场，农特产品“酒香奈何巷子深”的市场营销难题得以破解。这种模式也逐渐成为诸多贫困地区在推广本地农产品、提升产品销售、增加农民收入方面的通行做法，并吸引青年返乡入乡创业。2019年11月，济南市乡村振兴好青年联盟成立大会上，首批5 549名优秀青年成功入选好青年联盟，“好青年好产品线上馆”也于当日正式亮相并宣布将在京东平台开通，馆内一方面集合了济南当地农副产品，通过将这些特产快速销往全国，推动当地农产品产业提档升级；另一方面通过京东云的支持，线上馆为众多在济南各乡镇开展创业的年轻团队提供来自全国各地的供销信息、商务合作、技术引进以及项目开发等服务。

以数字金融服务化解返乡入乡创业者资金支持之忧。资金支持是返乡入乡创业者常常遭遇的瓶颈因素。京东集团利用互联网、大数据、人工智能等新一代信息技术，推动各种资源协同，使返乡入乡创业人员更易获得金融服务支持。例如，“数字农贷”利用技术手段在资金投放上实现有效化集约化利用，在解决信贷难题的同时提升了资金使用效率，避免浪费；“众筹扶贫”则帮助农户在生产开始之前筹得必要的生产资金，同时在产品投放市场回馈消费者之时获得参与众筹的消费者的助力。这些数字金融服务方面的保障措施，在一定程度上缓解了返乡入乡创业者的后顾之忧。

以“电商+非遗”模式进一步助力构建区域产业链。“电商+非遗”模式是将分散存在于农村地区的手工技艺等非物质文化遗产加以开掘、整合和包装，以文化品牌的形式向外推介，切实增加从业者收入。这种模式实现了非遗产品与当下以年轻人为主的消费市场的无缝对接，增强了非遗产品的商业价值。这使得非遗手工业者、企业在本地形成广泛的示范与带动作用，吸引更多人群返乡，以技为生，在加强非遗传承人群培养的同时实现了经济效益。同时，随着这些带有文化符号的产品走向广大的城市消费人群，地方文化品牌的整体价值也得以提升，带动了地方旅游产业和文创产业的进一步发展。

以电商人才培养提高返乡入乡创业成功率。京东集团注重强化对低线城市和贫困地区电商人才的技术培训，联合地方教育机构，建立电商培养体系，持续提供网络营销、电商运营等技能培训。2016年以来，京东联合各地教育机构共举办1 000余场培训，覆盖全国28个省份的低线城市和贫困地区，触及18万人次的基层干部、企业人员和从业青年。既通过技能培训吸收一部分人员进入电商平台工作，也借助金融和政策等配套支持措施，培育和转化一部分人员借助京东平台自主创业。

完善农村电商基础设施建设，助力提升线上店铺运营水平

未来，京东集团将紧跟国家政策导向，聚集企业资源，继续在返乡入乡创业领域推进务实工作。

进一步完善农村电商基础设施建设。农村地区互联网产业发展的最大阻力之一是农村物流基础设施落后。农村订单需求分散、区域农产品季节性强、区域差异性大，这些问题导致农村物流“最先一公里”成本高、效率低，让部分想要返乡入乡创业的人望而却步。京东物流将加快在冷链物流领域的布局，充分发挥冷链服务能力优势，在农产品原产地打造“产地仓”“协同仓”等创新仓储模式，将供应链环节前置到距离产地最近的地方。目前，京东物流已覆盖国内所有区县以及超过 55 万个行政村，切实助力农村地区产品上行。同时，京东将在更多地区建设“产地仓+冷链专线”模式，建设去中心化的省级备货仓，加快整合分拣分拨端到末端站点的运输网络能力。让现代化智能化的物流体系成为连接城市与农村地区的桥梁，不断拉近物理空间距离。

助力提升线上店铺运营水平。京东扶贫特产馆重要性日益提升，但总体看，各地扶贫特产馆线上运营能力仍有较大提升空间。京东集团将通过多种方式提升培训精准度和有效性，推广农产品网上营销和直播营销等优秀实战课程。下一阶段，京东集团将通过京喜平台继续推出系列电商培训项目，开发更有针对性的培训课程，提供线上经营的必要辅导和支持。京喜作为京东旗下社交电商平台，较其他电商有一定特殊性，创业模式更轻，新入行人员可以通过直播带货等模式以更低成本创业，有力吸引毕业生回乡。

案例 146

山西武乡：营造电商创业生态，探索电商扶贫模式

山西省长治市武乡县是全国著名的革命老区、国家级贫困县，总人口 21 万，其中农业人口 18 万。近年来，全县结合实际抢抓机遇，扎实推进新型城镇化支持农民工等人员返乡入乡创业试点，2015 年成功申报为国家级农民工返乡创业试点县。武乡县紧紧抓住创建“电子商务进农村综合示范县”实践经验和国家级“结合新型城镇化开展支持农民工等人员返乡创业试点”工作实际的有利契机，围绕地方特色产业，结合自身有利条件，先后投资 3 000 万元，以农民工返乡创业孵化为重点，建成集创业培训、创业指导、创业实操、创业孵化、产品展示、仓储物流于一体的双创基地，为全县有志于从事各类行业的创业者提供从创业计划到开办企业、从政策扶持到专家指导的全程服务和创业平台。截至 2020 年 4 月，全县创业人员总量达到 4 930 人，带动就业 2.4 万余人；全县返乡入乡创业人员累计创办各类市场主体 4 430个。

武乡电商带动返乡入乡创业，主要以培育草根微商，激发贫困主体电商脱贫内在获得感，服务引进电商企业为切入口，成功突破了既有平台电商流量制约、成本高企的瓶颈，通过示范引领，发动群众，不断夯实电商扶贫的社会基础，同时因势利导，优化产业和服务支撑，构建良性发展的电商体系和发展生态，通过电商优势带动尽早实现全县脱贫。

电商创业成全县主流

山西太行沃土农业产品有限公司，是由返乡创业企业家及一群返乡创业青年组成。公司依托“公司+基地+农户+电商”的产业模式，在上司乡、韩北乡、丰州镇三个乡镇创建晋皇羊肥小米标准化生态基地 13 700 余亩，并在京东、天猫开设专卖网店，成功将品牌触角延伸至礼品包装、私人订制、孕婴小米多个品类，更以值得

信赖的品质、精细化的分类，获得全国消费者的青睐。

科创电商公司，是一群返乡创业大学生组建的电商公司，分别在京东、淘宝等第三方电商平台开设武乡特产馆，并且成功举办了康达陈醋限量“1 元秒杀包邮”、乐村淘武乡“太行山小米节”、康达陈醋“山西品牌中华行——大连站”展销、武乡权店梅杏赏花节、武乡岭头梨花节等一系列农产品促销和宣传推广活动，带动农产品网络销售增长 50%，农产品产地收购价提升 15% 以上。

蚂蚁到村乡村物流，是吸引在外创业的优秀人才返乡组建创办，同时也在县政府结合“国家电子商务进农村示范县”专项资金的支持下，进行的农村物流三级体系建设。经过一年的发展，蚂蚁到村物流雏形基本形成，并能够完成初始阶段的量级运行，资源整合、市场教育和运维管理取得一定成效，暂时解决了“农村最初和最后一公里”快递成本高、效率低、取不上、发不走的问题。

在武乡县小有名气的这些创业公司，有一个共同的特点就是依托电商、助力电商、成为电商。实际上，武乡县的双创基地以“创新服务”“创优环境”为路径，打造周边电商产业集聚地为目标，通过零租金等相关扶持政策，培育了一批优质电商企业，除了上述这些公司之外，还有山西太行科达电子商务有限公司、武乡同城传媒有限公司、邮政仓储配送中心等电商企业。

这些电商企业互为依托，营造了全县的电商生态。这套生态系统里有基地、有加工企业、有网货产品，建立了全产业链标准体系，获得了武乡小米地理标志认证和农产品“三品一标”认证，创建了“武乡小米”区域公共品牌。总的来看，武乡培育了电商发展的丰沃土壤，为返乡入乡创业者创造了良好的电商创业环境。

武乡电商扶贫的四种模式

通过努力，武乡县电商扶贫摸索出了一条自我发展的创新之路，探索出了四种模式：一是农家老魏的“一店带多户”模式，二是晋黄羊肥小米的生产商、服务商、网商“三商联动”模式，三是以岭头为代表的打造微信村“整村微商”模式，四是电商公共运营中心建立的扶贫购“平台运营”模式。其中“一店带多户”模式作为商务部典型案例在全国推广，岭头“整村微商”模式被山西省电商扶贫领导组推荐为全省两个电商扶贫模式之一。

一个突出的成果是：借助电商渠道，武乡小米的价格每斤由传统销售 4 元左右，增至网销 8 ~ 10 元，“晋黄羊肥”小米更是创下了每斤 60 ~ 80 元的高价。农产品的溢价效应、贫困户的创业故事，吸引了更多贫困户参与电商创业创新，激发了全县农业供给侧结构改革。通过电商扶贫，仅销售小米一项，就为全县5 000多贫困户增收200多万元，带动微商、电商创业7 000多人。

而在岭头微店村成功经验的带动下，武乡县与微店官方签订了战略合作协议，双方携手共建微店创业扶贫县，打造县村户三级创业体系，复制推广岭头模式，对全县精准贫困户开展大批量培训指导，开微店、做微商，脱贫增收。

——建立全省首家电商扶贫中心。为全面推进电商扶贫工作，武乡县在红星杨双创基地A座设立了电商扶贫营销运营中心，利用微店人才资源、第一书记和微店创业代表组建专业运营团队，承担全县100个微店村、30个扶贫创客小院和4 562个微店的农产品收购、分类、包装、营销、推广以及一键代发等全方位、保姆式服务，是贫困户微店创业的综合服务平台。为返乡入乡创业者提供了优质的电商服务，带动了返乡入乡创业者创业积极性。

——全面铺开“32+68”个微店村建设。推广复制岭头整村微店创业脱贫模式，在前期32个贫困村的基础上，后续又铺开68个贫困村微店村建设，重点围绕“1+6”战略推进，具体是以第一书记为引领，帮扶党员干部齐上阵，发朋友圈、发微博、做营销、做推广，形成县乡村三级干部齐抓共管的局面。在此基础上，完成“六个一”工程，包括：“一个氛围”即营造微店村的电商氛围，如村口石头二维码，通过扫码就能找到全村微店户；微店主笑脸墙，通过二维码全面展示各个微店主信息。“一群金牌微商”，即培育10名以上金牌微商，年销量在万元以上。“一个品牌”，即打造一个村的系列品牌产品，如“岭头三件宝”小米、黄梨和核桃，任村手工挂面和黑花生，王庄沟黑木耳等。“一个网红”，即塑造一个网红，做好微店创业宣传，如石北乡型庄村原瓦房匠人67岁的郝书文大爷，凭借一句“现在我不能上房了，但我能上网”蹿红网络。“一批硬件”，即投入一批硬件设施（包括Wi-Fi覆盖、送货三轮车等）。“一个村级物流寄递点”，即依托村级电商服务站建设村级物流快递收发点。

——首创农户扶贫创客小院。扶贫创客小院最初始于贫困户微店创业者任丽红。任丽红自从学习了微店创业后，带领平时聚在她家小院的村中妇女们一起学习上架产品、真空包装、营销技巧，从而形成了扶贫创业小院的雏形。随后，县电商办联合微店进行了整体规划和整合，在全县打造了“宝玉直播扶贫创客小院”、“郝大爷扶贫创客小院”和“郭姐扶贫创客小院”等首批扶贫创客小院。这些扶贫创客小院主要集聚了学习、培训、产品展示、加工包装、打码发货、质量溯源、信息汇集等功能，引导更多的农村妇女、残疾人、闲散劳力参与其中，创业致富。

数据显示，通过县、村、户三级电商扶贫体系的建设，截至目前，武乡共培训了18 230人次，其中贫困户3 552人次；注册微店4 712个，其中贫困户开微店358个，带动1 678户贫困户户均增收3 000～5 000元。

案例147

湖北枝江：2.3万名电商从业者中，返乡创业者近万人

枝江市位于江汉平原西缘，长江中游北岸，属三峡之末、荆江之首，总人口50万，是湖北省级重点开发区域。近年来，枝江市以创建全国第二批支持农民工等人员返乡创业试点县建设为契机，坚持“政府引导、市场主导、需求向导”原则，大力营造创业氛围，频出政策引人才，创优环境促创业，全力支持返乡人员创业。特别是，枝江市坚持把发展电商作为推动返乡入乡创业的重要抓手，全面带动“小微”创业。

截至目前，全市共发展电商企业1 136家、电商网店8 240家，从业人员2.3万人，其中返乡创业近万人。枝江市创造了中西部地区大众电商创业活跃度、返乡电商创业活跃度第二，全国县域电商男鞋单品销量第二的成绩。先后在全国返乡创业试点地区发展农村电商培训班和全国推动返乡创业工作电视电话会议上作典型发言。2017年4月，返乡电商创业工作再次被国务院通报表扬；2019年12月，枝江市被湖北省人社厅评为返乡创业示范市。

搭起平台好创业

张庆是地地道道的枝江人，也是阿里巴巴枝江农村淘宝招募的第二批“村小二”之一。在此之前，拥有公共管理硕士学位的张庆一直在武汉从事培训行业，事业做得风生水起。2016年，张庆积极响应家乡政府的号召，毅然返乡创业，成立了宜昌市乐买电子商务有限公司，致力于帮助本地老百姓销售枝江特色产品。他尝试线上线下结合的新零售模式，开启了农村电商的创新之旅，并带动孵化小团队13

个。2017年底，他负责的片区线上销售额达到335万元，张庆个人也被阿里巴巴授予“年度绿色网商”单项奖。而两年的不懈努力，也让张庆收获了华中地区最大的天猫优品旗舰店，他的店铺累计服务人次超过5万人，带动就业岗位50余人，交易额突破1 500万元。

在推动返乡入乡创业方面，枝江致力于打造层级化平台。建设了集商品贸易、物流配送、融资服务等业态于一体的枝江市返乡电商产业园。打造了镇级孵化中心，全市7个镇1个街办均已建成运营1个镇级创业孵化中心，引进1～2家电商龙头企业入驻，借助龙头企业成熟的营销优势，为有意从事电商工作的企业、个人提供基础培训，帮助其自主创业。在电商氛围浓厚的村建立村级创吧，为本村青年提供电商创业场所。2019年，枝江市被认定为湖北淘宝直播村试点县，新增10个中国淘宝村、3个中国淘宝镇。

目前，枝江已形成大平台支撑、中小平台跟进，各具特色、优势互补的电商发展格局。携手阿里巴巴加快102个农村淘宝服务站向“天猫优品”服务站升级；引进京东公司建设京东枝江服务中心和中国特产·枝江馆，建成215个京东推广点。联手邮政邮乐网综合服务平台建设枝江专区，建成177个村级邮掌柜。依托供销裕农网建成174个裕农合作站。

多措支持敢创业

除了搭建平台，枝江还制定出台了一系列电商创业扶持政策。

优化政务环境。全面实行免费服务制度，禁止任何单位和个人干预返乡创业企业的正常经营，严格制止乱摊派、乱检查、乱培训行为。推行联合审批、一站式服务、限时办结和承诺服务等，为返乡创业农民工、复退转军人、高校毕业生等人员提供便利。设立专项资金，为农民工等返乡创业人员提供创业辅导、培训服务、信用服务、信息服务、法律服务、管理咨询等服务及创业担保机构风险补偿等，帮助解决创业过程中存在的问题，提高创业成功率。

提供资金支持。设立返乡创业补助资金，落实创业担保贷款贴息政策，逐步扩大创业贷款担保基金，提高返乡人员创业担保贷款额度，积极支持农民工等人员返乡入乡创业。2019年枝江共对1 091名农民工、高校毕业生等进行了创业培训，为312名农民工等人员落实创业担保贷款4 046万元，累计扶持农民工等返乡入乡人员624名成功创业。为35名创业者拨付一次性创业补贴9.1万元，创业项目扶持资金12万元，创业孵化示范基地奖补资金10万元。

实行多项优惠政策。对返乡电商创业人员实行“三个不变”“四项保障”“五大优惠”政策，即农村土地家庭承包经营权、现有宅基地使用权、村集体收益分配权“三个不变”；享受与城市居民同等的养老保险、医疗保险、子女入学、就业创业“四项保障”；享有契税补贴、费用减免、贷款优惠以及燃气安装和用水价格“五大优惠”，解除返乡农民工的后顾之忧。

激活电商促创业

有了这些政策支持，枝江吸引了大批返乡农民工、大学毕业生、灵活就业人员参与电商创业，并成功培育了一批创业带头人。

张亮就是其中的一员。2018 年初，响应枝江市委市政府“智资回枝”的号召，远在杭州从事电商行业的他决定返乡创业。在他的努力下，2018 年 4 月，麦芒公司成功落地枝江。依托枝江电商发展的蓬勃势头，麦芒业务量急速攀升。在 2018“双十一”和“双十二”期间的天猫战场斩获 3 亿元销售额。目前，麦芒已经组建完成电话客服呼叫中心、网络销售客服部、AI 应用项目组，并与花花公子、海澜之家、全棉时代等多家知名品牌商达成合作。麦芒的下一个目标是从橙子、鱼糕、荸荠等本土农副产品中选取 1 ~ 2 个打造全网营销案例，从调研定位、视觉设计、运营策划、客服转化到最终数据分析反馈，为全电商产业服务链路提供服务，最终实现普及推广，为枝江农副产品提供最优线上销售方案。

在枝江，主打本地特色农产品销售的电商企业已形成初步规模。文祺商贸、青青草原、顾香园等电商企业主打本地特色农产品销售，挖掘并注册了“谷雨春大米”“七星台大蒜”“仙女鸡蛋”“枝江脐橙”“张家湾白桃”等农产品商标，叫响了枝江特产，并在全省率先推出县域农产品公共品牌——“枝滋有味”。

服装鞋帽则是枝江电商的另一大专注领域。麦嗒嗒商贸等一批电子商务公司较早进入鞋类产品网上销售，10 年共吸纳枝江本地及周边地区创业人员 5 000 余人，开设网店 3 000 余家，日销售鞋类产品 1 万双，形成了省内最大的鞋类产品网上市场。

如今，在枝江当地，创业者的社会地位日益提升，一些创业带头人还被选为了宜昌、枝江两级人大代表、政协委员。300 多名返乡年轻人通过创业服务赢得村民广泛好评，在 2019 年的村两委换届中，成为村干部或村后备干部。仙女镇桔缘合作社的周代年，通过电商运营把柑橘卖到全国 20 多个省会城市、60 多个大中小城市，甚至卖到了俄罗斯，带动村里 700 多户村民致富，被大家选为村书记。

案例 148

黑龙江海林：小人物实现电商大梦想

海林市位于黑龙江省东南部，距牡丹江市仅 12 公里，总人口 42 万人。2017 年被评为结合新型城镇化开展支持农民工等人员返乡创业试点以来，海林市高度重视，快速组织实施，成立支持农民工等人员返乡创业试点领导小组，由市长任组长，副市长任副组长，发改局局长任办公室主任，明确任务分工，细化配套措施，确保工作有序推进。

海林市的返乡入乡创业图谱中，电商是一个关键词。在这个小城里，涌现了不少凭借电商成就创业梦想的小人物。而其背后，是海林市政府提供的电商创业大平台——海林市电商创业园以及“技术支持+培训孵化+产品对接+品牌建设+网络推广+其他增值服务”的全方位保姆式服务。

借力电商，实现猴头菇产业集群发展

海林被称为“中国猴头菇之乡”，而农民企业家谢建伟则是种植猴头菇的行家里手。他从事食用菌种植业已有 20 余年，掌握了成熟的种植经验，种出来的猴头菇质量处于国内领先水平。2015 年，在海林市政府的帮助下，谢建伟成立了海林市悦来颐和食用菌种植专业合作社，开始了创业之路。初期，合作社社员只能带着产品一个城市一个城市、一个市场一个市场、一个摊位一个摊位地推销，讲解海林猴头菇的优势，签订一些供货协议。

电商的发展改变了这种情况。2016 年，在海林电商创业园专业人员的辅导下，合作社成立了网络销售部，建立了阿里巴巴批发、淘宝京东等多个网络销售平台，经过网络宣传，合作社的名声越来越大，慕名而来的客户越来越多，合作社销售额从 2016 年的 300 万元发展到 2018 年的 2 070 万元，现有社员 85 户，带动就业百余人。

合作社先后被评为“省级种植基地示范社”“市级重点龙头企业”“2017 年度

先进合作社”“产业发展示范村”“黑龙江省基层党员干部现场实训教学基地”“新型职业农民实训基地”等荣誉。谢建伟个人也获得了2018年“全省优秀实用人才”、2016—2018年度“牡丹江市劳动模范”、2016年度“双创之星”等荣誉。

身残志坚，电商铸就创业新成就

在海林市的残疾人群体中，具贤东这个名字无人不知。1969年出生的具贤东身患强直性脊柱炎和股骨头坏死，瘫痪两年，常年拄拐，由于身体原因，他很难找到合适的工作。2012年，病情稳定后的他决定回家乡自主创业，利用海林市“九山半水半分田”的资源优势，建立绿色食品养殖基地，并于2015年8月成立了海林市山地阳光养殖场。

同谢建伟遇到的困境相似，具贤东创业初期虽然产品有销路但利润点并不高，直到2017年，恰逢国家电子商务进农村项目在海林市启动，具贤东看到了新的机会。他响应地方政府号召，将企业入驻海林市电商创业园，在园区成熟、专业的运营服务团队助力下，很快在阿里淘宝上建立起了线上销售平台——山地阳光生态农庄。短短两个多月的运营，这个线上平台在“双十二”当天的销售额就达到了万元以上，最好成绩在淘宝网生鲜店铺中排名第十九，搜索“黑猪肉”关键词，综合排名在首页第五名，黑猪肉的销量在东三省排名第一，产品远销到海南、北京、上海、等全国各大城市。

目前，具贤东的网店销售已成规模，月销量近10万元。几年来，他已为30余名残疾人提供了就业机会。2015年荣获黑龙江省级残疾人创业示范基地称号，2017年被评为海林市残疾人电商创业示范基地称号，2018年荣获中国创翼牡丹江赛区专项组第一名。

智慧引进，开启同城电商新模式

电商既可以是创业的工具，也可以成为创业的对象。

1999年到海林白手起家的杨万成，在多年的酒类传统销售生意之后，2014年发现了新的商机。他看到其同学掌合天下电商平台CEO杨利祥的企业发展前景广阔，而海林目前并无此类电商平台，于是决定引入此平台进入海林市场，并因此成立了海林市天合网络科技有限公司。

在政府提供的免费电商业务培训下，杨万成的公司很快进入了轨道：2015年配合掌合公司开展了“春雷行动”和“8·18中国超市节”；2016年，公司借力电子商务进农村综合示范县项目，免费共享政府提供的82个村级服务网点、8 000平方米的物流配送中心和1 000平方米的办公场所，做到统仓统配、将电商深入农村，至此公司业务稳步发展。

如今，海林天合公司已成长为集网络平台、在线支付、统仓统配、生鲜超市、金融服务、便利店连锁等功能于一身的综合性电商企业，实现了信息流、资金流和物流的“三流合一”，年平台交易额超过2亿元，带动就业300余人，为相关供货商每年节约6万元以上的仓储及物流成本。

政府助力，搭建平台优化创业环境

海林市电商创业者的创业之路上，当地政府提供的平台和服务至关重要。

现任海林市政泽商贸有限公司董事长的白文娇，多年前只是一个外出务工的打工妹。在外打工的她感受到电商的发展前景，并听说海林市成立了电商创业园，便带着创业梦回到了家乡，走进了海林市电商创业园。电商创业园服务团队了解到白文娇的创业需求，为其提供了免除房屋租赁费、物业费、网费、水电费、取暖费的“五免”服务，并协助其注册了海林市润泽商贸有限公司。同时，专业团队为其提供了“一对一”的保姆式孵化，免费提供运营、推广、策划、文案、美工、客服等培训。

事实上，2017年海林市被评为结合新型城镇化开展支持农民工等人员返乡创业试点后，以国家级电子商务进农村综合示范市为契机，抢抓“互联网+”的发展机遇，结合返乡创业试点政策，积极探索电商新思路、新路径、新模式，已建成并投入使用了海林市电子商务创业园、物流仓储服务中心等平台，随着电子商务迅速普及，电商产业在海林已落地开花。

其中，海林市电商创业园建筑面积6 000平方米，是全市电商企业的大本营，更是返乡入乡创业人员发展电商产业的根据地。电商创业园主要为电商企业及个人提供“技术支持+培训孵化+产品对接+品牌建设+网络推广+其他增值服务”的全方位服务，运营两年多，已入驻天龙等平台企业5家、亿丰等服务企业2家、森宝源等销售企业11家，带动全市30多家农产品销售企业在主流电商平台开设了42家网点，增加销售额2 000多万元。白文娇、谢建伟、具贤东等多名返乡入乡创业人员，借助电商创业园的优势，不光实现了自己的创业梦想，带动了当地返乡人员、农民及下岗工人再就业，同时还带动了海林市本地农产品业的集聚发展。

除此之外，海林市务实开展返乡入乡创业培训，开办了电子商务、淘宝开店入门、中式烹饪等14个急需紧缺工种职业培训，并与牡丹江技师学院达成高技能人才培训的框架协议。2020年办理初、中级职业资格证书800余人，共组织各类职业技能培训85期4 125人次。

案例149

浙江庆元：打造返乡入乡创业的电商大军

庆元县位于浙江省丽水市西南部，全县户籍人口20.40万人，森林覆盖率86%，是浙江省8个林业重点县之一。创建试点以来，庆元县始终坚持政府引导与市场主导协同，自主创业与政策推动相结合，鼓励支持返乡人员领办创办企业、发展农村新型经济组织。通过完善政策服务、拓宽产业维度、优化三产融合和强化典型宣传“四大举措”，全面激发返乡人员返乡创业热情，催生民生改善、经济结构调整和社会和谐稳定新动能。

在庆元的返乡入乡创业大军中，不乏将电商平台与当地农林资源相结合的创业者，且日益壮大，已成为当地返乡入乡创业者中的一支中坚力量。

草根逆袭，电商创业点亮青春

1987年出生的张津慧，2008年毕业于武汉船舶职业技术学院汽车检测与维修专业。毕业之后，他干过与专业相关的汽修，也摆过地摊做过淘宝。2011年，他凭借着做淘宝积累的经验，返乡创业。一根网线、一台电脑，注册公司，创立了高档竹家具品牌“竹庭”，2020年销售额已超2 000万元。2014年底，受到淘宝大学邀请，张津慧的创业团队还拍摄了创业微电影“破竹”。

由于前期的努力，张津慧受到大家的认可，2014年庆元网创协会成立时被推选为协会会长。庆元电子商务基础比较薄弱，电商分散于各处，相互间缺乏交流和学习，以至价格战异常激烈。张津慧与协会骨干认真思考，着手筹备了庆元县电子商务集聚大楼，并于2014年底邀请十余家优秀网商入住，发挥集聚优势，仅一年快递费用就为网商们省下百万元。2015 年，电子商务集聚大楼所在的五一村成为庆元县第一个淘宝村。

作为一名草根电商，张津慧比普通人更能理解创业的艰辛，真正懂得做电商时常只能“左手温暖右手”。“我希望给他们一点帮助，哪怕只是讲讲自己的创业经历，让他们相信，希望就在前方。”张津慧说，并因此成为当地团委电商培训班的特聘讲师，利用自身工作经验以及团队优势，帮助庆元传统的竹木及食用菌企业向互联网经营模式转变，并取得良好的经济和社会效益。

如今，张津慧不仅仅是一名店铺掌柜、协会会长、电商讲师，还发起成立了庆元县公共电子商务服务中心并负责其运营。该中心采取“政府主管、企业运营、公益为主、市场为辅”的运作方式，通过开展技能培训等各类活动，树立“为民服务零距离”新理念，实现政府电子商务支持资源的均享及网商群体的抱团发展，带动庆元县电子商务产业的整体提升。

从籍籍无名的草根到如今身兼数职，张津慧专注以电商创业反哺家乡，成为庆元农村电商的带头人。他个人也荣获了“丽水市十大新锐网商”“丽水市十大诚信网商”“丽水市十佳网商”等荣誉称号；2014 年，他的公司获评“丽水市农村电子商务示范企业”。

服务到位，激发返乡入乡创业动力

围绕服务返乡入乡创业，庆元县完善政策服务：一是建立健全体制机制。成立领导小组，定期召开农民工等人员返乡创业试点工作协调会。制定《庆元县支持农民工等人员返乡创业实施方案》，围绕返乡创业人数、人员类型结构、创业行业等情况，开展返乡创业动态监测。二是加大政策扶持力度。结合庆元产业实际，出台了《庆元县人民政府办公室关于印发庆元县来料加工产业升级扶持政策（2018—2020 年）的通知》《关于开展 2018 年度庆元县信贷扶持农村青年创业工作的通知》《关于促进网络经济发展的扶持政策》《庆元县农家乐民宿经济发展三年行动计划（2016—2018 年）》等，特别是针对电商创业，印发了《庆元县人民政府办公室关于印发〈庆元县“电商贷”管理办法〉的通知》等政策文件，加大对返乡入乡创业人员的政策支持力度。三是实施人才培训计划。以县农民学校和“农民讲习所”等平台为载体，培训农村实用人才。2019 年，庆元县共完成农村劳动力素质培训2 390 人，其中农村实用人才培训 1 273 人，转移就业技能培训 1 117 人，普及性培训 3 567人。

同时，庆元县打造产品平台，扩宽创业维度。其率先打造的就是电子商务平台。与阿里巴巴签署合作协议，引进农村淘宝，出台《庆元县农村淘宝项目实施方案》，着力创造庆元县农村电子商务“弯道超车”的良机。数据显示，庆元县2019年度农村淘宝交易额达2 892万元，订单量达26.28万单，服务村民3.5万人，村均收入4 350元。在阿里巴巴公司的浙江省精英店长商家共进会中，庆元县被评为2019财年浙江王牌县域。2019年度网络零售额达39.8亿元，同比增长19.9%，销售额在丽水地区排名第4，浙江省排名第68位。庆元县在重点监测第三方电子商务平台上有B2B、B2C、C2C等各类活跃网络零售网店1 410余家；其中，旗舰店、专营店107家，年销售额在1 000万元以上的电子企业（网店）13家，电子商务直接就业4 000余人，间接带动就业岗位1万多个。

庆元县坚持典型引领，凝聚创业精神。除了召开老乡座谈会、返乡人员座谈会等宣传推广家乡的创业政策和发展环境之外，还评选了一批像张津慧这样的返乡创业带头人，打造“一月一沙龙”品牌，常态化开展不同主题的青年创新创业沙龙活动，宣传各行业的创业典型。2019年度评选出15位返乡创业之星，以典型带动农民工等人员返乡创业，激发创业创新积极性。同时，庆元县充分利用庆元新闻网、掌上庆元等新媒体，宣传各类创业典型，展示庆元优秀创业项目和创业典型，吸引农民工等人员返乡创业。

持续支持，优化返乡入乡创业环境

2020年，庆元县继续采取各种措施，支持返乡入乡创业。

——完善各类扶持政策。整合现有扶持政策，研究制定符合新时期返乡入乡创业需求的扶持政策。不断完善农民培训常态化政策，加快培养一批有职业素养的农村实用人才。提高财政补贴支持力度，继续提供小额低息创业贷款，根据农民工等人员创业的规模和带动效应给予一定额度的贷款贴息、奖励扶持或用电补贴，重点扶持返乡农民工企业技术改造、专利申请和品牌打造，减轻贷款负担。完善税收扶持政策，在农民工等人员创业初始阶段给予税费减免政策，进一步扩大免征范围或适当延长增值优惠期限等。

——优化返乡入乡创业平台。加快推进电商创业园、青创空间等返乡入乡创业平台建设，结合庆元产业特色，提升产业空间，大力培育电子商务、农家乐民宿和来料加工等富民产业，拓宽农民增收渠道，积极打造“农旅融合”产业，大力提升农民工等群体返乡入乡创业成功率。

——加强返乡入乡创业宣传。充分利用新闻媒体和微信等移动互联社交平台，搭建返乡入乡创业交流平台，大力宣传返乡入乡创业的政策措施及返乡入乡创业成功案例，引导全社会共同关心和支持农民工等人员返乡入乡创业，营造创业、兴业、乐业的良好环境，形成全民参与试点的氛围，吸引返乡入乡创业。

案例 150

宁夏贺兰：农村电商助力农特产品走出乡村

贺兰县是宁夏回族自治区银川市下辖县，位于自治区北部，总人口 26 万，农村人口 12 万。2016 年成功申报为国家级农民工返乡创业试点县以来，通过强化领导、创新服务、完善政策等措施，吸引 104 名农民工返乡创业，其中 76 人参加过“SIYB” 创业培训，带动就业 2 000 余人。2019 年，通过一系列扎实有效的工作，贺兰县农民工等返乡创业人员同比增长 53% 。

“农产品+电商”：找准创业发力点

调查数据显示，贺兰县返乡创业主力军呈现逐年年轻化，大学生返乡创业呈上升趋势。京星农牧场的黎伟就是其中之一。

黎伟毕业于南开大学，毕业后闯荡过天津港，最终选择回到银川创业 12 年。他创办的网络公司年净利润达 60 多万元，然而 2016 年初，他决定转让公司，回到生他养他的京星农牧场。在接受媒体记者采访时，黎伟坦言从骨子里喜欢田园生活，也一直有个梦想，让乡村环境更美，让乡亲们生活更好。于是，带着多年来在互联网领域积累的经验，黎伟返乡后经营起农村淘宝服务站。

开农村淘宝服务站的第一年，黎伟的营业额已达到 290 万元，并通过农村淘宝推广销售当地出产的稻米，一季下来农民增收 40 多万元。同时，看重经营模式创新的黎伟发起了生态共享农场项目，通过土地流转、鼓励农民以土地入股等方式，将分散的农田改造成统一管理、标准化生产、风光秀丽的现代化农场，通过线上线下相结合的销售模式，实现销售额超过 340 万元，带动周边近 100 户农户发展民宿，旅游旺季平均每户月收入 6 000 元左右。

从贺兰县的返乡入乡创业领域看，农民工返乡创办企业多以种植养殖业、农产品加工业为主，抓住城乡农民对“绿色、安全”农产品消费升级的机遇，充分利用家乡资源和生产要素方面的优势投资种养殖业和农产品加工业，同时搭配电商销售平台，拓宽销售渠道，带动就业和增收。

“扶持+服务”：以创业促就业推增收助发展

为了更好地促进农民工返乡创业工作，贺兰县认真落实《自治区人民政府办公厅关于支持农民工返乡创业的实施意见》精神，在扶持和服务上下足功夫，形成了“以创业带动发展、以创业促进就业、以创业助推增收”的良好态势。

加强组织领导，健全支持工作体系。贺兰县成立了由县长任组长、副县长任副组长，多个部门主要领导为成员的农民工等人员返乡创业领导小组，层层落实责任，明确由各乡镇场街道主要领导为第一责任人，具体负责辖区内农民工等人员返乡创业工作，在全县内形成了“政府主抓、部门负责、社会参与”的创建工作机制。出台了《贺兰县支持农民工返乡创业实施方案》，为开展返乡创业工作提供了组织、制度和政策保障。

强化舆论宣传，营造返乡创业氛围。注重政策宣传，欢迎引导农民工返乡创业。充分利用互联网、媒体、社区宣传栏等渠道大力宣传中央、自治区、市最新创业优抚政策，结合“就业援助月”“春风行动”“民营企业招聘周”等就业援助专项活动，发放宣传手册 3 万份、宣传品 2. 7 万余份，深入乡镇社区开展各类政策宣讲 43 场次，为 100 余名返乡创业者提供创业指导及政策咨询服务，并对有培训意愿及贷款意愿的返乡创业者做好相关记录，努力拓展政策覆盖率。

搭建创业平台，拓宽返乡创业空间。加大创业园区建设。按照选择灵活、因地制宜的原则改建农民工返乡创业园，解决创业场地难的问题，实现村民就近就地创业。依托创业孵化基地平台将各方面的政策资源落实到入园孵化企业，对已建成的创业园加强管理。目前，建立区级创业孵化基地 2 个、市级创业孵化基地 4 个、县级创业孵化基地 6 个，通过宣传引导有创业愿望的农民工入住创业基地带动就业。其中贺兰县科技创新中心被评为区级创业孵化基地和市级创业孵化基地，积极为创业者提供良好的创业载体，注册入驻企业 121 家，在孵企业 53 家，以创业带动就业 418 人，获得国家级“星创天地”、自治区创业孵化示范基地等 8 项荣誉。

通过发挥自然资源优势，大力发展高效规模农业。常信乡找准发展方向，重点针对四十里店村有机水稻种植探索创新“村支部+合作社+基地+农户+冷链配送”的现代农业经济模式，打造“稻渔空间”，仅“迎端午文化大集”活动就吸引了8 000多人，两年来旅游观光人数达到20多万人次，每年可向周边地区提供蟹苗种2万公斤，直接带动稻田蟹种养1万亩，带动返乡农民创业40余人、辐射带动480多户农民增收。

推动精准扶贫带动返乡创业。找准产业脱贫的抓手，推进贫困村脱贫致富。按照“一村一品、一户一业”的产业规划，探索“政府+公司+合作社+建档立卡户+金融+保险”的特色产业扶贫新模式，引进宁夏绿天果业发展有限公司、宁夏茸源梅花鹿养殖有限公司、宁夏绿香村农业发展有限公司，依托托管托养、反包倒租等方式带动建档立卡贫困户发展肉羊、肉鸽、肉兔，枸杞、花卉、食用菌、鲜食红树莓等特色种养业。其中，红树莓种植基地可每天带动移民务工100人，月收入达到2 600元。

推进产业稳增收，扶持各类农产品加工企业累计81家，从业人员预计7 315人，营业收入26.1亿元；壮大休闲农业，全县休闲农业旅游点累计73家，从业人员1 562人，预计接待游客65余万人次、营业收入7 362万元，培育专业合作社192个、家庭农场99个，创建各级示范家庭农场38个，带动农户共20 220户，吸引农民工返乡创业。

强化政策扶持，激发返乡创业活力。免费为企业提供多媒体培训室、公共洽谈室、停车泊位、仓储、餐厅等配套设施，以满足入驻企业基础创业需求；为企业营造良好舒适的办公环境，并为入孵企业免除两年房租、物业、水、电、暖、网络等六大费用，实现小微企业拎包入驻。

重点围绕“农民脱贫致富”主线，在做好金融精准扶贫工作上下功夫，将“精准扶贫”与服务“乡村振兴战略”紧密结合，切实发挥金融在精准扶贫中的引领作用，建立经办银行和村委会“双推”机制，深入乡镇村现场受理、实地调查、现场开户，共计三次在洪广镇金鑫村现场受理153笔，审核通过133笔，发放担保贷款1 513万元。在常信乡新华村两次实地受理贷款25笔，审核通过19笔，发放担保贷款190万元。受理县内个体工商户及其他乡镇62笔，审核通过35笔，发放担保贷款404万元。2019年贺兰县共计发放创业担保贷款206笔2 318万元，积极配合妇联、各经办银行落实妇女创业担保贷款贴息政策，发放5 753万元贴息贷款，为农民返乡创业提供了良好的金融服务。

围绕创业需求，优化返乡创业服务。强化培训，大力开展 SIYB 创业培训、技能培训，提升返乡农民工创业能力。2020 年，开展城乡劳动力职业技能培训 31 期 1 523人，精准脱贫技能培训共计 258 人，驾驶员技能培训 13 人，创业培训 14 期 410 人，为创业者成功创业奠定了基础。

编　后

近年来，阿里巴巴、京东等电商平台积极响应党中央、国务院工作部署，多渠道多形式助力返乡入乡创业工作，在创新创业模式、破解营销难题、拓展市场渠道等方面发挥了四两拨千斤的作用，取得了积极成效。

然而，农村基础设施落后、农民工等人员相关知识能力欠缺、政府科学引导不足等因素，都制约了农村电商平台在返乡入乡创业过程中进一步发挥作用。未来，可通过加大基础设施建设推动县域农村电子商务“最后一个公里”问题的解决，通过开展农产品电子商务溯源体系建设来规范目前农副产品线上销售混乱无序、质量参差不齐的情况，通过加大宣传、优化环境、提供培训指导等增强返乡入乡创业人群的理论素养和实践能力，最终更有力支持农民工等人员返乡入乡创业，助推乡村振兴国家战略，打赢脱贫攻坚战役。

第十八章

金融平台：为返乡创业企业注入源头活水

编者按

如果说，石油是工业的“血液”，那么，金融就是经济的“血液”。在农民工等群体返乡入乡创业过程中，正是因为有金融杠杆的撬动，才有一波波创业大潮的喷涌和接续。同时，创业企业要在今后的日子里行稳致远，依旧离不开金融活水的支持。

案例 151

中国农业发展银行：发挥政策性金融融资融智作用，共同推进支持返乡创业工作

农民工返乡创业是我国大众创业、万众创新的重要组成部分，也是加速推进新型城镇化、助推乡村振兴战略的重要途径。中国农业发展银行积极发挥农业政策性银行职能作用，不断加大对农民工等人员返乡入乡创业的支持力度，提升金融服务水平，针对返乡入乡创业领域不同融资需求，积极利用优惠政策和多种营销产品支持返乡入乡创业，重点支持当地特色产业、农村新产业新业态、一二三产业融合发展、返乡创业园建设等。

截至 2019 年末，农发行支持返乡创业贷款余额 188.71 亿元，涉及 16 个省份。从重点领域来看，主要分为四大支持领域：支持特色产业领域贷款余额 26.72 亿元，占比 14%；支持返乡创业园贷款余额 116.49 亿元，占比 62%；支持农村新产业新业态贷款余额 25.57 亿元，占比 14%；支持一二三产业融合发展贷款余额 19.93 亿元，占比 10%。

一个案例：泗县泗涂现代产业园区建设

泗县泗涂现代产业园位于国家级农民工等人员返乡创业试点县——安徽泗县，该县在外务工人员常年保持在 25 万人左右，随着早批在外务工人员在资本、技术和管理经验上的积累，他们返乡就业创业的意向日益强烈。该园区既为安徽省委省政府加快实施皖北振兴战略、推进南北合作共建的重点园区，也是安徽省省级农民工返乡创业示范园。通过加大农民工返乡创业园区建设，能够促使资金、技术、信息、人才等要素流向农村，为农村产业振兴注入新的活力。

泗县泗涂农民工返乡创业园是按照“一区多园”发展思路，推进机械电子产业集聚发展而打造的专业园区，可以充分发挥产业扶贫的带动作用。项目总用地面积 219.32 亩，总建筑面积 19 万平方米，其中地上建筑 18 万平方米，人防及地下车库

1 266 平方米。共分为轻钢结构厂房区、商务办公楼两部分，其中包含研发、办公、厂房楼，配套服务厂房，物业用房，公厕，变配电房等。配套建设配电、供水、道路、景观绿化等辅助设施。项目建设总投资 40 815 万元，项目资本金 8 815 万元，利用项目承办单位自有资金，占总投资比例为 21.6%，农发行提供现代农业园区中长期贷款 32 000 万元。项目还款来源主要为厂房办公楼租赁收入、商业餐饮租赁收入、物业收入以及停车费等其他项目自身收益。

从效果看，该项目将实现经济效益和社会效益相结合：一方面，有效带动返乡人口就业，有力服务创业企业。目前创业园共入驻企业 37 家，项目建成后，将为泗县新增 1 000 个就业岗位，预计可促进 600 人返乡创业就业，其中大学生约 50 人、农民工约 550 人。同时有效改善投资环境，推动城乡产业链双向延伸，促进当地经济发展。另一方面，项目建成后，将推动和引导泗县在外农民工返乡创业，使得农民在自家门口创业就业，从而改善一大批“留守儿童”以及“空巢老人”现象，极大缓和农村社会矛盾，促进社会和谐稳定。

通过支持泗县泗涂现代产业园区建设，农发行发挥金融力量，将产业和就业相结合，有效解决了返乡农民工就业难问题，并从中总结了支持返乡入乡创业的一些启示。

健全体制机制，完善扶持政策。政府应结合国家各有关部委出台的关于返乡创业的财政贴息、补贴、税收、创业担保贷款等扶持政策，合理规划返乡入乡创业企业、返乡创业园建设等，逐步构建完善的支持返乡创业的体制机制，同时，充分发挥金融资本撬动和支持合力作用，积极营造返乡创业的良好氛围，更好推动返乡入乡创业高质量发展。

加强统筹谋划，优化产业布局。规划返乡入乡创业需要与当地经济产业规划相结合，运用新思维、新理念、新营销等方式加强统筹谋划，整合创业资源。大力推进返乡创业园区建设。政府可结合国家区域战略布局规划，根据当地生态人居环境、创业环境的特点，依托现有开发区和农业产业园，整合本地资源条件和人才优势，统筹规划返乡创业园区用地、建设区域及产业布局等，营造更加融合、协同、共享的“双创”生态环境，更好地稳定和扩大就业，为保障和改善农民生活质量提供有力支持。

发挥政策性银行优势，提升金融服务返乡入乡创业水平。农发行积极发挥政策性银行优势，针对返乡入乡创业领域不同融资需求，运用优惠政策和多种营销产品组合支持返乡创业，为返乡入乡创业提供优质金融服务，在风险防控的前提下，结合政府产业规划，不断加大对返乡创业园、农民职业培训基地及返乡入乡创业企业的支持力度，推动返乡入乡创业工作开创新格局。

精准信贷支持，注重社会效应

近年来，农发行在支持返乡入乡创业过程中响应号召、找准定位，开展了一系列工作，发挥了政策性银行的优势与力量。

明确信贷支持重点。围绕返乡入乡创业政策，梳理整合了信贷产品体系，目前，农发行用于支持返乡创业的营销产品主要包括农村土地流转和规模经营贷款、现代农业园区贷款、农业科技贷款、农村流通体系建设贷款、产业化龙头企业贷款等，明确“围绕产业做特色、围绕土地做文章、围绕客户做产品”工作思路，将支持返乡入乡创业作为信贷重点支持领域、年度工作重点，切实加大了对返乡入乡创业金融重点项目支持力度。

信贷支持返乡创业项目注重实现社会效应。农发行以服务乡村振兴战略为抓手，通过支持双创项目、返乡创业园等辐射带动返乡入乡创业人员就业，扶持中小微企业发展，积极发挥脱贫带贫社会效应。例如，农发行信贷支持浙江省安吉县凤凰中心广场双创示范园建设工程项目，将建成的重点孵化楼、展示楼、技能培训中心以租赁方式租给返乡创业青年开办企业，该项目以双创基地建设为抓手，以打造农业现代化孵化产业为依托，以示范和培训为手段，为返乡创业人员、新型农业经营主体、高校毕业生、失业人员、退役军人、妇弱群体、转岗职工等提供就业岗位，促进中小微企业发展，推动“大众创业，万众创新”。

下一步，农发行将认真贯彻落实党中央、国务院关于支持农民工等人员返乡入乡创业有关决策部署，继续加大对返乡入乡创业园（基地）等支持力度，充分发挥政策性金融在返乡入乡创业中的作用。

——加强客户营销推动工作。为全面提升金融服务水平和履职尽责能力，农发行根据客户履职重要性、客户价值和风险程度，将客户分类为战略合作客户、紧密伙伴客户和基本服务客户，由总行、省行及有关分支行分级开展营销工作，精准对接支持返乡入乡创业重点客户和项目，不断提升对返乡入乡创业园建设的金融服务水平。

——加大业务合作督导力度。总行将进一步加大对各省级分行的业务指导力度，通过视频会议、实地调研等方式，督导各行与地方政府建立对接和议事机制，积极参与当地返乡入乡创业园（基地）、产业集聚区等建设，加大政银企合作力度，充分发挥政策性金融的融资融智作用，提高办贷效率和畅通提供各类金融服务的渠道。

——不断探索支持返乡入乡创业模式创新。充分发挥农发行在支持新产业、新业态中的引领作用，实现营销产品一体化整合推进，不断探索创新推广“创业企业+”“返乡创业园+”“电商园区+”等融资模式，带动当地就业，帮扶贫困人口。

——持续加强外部沟通协作。积极与国家发展改革委、农业农村部等沟通协作，发挥支持返乡入乡创业合力，增强信息共享，积极开展联合调研，共同推进支持返乡入乡创业相关工作。

案例 152

国家开发银行：加强银政合作，以开发性金融缓解返乡入乡创业融资难

支持农民工等人员返乡入乡创业是实现精准扶贫和全面小康的重要举措，对促进区域协调发展、推动大众创业万众创新、实现先富带动后富最终共同富裕，具有显著经济意义和社会意义。国家开发银行深入贯彻落实党中央、国务院脱贫攻坚战略部署以及稳企业保就业政策要求，在支持脱贫攻坚过程中紧紧扭住就业创业这个“牛鼻子”，将支持产业扶贫带动就业增收、农民工等人员返乡入乡创业就业有机结合，因地制宜，多措并举，全方位发力推动就业创业工作，取得积极成效。截至2019 年底，开发银行融资支持各地返乡入乡创业重点项目 41 个，贷款金额 108.25 亿元，支持 6 100 余名建档立卡贫困群众通过发展产业和就业增收脱贫。

加强银政合作，完善顶层设计

国家开发银行加强与国家发展改革委对接合作，双方在开展多次实地调研和座谈研究的基础上，于 2017 年 7 月联合发布了《关于开展开发性金融支持返乡创业促进脱贫攻坚有关工作的通知》，确定了以破解返乡创业融资难融资贵为突破口，支持试点地区培育创业环境、壮大产业集群、增加返乡创业人员收入的工作思路，设立了创业企业贷款、返乡创业示范基地贷款、龙头企业贷款、特色农产品开发贷款

等四类返乡创业等贷款产品，为返乡创业相关主体提供流动资金贷款和固定资产贷款，基本满足了各类返乡创业项目的融资需求，形成了全方位支持返乡创业的融资框架。

2018 年，开发银行会同国家发展改革委联合发布《关于加强政银企合作扎实推进返乡创业工作的通知》。一是建立健全政银企合作机制，创新融资模式。积极引导地方政府通过财政出资、资本投入、风险分担等方式，设立市场化运作的政府性融资担保公司，推动省市县三级地方政府性融资担保体系建设。二是充分发挥开发性金融资金利率低、程序简、期限长、优惠大的特点，进一步扩大返乡创业金融供给。三是完善项目遴选机制，发挥政府组织协调优势，建立多渠道项目入口，实现项目贷款多口申请和就地遴选，提高贷款发放效率。四是完善贷后管理机制，确保返乡创业专项贷款专款专用。

强化融智服务，夯实合作基础

举办开发性金融支持返乡入乡创业培训会。2017 年，开发银行会同国家发展改革委联合举办两期“开发性金融支持返乡创业促进脱贫攻坚培训会”，为全国 206 个返乡创业试点县的 400 名地方干部开展了专项培训。通过专家授课讲解，帮助各省发展改革委、试点县的同志熟悉有关政策制度，了解融资模式、明确工作重点，实现多方业务对接，为开发性金融支持返乡入乡创业工作奠定了良好基础。

率先试点形成案例，获得各方肯定。开发银行发挥开发性金融优势和作用，根据自身机构特点，将支持返乡入乡创业与产业扶贫促进就业创业有机结合，选择在陕西安康和江西德兴先行先试，并取得良好效果。2019 年 6 月中旬，在国家发展改革委召开的支持农民工等人员返乡创业现场会上，各地对试点成果给予充分肯定。其中，安康的经验做法被国家发展改革委选编为典型案例，并在全国系统内发布，为其他试点地区提供借鉴参考。

合作开展课题研究，提出政策建议。受国家发展改革委委托，开展《金融支持返乡创业对策研究》课题研究，以破解返乡创业融资难问题为目标导向，系统总结分析金融支持返乡创业的经验，研究设计进一步扩大返乡创业金融供给，着力促进脱贫攻坚助力乡村振兴的金融体系、模式与产品，提出切实可行的实践路径和政策建议。

创新融资模式，加大支持力度

自 2017 年联合发文以来，开发银行将返乡入乡创业作为支持脱贫攻坚和稳定就业的重要途径和手段，不断加大返乡入乡创业工作力度，有效支持了当地创业园区建设和特色产业发展，促进了县域经济发展和脱贫攻坚工作。

在推动建立地方融资担保体系，依托当地特色产业支持创业企业融资。在陕西，开发银行与安康市政府担保体系合作 10 年，推动安康市县担保体系联动，累计在安康市投放中小企业贷款 54 亿元。在此基础上，2017 年以来，重点支持返乡入乡创业和脱贫攻坚产业扶贫，实现三批返乡创业贷款发放，金额 2. 67 亿元，支持 20 户返乡创业企业，带动 1 866 建档立卡贫困户脱贫致富。

创新开展创业园区建设贷款。2018 年以来，开发银行在返乡创业重点项目中着力支持返乡创业园区建设，通过 PPP 等模式推动了一系列返乡创业产业园区项目。在江西，支持上饶、赣州、萍乡、抚州等地返乡创业园区和示范基地建设项目 10 个，累计授信 52. 7 亿元，已发放贷款 36. 4 亿元，直接带动建档立卡贫困人口就业 88 人。

发挥开发性金融作用，通过转贷款支持脱贫攻坚，服务小微企业发展。开发银行贯彻中央支持小微企业发展方针政策，遵循金融服务实体经济总体要求，把开发性金融实践与各地实际紧密结合，以转贷款引导中小银行业金融机构服务小微企业，支持产业扶贫，推动金融资源向普惠金融领域倾斜，缓解小微企业融资难融资贵问题。特别是 2019 年下半年以来，开发银行加大与贫困地区中小银行合作，将转贷款作为支持产业扶贫和小微企业的重要抓手，支持返乡入乡创业和乡村振兴，带动贫困人口脱贫增收。其中，浙江分行向网商银行转贷款授信 5 亿元，支持内蒙古科尔沁集团在河南新野县建设养殖基地，通过龙头企业带动贫困农户发展生产增收脱贫。

突出重点亮点，强化示范引领

在国家发展改革委和江西省发展改革委的支持下，开发银行在江西省德兴市积极开展返乡创业促进脱贫攻坚试点工作，加强总分行联动，探索形成了可复制推广的融资模式，通过多种方式支持德兴市返乡创业企业和返乡创业示范基地项目建设，为德兴市返乡创业企业创造了更优良的创业环境，实现了脱贫攻坚和产业发展双重目标。

通过“创业企业+创业基地”贷款模式，全方位支持德兴市返乡创业工作。江西分行向德兴市累计发放返乡创业项目贷款 11. 35 亿元，贷款余额 10. 9 亿元，其中直接为返乡创业中小企业解决流动资金 4 500 万元，并支持德兴市两批次共计 73 万平方米标准厂房及园区配套基础设施建设，在实现贫困人口增收脱贫的同时，进一步推动了德兴市遮阳产业、有色金属、先进机械制造等特色产业集聚发展以及返乡创业企业成长壮大。

最大限度发挥开发银行贷款资金的扶贫和就业带动作用。通过签订扶贫帮扶三方协议，明确借款人录用具备工作能力的建档立卡贫困人口。待项目建成后，督促借款人协调入驻园区的企业为贫困人口提供就业机会。目前，返乡创业示范基地项目已与15家企业签订意向性入驻协议，预计后续可带动60名建档立卡贫困人口脱贫增收，每名贫困人口年收入增加超过3万元。

加强模式推广，扩大业务覆盖范围。在德兴市率先实现开发性金融支持返乡创业项目落地后，开发银行配合国家发展改革委在德兴市召开“支持农民工等人员返乡创业试点工作”现场会，介绍项目经验、推广合作模式，开发银行支持返乡创业贷款业务在江西省和全国范围内开花结果，起到了良好的示范引领作用。

下一步，开发银行将在国家发展改革委的支持和指导下，加强与地方政府合作，不断完善融资模式和做法，发挥开发性金融融资融智优势，持续加大对返乡入乡创业和脱贫攻坚支持力度，积极支持县域经济发展和带动贫困人口就业脱贫，为全力做好金融支持稳就业和打赢脱贫攻坚战作出新的更大贡献。

案例153

江西德兴：政策性金融为返乡入乡创业注入源源活水

德兴市位于江西省东北部，上饶市北部，赣、浙、皖三省交界处，取“山川之宝，惟德乃兴”之意而定名，常住人口30余万人。国家开展返乡创业试点工作以来，德兴市成为第一批返乡创业试点县市之一，紧抓新型城镇化建设、脱贫攻坚、乡村振兴战略的实施等一系列战略机遇，通过进一步完善就业创业扶持政策、搭建平台、优化环境、构建返乡创业支撑体系，积极鼓励和支持农民工、高校毕业生和退役士兵等人员返乡入乡创业，为新型城镇化建设、县域经济发展和乡村振兴注入了新的活力。

善用政策性金融优势，解决返乡入乡企业融资难题

德兴市积极打造“个性化”平台，推行“定制化”培育，从落户到发展全过程，为返乡入乡创业群体提供“贴身式”服务。特别是在金融方面，综合运用产业发展基金、财园信贷通、普惠金融产品等方式，累计为70余家返乡创业企业提供资金支持达10亿元，仅2019年为45家返乡创业企业提供高达近2亿元资金支持，并继续着手搭建黄金产业、半导体产业等基金。科技方面，出台了《德兴市科技创新奖励办法》《德兴市高层次人才引进奖励办法》，设立了人才专项资金、科技型中小企业创新基金和专利专项资金，每年安排科技发展基金9 000余万元，安排科技创新奖励资金近700万元。

同时，充分利用开发性金融资金低利率优势，为当地返乡入乡创业企业解决融资贵、融资难问题。仅向国家开发银行申请的贷款，就包括德兴市返乡创业基地一期项目申请到的国开行贷款6亿元；当地7家返乡创业企业争取到的国开行4 500万元流动性贷款。此外，总投资6.5亿元的返乡创业基地标准厂房二期项目也已启动，目前正在积极申报4.9亿元国开行贷款；以乡村振兴为切入点，以总投资13.6亿元的德兴市乡村振兴暨农村公路提升改造项目和德兴市乡村振兴暨农村基础设施提升改造工程项目为抓手，采用PPP模式向国开行申请贷款10亿元的资料正在送审中。

数据显示，国家开发银行江西分行向德兴市累计发放返乡创业项目贷款11.35亿元，贷款余额10.9亿元，其中直接为返乡创业中小企业解决流动资金4 500万元，并支持德兴市两批次共计73万平方米标准厂房及园区配套基础设施建设，在实现贫困人口增收脱贫的同时，进一步推动了德兴市遮阳产业、有色金属、先进机械制造等特色产业集聚发展以及返乡创业企业成长壮大。

在德兴市率先实现开发性金融支持返乡创业项目落地后，开发银行配合国家发展改革委在德兴市召开“支持农民工等人员返乡创业试点工作”现场会，介绍项目经验、推广合作模式，开发银行支持返乡创业贷款业务在江西省和全国范围内开花结果，起到了良好的示范引领作用。

全面开展各项支持服务，优化返乡入乡创业环境

健全组织机制，搭建创业平台。德兴市政府成立返乡创业工作领导小组，将农民工等人员返乡入乡创业工作列入政府重点工作，积极搭建创业平台。全力建设创业孵化基地，多方筹措资金高标准建设返乡创业园，积极推进创业服务中心建设，努力为各类返乡创业者提供平台。

优化创业环境，增强发展活力。出台相关政策，降低市场准入门槛，简化办事流程，并从资金、项目、信息等方面支持返乡创业。德兴市根据《江西省人民政府办公厅关于印发降低社会保险费率综合实施方案的通知》《关于贯彻落实〈降低社会保险费率综合实施方案〉的通知》《关于确定2019年度社会保险等使用的城镇单位就业人员月平均工资的通知》等配套文件，出台了稳岗补贴政策。加大失业保险费返还的力度和幅度，对不裁员或少裁员的参保企业，可返还其上年度实际缴纳失业保险费总额的50%。

此外，持续开展“降成本、优环境”专项行动，扎实推进“一网一门一次”改革。“一网通办”方面，完成23个部门的715项依申请类政务服务事项的办事流程信息在上饶市“一窗式”综合服务平台中配置，实现“一网通办”。政务服务事项网上可办率为90%。在“只进一扇门”方面，德兴市与企业群众密切相关的依申请类政务服务事项大部分都已进驻行政服务中心，进驻比例为81.9%。在“最多跑一次”方面，企业和群众到政府办事提供的材料减少60%以上，重点领域和100个高频事项实现“最多跑一次”。目前，德兴市已整合企业开办的营业执照办理、公章刻制和税务发票领用环节，通过“一窗受理、一链办理”方式，企业开办“一件事情”办理时限缩短至0.5个工作日，企业开办便利度位居全省前列。

培育产业集群，发展接续产业。德兴市因地制宜，结合产业结构调整等重大政策，积极发展遮阳产业、有色金属、先进机械制造、大健康等接续产业，培育特色产业集群。黄柏乡一批外出打工、创业人士，在政策引导下选择返乡创业，先后投资兴建了蓝蜻蜓、裕佳纺织、鼎丰窗饰等一批遮阳企业，形成了以遮阳为特色的产业集群。此外，德兴市还在香屯工业园区积极打造了以翔鹰航空为龙头的先进制造业产业集群。

强化就业培训，提高职业技能。劳动者一技在手、终身受益。开展大规模职业技能培训，对培训合格的失业人员给予职业培训补贴，放宽企业职工申领技能补贴的条件，通过多渠道、多方式提供有针对性的培训，不断提高劳动者就业创业的能力。2019年，德兴市累计开办企业职工岗位技能培训29期，为1 475名在岗职工提供免费技能提升培训，落实培训补贴15.95万元。开办创业培训40期，为1 200名有创业意愿者提供创业培训，落实创业培训补贴9.28万元。

随着返乡入乡工作的深入推进，德兴市返乡入乡创业人员累计达9 325人，创办市场主体672个，创建返乡创业孵化基地1个，孵化企业10家，创建返乡创业产业园5个，入驻返乡企业56家，带动就业12 034人，带动建档立卡贫困户脱贫近2 000人。

案例154

湖北通城：金融服务创新让返乡创业者底气满满

通城县隶属湖北省咸宁市，常住人口40余万人。作为全国第一批返乡创业试点县，2016年以来，通城县积极推动试点工作落地落实，特别是以创新金融服务为抓手，助推返乡入乡创业高速发展。

返乡创业打造咸宁首家A股上市公司

“我们为社会提供就业岗位6 000多个，2018年实现营业收入8.96亿元，比2017年增加1.74亿元、增长24%，上缴税收7 567万元。回乡创业以来累计上缴税收7亿多元。”说起公司的业绩，瀛通通讯股份有限公司负责人黄晖神采飞扬。

瀛通通讯股份有限公司是在1999年创办的东莞市原常平明兴电线厂的基础上一步一步发展至今天的。为了感恩社会、回报家乡，黄晖于2006年回到家乡湖北省咸宁市通城县投资建厂。2009年，湖北瀛通电子有限公司落户通城经济开发区。几年时间内，瀛通通讯成为通讯线材及电声产品行业内国际知名的一流整体解决方案提供商。2017年4月13日，在深交所主板成功上市，成为咸宁首家A股上市公司。

面对瀛通通讯的成功，黄晖的感恩之情溢于言表。他说，是咸宁市、通城县为企业发展营造了良好的营商环境，使企业在短短几年内，规模、利润、缴税额均得到快速增长。

多渠道开发为返乡入乡创业者提供优质金融服务

企业要发展，金融支持非常重要。通城县主动完善银行业金融机构政策，起草并制定了《通城县银行业金融机构绩效考核管理办法》及《关于进一步创新金融服务促进实体经济发展的若干意见》等文件，通过实行将各银行业绩考核与政府性资金存放挂钩的方式，通过加大对实体经济直接融资的奖励政策，积极推进融资结构性优化，极大提升了银行业对地方经济发展信贷投入的积极性，从根本上改变了过去“干好干坏一个样”的状况。

数据显示，通城县充分发挥信贷的支撑和拉动作用，有效缓解小微企业贷款难问题。银行业金融机构积极贯彻稳健的货币政策，不断创新贷款方式，贷款增长较快，近5年新增贷款50亿元以上，增量存贷比达到41.1%，年均新增贷款10亿元。2020年上半年新增贷款10.58亿元，余额存贷比由原来的20%增加到37.3%。

不仅提量，还要增质。为了提高返乡入乡创业产品适应性，通城根据不同返乡创业群体金融需求的特点，创新性地推出“返乡创业贷款”系列产品箱，在贷款额度、期限、利率以及组合担保等方面给予差异化的政策支持。同时优化返乡创业信贷流程，包括开通返乡创业金融服务“绿色通道”，对守信创业人员简化贷款手续，优化审批流程等。

针对抵押担保难题，通城县也提出了一套解决办法，持续挖掘潜在资产价值，不断扩大有效抵（质）押物范围，完善政府增信机制，深化政府、金融机构以及湖北省农担公司的合作对接，为返乡入乡创业人员融资提供担保，以健全和完善长效抵押担保机制。

政府基金也是支持返乡入乡创业的一项重要金融服务措施。

其一是产业基金。通城县以产业基金方式扶持经济发展，实现政府有形之手和市场无形之手的有机统一、相互补充和相互促进。通过政府产业基金的引导、示范，进一步激发市场投资主体活力，带动金融资本和社会资本投向符合县产业规划的重点扶持领域。

其二是应急循环资金。通城县遵循“政府引导、市场运作、服务小微、注重绩效”的原则，按照《通城县中小企业应急循环资金管理暂行办法》的规定，合理确定服务对象、申请条件和资金额度、期限、费率，科学设置审核程序和资金划转流程，向符合国家产业政策和信贷政策、银行贷款到期出现暂时资金周转困难、合作银行同意续贷或新发放贷款的小微企业提供临时性资金支持，从而用好用活政府应急循环资金。

通城县还大力支持企业直接融资。对在主板、创业板上市的企业，县里将一次性奖励300万元；对在新三板挂牌上市的企业，一次性奖励100万元。对在武汉股权托管交易中心（含其他区域性场外市场）挂牌的企业，由县财政直接结算，挂牌企业实现“零成本”。

总体而言，无论直接融资还是间接融资，通城县都致力于做好金融服务，并特别注重对返乡入乡农民工的个人能力、技术水平、经济状况、创业项目和资金需求进行摸底调查，从而为创业者提供信贷、结算、代理、咨询和风险管理等多样化的优质金融服务。

案例 155

江西南城：特色融资模式壮大“互联网+校具”特色产业

南城县位于江西省东部、抚州市中部，县域面积 1 698 平方公里，总人口 35 万，城市人口 18.4 万，城镇化率 57.3%。2017 年 11 月，南城县被纳入返乡创业试点县，县委县政府高度重视，制定了南城县支持农民工等人员返乡创业工作方案，并在政策扶持、创业培训、优化服务、提升能力等方面进行了大胆探索，取得了一定的成效。

2019 年，全县新增返乡创业主体 1 270 个，带动新增就业 9 436 人（其中贫困人员 206 人），带动脱贫 192 人；建设电子信息产业园、校具产业园 2 个返乡创业园区，电子信息孵化园、电商孵化园 2 个返乡创业孵化基地；创业培训系统录入 1 942 人次，创业园区岗前培训 904 人次。回乡农民工已成为南城县城乡经济发展中的一支生力军。

探索融资新路径，助力“互联网+校具”做大做强

2019 年 9 月 6 日，对于南城县人杨志军来说，这是一个值得记忆的日子。他创办的江西省第一枪信息技术有限公司正式与家乡南城县政府签订关于“互联网+校具”框架合作协议，投资 5 亿元为南城校具产业发展打造“南城校具产业科创园”，并从此与校具产业结缘。

中国（南城）校具产业科创园是国内首家专业的校具产业科创服务园，园区占地 180 亩，包括校具产业总部大楼、酒店、商贸城、员工公寓、展览展示中心、物

流园、大型报告厅等，建筑面积近 20 万平方米。科创园立足于中国校具生产基地——江西南城，服务于全国校具产业。

园区践行“产业+互联网”特色的运营服务模式，在线上打造了国内首个校具产业互联网平台——“校具邦”，为企业提供行业信息、企业展示、资源交互、公共数据、物流供应链、金融、产业交易等服务；在线下打造了培训、金融、设计研发、检测及认证、进出口服务、信息交互、展览展示、物业、双创孵化、工程咨询等十大服务中心。平台运行一年以来，协助近 500 家校具企业上网上平台，特别在疫情期间，帮助不少企业接到订单，订单额累计超过 4 000 万元。

值得一提的是，在打造“互联网+校具”的南城特色产业过程中，南城县积极搭建政府、企业、银行合作机制，开始探索订单贷款融资新途径。农商行凭企业订货单，按中标金额的 50% 贷款，无须抵押、无须担保，按合同货款回收期限还贷，这一放贷创新，手续方便（只需 1 ~ 2 个工作日）、循环使用（利用订单滚动放贷还贷），极大地解决了流动资金借贷难题。2019 年，全县校具产业订单贷款达 5. 37 亿元，有效解决了返乡创业者的资金难题。

南城县为返乡入乡创业者提供的金融支持不止于此。南城县成立金融创新投资发展集团有限公司。通过金创集团运营，已为 252 家返乡创业企业提供贷款周转“过桥”资金 14. 36 亿元，为企业节约融资成本；开展“财园通”“财政惠农信贷通”“中小企业服务担保中心”“订单贷款”等担保平台为返乡创业者提供贷款 16. 78 亿元。

同时，南城县采用 PPP 模式在国开行融资 8 亿元，PPP 实施方案于 2018 年 10 月在财政部网站公布，采取市带县的方式建设返乡创业园（校具、电子产业园），第一批授信 4. 9 亿元，目前已到位 3. 16 亿元。

加强服务能力建设，营造良好返乡入乡创业环境

除了金融支持方面的创新探索，南城县在营造良好的返乡入乡创业环境、加强服务能力建设方面主要着眼于推进“放管服”改革，搭建创业扶持平台，创新扶持方式方法，探索人才引进新路径、利益分配新机制等方面。

在推进“放管服”改革方面，积极承接省市下放事权、完善乡镇便民服务中心规范化建设、优化办理流程，通过实现“一门式”“一窗式”“一次不跑”“一网通办”“一链办理”“互联网+政务服务”等服务改革，公共服务效率得到明显提升。

在搭建创业扶持平台方面，有效盘活园区土地资源，推进创业产业园建设。围绕

“向莆经济带上的工业新城”的目标定位，将电子信息产业作为首位产业，全力打造占地1 500亩的电子信息产业园；顺势而为规划建设1 500亩校具（教育装备）产业园，将其打造为容纳农民工返乡入乡创业特色产业园。同时，推进创业孵化园建设。

在创新扶持方式方法方面，进一步创新发展思路、优化发展环境，出台了一系列促进小微创业、返乡创业发展举措，包括用地、税费、租金、奖补等45条优惠措施，进一步降低了农民工等人员创业成本；财政拿出5 000万元设立创业扶持基金，用于中药材种植、校具加工企业奖补等；发挥行业商会引领作用，团结小微创业者、促进产业转型升级、推进品牌创建。

在探索人才引进新路径方面，进一步加强与高等院校、科研院所合作和产学研对接，切实加快科研成果转化力度。加强双创基地、实践基地建设，加强对小微创业、返乡创业劳动用工技能培训，助推产业发展。出台更加开放的人才引进机制和措施，为企业特别是小微企业、农业产业在引进高管、科研技术人才、适用性人才方面提供政策支撑。

在探索利益分配新机制方面，为了培育中医药特色新兴产业，发挥农户积极性，在中草药种植上由企业提供种子、技术、标准，实行定价收购，探索企业与农户利益分享的“订单种植”机制；按照农村土地林地所有权、承包权、经营权“三权分置、多方受益”的原则，探索土地流转、互换、转包、租赁、合作、托管、入股等多种经营模式，建立土地入股、二次分红等利益关联的“土地入股分享”机制等。

案例156

江西宁都：创新多“予”，尽力少“取”，全方位金融支持助力返乡入乡创业

宁都县位于江西省东南部、赣州市北部，总面积4 053平方公里，总人口85万。自2016年被列入首批国家结合新型城镇化开展支持农民工等人员返乡创业试点县以来，宁都县积极主动探索，不断推陈出新，创新创业服务，创优创业环境，扎实推进试点各项工作，吸引大批人员返乡入乡创业。截至2019年末，全县返乡创业

达36 477人，比2016年末增加17 651人；返乡创业创办市场主体26 815个，比2016年末增加7 989个；返乡创业带动就业106 090人，比2016年末增加38 890人；返乡创业带动脱贫23 133人，比2016年末增加8 640人。

“三户联保”解决初创实体融资难，减税降费补贴提供全方位创业扶持

多“予”，即多给予金融支持、政策补贴；少“取”，即减免税费、简化程序。宁都在这两方面同时发力，为返乡入乡创业提供全方位金融支持。

为解决返乡创业人员贷款无抵押物、无法担保问题，宁都在全省率先实施创业贷款“三户联保”和创业担保贷款绿色通道制度，支持返乡人员等个体创业。返乡农民工从事个体经营自筹资金不足的，可提供10万元以内的创业担保贷款；对合伙经营的可提供50万元以内的创业贴息贷款；对于返乡人员创办的劳动密集型小企业，可提供200万元以内的贴息贷款。2016年以来，共发放小额贷款5.66亿元，其中个人创业贷款5.35亿元，创办小企业贷款3 100多万元，直接扶持自主创业人员3 877人。

除了有力的金融支持，为降低返乡创业成本，宁都出台实施扶持外出务工人员返乡创业就业实施办法、创业指导工作实施细则等创业扶持政策，对返乡创业与外商投资实行同等政策待遇，给予一系列财税优惠、资金补贴：一是给予创业补贴支持，对入驻县电商孵化园、赖沙电商村的创业企业给予三年场地租金、水电费全额补贴，2016年以来累计发放补贴1 200余万元。二是给予财税优惠支持，2016年以来累计为返乡创业实体减免税收等8 000余万元。如永通科技公司享受研发费用税前加计政策；永通科技、绿缘环保袋、禾绿康健、犀瑞刀片等企业享受高新技术企业税收优惠政策。三是专项资金支持，2016年以来累计为返乡创业企业申请专项资金1 000多万元。如宁都飞天工艺品有限公司获得科技发展专项资金100万元。

筑巢引凤搭建返乡创业大舞台，典型引领掀起宁商返乡创业潮

为适应年龄、文化、技能等不同层次人员返乡创业需求，宁都采取县乡（镇）联动的办法分别打造创业平台。

——顺应电子商务产业发展新趋势，建设了占地100亩的宁都电商创业孵化园，作为大学生返乡创业示范基地、就业创业培训示范基地，建成集电商理论教学、实训、电商创业孵化与运营于一体的综合性创业平台，入驻企业100余家，2018年被列为省级创业孵化基地。

——顺应产业转移和工业发展新常态，采用园中园模式多样化建设专业创业平台，规划建设占地500亩的赣商创业园，已建成和在建建筑面积55万平方米，已入驻企业20余家。

——顺应“互联网+”经济发展新模式，结合电商进农村工程，采取“农民创业+政府服务”手段，将占地252亩的竹笮乡赖沙村易地搬迁扶贫集中安置点打造成“电商村”，入驻企业近100家，2016年被赣州市授予“市级电子商务示范基地”，成为全市引领电商发展的一支标杆。

——顺应农村富余劳动力就业新需求，推动乡镇建设农民工返乡创业园，已建成省级就业扶贫示范园区田头镇农民工创业园和小布镇、长胜镇、黄陂镇等4个乡镇返乡创业园区，共吸纳各类返乡创业实体600多家入驻。

除了打造平台，宁都非常注重典型引领。通过招商引资、招才引智和典型示范，引导和激励返乡创业。如，塑造返乡创业示范典型，组织宁都县工业园区、永通科技股份有限公司申报市级大众创业万众创新企业类示范基地；组织森旺现代农业生态科技开发有限公司申报国家“星创天地”项目。又如，大力实施宁商回归工程，通过走出去、请回来，吸引了一大批宁都籍企业家返乡创业。2016年以来引进内资项目61个。

返乡入乡创业社会效益明显，助力脱贫攻坚乡村振兴新型城镇化

宁都县以扶持创业促进就业，优先为返乡入乡人员创业提供创业担保贷款贴息服务，支持返乡入乡人员创办各类经济实体，累计建成产业扶贫基地315个、就业扶贫基地62个、扶贫车间170个、合作社908个，按政策对吸纳贫困户劳动力就业创业实体提高创业担保贷款额度，鼓励创业实体吸纳贫困户劳动力就业实现脱贫，通过“公司+贫困户”“合作社+贫困户”等模式，发放产业扶贫信贷通资金20多亿元，贫困户产业发展基本实现全覆盖。2016年以来，全县返乡创业带动贫困户脱贫累计8.5万人。

立足资源优势和产业基础，宁都引导返乡创业乡县域特色产业聚集，发展壮大特色产业，以创业促产业，以产业带就业，实现产业就业相互促进，激活乡村振兴经济命脉。在推动电商产业发展方面，2019年全县实现电商网销额85亿元，是2015年的2.6倍；在推动轻纺首位产业发展方面，2019年首位产业现代轻纺企业共42家，完成主营业务收入46亿元，约占规模以上工业总数的50%；在推动特色农业发展方面，依托“五黄一白”（黄椒、黄鸡、黄橙、黄茶、黄酒、奶牛）农业主导产业，鼓励返乡入乡人员创办企业、基地或开发一批农产品加工、休闲观光农业等特色产业项目，以创业带就业，实现转移就业，2016 年以来累计新增转移农村劳动力 6.25 万人，新增城镇就业 2.66 万人。

返乡入乡创业工作培育了大批经济实体，带动了大批创业就业人员，促进城镇经济和人口聚集，推动了新型城镇化发展。2019 年，宁都城区常住人口达 24.3 万人，比 2015 年增加 2.9 万人；创建了国家级特色小镇小布“茶香小镇”和市级特色小镇石上“奶香小镇”、梅江“运动小镇”，推进了长胜、黄陂全国重点镇和竹笮市级示范镇建设，2019 年全县城镇化率达 49.3%，比 2015 年提高 6.87 个百分点。

案例 157

海南澄迈：金融助力大学生返乡创业，打造乡村振兴新引擎

澄迈县位于海南岛的西北部，毗邻省会海口市，全县人口约 56 万人。自 2013 年以来，澄迈紧扣中央、省委有关部署要求，把吸引大学生返乡创业作为解决乡村振兴人才资源匮乏的一个重要突破口，扎实开展扶持大学生返乡创业工作。全县累计注入财政资金 1 600 万元，兑现扶持奖励资金 881 万元，共扶持返乡创业大学生 213 人次（190 人），拉动创业资金 2 亿元，形成 3 000 多人的“返乡创业潮”，带动解决农村就业近 5 000 多人。其中，35 名返乡创业大学生注册无籽蜜柚、福橙等多个特色农产品自主品牌，18 名返乡创业大学生入选海南省“南海系列”育才计划培养对象。2017 年，澄迈县入选第二批国家级返乡创业试点单位。

500 万信用贷款为合作社创业送来及时雨

徐取俊，是才村益民畜牧养殖专业合作社和才村共享农庄的创始人。2012 年，他辞去年薪 20 多万的工作，回到家乡澄迈县大丰镇做起了“职业农民”，并建立了大丰镇第一家农民专业合作社。目前，合作社共有社员 57 户，可利用经营土地约 300 亩，养殖黑山羊 200 多只、果子狸 300 多只，总资产近千万元。

徐取俊的成功创业，与当地政府和相关金融机构的大力支持密不可分。据悉，在创业初期，合作社引进果子狸、黑山羊等养殖项目后，由于缺乏专业的养殖技术和防疫知识，养殖的果子狸、黑山羊在短期内就夭折了100多只，直接损失达20多万元。正当徐取俊举步维艰之际，澄迈县委县政府为返乡创业大学生出政策出资金，将合作社定为“鼓励和扶持返乡大学生自主创业示范基地”，先后给予奖励资金12万元。同时，通过协调银行等金融机构，徐取俊申领到了500万元的信用贷款，解了燃眉之急。回顾当初，徐取俊感叹，是政府的重视与扶持让自己重拾了信心。

多年来，澄迈县在为返乡入乡创业大学生解决发展资金难题上苦下功夫。累计注入创业扶持资金1 600万元，带动本土返乡大学生返乡创业达3 000多人。协调政策性银行给予人才创业最高授信贷款1 000万元，按70%比例予以财政贴息，有效解决了企业融资难问题。推动产业扶贫资金向返乡大学生涉农创业项目倾斜。返乡大学生蔡於旭创办的小黄牛养殖创业项目，就获得注资1 016.06万元，带动4个镇1 078户贫困户增收脱贫，进一步促进了人才培养与产业发展的深度融合。

多管齐下共促大学生返乡入乡创业

澄迈把扶持大学生返乡创业作为县委县政府的一项重要工作，写入全县乡村振兴战略实施意见，建立健全政策体系，先后出台了《关于鼓励和扶持返乡大学生自主创业的实施意见（试行）》《澄迈县促进普通高等学校毕业生就业创业扶持工作实施意见》等系列文件，明确了创业补贴、金融服务、税收优待、项目审批服务和申报评审等扶持措施和标准。积极在组织领导、引才聚才、服务保障、培育发展等方面探索，着力打造乡村振兴新引擎。

突出党建引领，构建完备的返乡创业工作格局。澄迈县委把扶持大学生返乡创业工作纳入党建工作重点事项，切实加强党对大学生返乡创业工作的领导，为实现乡村振兴提供坚强组织保障。健全完善组织领导体系，成立了以县委主要负责同志为组长的县鼓励和扶持返乡大学生自主创业工作领导小组，形成了县委统一领导，县委组织部牵头，团委、教育、农业农村、市场监督、就业等职能部门和乡镇党委参与的组织领导体系，统筹推进扶持大学生返乡创业工作。强化组织培养体系，通过创新基层党组织设置和活动方式，成立一批行业协会和创业企业党组织，打通非公企业党建“最后一公里”和实现“两新”组织党建服务全覆盖，做到“党建+”无缝衔接和党组织结对帮扶，有力地推动返乡创业发展。村级党组织和乡村振兴工作队广泛发动和支持返乡大学生创业，主动在联系群众、选择创业项目、整合土地资源、拓展销售渠道等方面发挥作用。积极吸引返乡创业大学生向党组织靠拢，在返乡创业大学生群体中发展青年党员，将他们纳入村级优秀后备干部库管理，鼓励他们参与村级事务管理和服务村级集体经济，为村级班子蓄足“源头活水”。

创新引才方式，深入挖掘返乡创业活力潜能。瞄准省内人才富集“第一线”，打通高校人才直通车，与海南大学、海南师范大学等省内重点高校开展合作，举办高校大学生创业论坛，开展引才创业宣讲，创新打造“政府+创业平台+高校”三级联动招才引智模式，进一步吸引大学生来澄创业。连续四年举办创业大赛，推荐优秀大学生参加，进一步促进创新创业，涌现了村里吧吧、澄迈美丽乡村（手绘明信片）、毕业结业活动策划等一批好的创业项目。发挥典型带动作用，认定山口无籽蜜柚种植、老城的渔业养殖等 4 家大学生创业示范基地，树立“地瓜书记”“柚子夫妇”等一批先进返乡创业大学生代表，以点带面促进大学生创业就业。

积极搭建平台，拓宽创业人才发展空间。进一步整合资源，着力构建市场主导的创业发展平台：建立澄迈县创业孵化基地，引进 14 家企业入驻孵化；同时认定海南生态软件园海南英立“创客+”创业孵化基地、海南生态软件园创业孵化基地两家创业孵化基地，两家创业孵化基地共引进近千家企业入驻孵化。组建创业者联盟，成立澄迈县青年创业协会，并以此为依托，提供项目启动、资源嫁接、创业培训等服务和支持。目前青创协会已发展会员 300 余名，每年联合各产业组织开展了“创业沙龙”“创业论坛”“创业网”等活动 200 余场。举办创业技能培训，邀请资深企业专家对返乡大学生及创业青年进行创业理念、市场分析等培训，通过培训助推 150 人实现成功创业，多个创业项目获扶持及培训指导后发展壮大。

优化服务保障，营造返乡创业良好环境。提供极简审批便捷服务，依托人才服务平台和“智慧澄迈”App，简化项目审批手续，做好创业项目线上线下“一站式”服务，进一步降低人才创业的准入成本。进一步修订《澄迈县人才住房保障实施细则》，拟采取调整棚户区改造预留指标等多种方式增加人才房房源供给；大力引进一流的公共服务供给，吸引各类人才聚集。推出人才创业技能包，整合县内各类职业培训资源，依托福橙研究所等 12 家科研机构，助推 150 人实现成功创业。

案例 158

安徽太湖：政策性金融发力，支持返乡入乡创业给力

太湖县位于安徽省西部、大别山南麓、长江北岸，面积 2 040 平方公里，人口 57 万。2016 年底被纳入结合新型城镇化支持农民工等人员返乡创业第二批试点地区以来，太湖县高度重视，成立了以县人民政府县长任组长，相关部门负责人为成员的“太湖县结合新型城镇化开展支持农民工等人员返乡创业试点工作领导小组”，形成了“主要领导亲自抓、分管领导具体抓、职能部门抓落实”的工作机制。领导小组定期召开会议，明确任务分工，细化配套措施，跟踪工作进展，凝聚了抓好抓实这项工作的强大合力，推动了返乡创业工作有序开展。

设立专门政策性金融机构支持返乡入乡创业

2017 年，为争取国家政策性金融支持，太湖县出台了《太湖县国家政策性金融支持返乡创业促进脱贫攻坚工作实施方案》，建立了管理平台、统贷平台、担保平台、公示平台、信用协会，设立了太湖县国家政策性金融支持返乡创业评审委员会，负责领导上述“四台一会”，审批国家政策性金融扶持产业发展促进脱贫攻坚规划，审定上报支持项目。这也成为太湖试点过程中的一大亮点。

数据显示，试点以来，太湖共发放创业贴息担保贷款 18 146 万元；发放扶贫小额信贷 78 209. 78 万元，实现贫困户产业发展全覆盖，做到了种养结合、长短结合。扩大担保方式和抵（质）押品范围，切实解决农民工创业贷款担保难的问题，推动办理林权抵押、税融通、商标专用权质押、股权出质、动产抵押、科技担保等贷款 15. 91 亿元。

提供政策性金融支持的同时，太湖县对于由返乡人员返乡创办的市场主体，规定其与招商引资企业及其他企业享受同等税费减免优惠政策。试点以来，累计减免这些企业 5. 49 亿元税费，有力地支持了返乡入乡创业创新。

健全支持返乡入乡创业的服务体系

太湖县设置乡镇（街道）就业和社会保障服务窗口15个，村（社区）就业和社会保障服务窗口186个，建立了完善的县乡（镇）村（社区）三级公共就业创业服务中心，为返乡创业人员提供集信息、就业创业培训、指导、鉴定、维权、政策咨询、服务等于一体的“一站式”“一条龙”创业服务。

同时，落实“多证合一”“照后减证”“证照分离”商事登记制度改革，促进市场主体蓬勃发展；持续加大简政放权力度，不断优化办事流程，行政审批事项大幅精简办理时限平均缩短3/4，办事效率进一步提高。

太湖县的返乡入乡创业大军中，农村电商是一个关键词。太湖县政府也在这方面频频发力。

硬件建设方面，太湖县政府每年统筹安排专项奖励基金，支持电子商务产业发展。成功创建国家电子商务进农村综合示范县，已建成县级电子商务公共服务中心1个、县级物流配送中心1个、运营的标准化村级电商服务站128个，县乡村三级电商公共服务体系基本建立。在淘宝、京东、苏宁易购等知名电商平台开设了“太湖县农特产品特色馆”以及在品味太湖、九个挑夫等微商平台开设微店。

软件建设方面，针对返乡入乡创业的人才需求，采取“公共就业服务机构+定点培训学校+乡镇”的最佳培训模式，由公共就业服务机构牵头，乡镇组织人员，培训机构负责培训，分批集中办班。试点以来，县人社局共组织各类就业创业培训13 336人，拨付补贴资金1 164.625万元；县农委组织新型职业农民培训共4 147人；在全县所有乡镇开设电商扶贫专项轮训班，共开展各类电商培训近万人次。

返乡入乡创业促进经济发展居民增收

如今，返乡入乡创业试点有力促进了太湖县一二三产业融合发展、县域经济发展、城乡居民增收。

特别是，按照“一园一区+基地”的目标任务要求，创业孵化体系建设有序推进，特色产业集群发展和工业发展提质增量。徐桥、新仓、寺前、大石、小池、牛镇、飞人7家返乡农民工创业园集纳返乡创业人员92人，返乡创办经济实体92个，创办类型分别为制造、加工、服务行业，带动就业4 619人。目前，各园区水电配套设施已到位，道路已硬化，消防设施配备情况齐全，公告牌内容齐全，厂房标识牌已悬挂。其中徐桥、新仓、大石、小池等4家创业园和九个挑夫“互联网+”青年创业基地通过了市级验收。

平台已备，太湖县积极引导支持太湖籍企业家返乡创业，示范引领带动本地农民工充分就业和创业，突出表现在：总投资 1.5 亿元的安徽汉勤耕智能涂装设备制造项目、投资 2 亿元的激光大屏显示生产线项目竣工投产；集友股份顺利通过中国证监会审批成功上市，成为全国首家利用贫困县 IPO“绿色通道”成功在主板上市的企业。试点以来，全县规上工业增加值年均增长 8.6%，高新技术产业产值年均增长 16%，战略性新兴产业产值年均增长 18%。

以创业促就业，以就业促增收。试点以来太湖县城乡居民增收较快，收入差距进一步缩小。2019 年全县居民人均可支配收入达 18 352 元，其中农村居民人均可支配收入 12 727 元、城镇常住居民人均可支配收入 29 096 元，分别比 2016 年增长 31.6%、33.73%、27.71%。

案例 159

江西余江：金融支持矩阵全力扶持返乡入乡创业

余江区隶属江西省鹰潭市，地处赣东北、信江中下游，全区总面积 936 平方公里，总人口 39 万。自 2016 年 2 月被国家发展改革委等十部委列为全国结合新型城镇化开展支持农民工等人员返乡创业试点县以来，余江区不断完善体制机制，制定出台《余江区加强返乡创业鼓励本土创业的实施方案》等各类政策文件，从保障项目用地、加大财政扶持、落实税费优惠、完善金融服务、加强人才支撑、规范审批服务、便利工商注册、维护合法权益、增进社会责任、强化工作机制等方面提出了实打实的政策措施。

2016 年以来，余江区创办返乡创业企业 1 000 余家，个体工商户 5 000 余家，规模以上返乡创业企业总产值 31.25 亿元，占全部规上企业总产值的 35.9%，带动就业人数 5 480 人，返乡创业累计促进 1 238 人增收脱贫。

多措并举，打造金融支持矩阵

余江将返乡创业人员视同招商引资，享受《余江区招商引资实施办法》规定的各类优惠政策。尤其针对返乡创业资金扶持方面，积极开拓创新，打造出一个有力有效的支持矩阵。

多种金融贷款扶持。余江区现有 6 种扶持金融贷款，分别为财园信贷通、小微信贷通、财政惠农信贷通、创业信贷通、产业扶贫信贷通、创业担保贷款。2016 年以来，共提供金融贷款扶持 5 亿余元。

发挥创业担保贷款作用。运用创业担保贷款政策，激发群众返乡创业动力，降低创业者融资门槛，优化申请创业担保贷款流程，解决创业者“融资难”“融资贵”问题。2018 年制定出台《余江区创业担保贷款信用反担保实施细则》，进一步降低创业贷款反担保门槛。2019 年全区发放创业担保贷款 1. 33 亿元，扶持个人创业 708 人，带动就业 3 200 余人。其中扶持农民工创业 305 人，提供创业担保贷款 4 175 万元。自 2016 年以来，余江区连续 4 年发放创业担保贷款超亿元，累计发放创业担保贷款 4. 6 亿元，直接扶持 2 300 余人自主创业，带动就业 9 000 余人。

设立产业引导基金。余江区 2016 年 12 月筹资设立了产业引导基金，总投资 10 亿元。自基金成立以来，已有 22 家企业提出基金使用申请。基金共为保太集团、永威光电、东瑞实业等返乡创业企业发放引导基金 2 亿元，有力引导了产业发展。

通过金融缓解企业融资难题。针对区域内企业存在融资难的普遍情况，余江区成立了金融服务公司，旨在利用区工投公司的资金结余，采用多种风险控制措施，创新服务模式，采取灵活措施，提高工作效率，解决企业短期资金需求。先后为耐乐公司、喜达木雕漆器公司、盛发铜业、永威光电等提供 1 亿余元的短期资金服务，为企业减少了短期资金拆借的财务成本，促进了企业顺利发展。

强化服务，优化返乡入乡创业环境

按照“围墙内的事企业做、围墙外的事政府管”的工作要求，余江区牢固树立快通、变通、疏通的服务理念，不断优化创业环境。

打铁还需自身硬，服务从自身做起。全面实施“四证一体”“一站式”创业服务模式，区行政服务中心对服务对象每月进行电话回访打分并进行通报，每年两次进行优化发展环境测评，排名靠后的单位在区人大会议上进行整改发言。大力实施农村“雨露计划”、“金蓝领工程”、新型农民创业培训等创业培训工程，区电商办参与实施“万名电商普及培训工程”，已完成各类电商培训30余次，总人数5 000余人。整合职业培训资源，开展“职校出菜单、企业出订单、个人选单、政府埋单”的“四单式”培训，为保太集团、阳光照明有限公司、春光五金等企业开展技能培训。余江区在工业园区、眼镜产业园、微型元件产业基地等处成立产业公共技术服务中心，逐步建立了一支公共技术服务队伍，同时聘请了南昌大学、江西理工大学等科研院校的专家提供技术支持。

栽下梧桐引凤来，加强平台载体建设。余江在全区17个乡镇场、2个园区、162个村（居）委会完成公共就业服务站建设，区、乡、村三级创业服务网络全面形成。重点打造了4个创业孵化基地和3个返乡创业示范基地，试点以来累计投入700余万元扶持基地建设，目前已入驻基地企业240余家，带动就业3 500余人。余江还投入资金400余万元举办各类创业创新大赛和全省性、全国性的眼镜、雕刻等技能大赛，树立余江区创业典型和营造返乡创业浓烈氛围。

成效显著，传统产业优新兴产业兴

如今，余江全区共有锦江、潢溪、杨溪3个农民工返乡创业园，雕刻、眼镜、微型元件、电商4个创业孵化园。其中，锦江镇农民工返乡创业园依托微型元件产业园，同时建有微型元件创业孵化园区，总产值3亿元；潢溪农民工返乡创业园设在循环经济基地，总产值2亿元；杨溪农民工返乡创业园依托现代农业产业园，总产值超亿元。雕刻创业孵化园为雕刻示范街，入驻商户企业160多家，总产值4亿元；眼镜创业孵化园位于眼镜园区，总产值5亿元；电商创业孵化园已入驻电商40余家，交易额超过20亿元。

通过支持农民工等人员返乡入乡创业，余江高效提升了传统产业，“眼镜之都、雕刻之乡、精密中心、循环基地”建设成果明显。全区从事木雕的3万多人中，有3 000多人是返乡创业人员；眼镜产业园入园企业百余家，吸纳返乡创业从业人员千余名。果喜实业集团有限公司董事长张果喜荣获“改革开放40年百名杰出民营企业家”，神农氏生态农业荣获全国稻渔综合种养优质渔米评比金奖。

与此同时，新兴产业也得以快速培育。目前，全区移动物联网相关企业已达到十余家。返乡创业企业江西百盈光电科技有限公司成功研发出国内首家通过泰尔实验室认证的NB-IoT智慧路灯。乡村旅游成为返乡创业新热点，“灵溪小镇”2018年被评为江西省5A级乡村旅游点。

而在脱贫攻坚方面，返乡入乡创业人员充分发挥了爱农村、懂技术、善经营的优势，参与产业扶贫，为农村经济发展注入了新动能。数据显示，返乡创业产业对接贫困户 1 596 户，打造就业扶贫车间 34 家，吸纳贫困劳动力就业 292 人。涌现出“鱼米农夫”生态农业园、宏鑫特种水产养殖有限公司等一批返乡创业脱贫攻坚典型。

编　后

在农民工等群体返乡入乡创业过程中，金融支持必不可少。有些创业者有好的创业想法、好的技术点子，但是初始资本不足，面对创业就会裹足不前；有些返乡创业者经过一段时间打拼有了一定积蓄，但只能“挣一点、投一点”，扩大经营存在一定难度。

从海南澄迈等地的返乡创业调研报告来看，“资金不足、融资困难”基本上是大部分创业者都反映存在的问题。因此，各地政府提供的支持方案都会包含金融支持，同时国家政策性金融机构如开发银行、农业发展银行等也均积极参与、多措并举，并在这一过程中实现了不少信贷创新。

尽管如此，创业是一项持续性工程，既需要资金“活水”源源不断，又需要科学合理分配不同创业阶段的资金投入，两者相辅相成。目前，返乡创业试点地区多为区县一级，政府财力相对有限，资金管理相对粗放，存在“重前期审核奖励、轻后期跟踪管理”的现象。未来，建议可成立省级扶持农民工等人员返乡入乡创业基金，缓解市县财政扶持资金不够多、扶持覆盖面不够广的问题。同时建立起由政府联合地方银行、融资性担保机构、部分社会资本投入主体和民营企业等共同参与的创新创业融资平台，进一步帮助解决返乡创业融资难问题。此外，还应注重扶持资金使用的“回头看”工作，进一步加强扶持资金的监督管理，积极引导返乡入乡创业项目产生社会效益。

附录

结合新型城镇化开展支持农民工等人员返乡创业试点地区名单（三批）

河北（12）：

威县、平泉县、魏县；

阜城县、临西县、滦平县、南和县；

大名县、临城县、阳原县、肃宁县、宽城县。

山西（11）：

介休市、寿阳县、蒲县；

文水县、岚县、侯马市、武乡县、泽州县；

交城县、方山县、曲沃县。

内蒙古（13）：

扎兰屯市、巴林左旗、和林格尔县；

托克托县、五原县、阿荣旗、准格尔旗、土默特右旗；

林西县、奈曼旗、固阳县、正蓝旗、乌兰察布市集宁区。

辽宁（5）：

大洼县；

葫芦岛市南票区；

桓仁县、朝阳县、朝阳市龙城区。

吉林（12）：

抚松县、珲春市、舒兰市、汪清县；

梨树县、农安县、敦化市、延吉市；

和龙市、辉南县、集安市、辽源市龙山区。

黑龙江（10）：

方正县、宁安市、青冈县；

穆棱市、绥滨县、兰西县；

海林市、鸡东县、密山市、勃利县。

江苏（14）：

宿迁市宿城区、新沂市、泗洪县、泗阳县；

句容市、连云港市赣榆区、邳州市、启东市、宿迁市宿豫区；

丰县、沛县、沭阳县、金湖县、如皋市。

浙江（7）：

桐庐县、庆元县、云和县、龙泉市、松阳县；

丽水市莲都区、遂昌县。

安徽（17）：

涡阳县、泗县、金寨县、界首市；

阜南县、太和县、濉溪县、太湖县、庐江县、无为县；

临泉县、望江县、亳州市谯城区、潜山县、定远县、石台县、宿州市埇桥区。

福建（5）：

邵武市；

长汀县；

连城县、武平县、古田县。

江西（20）：

德兴市、新干县、宁都县、余江县；

遂川县、于都县、赣州市南康区、乐平市、萍乡市湘东区、贵溪市；

泰和县、井冈山市、瑞金市、定南县、兴国县、南城县、上栗县、萍乡市安源区、全南县、石城县。

山东（16）：

邹城市、武城县、郓城县、淄博市淄川区；

平度市、滕州市、菏泽市牡丹区、高青县、昌乐县；

沂源县、汶上县、新泰市、沂南县、庆云县、滨州市滨城区、曹县。

河南（21）：

汝州市、宜阳县、光山县、西平县、兰考县；

南乐县、夏邑县、沈丘县、平舆县、方城县、禹州市；

鹿邑县、博爱县、新蔡县、鲁山县、项城市、虞城县、原阳县、孟津县、台前县、清丰县。

湖北（16）：

通城县、罗田县、仙桃市、巴东县；

天门市、麻城市、云梦县、枝江市、郧西县、钟祥市；

监利县、阳新县、松滋市、房县、黄梅县、随县。

湖南（19）：

醴陵市、江永县、涟源市、资兴市、芷江县；

湘潭县、宁乡县、慈利县、衡阳县、安乡县、道县；

平江县、桃源县、益阳市赫山区、泸溪县、江华县、桃江县、湘阴县、祁阳县。

广东（3）：

清远市清新区、南雄市；

怀集县。

广西（13）：

平果县、灵山县、岑溪市、浦北县；

大化瑶族自治县、荔浦县、贺州市平桂区、来宾市兴宾区、钟山县；

全州县、靖西市、容县、融安县。

海南（3）：

琼海市、澄迈县；

文昌市。

重庆（10）：

开县、綦江区；

垫江县、江津区、永川区、黔江区、合川区；

奉节县、渝北区、璧山区。

四川（19）：

富顺县、宜宾县、内江市市中区、仁寿县、简阳市；

遂宁市船山区、阆中市、剑阁县、邛崃市、绵阳市安州区、宜宾市南溪区；

沐川县、三台县、苍溪县、通江县、宣汉县、万源市、泸州市纳溪区、罗江县。

贵州（15）：

遵义市汇川区、兴仁县、印江县、凯里市；

清镇市、正安县、六盘水市钟山区、荔波县、台江县；

玉屏县、施秉县、独山县、兴义市、龙里县、普定县。

云南（15）：

沾益县、弥勒市；

南华县、普洱市思茅区、陆良县、祥云县、蒙自市；

保山市隆阳区、镇雄县、砚山县、凤庆县、石屏县、昭通市昭阳区、巍山县、永平县。

西藏（9）：

拉萨市堆龙德庆区、日喀则市桑珠孜区、昌都市卡若区；

工布江达县、山南市乃东区、芒康县；

林芝市巴宜区、曲水县、加查县。

陕西（18）：

韩城市、子长县、紫阳县、平利县；

扶风县、澄城县、商南县、延安市宝塔区、咸阳市杨陵区；

眉县、铜川市耀州区、铜川市印台区、延川县、定边县、镇巴县、西乡县、石泉县、洛南县。

甘肃（17）：

武威市凉州区、康县、陇西县、环县；

高台县、渭源县、兰州市红古区、白银市平川区、定西市安定区、山丹县；

临洮县、临泽县、酒泉市肃州区、临夏县、古浪县、皋兰县、榆中县。

青海（2）：

大通县、化隆县。

宁夏（8）：

平罗县、同心县；

贺兰县、青铜峡市、盐池县；

彭阳县、银川市西夏区、吴忠市利通区。

新疆（11）：

伊宁市、喀什市、和田市；

库尔勒市、库车县、阿图什市、吉木萨尔县、巴里坤县；

托克逊县、博乐市、察布查尔县。

后 记
POSTSCRIPT

支持农民工等人员返乡入乡创业，是党中央、国务院作出的重大决策部署。近年来，返乡入乡创业呈现蓬勃发展态势，激发了全社会创新创业创造活力，助推了脱贫攻坚，加快了乡村振兴，促进了城镇化建设和城乡融合发展，对于稳定和扩大就业发挥了积极作用。本书所呈现的只是千千万万返乡入乡创业大军中若干代表，草木蔓发，春山可望，希望本书的出版对读者了解返乡入乡创业政策，感受返乡入乡创业企业家的热情和干劲儿有所帮助，希望对有志于返乡入乡干事创业的人们有所启发。

在本书编写过程中，各地发展改革部门、各试点地区政府、返乡入乡创业企业给予了无私的支持和帮助。国家发展改革委就业收入分配和消费司有关领导和负责同志，以及中国经济导报社有关领导和负责同志对本书的编写投入大量工作，付出辛勤努力。在此，我们一并表示最真挚的谢意。

在梳理案例过程中，试点地区涌现出许多好经验、好做法，鉴于本书结构框架及篇幅所限，未能将所有试点地区案例逐一罗列。由于时间较紧，本书的编写一定存在不足之处，欢迎读者批评指正。

编　者

2020 年 9 月